T0298769

التعلم النشط

بين النظرية والتطبيق

التعلم النشط

بين النظرية والتطبيق

تأليف

الأستاذ الدكتور جودت أحمد سعادة

الدكتور فواز عقل
جميل اشتية

الدكتور مجدي زامل
هدى أبو عرقوب

2011

رقم الايداع لدى دائرة المكتبة الوطنية
(2006/5/1251)

371.3

سعادة، جودت

التعلم النشط : بين النظرية والتطبيق / جودت أحمد سعادة

وآخرون - عمان: دار الشروق ، ٢٠٠٦

( )ص

ر.إ. : 2006/5/1251

الواصفات: طرق التعلم // التعلم /

تم إعداد بيانات الفهرسة الأولية من قبل دائرة المكتبة الوطنية

يتحمل المؤلف كامل المسؤولية القانونية عن محتوى مصنفه ولا يعبر هذا المصنف عن رأي دائرة المكتبة الوطنية أو أي جهة حكومية أخرى

- التعلم النشط : بين النظرية والتطبيق .
- تأليف : الأستاذ الدكتور جودت أحمد سعادة، الدكتور فواز عقل والدكتور مجدي زامل وجميل اشتيه وهدى أبو عرقوب
- الطبعة العربية الأولى :الإصدار الثاني ٢٠١١.
- الإخراج الداخلي وتصميم الغلاف : دائرة الإنتاج / دار الشروق للنشر والتوزيع.

- جميع الحقوق محفوظة ©.

دار الشروق للنشر والتوزيع
هاتف : ٤٦١٨١٩٠/٤٦١٨١٩١/٤٦٢٤٣٢١ فاكس :٤٦١٠٠٦٥
ص.ب :٩٢٦٤٦٣ الرمز البريدي :١١١١٨ عمان - الأردن
Email: shorokjo@nol.com.jo

دار الشروق للنشر والتوزيع
رام الـلـه-المصيون :نهاية شارع مستشفى رام الـلـه
هاتف : ٢٩٧٥٦٣٢-٢٩٩١٦١٤-٢٩٧٥٦٣٣ فاكس :٠٢/٢٩٦٥٣١٩
Email: shorokpr@planet.com

إهداءٌ بعنوان
(إنّ التعلُمَ منْهَجٌ ونشاطُ)

شِعْرُ الأستاذ الدكتور جودت أحمد سعادة

قالوا التعَلمُ للحياةِ نشاطُ ... قلتُ النشاطُ تَعلمٌ وصِراطُ (١)
فيهِ المدارسُ شُعلةٌ وخليةٌ ... كالنحلِ ينظُمُ والنظامُ قِراطُ
تلميذُ يرسمُ للتعلمِ منهجاً ... ومعلمُ المنهاجِ فيه مُحاطُ
تخطيطُ والتنفيذُ يبقى واقعاً ... فيهِ التعاونُ سَقْفُها وبلاطُ
طلابُ نادوا للنشاطِ بلهفة ... حيثُ المِراسُ حروفُهمْ ونقاطُ
عَصفُ العُقولِ إثارةٌ ومنارةٌ ... لُبٌّ للقاشِ حصادُهُ أَنواطُ (٢)
في للعبِ أدوارٌ وطرحُ تساؤلٍ ... للطفلِ فيها مَوقعٌ ونشاطُ
والقِصةُ الكبرى سلاحٌ فاعلٌ ... تلميذُ يروي والحديثُ يُحاطُ
مجموعةٌ تسعى لحلِ قضيةِ ... أخرى تُحاورُ والحوارُ سياطُ
والقدوةُ الفُضلى شعارُ معلمٍ ... في للدرسِ أو في البحثِ لا يَشتاطُ
ودراسةُ الحالاتِ أصلُ تفاعلٍ ... في الصفِ دوماً والجميعُ مُناطُ(٣)
إلقاءُ كانَ مع القديم مُحبباً ... يونانُ والرومانُ والأَنباطُ
واليومُ نشهدُ في العلوم تطوراً ... تعديلُ إلقاء للدروسِ رِباطُ
طفلٌ يُحاكي الآخرين بنشوةٍ ... ورفيقةُ في لدربِ كما يحتاطُ
هذا الكتابُ معارفٌ ومناشطٌ ... فيهِ لفوائدُ للجميعِ سِراطُ (٤)
فيهِ المدارسُ والبحوثُ تكاملٌ ... والجامعاتُ سباقها أشواطُ
أهدي الكتابَ إلى النشيطِ مؤكداً ... إنّ التعلمَ منهجٌ ونشاطُ

---

(١) صراط: نهج أو طريق
(٢) أنواط: أوسمة أو جوائز
(٣) مُناط: له دور أو عمل
(٤) سِراط: سبيل.
(*) ملاحظة : الكلمات التي تحتها خط في القصيدة تحمل عناوين أبواب أو فصول أو موضوعات مهمة في الكتاب.

بسم اللـه الرحمن الرحيم

(إقرأ وربكَ الأكرمُ * الذي علَّمَ بالقلمِ * علَّمَ الإنسانَ ما لم يَعْلَم)

صدق اللـه العظيم

التعلم النشط

تعريفات التعلم النشط وأهدافه وأهميته

أقوال مأثورة عن التعلم النشط

ما اسمعهُ أنساه.

وما أسمعهُ وأراهُ أتذكُر القليلَ منه.

وما اسمعهُ وأراهُ وأطرحُ اسئلةً عنهُ أو أُناقشهُ مع الآخرين،

أبدأ في فهمهِ.

وما أسمعهُ وأراهُ وأُناقشهُ وأُطبقهُ، اكتسب المعارف والمهارات منه.

وما أقوم بتدريسه أو تعليمه للآخرين، أُتقنه جيداً.

(Silberman, 1996)

إذا حزنتَ فأنتَ تتعلم.

وإذا اخفيتَ ما في نفسكَ فأنت تتعلم.

وإذا ضحكتَ فأنت تتعلم.

وإذا اخترتَ شيئاً فأنت تتعلم.

وإذا أديتَ الصلاةَ فأنت تتعلم.

وإذا سألتَ الآخرين فأنتَ تتعلم.

وإذا عِشْتَ فانتَ تتعلم.

(Morissett, 2003)

محتويات الكتاب

<u>التعلم النشط بين النظرية والتطبيق</u>

تعريفات التعلم النشط وأهدافه وأهميته

تعريفات التعلم النشط وأهدافه وأهميته

الباب الثالث

تطبيقات التعلم النشط

تعريفات التعلم النشط وأهدافه وأهميته

فهرس الأشكال

فهرس اللوحات

تعريفات التعلم النشط وأهدافه وأهميته

مقدمة الكتاب

ظهر مصطلح التعلم النشط في السنوات الأخيرة من القرن العشرين، وزاد الاهتمام به بشكل واضح مع بدايات القرن الحادي والعشرين، كأحد الاتجاهات التربوية والنفسية المعاصرة، ذات التأثير الإيجابي الكبير على عملية التعلم داخل الحجرة الدراسية وخارجها من جانب طلبة المدارس والمعاهد والجامعات.

وكان للانفجار المعلوماتي الهائل دور داعم وقوي للتعلم النشط، حيث ظهرت أعداد لا نهاية لها من المواقع الإلكترونية على شبكة المعلومات الدولية (الإنترنت) تزخر بالمراجع والدوريات والمقالات والدراسات الميدانية والتجريبية، مما ساهم في زيادة توضيح مفهوم التعلم النشط وأهميته ومجالات تطبيقه في مختلف التخصصات الأكاديمية والموضوعات المدرسية والجامعية المتنوعة.

وقد أدرك مؤلفو هذا الكتاب، خلو المكتبة العربية من أي مرجع موسع باللغة العربية حول التعلم النشط، رغم الاهتمام الكبير به في الكثير من دول العالم المتطور علمياً وتربوياً، وأن ما هو موجود فعلاً لا يعدو كونه عبارة عن نشرات وكتيبات تعتبر بداية، ولكنها قاصرة عن توضيح الكثير من الموضوعات المهمة ذات الصلة بالتعلم النشط. وكان هذا دافعاً لهم للتقصي العميق والدقيق، على مدى أربع سنوات، لتجميع المادة العلمية من أمهات الكتب والمراجع والدوريات والمواقع الإلكترونية الأجنبية الكثيرة جداً، والتي تناولت مفهوم التعلم النشط، والموضوعات العديدة ذات الصلة، والعمل على تنظيمها وإخراجها في هذا المرجع، مدعمة بالأمثلة التربوية والحياتية المتنوعة، حتى يسهل على القارئ العربي فهمها، والعمل على تطبيقها أو توظيفها في مواقف تعلمية جديدة.

واشتمل الكتاب على ثلاثة أبواب كبيرة وواحدٍ وعشرين فصلاً، تناول الباب الأول منها معلومات أساسية عن التعلم النشط ضمن خمسة فصول مستقلة، ركز الفصل الأول منها على تعريفات التعلم النشط، كما جاءت على لسان مشاهير المتخصصين في التربية وعلم النفس، بالإضافة إلى توضيح أهداف التعلم النشط المتنوعة، وتبيان أهمية هذا النوع من التعلم في المجالين التربوي والحياتي.

ودار الفصل الثاني من الكتاب حول المبادئ العشرة للتعلم النشط، وكيفية تطبيقها داخل الحجرة الدراسية، وما تتطلبه من أنشطة وفعاليات قبل بدء الحصة، وخلالها، وبعد الانتهاء منها. كما تمَّ في هذا الفصل أيضاً توضيح عناصر التعلم النشط المهمة المتمثلة في عنصر الحديث والإصغاء، وعنصر الكتابة، وعنصر القراءة، وعنصر التأمل والتفكير.

وأهتم الفصل الثالث من فصول الكتاب بخصائص التعلم النشط التي بلغت خمس عشرة خاصية، وخصائص المتعلم النشط التي وصلت إلى عشر خصائص، في حين ركز الفصل الرابع على الوسائل والأساليب العديدة للتشجيع على التعلم النشط، طارحاً وجهات نظر ثلاث لمشاهير المربين، وموضحاً إجراءات تشجيع التعلم النشط داخل المنزل ومع الأطفال الصغار ودور الوالدين في ذلك كله.

وركز الفصل الخامس من الكتاب على دور المعلم في التعلم النشط كمشجع للتلاميذ على هذا النمط من أنماط التعلم الفعال، وكعامل توازن بين الأنشطة الفردية والجماعية، وكشخصٍ مهتم بأخلاقيات التعلم والتعليم، وكمحافظ على استمرارية الزخم في عملية التعلم، وكمدربٍ للطلبة على التعلم النشط، وكباحثٍ وموثق للمعلومات، وكمخططٍ للدروس وموفر لبيئةٍ تعلميةٍ ملائمة، وكمشاركٍ في بناء المعرفة، وكشريكٍ للوالدين في توجيه الأبناء، وكداعمٍ للعلاقات الاجتماعية بين الطلبة، وكمقيّمٍ للبرامج المدرسية ومناهجها المختلفة. كما ركز الفصل ذاته أيضاً على دور الطالب في التعلم النشط كمشاركٍ حقيقي في الخبرات التعلمية، ومقدرٍ لقيمة تبادل الآراء مع الآخرين، وكملتزمٍ باللقاءات المنتظمة مع المرشد النفسي في المدرسة، وكمتقبلٍ للنصائح والاقتراحات من المعلمين وغيرهم، وكمطبقٍ للمعارف والمهارات والاتجاهات في مواقف تعلميةٍ جديدة.

أما الباب الثاني من أبواب الكتاب، فقد كان تحت عنوان أساليب التعلم النشط، والذي اشتمل على ثمانية فصول، ابتداءاً من الفصل السادس وحتى الفصل الثالث عشر. وقد تناول الفصل السادس أسلوب المجموعات الصغيرة من حيث تنظيمها،وتنوعها، والأجواء السليمة لعملها، وعدد أفرادها، والوقت المخصص لنشاطها، ومقترحات نجاح عملها، وأهم أنشطتها، وإيجابيات أسلوب المجموعات الصغيرة وسلبياته. أما عن أسلوب المجموعات الكبيرة، فقد شمل طرقاً عدة أهمها: المحاضرة، وتشجيع المشاركة والنقاش من جانب أفراد المجموعة الكبيرة ، وسجل التعلم، والعقود التعلمية، وتدوين الملاحظات الموجهة .

ودار الفصل السابع من الكتاب حول أساليب التعلم التعاوني، والتعلم القائم على الخبرة، وتقديم التعلم، والتعليم المباشر، والتعلم المستقل، كأساليب فاعلة للتعلم النشط، في حين أهتم الفصل الثامن بأسلوب المحاضرة المعدلة موضحاً خطواتها، وأنماطها، وعلاقتها باستراتيجيات التعلم النشط الأخرى، والمقترحات التطبيقية لتطويرها.

وركز الفصل التاسع على أساليب القدوة والقصة والمحاكاة، كأساليب ناجحة للتعلم النشط، في حين عالج الفصل العاشر أسلوب المناقشة من حيث أنماطها، وأهميتها، ودور المعلم والطالب فيها، وخطواتها، والحكم على مدى نجاحها. كما عالج الفصل نفسه أسلوب الحوار النشط من حيث الخصائص المهمة له، والمبادئ الواجب مراعاتها عند تطبيقه، والعلاقة بينه وبين إثارة التفكير لدى التلاميذ.

وتناول الفصل الحادي عشر أسلوب لعب الدور كأحد الأساليب الفعالة للتعلم النشط، وذلك من حيث ماهيته، وأهميته، وعناصره، ودور الألعاب التعليمية والتمثيل فيه، ومهام الطالب والمعلم خلال عملية تطبيقه، وعيوبه أو نقاط ضعفهِ، وكيفية التغلب عليها. كما تناول الفصل ذاته أيضاً أسلوب العصف الذهني من حيث تعريفاته، وأهدافه، وفوائده، ومتطلباته، والقواعد الأساسية له، وخطواته، والتحضير لعملية تطبيقه، وإجراءات تقييمه.

وأهتم الفصل الثاني عشر بأسلوب دراسة الحالة كأحد الأساليب المهمة للتعلم النشط، وذلك من حيث تعريفاتها، وأنماطها، وخصائصها، وتطبيقاتها، وفوائدها، والصعوبات التي تواجهها، وكيفية كتابتها، بينما أهتم الفصل الثالث عشر بأسلوب طرح الأسئلة كأحد الأساليب الفعالة للتعلم النشط، وذلك من حيث الخطوات، والإجراءات ، والخصائص ، والأمور الواجب مراعاتها خلال استخدام أسلوب طرح الأسئلة، وتصنيف الأسئلة من حيث نوع الإجابة، ومن حيث نوعية السبر أو العمق، ومن حيث مستوى التفكير الذي تثيره، مع طرح الكثير من الأمثلة التوضيحية على هذه الأنواع والتصنيفات المتعددة.

وجاء الباب الثالث والأخير من أبواب هذا الكتاب تحت عنوان تطبيقات التعلم النشط، والذي اشتمل على ثمانية فصول مستقلة، إبتداءاً من الفصل الرابع عشر وانتهاءاً بالفصل الحادي والعشرين. وقد دار الفصل الرابع عشر حول تطبيق التعلم النشط في المدرسة، مبيناً أهمية هذه التطبيقات، وعارضاً ثمانية دروس تعليمية من الموضوعات المدرسية العربية المقررة، تمّ تحضيرها بأساليب التعلم النشط المختلفة في ميادين العلوم والرياضيات واللغات والدراسات الاجتماعية، كي تكون خير عون للمعلم والطالب.

وركز الفصل الخامس عشر على التعلم النشط في الجامعة، طارحاً نموذجاً للتعلم النشط في الجامعة، وموضحاً دور الأستاذ الجامعي في الأسابيع الأربعة الأولى لتدريس الطلبة لأي مقرر دراسي جامعي باستخدام التعلم النشط، ومقترحاً مجموعة من الخطوط العريضة لتطوير التعلم النشط في الجامعة، ومختتماً الفصل بعرض مجموعة كبيرة من التمارين لتطبيق التعلم النشط داخل الحجرة الدراسية الجامعية.

أما الفصل السادس عشر ، فقد عالج موضوع التعلم النشط في المكتبات المدرسية والجامعية، موضحاً عدة موضوعات فرعية مثل علاقة التعلم النشط بالتعليم المكتبي وبالمكتبة، وتطور هذه العلاقة تاريخياً، وعرض مجموعة من الاعتبارات التي ينبغي أن تؤخذ في الحسبان خلال التعليم المكتبي، وطرح نموذج للتعلم النشط والتعليم المكتبي المتعلق بالمجموعات الطلابية الخاصة.

وناقش الفصل السابع عشر قضية تربوية مهمة تتمثل في تصميم التدريس وربطها بالتعلم النشط، وذلك عن طريق بيان دور نظرية تصميم التدريس، وأنماط نظرية تصميم التدريس، والخطوات التقليدية لتصميم التدريس، والمشكلات المرافقة للنموذج التقليدي لتصميم التدريس، والمناحي البديلة لتصميم التدريس مثل منحى جوناسين، ومنحى ريجيلوث، ومنحى جروس، ومنحى النظرية المفصلة ، مع ربط كل ذلك بالتعلم النشط.

وتناول الفصل الثامن عشر علاقة التعلم النشط بموضوع تربوي ونفسي مهم يتمثل في التفكير، ولا سيما الأدلة النوعية للتعلم النشط والتفكير الفعال، والنموذج التدريسي للتفكير الفعال ومستوياتهِ الثلاثة المهمة، التي تتلخص في مستوى المعرفة الكاذبة، ومستوى المعرفة المتغيرة، ومستوى المعرفة التأملية .

وركز الفصل التاسع عشر على توضيح نقاط الضعف أو المعوقات التي تواجه التعلم النشط وكيفية التغلب عليها، في حين اهتم الفصل العشرون بموضوع المقارنة بين التعلم النشط والتعلم التقليدي ، بعد تبيان خصائص كل منهما، وطرح الأمثلة على مؤشرات التعلم النشط، ووسائل التقويم الملائمة له، وتصنيف أساليب التعلم وفقاً لدرجة المجازفة.

واختُتمتْ فصول الكتاب بالفصل الحادي والعشرين، الذي ركز على موقع التعلم النشط في البحوث التربوية، وذلك عن طريق مراجعة عشرات الدراسات الميدانية والتجريبية التي تربط بين التعلم النشط والمعايير التربوية والتطوير التربوي، وأخرى تتناول التعلم النشط وعمليات التدريب، وثالثة تعالج التعلم النشط وتقنيات التعليم، ورابعة تهتم بالتعلم النشط وتشجيع الطلبة على التفاعل، مما يجعل هذه الدراسات ذات فائدة كبيرة للباحثين التربويين والنفسيين في مجال التعلم النشط.

ووردت في نهاية الكتاب قائمة طويلة جداً من المراجع وصلت إلى (265) مرجعاً عربياً وأجنبياً، لها علاقة وثيقة بالتعلم النشط وموضوعاته المتنوعة، يستطيع المعلمون والمديرون والمشرفون التربويون وأساتذة الجامعات والباحثون، العودة إليها إذا أرادوا التعمق أو التحقق من بعض الأمور ذات العلاقة بهذا الموضوع التربوي المهم.

ويتضح مما ورد في هذه المقدمة، الموضوعات الحيوية التي تطرق إليها هذا الكتاب وما لها من علاقة وثيقةٍ باتجاه تربوي حديث يتمثل في التعلم النشط، وكيف يمكن تطبيقه داخل الحجرة الدراسية، سواء على مستوى المدارس أو المعاهد أو الجامعات، مما يرفع من مستوى فاعلية التعلم لتحقيق الأهداف التربوية المنشودة.

ومع ذلك، فإن المؤلفين لهذا الكتاب المرجع لا يدعون بأنه قد غطى جميع الموضوعات ذات العلاقة بالتعلم النشط أو أنه قد وصل إلى مرحلة الكمال، لا لشيء إلا لكونه يمثل جهداً بشرياً قابلاً للصواب والخطأ، بينما الكمال لله وحده. وهذا يجعل الصدور والعقول مفتوحة لكل نقد بنّاء وإيجابي ولكل رأي صائب، يعمل على تقوية أو تعديل مجالات متعددة في هذا الجهد. ومع ذلك، فإن المؤلفين يؤكدون بكل ثقة وموضوعية، أن هذا الكتاب يمثل مرجعاً أساسياً ووحيداً حتى الآن في اللغة العربية، الذي يعالج موضوع التعلم النشط، مما يجعله لبنةً من اللبنات الفكرية والعلمية والبحثية التي تضاف إلى المكتبة العربية، سائلين المولى عز وجل، أن يكون خير عونٍ للطالب في جهوده الحثيثة للوصول إلى المعلومة الأكثر دقة، وللمعلم في تدريسه وتهيئته للظروف الأفضل لتعلمٍ نشطٍ وهادف، وللأستاذ الجامعي في تطويره لأساليب تدريسه للطلبة، ولولي الأمر في توجيه أبنائه وبناته نحو تعلم يبني عندهم الشخصية التي تصلح لقرنٍ جديد ولألفيةٍ ثالثةٍ لها مطالبها الكثيرة... و الـلـه ولي التوفيق {وقل أعملوا فسيرى الـلـه عملكم ورسوله والمؤمنون} صدق الـلـه العظيم.

عن المؤلفين الخمسة

الأستاذ الدكتور جودت أحمد سعادة

1

الباب الأول
معلومات أساسية عن التعلم النشط

> الفصل الأول: تعريفات التعلم النشط وأهدافه وأهميته.

> الفصل الثاني: مبادئ التعلم النشط وعناصره.

> الفصل الثالث: خصائص التعلم النشط وصفات المتعلم النشط.

> الفصل الرابع: البيئة الغنية للتعلم النشط.

> الفصل الخامس: دور المعلم والطالب في التعلم النشط.

1

الفصل الأول
تعريفات التعلم النشط وأهدافه وأهميته

تعريفات التعلم النشط.

أهداف التعلم النشط.

أهمية التعلم النشط.

تعريفات التعلم النشط

طرح المربون والمهتمون بالعملية التعليمية التعلمية الكثير من التعريفات لمفهوم التعلم النشط **Active Learning** التي اختلفت في طولها أو قصرها من جهة، وفي تفصيلاتها ومعانيها الدقيقة من جهة أخرى. ومع ذلك فقد اتفقت جميعها تقريباً في جوهرها ونظرتها الحقيقية إلى هذا النمط المهم من أنماط التعلم. وقد تعود الاختلافات في هذه التعريفات إلى تنوع الخلفية المعرفية لأصحابها من ناحية وإلى اختلاف الخبرات التي مروا بها من ناحية ثانية، وإلى البحوث والدراسات والمقالات الكثيرة جداً التي تناولت هذا الموضوع في عصر الانفجار المعلوماتي الهائل من ناحية ثالثة وأخيرة.

ومن بين أهم التعريفات الدقيقة لمفهوم التعلم النشط ما طرحه المربي لورنزن (Lorenzen, 2006) الذي يرى فيه طريقة لتعليم الطلبة بشكل يسمح لهم بالمشاركة الفاعلة في الأنشطة التي تتم داخل الحجرة الدراسية، بحيث تأخذهم تلك المشاركة إلى ما هو أبعد من دور الشخص المستمع السلبي الذي يقوم بتدوين الملاحظات بالدرجة الأساس، إلى الشخص الذي يأخذ زمام المبادرة في الأنشطة المختلفة التي تتم مع زملائه خلال العملية التعليمية التعلمية داخل غرفة الصف، على أن يتمثل دور المعلم هنا في أن يحاضر بدرجة أقل وأن يوجه الطلبة إلى اكتشاف المواد التعليمية التي تؤدي إلى فهم المنهج المدرسي بدرجة أكبر، بحيث تشمل فعاليات التعلم النشط مجموعة من تقنيات أو أساليب تدريس متنوعة مثل استخدام مناقشات المجموعات الصغيرة، ولعب الأدوار المختلفة، وعمل المشاريع البحثية المتنوعة، وطرح الأسئلة متعددة المستويات ولا سيما السابرة منها، بحيث يتمثل الهدف الأول والأساس من كل هذه الأنشطة تشجيع الطلبة على تعليم أنفسهم بأنفسهم تحت إشراف معلميهم.

ويرى سيلبرمان (Silberman, 1996) بأنه عندما يكون التعلم نشطاً، فإن الطلبة يقومون بمعظم العمل، ويستخدمون عقولهم بفاعلية، ويدرسون الأفكار جيداً، ويعملون على حل المشكلات من جهة، وعلى تطبيق ما تعلموه من جهة ثانية، مما يؤدي إلى سرعة الفهم والاستمتاع فيما يقومون به من أنشطة. وحتى يتعلم الطلبة بشكل افضل، فإن عليهم الاصغاء الإيجابي لما يدور حولهم من فعاليات، والتفكير فيها بعمق، وطرح الأسئلة ذات العلاقة، ومناقشة القضايا والموضوعات ذات الصلة، واكتشاف الأمور المتعددة والعمل على تمحيصها، وطرح الأمثلة حولها، وتطبيق المهارات المطلوبة، والقيام بالواجبات أو المسؤوليات التي تعتمد على المعرفة التي لديهم أو التي يجب عليهم اكتسابها

وقام مايرزوجونز (Myers& Jones, 2006) بتعريف التعلم النشط على أنه البيئة التعليمية التي تتيح للطلبة التحدث والأصغاء الجيد والقراءة والكتابة والتأمل العميق، وذلك من خلال استخدام

تقنيات وأساليب متعددة مثل حل المشكلات، والمجموعات الصغيرة، والمحاكاة، ودراسة الحالة، ولعب الدور، وغيرها من الأنشطة التي تتطلب من التلاميذ أن يقوموا بتطبيق ما تعلموه في عالم الواقع.

وينظر جلاسكو (Glasgow,1996) إلى المتعلم النشط على أنه الطالب الذي يتحمل المسؤولية الكبرى في أن يعلم نفسه، بحيث يقوم بدور أكثر حيوية في إقرار كيف وماذا يحتاج حتى يتعرف إلى الأمور والأشياء المختلفة، وماذا ينبغي عليه أن يفعل إزاءها، وكيف يمكن له أن يطبق كل ذلك، بحيث يزداد دور المتعلم هنا كي يعلم نفسه بنفسه، ويعمل على إدارة نفسه بنجاح، ويشجع نفسه دوماً على التعلم.

وعمل كل من فيلدر وبرنت (Felder & Brent, 1997) على تعريف التعلم النشط على أنه عبارة عن عملية إشغال الطلبة بشكل نشط ومباشر في عملية التعلم ولا سيما من حيث القراءة والكتابة والتفكير والتأمل، حيث يقومون بعمليات المشاركة والتطبيق بدلاً من الاقتصار على عملية استقبال المعلومات اللفظية المسموعة أو المرئية المكتوبة أوالمطبوعة.

وقام كل من موديل ومايكل (Modell & Michael, 1993) بتعريف البيئة الخاصة بالتعلم النشط على أنها تلك البيئة التي يتم فيها تشجيع المتعلمين بشكل فردي على المشاركة في عملية بناء نماذجهم العقلية من المعلومات التي يكتسبونها، بالإضافة إلى ضرورة اختبار صدق النموذج الذي قاموا ببنائه كجزء من عملية التعلم النشط.

وتمَّ تعريف التعلم النشط على أنه ذلك النوع من التعلم الذي يعمل فيه المتعلم على تكوين المعنى والتعاون مع الآخرين ضمن أجواء يقل فيها التركيز على استقبال المعرفة المستقاة من المعلم ومحاضراتِه الكثيرة والاهتمام بدلاً من ذلك بالتأمل والاكتشاف.

وطرحت جامعة نيوهامبشير الأمريكية New Hampshire University تعريفاً للتعلم النشط على أنه عبارة عن تحمل الفرد للمسؤولية، كي يعلم نفسه، ويطور عادات عقليةٍ واستراتيجياتٍ دراسيةٍ ستمثل في نهاية المطاف وسائل أو اساليب لتحقيق الاهداف الخاصة به. وهنا تعتبر المسؤولية الجزء الاصعب في الامر كله، حيث تتوقع المدرسة بأن يأخذ المتعلم دوره في التعلم، مثل حضوره للحصص الدراسية، وتأديته للواجبات المطلوبة، على أن تعتبر حالات الغموض والاجابات الخاطئة عن الأسئلة المطروحة سبيلاً للعديد من الفرص الأخرى للمحاولة من جديد. وهنا فإنه توجد مجالات متنوعة للمساعدة على تخطي هذه الصعاب، تتمثل في المعلمين والمديرين والمشرفين التربويين والمرشدين النفسيين، ومع ذلك، فإن الخطوة الأولى والمهمة تقع على عاتق المتعلم نفسه.

وقام آخرون بتعريف التعلم النشط على أنه يمثل مستوى مشاركة الطالب في العملية التعليمية ضمن استراتيجيات التعلم النشط العديدة المتمثلة في الاستقصاء، وحل المشكلات، والتعلم التعاوني، والتعلم القائم على التجربة Experential Leariningٍ.

وعرفه كل من بولسون وفوست (Paulson & Faust, 2003) على أنه أي شيء يعمله الطلبة داخل الحجرة الدراسية غير الاصغاء السلبي لما يقوله المعلم خلال المحاضرة، بحيث يشمل بدلاً من ذلك، الاصغاء الايجابي الذي يساعدهم على فهم ما يسمعونه، وكتابة أهم الأفكار الواردة فيما يطرح من أقوال أو آراء أو شروحات، والتعليق أو التعقيب عليها، والتعامل مع تمارين المجموعات وأنشطتها بشكل يتم فيها تطبيق ما تعلموه في مواقف حياتية مختلفة، أو حل المشكلات اليومية المتنوعة.

وطرح بونويل وإيسون (Bonwell and Eison, 1991) تعريفاً للتعلم النشط على أنه اتاحة الفرصة للطلبة للمشاركة في بعض الانشطة التي تشجعهم على التفكير والتعليق على المعلومات المعروضة للنقاش، بحيث لا يقوم الطلبة بالاصغاء العادي، بل عليهم تطوير مهارات للتعامل مع المفاهيم المختلفة في ميادين المعرفة المتعددة، وذلك عن طريق قيامهم بتحليل تلك المهارات وتركيبها وتقويمها، من خلال المناقشة مع الآخرين، وطرح الأسئلة المتنوعة، أو القيام بالأعمال الكتابية، على أن ينهمك الطلبة في أنشطة تجبرهم على أن يستجيبوا للأفكار والآراء المطروحة وكيفية تطبيقها، وذلك ضمن طرق عديدة لتلك المشاركة تبعاً للمادة الدراسية أو الموضوعات المعروضة للنقاش.

وعلى الرغم من أن المسؤولية النهائية للتعلم تقع على عاتق الطلبة، إلا أن التدريس الجيد يشجع على بذل المزيد من الجهد لبذل مزيد من الفرص الكافية للممارسة والتدريب من جهة، ويوفر تغذية راجعة حول أدائهم، ويمنحهم الحرية في التعلم، حيث تعتبر هذه من الصفات الضرورية للتعلم النشط الذي يربط المتعلم بالمادة الدراسية التي يتعلمها. ففي داخل الحجرة الدراسية يقوم المعلم بتدريس الطلبة كيفية العمل، وكيفية القيام بالمهمة أو الواجب الذي يتمشى مع المقرر الدراسي، أو ما يدور من مناقشات أو فعاليات مع الآخرين، بحيث يتم توزيع مسؤولية التعلم بين الطلبة والمعلم.

وقد أوضح أحد المربين في هذا الصدد قائلاً: أن فكرة التعلم النشط ليست بالفكرة الجديدة، رغم التعريفات العديدة التي تمَّ طرحها. فهي في الواقع تعود إلى أيام سقراط، كما كانت مثار اهتمام المربين المطورين وعلى رأسهم جون ديوي. ومع ذلك، فلو قام أي شخص بجولات تفقدية لما يدور داخل الحجر الدراسية الصفية، لتبين له أن ما يدور من عملية تعليمية تعلمية هي عبارة عن إجراءات نشطة في حد ذاتها. فهي تقوم على وضع الطلاب ضمن أوضاع تجبرهم أو تشجعهم على القراءة والحديث والاستماع والتفكير العميق والكتابة، وتتطلب منهم مستويات عليا من التفكير،وذلك بعكس ما يتم في المحاضرة المقدمة بشكل دقيق وجيد والمنتشرة بشكل واسع. فمستوى التفكير المطلوب فيها لا يتعدى فهم المعلومة ونقلها من الأُذن التي تسمع إلى اليد التي تكتب، ثم إلى العقل الذي تتركه دون

حدوث أي تأثير من أي نوع عليه. أي أنه مستوى تفكير متدنٍ لا يتحدى قدرات الطلبة وإمكانياتهم ولا يلبي احتياجاتهم.لذا، فإن التعلم النشط يضع مسؤولية تنظيم ما يجب تعلمه بيد الطلبة أنفسهم، مما يستدعي بطبيعة الحال استخدام باقة متنوعة من الأساليب التعليمية المختلفة.

ويعتبر بعض المربين أن التعلم التعاوني، والتعلم القائم على حل المشكلات، واسلوب دراسة الحالة، والمشاريع البحثية، والمحاكاة، واستخدام تكنولوجيا التعليم، تعتبر أمثلة واضحة على أساليب التعلم النشط. كما أن المنح والمكافآت تعمل على تشجيع الطلبة على التفكير الناقد، وعلى مستويات اعلى من التعلم كالتحليل والتركيب والتقويم للمعلومات المختلفة مقارنة بالحفظ أو الاسترجاع.

ويؤكد عدد من المهتمين بالتعلم النشط أن الطلبة قد أمضوا في السابق الوقت الأكبر من حياتهم المدرسية في بيئة تعلم سلبية، حيث كان المعلمون ينقلون المعلومات فقط، وعلى الطلبة حفظها غيباً، وتذكرها عندما يطلب منهم المعلم ذلك. أما بيئة التعلم النشط، فتشجعهم على الاشتراك في عملية بناء النماذج العقلية الخاصة بهم من المعلومات التي يحصلون عليها واختبارها، وضمن بيئة يكون محورها المتعلم، على أن يصبح دور المعلم ميسراً للتعلم، ومشجعاً للطلبة على الحوار مع بعضهم ومع معلمهم.

ويعتبر عبد الواحد والخطيب (2001) أن التعلم النشط مرتبط بمفاهيم النظرية المعرفية والنظرية البنائية. فالطلبة يتعلمون من خلال مشاركتهم الفاعلة في العملية التعليمية التعلمية، حيث يفكرون ويحللون ويتحدثون ويكتبون مما تعلموه، ويربطونه بحياتهم اليومية من خلال الممارسة الواقعية.

وترى ماثيوز (Mathews, 2006) ان التعلم النشط عبارة عن طريقة ، ينهمك الطالب من خلالها في الانشطة الصفية المختلفة، بدلاً من أن يكون فرداً سلبياً يتلقى المعلومات من غيره، حيث يشجع التعلم النشط على مشاركة الطلبة في التفاعل من خلال العمل ضمن المجموعات، وطرح العديد من الاسئلة المتنوعة، والاشتراك في المشاريع الجماعية والتدريبات القائمة على حل المشكلات. فاسهام الطلبة في المشاريع الجماعية مثلاً يفسح لهم المجال لاستخدام مهارات التفكير الناقد المتعددة، وأن التحليل العميق من جانب الطلبة للأمور أو الأشياء أو الأعمال أو الاحداث أو القضايا أو المشكلات أو الجهود أو الأنشطة، يؤدي إلى اكتسابهم لمهارات التفكير الابداعي والاستقصاء وحل المشكلات، وأن تفسير النتائج التي تمّ تحليلها وطرح التوصيات بشأنها، يشجع هؤلاء الطلبة على عملية صنع القرارات.

وتضيف ماثيوز قائلة: إن الجانب المهم من التعلم النشط يتمثل في مرور الطلبة بالخبرات الحقيقية من خلال الأنشطة الصفية المختلفة ومن بينها المحاضرة القصيرة، التي تتراوح مدتها ما بين -20) (15دقيقة، بحيث تشجع الطلبة على إثارة الانتباه والمتابعة والتفكير. كما ينبغي تشجيع المتعلمين على مناقشة الموضوعات المختلفة مع زملائهم وطرح الأفكار المتنوعة.

وتؤكد ماثيوز كذلك، على أن العمل الجماعي مطلوب مع الاقران أوالمعلمين أو افراد المجتمع المحلي، بحيث يمكن تقسيم الطلبة إلى مجموعات، والطلب منهم ابلاغ بقية زملائهم بما توصلوا إليه من معلومات أو قرارات أو نتائج. ومن بين الاحتمالات الأخرى المناسبة، الطلب من التلاميذ إعادة تذكر ما دار في المحاضرة، وذلك عن طريق كتابة ثلاثة أشياء تعلموها، وشيء ما زال غامضاً، وشيء يحتاج إلى المزيد من المعلومات.

ويطرح (سعادة وزملاؤه) في هذا الكتاب تعريفاً للتعلم النشط على أنه عبارة عن طريقة تعلم وطريقة تعليم في آن واحد، حيث يشارك الطلبة في الأنشطة والتمارين والمشاريع بفاعلية كبيرة، من خلال بيئة تعليمية غنية متنوعة، تسمح لهم بالاصغاء الايجابي، والحوار البنّاء، والمناقشة الثرية، والتفكير الواعي، والتحليل السليم، والتأمل العميق لكل ما تتم قراءته أو كتابته أو طرحه من مادة دراسية، أو أمور، أو قضايا، أو آراء، بين بعضهم بعضاً، مع وجود معلم يشجعهم على تحمل مسؤولية تعليم أنفسهم بأنفسهم تحت اشرافه الدقيق، ويدفعهم الى تحقيق الأهداف الطموحة للمنهج المدرسي، والتي تركز على بناء الشخصية المتكاملة والابداعية لطالب اليوم ورجل الغد.

أهداف التعلم النشط

تتمثل أهم أهداف التعلم النشط في الآتي:

1- تشجيع الطلبة على اكتساب مهارات التفكير الناقد العديدة: فمرور هؤلاء الطلبة بخبرات تعلمية متنوعة فردية أو جماعية لوحدهم، أو تحت اشراف وتوجيه معلمهم، سوف يكسبهم مهارات الاستنتاج والاستقراء والتمييز وهي من مهارات التفكير الناقد.*

2- تشجيع الطلبة على القراءة الناقدة: حيث توجههم الأنشطة الكثيرة التي يقومون بها على تفحص ما يقومون بقراءته بتمعن، بحيث يفهمون معانيه جيداً ويطرحون الاسئلة العديدة حوله، حتى يزاد فهمهم له ويبنون عليه افكاراً وآراءً جديدة بالتعاون مع زملائهم وتحت اشراف معلمهم.

3-- التنويع في الأنشطة التعلمية الملائمة للطلبة لتحقيق الأهداف التربوية المنشودة: فطبيعة التعلم النشط تحتم ضرورة التنويع في الانشطة التي تتناسب مع حاجات الطلبة

(*) للاطلاع على المعلومات التفصيلية والأمثلة الكثيرة الخاصة بالتفكير الناقد ومهاراته الثماني المعروفة، يمكن الاطلاع على الفصول (4)، (5)، (6)، (7)، (8)، (9)، (10) من المرجع الآتي:

-جودت احمد سعادة (2006). تدريس مهارات التفكير مع مئات الامثلة التوضيحية ،عمان: دار الشروق، الاصدار الثاني، الصفحات من (103-240).

واهتماماتهم وقدراتهم وميولهم، تلك التي لا يمكن تلبيتها إلا بوجود الأنشطة الكثيرة في عددها، والمتنوعة في مصادرها وأصولها، والمختلفة في مستوياتها من حيث السهولة والصعوبة، والدقيقة في اختيارها، كي تتمشى مع اعمار المتعلمين وخبراتهم السابقة.

4- دعم الثقة بالنفس لدى المتعلمين نحو ميادين المعرفة المتنوعة: فرجوع الطلبة إلى الكتب والمصادر التعليمية المختلفة، واستخدام برمجيات الحاسوب المتنوعة، والدخول إلى مواقع الانترنت المعرفية اللامحدودة، ومشاهدة الافلام والبرامج والصور المختلفة، والعمل في المجموعات المختلفة، واجراء التجارب المخبرية، والقيام بالزيارات الميدانية، وانجاز المشاريع البحثية، وكتابة التقارير العلمية، واجراء المقابلات الشخصية، وعمل اللوحات والوسائل التعليمية المختلفة، وتقديم التقارير الشفوية أمام الزملاء، وتلخيص الكتب أو الفصول أو المقالات أو الأبحاث، والمشاركة في الندوات والمحاضرات والمناقشات والاجتماعات المتعددة، والمساهمة في اقامة المعارض المدرسية المتنوعة، وقراءة الصحف اليومية والمجلات الشهرية أو الفصلية أو السنوية، ودراسة الحالات المختلفة، كلها تمثل أساليب أو تقينيات أو وسائل تعمل على دعم ثقة الطالب بنفسه نحو ميادين المعرفة المتنوعة، ليس من الناحية النظرية فحسب، بل وقبل ذلك من الناحية العملية أو التطبيقية، لأنه يكون قد اطلع نظرياً ومارس عملياً.

5- مساعدة المتعلمين على اكتشاف القضايا المهمة: فعندما يتعامل الطلبة مع الموضوعات الدراسية المختلفة بأنشطة لا حصر لها، فإنهم يستطيعون الوصول بأنفسهم أو بتوجيه من معلمهم إلى الكثير من القضايا التي تهمهم أو التي تهم مجتمعهم المحلي، مما يجعلهم على دراية بما يدور حولهم في الحياة اليومية.

6- تشجيع الطلبة على طرح الاسئلة المختلفة: فالأنشطة الكبيرة الفردية والجماعية التي يقوم بها المتعلمون داخل الحجرة الدراسية أو داخل أسوار المدرسة، وتلك التي ينجزونها في البيت أو في البيئة المحلية، تترك لديهم الكثير من التساؤلات التي لا بد من طرحها على بعضهم بعضاً أحياناً وعلى معلمهم أحياناً أخرى، وربما على مسؤولين آخرين أو على متخصصين أو على زوارٍ في مواقف مختلفة.

ويتعلم الطلبة تحت اشراف معلمهم جيداً عملية طرح الأسئلة بأنواعها المختلفة، سواء كانت المغلقة التي لا تتطلب سوى اجابة محددة، أو كانت مفتوحة النهاية التي تتطلب إبداء الآراء وطرح الأفكار المتنوعة، أو الأسئلة السابرة العميقة في أهدافها وطبيعتها، أو الأسئلة التي تتمشى مع مستويات بلوم الستة التي ينبغي على كل طالب أن يلم بها ويطبقها في أنشطته الصفية المتنوعة.

7- تشجيع الطلبة على حل المشكلات:حيث لا يكتفي التعلم النشط باطلاع المتعلم على ميادين المعرفة المختلفة، وبالتعرف الى القضايا والموضوعات المهمة له وللمجتمع المحلي الذي يعيش فيه فحسب، بل ويتم تشجيعه أيضاً من خلال المناشط الكثيرة جداً، على وضع يده على المشكلات المختلفة، والالمام بها، والعمل على حلها، وذلك حسب خطوات التفكير العلمي المعروفة التي تبدأ بالشعور بالمشكلة وتحديدها أولاً،ووضع الحلول التجريبية المؤقتة أو الفرضيات ثانياً، واختبار تلك الفرضيات في ضوء مجموعة من الأدلة الواضحة ثالثاً، والوصول إلى القرارات أو الحلول النهائية الدقيقة والسليمة رابعاً، وتطبيق تلك الحلول أو القرارات في مواقف تعلمية جديدة خامساً وأخيراً.

كذلك يهدف التعلم النشط في هذا المجال إلى اكتساب الطلبة للعديد من مهارات حل المشكلات مثل تحمل المسؤولية، والبحث عن الأدلة المناسبة، وسعة الاطلاع، وحب الاستطلاع، وتحمل الغموض والصبر عليه، والموضوعية في تناول القضايا والمشكلات، والتشكك والتحقق من الأمور المختلفة.*

8- تحديد كيفية تعلم الطلبة للمواد الدراسية المختلفة: فمن المعروف أن التعلم النشط يقوم أصلاً على استخدام فعاليات ومناشط كثيرة جداً، بحيث يتم من بينها اختيار المناسب للمادة الدراسية النظرية أو العملية أو المهنية أو المخبرية أو الفنية أوالرياضية أوالعلمية.

فما يحتاجه درس في قواعد النحو العربية، أو آخر في التاريخ العربي الإسلامي، أو ثالث في جغرافية الصخور، يختلف في أنشطته عن درس في الخلية الحيوانية أو الخلية النباتية في العلوم، حيث لا بد من استخدام المجهر أو الميكروسكوب كي يطلع كل طالب بنفسه على شكل الخلية وتركيبها، في حين قد تقتصر أنشطة دروس النحو أو التاريخ أو الجغرافيا على تشكيل مجموعات من الطلبة، أو مشاهدة دروس نموذجية مسجلة على أشرطة فيديو،أو القيام بحل تمارين أو واجبات منزلية، بينما يتطلب تعلم موضوعات التربية الفنية أو التربية الرياضية، إلى ممارسة ميدانية في المعامل الفنية أو الملاعب الرياضية، في حين يلزم تعلم المواد المهنية أو الحرفية الزراعية أو التجارية أو الصناعية إلى أنشطة فعلية أو عملية أو ميدانية في الحقول أو البنوك أو المصانع أو المشاغل أو المعامل المختلفة.

(*) للاطلاع على التفصيلات الكثيرة الخاصة بخطوات طريقة حل المشكلات وتطبيقاتها ومهاراتها المختلفة، يمكن الاطلاع على الفصول (22) و (23) و (24) و (25) من المرجع الآتي:

-جودت أحمد سعادة (2006). تدريس مهارات التفكير: مع مئات الأمثلة التطبيقية، الاصدار الثاني. عمان: دار الشروق، الصفحات من 451-578.

9- قياس قدرة الطلبة على بناء الأفكار الجديدة وتنظيمها: ففي ضوء طبيعة التعلم النشط ومبادئه وخصائصه، فإن من بين أهدافه المهمة، ليس اطلاع الطلبة على الأشياء والأمور والمراجع والمصادر التعليمية وما فيها من آراء ومعلومات وأفكار فحسب، بل وأيضاً العمل على اشتقاق أو استنباط أو بناء أفكار جديدة، والعمل على تنظيمها واخراجها في قوالب من بنات أفكار الطلبة أنفسهم بعد مراجعتها وتدقيقها من المعلم. وهنا يستطيع المعلم بحكم إشرافه على أنشطة الطلبة وملاحظته لما يقومون به من فعاليات، وما يطرحونه من آراء وأفكار كثيرة ومتنوعة، أن يقيسوا مدى التفاوت بين هؤلاء الطلبة في القدرة على بناء الأفكار الجديدة والعمل على تنظيمها في الموضوعات المدرسية المختلفة من نظرية وتطبيقية، أو من شفوية وكتابية، أو من أنشطة صفية أو منزلية أو من البيئة المحلية.

10- تشجيع الطلبة وتدريبهم على أن يُعلموا أنفسهم بأنفسهم: حيث يحتل هذا الهدف مكاناً مهماً بين أهداف التعلم النشط، لا سيما في عصر الانفجار المعلوماتي الهائل السائد هذه الأيام، حيث تلعب وسائل الاتصال بالمعرفة وعلى رأسها الانترنت، دوراً ريادياً يجعل الدخول إلى مواقع المعارف والمعلومات سهلاً وبكميات لا حدود لها من مصادر العلم والمعرفة، مما يزيد من أهمية قيام المعلم الذي يطبق مبادئ وأسس التعلم النشط، بالتركيز على تعليم الطلبة كيف يبحثون عن المعلومات والمعارف ذات الصلة، وكيف يؤدون الواجبات المنزلية، وكيف يصنعون الوسائل التعليمية المناسبة، وكيف يبحثون عن المقالات والمراجع والكتب ذات العلاقة بالموضوع المدروس أو المطروح للنقاش، وكيف يتعرفون إلى المشكلات، وكيف يعملون على حلها بخطوات علمية دقيقة، وكيف يطرحون الاسئلة العميقة، وكيف يردون على أسئلة زملائهم أو اسئلة معلمهم، وكيف يكتبون التقارير الشفوية، وكيف يعملون على القائها أمام زملائهم، وكيف يقومون بالتعقيب على آراء وأفكار زملائهم، وكيف يضيفون إلى ما يُطرح من أقوال، وكيف يقومون باجراء التجارب المخبرية، وكيف يحلون المسائل الرياضية أو العلمية، وكيف يخططون للعديد من المشاريع البحثية أو القيام بالزيارات العلمية، وكيف يساهمون في حلقات البحث أو اللقاءات أو الاجتماعات أو الندوات، وكيف يعملون على انجاح المعارض العلمية أو الثقافية. وباختصار، فإنهم يتعلمون كيف يعلموا أنفسهم بطريقة سليمة.

11- تمكين الطلبة من اكتساب مهارات التعاون والتفاعل والتواصل مع الآخرين: وهذا الهدف يمثل تحصيل حاصل لما يتم من أنشطة وفعاليات غير محدودة يقوم بها الطلبة من خلال تطبيق التعلم النشط ولا سيما من خلال المجموعات الصغيرة أو المتوسطة أو الكبيرة، سواء داخل الحجرة الدراسية أو خارج اسوار المدرسة وتحت اشراف المعلم. وبقدر ما تؤدي

الأنشطة الجماعية من اكتساب الطلبة لمهارات اجتماعية عديدة، فإنها تعمل على تعويدهم على التعاون مع الآخرين، والتفاعل النشط معهم، واستمرار التواصل فيما بينهم في موضوعات ومواقف تعلمية جديدة في المستقبل.

وهنا يكون دور المعلم مهماً في الاكثار من الاعمال والانشطة الجماعية التي تزيد من إكتساب هذه المهارات من جانب هؤلاء الطلبة.

12- زيادة الاعمال الابداعية لدى الطلبة: حيث يهتم التعلم النشط كثيراً بزيادة نسبة الاعمال الابداعية لدى الطلبة عن طريق الانشطة الكثيرة المتنوعة التي يقومون بها والتي تظهر فيها الفرص الكثيرة لترجمة مهارات التفكير الابداعي الاربع، المتمثلة في الأصالة والمرونة والطلاقة والتوضيح. وهنا يأتي دور المعلم في تدريبهم على اكتساب هذه المهارات من خلال الانشطة، وطرح عشرات الامثلة الضرورية، حتى تكون هذه المهارات واضحة للطلبة من ناحية، ويسهل اكتسابها وتطبيقها من ناحية ثانية.*

13- اكتساب الطلبة للمعارف والمهارات والاتجاهات المرغوب فيها: فلا شك أن التعلم النشط في محصلته النهائية يهدف إلى أن يكون لدى الطلبة رصيد كبير جداً من المعارف والمعلومات المتنوعة في مختلف الميادين والمجالات المدرسية والحياتية، مع اكتساب الكثير من المهارات العلمية والعملية والحركية والاجتماعية والبحثية المتعددة، واكتساب مجموعة متنوعة من الاتجاهات والقيم المرغوب فيها كالتعاون،والاخلاص في العمل، وتحمل المسؤولية، والصدق في القول، والموضوعية، ومساعدة الآخرين، والانتماء للوطن، وخدمة المجتمع المحلي، والدفاع عن الصالح العام، واحترام الآخرين، والحرص على ممتلكاتهم، ومراعاة الأنظمة والقوانين والقيم العامة السائدة، والحفاظ على النظافة العامة والخاصة،وتقدير جهود الآخرين واعمالهم، وتقدير التراث الإنساني، واحترام الألوان والأديان والاعراق المختلفة، وتقدير الشعوب الأخرى وحضاراتها وقيمها مادامت تحترم حضارة الأمة العربية وقيمها وتراثها، وتقدير مصادر العلم والمعرفة والمعلومات التي تفيد الافراد والجماعات،وغير ذلك من قيم واتجاهات ايجابية منشودة.

14- تشجيع الطلبة على المرور بخبرات تعلمية وحياتية حقيقية: فالتعلم النشط يقوم أساساً على مبدأ التعلم عن طريق الخبرة، على اعتبار أن ذلك يجعل تأثير ذلك التعلم أبقى أثراً، أي

---

* للاطلاع على المزيد من التفصيلات الدقيقة والمهمة لمهارات التفكير الابداعي الاربع وللأمثلة الكثيرة الخاصة بها، فإنه يمكن العودة الى الفصول (11)و (12) و(13) و(14) و(15) و(16) من المرجع الآتي:

-جودت أحمد سعادة (2006). تدريس مهارات التفكير: مع مئات الأمثلة التطبيقية. الاصدار الثاني.عمان: دار الشروق، الصفحات من (241-330).

يبقى لفترة أطول، بحيث يصعب نسيانه من جهة، ويجعل التعلم أيسر فهماً لدى الطلبة، لأنهم يقومون بالتفاعل مع الأشياء أو الأمور أو الأشخاص أو المصادر التعليمية بأنفسهم، بحيث يستوعبون بعضها ويسألون عن بعضها الآخر عما صعب عليهم استيعابه، حتى يدركوا أبعاده تماماً، ثم ينتقلون إلى ما هو أعمق من ذلك بأنفسهم، كي يمروا بخبرات جديدة وتعلم جديد، أي أن الخبرات السابقة تؤدي إلى خبرات أخرى مفيدة وعميقة.

وإذا ما نجح الطلبة في التعامل مع الخبرات التعلمية المدرسية، فسوف تكون لديهم خبرة سابقة للتفاعل مع الخبرات الحياتية الأكثر تنوعاً وربما تعقيداً، كي ينجحوا فيها أيضاً إذا ما تغلبوا على العديد من المشكلات التي تواجههم، سواء بشكل فردي، أو بالتعاون مع زملائهم، أو مع أهلهم أو معلميهم.

15- تشجيع الطلبة على اكتساب مهارات التفكير العليا كالتحليل والتركيب والتقويم: وهذا ليس بغريب على التعلم النشط ومطالبه العديدة، حيث يركز على قيام التلاميذ بمناشط وفعاليات غير محدودة، مع المعارف والمعلومات المتنوعة، والمناقشات واللقاءات والاجتماعات المختلفة، والبحوث والتقارير الشفوية والمكتوبة، والمراجعات والقراءات السابرة والناقدة، وطرح الأسئلة والافكار والآراء العديدة، مما ينمي بشكل متواصل مهارة تحليل المادة إلى أجزائها الصغيرة وإدراك ما بينها من علاقات، ثم تجميع المادة التعليمية واخراجها في قالب جديد من بنات افكار الطالب، ثم الحكم على الأمور والأشياء والحوادث والأشخاص والأعمال، وهو ما تركز عليه المستويات الثلاثة العليا من تصنيف بلوم للمجال المعرفي.(*)

أهمية التعلم النشط:

يتساءل الكثيرون لماذا التعلم النشط مهم بالنسبة لطلبة المدارس والمعاهد والجامعات هذه الأيام؟ وتوجد في الحقيقة اجابات عديدة عن هذا السؤال، يتمثل أولها في أن طلبة اليوم يختلفون عن اسلافهم من الطلبة السابقين، وأن طلبة اليوم لديهم توجه أكبر نحو التكنولوجيا ونحو البيئة التعليمية التعلمية التي تعتمد على التعامل السريع مع الاجهزة والأدوات الملائمة للتعلم النشط، وهذا ما جعل الكثير من الراشدين وكبارالسن ممن فاتتهم هذه الفرصة يلتحقون بالمقررات الدراسية الجامعية من أجل الالمام بالتكنولوجيا المعاصرة. ونظراً لخبرتهم الطويلة وانشغالهم في الحياة، فإنهم

(*) للمزيد من التفصيلات والتوضيحات والأمثلة بالمئات عن مستويات التفكير العليا الثلاثة المتمثلة في التحليل والتركيب والتقويم،يمكن الاطلاع على الفصول (7) و (8) و (9) من المرجع الآتي:

-جودت أحمد سعادة (2005) . صياغة الأهداف التربوية والتعليمية في جميع المواد الدراسية (كتاب الخمسة آلاف هدف). عمان: دار الشروق للطباعة والنشر والتوزيع.

يتوقعون المزيد من الفائدة والتوسع، والعمل على المشاركة الفعلية في الأنشطة الصفية الجامعية، والاعلان عن مدى الاحباطات لديهم، إذا ما حصلوا من المقرر الدراسي على العائد المادي من وراء ذلك. كما أن الصفوف الدراسية تعج بالاختلافات في الآراء والافكار والمعتقدات والقدرات والاهتمامات والحاجات والميول بين الطلبة من مختلف المستويات والذين يشتركون في العملية التعلمية الفاعلة.

وهنا فإن القضية تنحصر في أمرين أو نقطتين هما: أن الناس المختلفين يتعلمون أيضاً بطرق مختلفة، وإذا أردنا أن نقوم بتدريس اكبر عدد ممكن من الطلبة، فإنه لا بد لنا من استخدام طرق واستراتيجيات تعليمية وتعلمية مختلفة داخل الحجرة الدراسية، وأن التعلم بطبيعتهِ يمثل عملاً نشطاً (Mathews, 2006).

وقد أشار كل من مايرز وجونز (Meyers & Jones, 1993) إلى أنه عندما نشجع الطلبة على المشاركة في الأنشطة التي تؤدي بهم إلى المناقشة وطرح الأسئلة والتوضيحات الخاصة بمحتوى المساق، فإننا لا نعمل فقط على الاحتفاظ الأفضل للمعلومات الخاصة بالمادة الدراسية، بل ونساعد أيضاً على تنمية قدرات التفكير لديهم.

ويعرف المعلمون جيداً، في ضوء ممارسة وخبرة ميدانية واسعة، أن الطلبة لا يتعلمون فقط عن طريق الاصغاء وتدوين الملاحظات والدراسة الذاتية لعدة ساعات، بل يتعلمون أكثر عندما يقوم المعلمون بفحص المعلومات وتحليلها وتطبيقها ومناقشتها معهم. فعندما يساعد المعلم الطالب على تطبيق المعلومات وحل المشكلات، فإنه يعمل في الحقيقة على توسيع قدرات الطلبة وتنميتها لزيادة القدرة على التفكير، بحيث تجعل منهم متعلمين ناجحين على المدى الطويل للحياة.

ويرى العديد من المهتمين بالتعلم النشط، أن عدم استثمار التعلم النشط في المواقف التعليمية التعلمية المختلفة، قد يجعل الطالب لا يتعدى مرحلة التذكر في التعليم، وبالتالي تكون صلته بمحتوى المقرر الدراسي وموضوعاته المتنوعة ضعيفة في الغالب. كذلك فإن التعلم النشط يمثل تحدياً للمعلم من حيث قدرته على اختيار الأنشطة الملائمة في ذلك النوع من التعلم، وتطبيقها في الوقت المناسب، مما يجعل ممارسته من الأهمية بمكان في ضوء هذه الانشطة. فالتعلم النشط ليس مجرد مجموعة أو سلسلة من الأنشطة المختلفة، بل هو فوق ذلك اتجاه يتكون لدى كل من الطلبة والمعلمين، بحيث يجعل التعلم فعالاً. فالهدف من التعلم النشط يتمثل اساساً في إثارة عادات التفكير اليومية لدى الطلبة كي يفكروا كيف يتعلمون وماذا يتعلمون، مع محاولتهم زيادة مستوى المسؤولية الملقاة على عاتقهم لتعليم انفسهم بأنفسهم.

ولإثبات أهمية التعلم النشط، فإنه لا بد من عرض مخروط ديل Dale's Cone الذي يبرهن على فعالية التعلم النشط كالآتي:

الشكل (1) مخروط ديل لفعالية التعلم

لقد أكدت نتائج الدراسات والبحوث الميدانية والتجريبية التي اجراها ديل Daleفي الستينيات من القرن العشرين، أن أقل طرق التعلم فعالية ما يقع في قمة الهرم، والذي يتضمن التعلم من المعلومات التي يتم تقديمها على شكل رموز لفظية أو مجرد ألفاظ كلامية يتم الاصغاء اليها من خلال حديث أو محاضرة مباشرة، في الوقت الذي تقع فيه أكثر طرق التعلم فعالية في قاع ذلك المخروط، والتي تشمل الخبرات التعلمية المباشرة والهادفة، كالخبرات أو الدراسات الميدانية أو التجارب المخبرية المباشرة. وهذا يدل على أن التعلم النشط وما يركز عليه من خبرات مباشرة يزيد من أهمية إنجاح عملية التعلم.

ودليل آخر يؤكد على أهمية التعلم النشط هو ما يوضحه الشكل (2) الآتي الذي يمثل الهرم التعلمي Learning Pyramid عن النسبة المئوية للاحتفاظ بالمعلومات والمعارف، والتي تمثل نتائج البحوث التي اجريت عن طريق مختبرات التدريب الوطنية الأمريكية، والتي أوضحت بأن طريقة المحاضرة تقع في قمة الهرم من حيث قلة نسبة الاحتفاظ والتي لم تتجاوز الـ 5% فقط. وعلى العكس من ذلك، نجد أن في قاع الهرم تقع الطريقة التي تركز على تدريس الآخرين من جانب الطلبة وبنسبة أعلى من الاحتفاظ تصل إلى 90%.

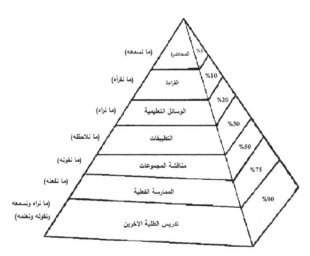

الشكل (2) هرم التعلم ونسبة الاحتفاظ به

وهذا يبين من جديد أهمية التعلم النشط الذي يتم التركيز فيه على قيام الطلبة بتعليم الآخرين والممارسات الميدانية الفعلية والتطبيقات، مع التخفيف من استخدام المحاضرة أوالاعتماد على جهد المعلم وشرحه التقليدي.

ومن العوامل الأخرى التي تقف وراء أهمية التعلم النشط، أن المشاركة النشطة تقوي التعلم بصرف النظر عن البيئة الموجودة فيها (Harasim et. al, 1997). كما أن التعلم النشط يتطلب جهوداً ذهنية من الطلبة ويوفر لهم وسائل وامكانيات وأدوات تساعد على التطبيق الفعلي للتعلم المفيد والفاعل، ويغير من اتجاهاتهم.

وفي ضوء الانفجار المعلوماتي الهائل الذي نلاحظه هذه الأيام، فإن ذلك يتطلب تطوير طريقة للتعلم تشجع الطلبة على تحمل المسؤولية في التعامل مع هذا الكم اللامحدود من المعارف، والذي لا يكون ناجحاً إلا بالتعلم النشط الذي يركز على مبدأ التعلم بالعمل Learning by doing والتشجيع على التعلم العميق Deep Learning الذي يفهم الطالب بواسطته المادة التعليمية بشكلٍ أفضل، ويتوقع أن يكون قادراً على شرحها أو توضيحها بكلماته الخاصة، ويطرح الاسئلة المختلفة، ويجيب عن اسئلة المعلم، ويعمل جاهداً على حل المشكلات المتنوعة بعد التعامل بفعالية معها والوصول الى تعميمات مفيدة بشأنها.

كل هذا يكون عكس التعلم السطحي Surface Learning الذي يشغل فيه الطالب نفسه في إعادة أو استرجاع المادة التعليمية بشكلها الأصيل، ويثبت حصوله على المعرفة عن طريق تذكر المعلومات التي قرأها أو سمعها أو شاهد أحداثها أو مواقفها.

وكي يتبين المزيد من أهمية التعلم النشط، فإن مقارنة بينه وبين التعلم التقليدي توضح الفرق الشاسع بينهما. فبينما يتصف التعلم التقليدي بسلبية المتعلم وقلة الاحتفاظ بالمعلومات، وانخفاض مستوى التفكير، والتركيز على المعلم، والتعلم الجماعي بخطوات موحدة، وقلة الانتباه، وعزلة الطالب، والتركيز على الحفظ، نجد أن التعلم النشط فيه احتفاظ للمادة والمعلومات بنسبة أعلى، وأن التعلم ينصب فيه على العمليات العقلية العليا، وأن المتعلم هو محور العملية التعليمية التعلمية، وانتباه الطالب فيه أكثر، ومشاركته في الأنشطة أعلى، وتعاونه مع الآخرين أوضح، والتركيز فيه دوماً يكون على الخبرات والخطوات والممارسة.

ويضيف بعض المناصرين للتعلم النشط أهمية اخرى، تتمثل في أن الانشطة الكثيرة التي يعتمد عليها هذا النوع من التعلم تقلل من الانشطة التعلمية السلبية مثل الاصغاء السلبي، وأخذ أو تدوين الملاحظات طيلة وقت الحصة. فقد اشارت دراسات تربوية عديدة إلى أنه خلال المحاضرة في حصة تصل مدتها إلى الخمسين دقيقة، فإن الطلبة يتذكرون 70% مما يقال في الدقائق العشر الأولى، وحوالي 20% في الدقائق العشر الأخيرة،مما يحتم ضرورة التغيير من المحاضرة إلى التعلم النشط.

وإذا كان التعلم النشط ضرورياً ومهماً للطالب، فهو كذلك بالنسبة للمعلم، حيث يساعده على اختيار الاهداف والاسئلة من مستويات متفاوتة في الصعوبة كي تراعي ما بين المتعلمين من فروق فردية، ويقدم لهم المساعدة والنصح والارشاد في الوقت المناسب.

كما يمثل التعلم النشط لكل من المعلم والطالب مجالاً للتسلية والمتعة في العمل والتفكير، ويبعدهم عن الملل والرتابة في انشطتهم اليومية. ولتوضيح ذلك، يمكن طرح قصة عن رجل روماني كان يقوم بتعليم طلابه، حيث دخلت نحلة إلى الحجرة الدراسية ولم تجد طريقها إلى الخروج رغم محاولاتها المتكررة. وهنا طلب المعلم من تلاميذه مراقبة النحلة وهي تطير وتأتي إلى زجاج النافذة كي تصطدم به عدة مرات، حتى وقعت على أرضية غرفة الصف. وهنا التقطها المعلم الروماني ووضعها خارج الصف ثم سأل الطلبة ماذا تعلمتم مما رأيتموه من أفعال النحلة؟

ولكن أحد الطلبة اعترض على السؤال بحجة أن ذلك سوف يعمل على ضياع وقت الحصة، وأنه بإمكان المعلم بدلاً من ذلك أن يخبر الطلبة عما يمكن أن يتعلموه من حادثة النحلة.

وما كان من المعلم الروماني إلا أن التقط حبة تفاح من سلة قريبة وقال للطالب الذي اعترض على السؤال: هل تريدني أن آكل هذه التفاحة نيابة عنك أم أتركك تستمتع بأكلها بنفسك.

فاقتنع الطالب بما قاله المعلم، على أساس أن من يقوم بعملية التعلم بذاته يشعر بالمتعة والسعادة والتعايش مع الموقف اكثر من أن يقوم الآخرون بفعل ذلك نيابة عنه (Shenker et. al., 1996).

وهذا يؤكد بالتالي أهمية التعلم النشط في تهيئة الظروف للمرور بخبرات فعلية تعلمية يكون فيها التعلم أبقى أثراً وأيسر فهماً للمتعلمين الذين يجربون ذلك بأنفسهم بشكل فردي أو جماعي.

تعريفات التعلم النشط وأهدافه وأهميته

2

الفصل الثاني

مبادئ التعلم النشط وعناصره

- مبادئ التعلم النشط.
- تطبيق مبادئ التعلم النشط.
- عناصر التعلم النشط.

٤٦

مبادئ التعلم النشط

توجد في الواقع سبعة من المبادئ أوالأسس التي تقوم عليها الممارسات التعليمية التعلمية السليمة التي تدعم التعلم النشط، وتتمثل هذه في الآتي :

أ‌- تشجع الممارسات التدريسية السليمة على زيادة التواصل الحقيقي بين المعلم والمتعلم: حيث يمثل التواصل المستمر بين المعلم والطالب داخل الحجرة الدراسية وخارجها أهم العوامل التي تثير الدافعية، وتعمل على زيادة نسبة المشاركة النشطة. فحرص المعلم واهتمامه بالتعلم، يساعد الطالب على المرور بخبرات وأنشطة تعلمية متنوعة وبشكل مستمر، ويعمل على دعم ما يشعرون بأنها عبارة عن التزامات فكرية، ويهتم بالتفكير بالقيم الخاصة بهم وبخططهم المستقبلية.

ب‌- تشجع الممارسات التدريسية السليمة على التعاون والتفاعل بين الطلبة: حيث يتم تعزيز التعلم النشط ودعمه عندما يتم على شكل جهد فريق جماعي وليس على هيئة عملٍ منفرد. فالتعلم الجيد كالعمل الجيد يكون أفضل عندما يتم بشكل تعاوني وفي جو اجتماعي، وليس في جو من التنافس السلبي أو الانعزال شبه التام. ويزيد العمل مع الآخرين في الغالب من المشاركة في التعلم والتفاعل ما بين الطلبة، ولا سيما في أفكارهم واستجاباتهم وطروحاتهم المختلفة، مما ينمي التفكير لديهم ويعمق فهمهم للامور والأشياء والحوادث والاعمال.

ج‌- تشجع الممارسات التدريسية السليمة على التعلم النشط: فالتعلم لا يمثل مجرد مشاهدة فعلية لمباراة رياضية مثلاً، حيث لا يتعلم الطلبة كثيراً بمجرد جلوسهم في الحجرة الدراسية، والاصغاء السلبي للمعلم، وحفظ المعلومات غيباً، والإجابة عن الأسئلة المطروحة، بل يجب عليهم بدلاً من ذلك الحديث عما قد تعلموه، والكتابة عنه بشكل جيد، وربط كل ذلك بخبراتهم السابقة، وتطبيقه في حياتهم اليومية، بحيث يجعلون ما تعلموه جزءاً لا يتجزأ من أنفسهم.

د- تعمل الممارسات التدريسية السليمة على تقديم تغذية راجعة فورية: فالالمام بما تعرفه وتحديد ما لا تعرفه يؤدي الى التركيز على التعلم، حيث يحتاج الطلبة إلى تغذية راجعة ملائمة ذات علاقة بأدائهم، حتى يستفيدوا فعلاً من المقررات الدراسية التي يتعلمونها. فعند بداية التعلم، يحتاج الطلبة إلى المساعدة في تقييم كل من المعارف والكفايات لكل منهم، حيث يحتاج هؤلاء إلى المزيد من الفرص التعلمية كي يتلقوا من المتعلمين الآخرين الاقتراحات والتوصيات من أجل التطوير أو التحسين. فالطلبة خلال التحاقهم بالمدرسة،

٤٧

بحاجة الى الكثير من الفرص التي تعكس بدقة ما قد تعلموه، وماذا يحتاجون لتعلمه، وكيف يمكنهم تقييم أنفسهم وتقييم ما تعلموه فعلاً.

هـ- تؤكد الممارسات التدريسية السليمة على الوقت الكافي والمطلوب للتعلم: فالوقت، إضافة إلى الطاقة المبذولة يساوي التعلم، حيث لا يوجد بديل للوقت المطلوب لأداء واجب التعلم المرغوب.

فتعلم كيفية استغلال الوقت جيداً من جانب الطلبة يمثل ضرورة حيوية لهم ولمعلميهم ايضاً، حيث يحتاج هؤلاء الطلبة إلى المساعدة في التعلم الفعال لاستغلال الوقت من جهة وتوزيعه على الموضوعات والمواد والانشطة الدراسية المختلفة من جهة ثانية. فتخصيص أوقات واقعية يعني تعلماً فعالاً للتلاميذ من ناحية، وتدريساً فعالاً للمعلمين من ناحية أخرى.

فمتى تمَّ تحديد الاوقات المطلوبة للتعلم والتعليم لكل من الطلبة والمعلمين والمديرين والمشرفين التربويين، فإن ذلك سيؤدي إلى تحقيق الانجاز الأعلى والأفضل لهم جميعاً.

و- تعمل الممارسات التدريسية السليمة على الوصول الى توقعات عالية: فإذا ما توقع الافراد بشكل أكثر دقة، وقاموا بالاستعداد اللازم لهذه التوقعات، فإنهم سوف ينجحون في تحقيق أهدافهم وتوقعاتهم. فالتوقعات العالية أو الطموحة مهمة لكل فرد، وبخاصة المعلم الذي كان إعداده الاكاديمي والتربوي ضعيفاً، أو إذا كان من الذين لا يرغبون في إجهاد أنفسهم، جنباً إلى جنب مع النشيط والذكي والمتحمس. فالتوقع بأن ينجز الطلبة إنجازاً كبيراً يصبح على شكل تعهد ذاتي ملزم، عندما يضع المعلمون والمسؤولون في المناطق التعليمية المختلفة توقعات عالية، مع بذل جهود إضافية من اجل تحقيق ذلك.

ز- تعمل الممارسات التدريسية السليمة على تقدير المواهب المختلفة وطرق التعلم المتنوعة: حيث توجد طرق عديدة للتعلم. فالناس يطرحون مواهب متنوعة وأنماط مختلفة من التعلم. فالطلبة الموهوبون غالباً ما يتركون آثاراً أو بصماتٍ واضحة عن أنشطتهم الفاعلة في المناقشات أو المختبرات أوقاعات الفن أو الأنشطة الرياضية وغيرها من الفعاليات النظرية أو العملية. وهنا فإنه يجب أن تتاح لهؤلاء الطلبة أن يُظهروا مواهبهم المتنوعة وأن يتعلموا بطرق ملائمة من اجل تعزيز هذه المواهب، وعلاج مواطن الضعف لديهم فيها.

وطرح بونك (Bonk, 2003) عشرة مبادئ أخرى للتعلم النشط تتلخص في الآتي:

1- توفر بيانات ومعلومات خام حقيقية كثيرة عن العديد من الموضوعات والحوادث والاشخاص والأشياء والأُمور، بحيث تكون تحت أَيدي الطلبة، يعودون اليها للتعلم

وللقيام بالأنشطة والمشاريع البحثية المتنوعة. وتبقى شبكة الانترنت وما فيها من مواقع لا نهائية هي الوسيلة الأمثل للحصول على المعلومات والمعارف المختلفة.

2- اعتبار المتعلم شخصاً مستقلاً من جهة ومستقصياً للأمور من جهة ثانية. فالنظر إلى الطالب خلال عملية التعلم على أنه شخص مستقل وينفرد عن غيره في القدرات والاهتمامات والحاجات والميول، يحتم على المعلم والمنهج المدرسي التنويع في المواد والمصادر التعليمية من جهة، وتشجيعه على تقصي الأمور أو اكتشافها إما بنفسه في بعض الأحيان أو مع زملائه في أحيان أخرى من جهة ثانية. فالاستقصاء يشجع المتعلم على المرور في خبرات تعلمية مباشرة كثيرة، والرجوع إلى مصادر معرفية متنوعة، والقيام بأنشطة فردية وجماعية مختلفة، ومواجهة المشكلات الحياتية والمدرسية المتعددة، ومحاولة التصدي لها وحلها بخطوات علمية دقيقة ومدروسة.

3- التركيز على اهتمامات الطلبة المفيدة وذات العلاقة: فمراعاة الاهتمامات المتنوعة للطلبة في القراءات، والمشاريع البحثية، والتقارير الشفوية والكتابية، وصنع الوسائل التعليمية، واجراء التجارب المخبرية، يمثل في الواقع حجر الزاوية لمبادئ التعلم النشط، لأن ذلك يعني وجود أنشطة متنوعة لاهتمامات طلابية مختلفة، مما يراعي في الوقت نفسه أحد الأسس المهمة للتعلم بصورة عامة، وهو مراعاة الفروق الفردية بينهم.

4- ربط مواقف التعلم النشط بالمعارف السابقة للطلبة: وهذا يتطلب من المعلم الناجح عند توفيره للأنشطة التعلمية المختلفة، أن تكون فيها مواقف وفعاليات يتم ربطها فعلاًبما تعلمه الطلبة سابقاً، حتى تصبح عملية التعلم الجديدة أكثر سهولة ويسراً وفهماً، في ضوء تطبيق ما يسمى بانتقال أثر التعلم Transfer of Learning.

5- توفر عنصر الاختيار وعنصر التحدي: فإتاحة الفرصة للطالب كي يختار من المناشط والقراءات والفعاليات الكثيرة ما يناسب قدراته وحاجاته وميوله، يمثل دعامة لنجاح التعلم النشط. وفي الوقت نفسه يمثل التحدي في مواجهة الصعوبات أو العقبات عنصراً آخر يركز عليه التعلم النشط، لأنه يشجع المتعلم على تحمل المسؤولية وإجراء كل ما يستطيع القيام به لحل المعضلات التي تواجهه يومياً.

6- اعتبار المعلم مُيسراً لعملية التعلم ومشاركاً للمتعلم: فالموقف الذي كان سائداً للمعلم في الماضي على أنه مصدر المعلومات والمعارف، لم يعد يناسب عصر الانفجار المعلوماتي الهائل هذه الأيام، ولا بد في ضوء المطالب الجديدة لهذا العصر، من أن يتعاون المعلم مع الطالب، وأن يتشارك معه في عملية التعلم، وأن ييسر عليه المواقف التعلمية كتوفير

المصادر والمواد التعليمية، وطرح الاسئلة التي تثير مهارات التفكير العليا، وتوجيههم إلى الكتب والمراجع والمصادر والوثائق المختلفة التي تراعي قدراتهم واهتماماتهم من ناحية، وتحقيق الأهداف التي يرغبون في تحقيقها هم ومعلموهم من ناحية ثانية.

7- التركيز على التفاعل الاجتماعي والحوار: فالتعلم النشط لا يكتفي بما يقوم به الطلبة داخل الحجرة الدراسية، أو حتى داخل أسوار المدرسة من أعمال أو انشطة أو فعاليات، بل لا بد من التدريب على الحياة اليومية العادية خارج المدرسة، وذلك عن طريق التفاعل الحقيقي مع أبناء المجتمع المحلي واقامة حوارات معهم. وهذا لا يكون إلا بتشجيع المعلم الناجح في تطبيق مبادئ التعلم النشط لطلابه على اجراء المقابلات أو الحوارات مع المزارعين أو عمال المصانع أوالتجار أو الموظفين، من أجل إنجاز بحوثٍ حسب مستوياتهم عن اعمال هذه الفئة الاجتماعية أو تلك، وما تواجهها من مشكلات، وكيفية التغلب عليها.

8- الاهتمام بالتعلم القائم على تعامل الطلبة مع المشكلات: ويأتي ذلك في ضوء الفوائد الجمة التي يكتسبها الطلبة من ذلك النوع من التعلم، كالبُعد عن الارتجالية والعشوائية عند مجابهة المشكلات الدراسية أوالحياتية، واعتماد اسلوب الاستقصاء أو البحث العلمي بالدرجة الأساس، والذي يقوم على الشعور بالمشكلة وتحديدها، وصياغة الفرضيات أو الحلول التجريبية المؤقتة، واختبار تلك الفرضيات في ضوء الأدلة الحقيقية، والوصول إلى الحلول أو القرارات النهائية، وتطبيق تلك الحلول أوالقرارات في مواقف تعلمية جديدة. ومن الفوائد الاخرى التي يجنيها الطالب من التعلم النشط الذي يعتمد اسلوب حل المشكلات، تحمل الغموض، وعدم اصدار القرارات بسرعة، حتى يتم الحصول على أدلة أكثر دقة وقوة، والتعاون مع الآخرين سواء الزملاء الطلبة أو المعلم أو أبناء المجتمع المحلي، مما يزيد من حالات التعارف عن قرب بمن يحيطون بهم.

9- اعتماد وجهات النظر المتعددة: فمن المعروف أن التعلم الذي يتوصل فيه الطالب إلى أكثر من رؤيا أو أكثر من وجهة نظر مع زملائه يكون أكثر فائدة له ولهم، على اعتبار أنه كلما تعددت وجهات النظر بين الطلبة، زادت المناقشات حدةً وقوةً بينهم، وتعرّف كل واحد منهم على وجهات نظر زملائه والمبررات أو الحجج التي تقف وراءها، مما يزيد من سعة الأُفق لديه، ويلمُ جيداً بالموضوع المدروس أوالقضية المطروحة.

10- الاعتماد على كل من التعاون، والتفاوض، والتأمل، كأسس مهمة للتعلم النشط: حيث لا يمكن نجاح فعاليات التعلم النشط بدون التعاون الحقيقي ليس بين الطلبة والمعلمين فحسب، بل وأيضاً بين الطلبة أنفسهم. ويمكن أن يظهر ذلك جلياً في المشاريع البحثية

المشتركة ، وفي التخطيط للرحلات أو الزيارات الميدانية، وعند إقامة المعارض العلمية أو الندوات الثقافية أوالمباريات والمنافسات الرياضية.

ويبدو أن اساس التفاوض Negotiation يبقى مهماً في التعلم النشط كلما زادت المناقشات حدة بين فريقين، أو كلما زاد الحوار عن الحدود المتوقع لها واصبح الخلاف في وجهات النظر كبيراً، بحيث يصعب الوصول إلى قرار أو نتيجة أو حل.

وهنا تظهر أهمية الدور الفاعل للمعلم الناجح ولبعض الطلبة الذين يمثلون قادة فعليين في لعب دور التفاوض بين الفريقين المختلفين، وذلك لتخفيف حدة الخلاف بينهم، والوصول إلى حلول وسط يتفق عليها الجميع.

أما التأمل Reflection فهو مطلب أساس للتعلم النشط، لأنه يقوم على التفكير العميق من جانب المتعلم في كل ما يمر به من خبرات تعلمية نظرية أو عملية، حتى لا يتم فهمها من جانبه فحسب، بل ويقتنع أيضاً بأهميتها له وجدواها في الحياة العامة.

تطبيق مبادئ التعلم النشط داخل الصف وخارجه

يمثل التعلم في الأصل طريقة نشطة. وقد طرحت مكدونالد MacDonald نظاماً للتعلم توضح فيه كيفية تطبيق استراتيجيات ومبادئ التعلم النشط داخل الحجرة الدراسية وخارجها.

ولكي يكون الفرد متعلماً فاعلاً، فان هناك واجبات معينة لا بد من انجازها في أوقات محددة، ضمن حلقة متواصلة من التعلم النشط. وهنا فإنه ينبغي التركيز على اربعة من الاطارات الزمنية ضمن النظام الدراسي والتي تتمثل في الآتي:

1- قبل الحصة الدراسية Before Class.

2- داخل الحجرة الدراسية وخلال الحصة In Class .

3- بعد انتهاء الحصة الدراسية مباشرة Right After.

4- بعد الحصة بفترة أطول نسبياً There After.

وفيما يأتي توضيح لهذه الإطارات الزمنية الأربعة:

أولاً: الانشطة المطلوبة من المتعلم قبل الدخول الى الحجرة الدراسية وبداية الحصة:

وتشمل هذه الانشطة ما يأتي:

1- معرفة ما يتوقع منك القيام به: ويتم ذلك عن طريق الرجوع إلى خطة المساق لتحديد المتطلبات والموضوعات الواجب تغطيتها في كل حصة درسية.

2- الاستعداد للقيام بالانشطة: ويكون ذلك كالآتي:

أ-مراجعة الملاحظات المدونة من الحصة السابقة.

ب-قراءة بعض المراجع أو الكتب أو المصادر التعليمية ذات العلاقة.

جـ-إتمام الواجبات المنزلية ذات العلاقة بالدرس الجديد.

3- تحديد أهدافك جيداً كي تكون متعلماً نشطاً خلال الحصة: فعليك كمتعلم نشط أن تتخيل ما تكون عليه من حيوية ونشاط داخل الحجرة الدراسية كي تتعلم بشكل أفضل، وذلك عن طريق الأسئلة المتنوعة وذات العلاقة بموضوع الدرس، وفهم مواد المحاضرة، واغتنام الفرص للبحث عن اجابة للأسئلة الممكن طرحها، وذلك عن طريق فهم ما تقرأ من مادة، وما تقوم به من واجبات منزلية متعددة، وذلك حتى يتم تحقيق الاهداف التربوية المرسومة لديك قبل بداية الحصة الدراسية.

ثانياً: الأنشطة المطلوبة من المتعلم داخل الحجرة الدراسية وبعد بداية الحصة:

وتتضمن هذه الأنشطة الآتي:

1- كن جاهزاً للإصغاء الايجابي: ويكون ذلك كالآتي:

أ-أُحضر مبكراً منذ بداية الحصة، وذلك حتى تسمع الملاحظات أو الارشادات الخاصة بمقدمة الدرس، مع تجهيز بعض الادوات والمواد التي تفيد في ذلك مثل القلم، ودفتر الملاحظات، والكتاب المدرسي المقرر، والآلة الحاسبة، وغير ذلك.

ب- كن مستعداً للقيام بعملية التركيز الذهني على ما يقال أو يطرح أو يناقش.

2- ركز على ما يدورفي المحاضرة داخل الحجرة الدراسية: ويكون ذلك عن طريق قبول سلوك المعلم ومظهره والأسلوب الذي يحاضر فيه، والابتعاد كلياً عن الاختلافات في وجهات النظر فيما يقال في هذه الفترة بالذات، على أن يترك ذلك لاحقاً عندما يحين وقت المناقشة وتبادل الآراء والافكار والمقترحات.

وقد اقترح ديون Dion عشر عادات جيدة للاصغاء يطالب بضرورة اتباعها، مع توضيح الفائدة التي يجنيها المتعلم اذا ما طبق كل واحدة منها.

وتتمثل هذه العادات الصالحة للاصغاء في اللوحة (1) الآتية:

لوحة (1)

العادات العشر للاصغاء الايجابي وما يمكن أن يجنيه المتعلم منها

الرقم	عادة الإصغاء	ما يكتسب منها
١	الاصغاء بدقة لما يمكن أن يكون فيه الفائدة لك.	1- الفعالية في الاصغاء.
٢	فهم ما يدور من كلام في المحاضرة.	2- الوضوح لما يدور.
٣	الاستماع للمحاضر وفهمهِ جيداً قبل الحكم عليه.	3- العقل المفتوح والموضوعية.
٤	الاصغاء للأفكار الرئيسية والمبادئ والمفاهيم.	4- الفهم الموسع.
٥	الاصغاء لمدة دقيقتين أو ثلاث دقائق على الأقل قبل أخذ أية ملاحظات.	5- القدرة على تشكيل المفاهيم والقدرة على التركيب.
٦	عدم محاولة الاسترخاء أثناء عملية الاصغاء حتى لا يكون سبباً في الشرود الذهني أو الشعور بالنعاس.	6- نظام ذاتي.
٧	انهض من مكانك وافعل أي شيء مثل فتح الشباك أو اغلاق الباب أو الطلب من المحاضر أن يتحدث بصوتٍ أعلى.. الخ.	7- الضبط والتجديد.
٨	تعلم كيف تصغي لما يقال عن المادة التعليمية أو الأمور أو المشكلات الصعبة.	8- المثابرة والمواظبة.
٩	اعمل على تحديد الكلمات الخاصة بك.	9- المعرفة الذاتية والموضوعية.
١٠	اعمل على تسريع عملية التفكير، بحيث تتوقع ما سيأتي، وتقارن بين الأشياء، وتحدد مدى تحيز المحاضر، مع ممارسة عملية تدوين أهم النقاط الواردة في المحاضرة.	10- المرجعية، والسرعة في تحديد الفرص المهمة للتعلم.

3- كن مصغياً نشطاً: ويتم ذلك كالآتي:

أ- الاصغاء بفعالية لتحديد الأفكار الرئسة والامثلة المختلفة.

ب- توقع ما يمكن للمحاضر أن يقوله بعد ذلك.

جـ- الاستفسار ومراجعة ما قيل سابقاً.

هـ- الجلوس ما أمكن في مقدمة الحجرة الدراسية من أجل جعل الاصغاء النشط أكثر سهولة ويسراً.

4- التدوين النشط للملاحظات: وذلك لأن أخذ الملاحظات يجعل الاصغاء سهلاً، مع ضرورة ممارسة هذه العملية، حتى تتمكن من الاصغاء والكتابة في وقت واحد.

ثالثاً: الأنشطة المطلوبة من المتعلم النشط بعد انتهاء الحصة مباشرة:

وتتمثل هذه الانشطة في الآتي:

1- العمل على مراجعة الملاحظات التي قمت بتدوينها: على أن يتم ذلك بسرعة، ما دام كل شيء لا يزال في الذاكرة، على أن تتأكد بأن كل ما كتبته من أفكارٍ ومعلومات مفهوم لديك. وبعد ذلك، فإن عليك أن تقوم بتعبئة الفراغات التي تركتها خلال تدوين الملاحظات وكتابة المزيد من التفصيلات وانت ما زلت تتذكر، والتي منعتك سرعة المعلم أو المحاضر في الحديث من كتابتها.

وإذا ما انتهيت من ذلك، فإن من الأفضل أن تضع خطوطاً تحت المعلومات المهمة أو علامات فارقة بجانبها كي يساعدك ذلك على تنظيم الملاحظات التي قمت بتدوينها، ثم اعمل على تلخيص محتوى الملاحظات إلى أفكار رئيسية وكلمات دالة أو كلمات مفتاحية Key Words في الهامش، مع تجنب كتابة الكلمات ذاتها، بل أفكاراً رئيسة عنها.

2- العمل على مراجعة ما تمت كتابته من ملاحظات: ويكون ذلك عن طريق استخدام الكلمات الدالة أو المفتاحية الموجودة في الهوامش من اجل بناء أسئلة متنوعة تغطي الملاحظات التي قمت بتدوينها عن المحاضرة وتعمل على اختبار مدى فهمك لما دار في تلك المحاضرة من معلومات وآراء وأفكار، وما طرح فيها من حقائق ومفاهيم وتعميمات ونظريات، ثم التأكد من مدى دقة كل ذلك.

3- التفكير في كل ما قمتَ بتدوينهِ من ملاحظات: وهذا يأتي عن طريق التفكير العميق بالمادة والملاحظات التي دونتها، وربط كل ذلك بما تعرفه من معلومات، ثم كتابة الاسئلة التي ما زالت تدور في ذهنك عن محتوى موضوع المحاضرة التي سمعتها والتي قمت بتلخيص أهم ما دار فيها، ثم قرر كيف ومتى يمكنك الحصول على أجوبة عن تلك الاسئلة.

مبادئ التعلم النشط وعناصره

رابعاً: الأنشطة المطلوبة من المتعلم النشط بعد المحاضرة بفترة معينة:

وتتضمن هذه الأنشطة الآتي:

1- مراجعة الملاحظات بانتظام: ويكون ذلك عن طريق تعزيز المادة التعليمية التي تعلمتها في ذاكرتك، حتى تتذكرها جيداً من جديد، وترفع من مستوى تذكرك لها من وقت لآخر، وذلك عن طريق المراجعة المستمرة والمنتظمة.

2- العمل على تضمين الخطوات الآتية في مراجعتك المنتظمة:

أ- القيام بعملية مسح قرائي لما تمت مراجعته.

ب- عمل مخطط شامل للمادة التعليمية التي تمَّ تدوينها أصلاً من المحاضرة.

جـ- إتقان كل قسم من أقسام المخطط الشامل، بحيث يكون الهدف العام لهذا الاتقان هو الفهم العميق وليس الحفظ.

د- إسأل نفسك الأسئلة التي وضعتها سابقاً، ثم اعمل على الاجابة عنها، مع تجنب استخدام إعادة القراءة كاستراتيجية للمراجعة.

هـ- فكر جيداً في وضع أسئلة امتحان عن المادة التعليمية، ثم أجب عنها.

و- فكر جيداً في طرح أمثلة عملية لما تعلمته من هذه الخبرة الواقعية.

3- إعمل على تنويع أسلوبك أثناء المراجعة: ويكون ذلك كالآتي:

أ-إعمل على اعادة ما تتذكره من أفكارٍ ونقاطٍ رئيسيةٍ بصوتٍ عالٍ، مع التأكد تماماً من دقة ذلك.

ب-أكتب ملخصاً من ذاكرتك لما دار في المحاضرة.

د-إعمل على تصميم نموذج لما يعتبر من المستحيل تذكره من المعلومات، مثل المعادلات الكيميائية أو الرياضية أو العلمية الطويلة، والقوانين المختلفة، والجداول، والقوائم، واللوحات، بحيث يمكن كتابتها وتلخيص ما يمكن تلخيصه منها.

4- اعمل على تنظيم مجموعات مناقشة وامتحان: ويكون ذلك عن طريق تحديد عدد الطلبة في المجموعة الواحدة، بحيث يقل عن ستة أفراد، مع إعداد نفسك للقاء المجموعة، والاهتمام بالأمور الاجتماعية خلال فترات الراحة بين المناقشات، على أن يتبع ذلك طرح اسئلة على المجموعة تارة والإجابة عن أسئلة يطرحها أعضاء تلك المجموعة من جهة، ومناقشة المفاهيم وحل بعض المشكلات من جهة ثانية.

5- استخدم المعلمين في مدرستك كمصادر معلومات إضافية: ويتم ذلك عن طريق وضع أسئلة تظهر من وقت لآخر اثناء مراجعتك لمحتوى المحاضرة التي تمَّ تدوينها، ثم اعمل على وضع جداول لمراجعة المادة الدراسية من وقت لآخر، والاستفسار من المعلمين، وطلب المساعدة منهم لتوضيح بعض الأمور التي ما زالت غامضة.

عناصر التعلم النشط

إن الطلبة مهما كانت مستويات اعمارهم، فإنهم بحاجة إلى وجود فرص للمشاركة في الأنشطة مع معلميهم ومع زملائهم ومع المواد التعليمية المتوفرة، بحيث يساعدهم ذلك على ايجاد بنية عقلية توفر لهم فهماً أفضل للعالم من حولهم.

وقد أشار بعض المربين إلى وجود أربع عناصر أساسية تمثل الدعائم المهمة لاستراتيجيات التعلم النشط، في حين يعتبرها فريق آخر طرق تدريس يتم فيها استخدام استراتيجيات التعلم النشط. وتتمثل هذه العناصر في الآتي:

1- الكلام والاصغاء.

2- القراءة.

3- الكتابة.

4- التفكير والتأمل.

وتتطلب هذه العناصر الأربعة أنشطة معرفية مختلفة تسمح للطلبة بتوضيح بعض الأمور، وطرح الأسئلة عليها، واكتشاف المعرفة المناسبة الجديدة ودعمها. وتعتبر هذه العناصر في الحقيقة مهارات نحن بحاجة لتطويرها من أجل خدمة الطلبة بشكل أفضل، إذا ما تمَّ عرضها وفهمها جيداً. وفيما يأتي توضيح لكل عنصر من هذه العناصر.

(1) **عنصر الحديث والاصغاء:** Talking and Listening Element

لا يوجد في العملية التعليمية التعلمية وأقطابها المتعددة وعلى رأسها الطلبة، من لا يمطر الآخرين بالكثير من الكلام والنقاش والأسئلة خلال الحياة اليومية.

ولكن لماذا يتم طرح عنصر الحديث أو الكلام على أنه جزء من عناصر التعلم النشط؟

لقد ذكر كل من مايرز وجونز (Meyers & Jones,1993) بأن الكلام يوضح التفكير، وهذا يعني أنه عندما نُعبر عن أنفسنا بصوت مرتفع، فإن لدينا توجه أو ميل لاستخلاص الافكار وتنظيم الفكر. فكم منا قد قال:

«أنا بحاجة إلى أن أتكلم» أو « أنا اتكلم من تفكير عقلي». فكل ما نفعله في الواقع هو تشكيل مجموعة كبيرة من الأفكار التي تدور في عقولنا، وهذا ما يجعل من الضروري للطلبة ان يتكلموا وينصتوا لبعضهم بعضاً، لأن هذا يتطلب منهم ربط أفكارهم بشكل جيد والعمل على تنظيم خطوات تفكيرهم.

وتوجد هناك طريقة مناسبة في هذا الصدد تسمى بطريقة حل المشكلات بواسطة التفكير بصوت مرتفع بين اثنين. وهنا يُعطى الطالب الأول مشكلة لحلها، حيث يقوم بقراءتها بصوت عالٍ والعمل على حلها عن طريق الحديث عنها. وفي الوقت نفسه يقوم الطالب الثاني بالاصغاء الإيجابي النشط، والذي يتطلب منه الاصغاء لما يقال عن المشكلة، مع المساعدة في تنظيم الافكار الشفوية وتوضيحها.

فمن المهم جداً بالنسبة لمن يعمل على حل المشكلة، أن يقوم بالتعبير اللفظي عن كل شيء يفكر فيه. ويتمثل الجانب الآخر من هذه العملية في تحديد طالب لديه خلفية معرفية جيدة عن المشكلة مع طالب ثانٍ يسعى للحصول على المزيد من المعرفة عنها لاقامة نصح وارشاد بينهم. ومن بين الانشطة الاخرى التي يمكن الاستفادة منها في هذا الصدد، السماح للطلبة بتشكيل مجموعات صغيرة تقوم بتلخيص أهم النقاط للواجب المطلوب منهم قراءتهُ لمادة تعليمية معينة.

ويمثل الاصغاء النشط جانباً كبيراً من هذه العملية. فإذا كان المطلوب من التلاميذ أن يتعلموا الحديث من خلال مواقف حل المشكلات، فإن عليهم أيضاً أن يكونوا قادرين على الاصغاء والتفاعل مع ما يقوله الآخرون. وهنا يعتبر الاصغاء واجباً صعباً لنا جميعاً كي نتعلمه، والذي لا بد من ممارسته. وفي الحقيقة، فمن النادر أن نقوم بعملية الاصغاء النشط باستمرار، ولكننا نحاول تشكيل تصور ما أو طرح أسئلة معينة.

وينصح بعض المربين وعلى رأسهم ماثيوز (Mathews, 2006) باستخدام اسلوب العصف الذهني لدعم هذا العنصر من عناصر التعلم النشط المتمثل في الحديث أوالكلام مع الاصغاء النشط في وقتٍ واحد. ويتم ذلك عن طريق الطلب من التلاميذ مناقشة مزايا وعيوب موضوع ما، ثم تقديم افكارهم الى الصف كله.

وللتأكد من مشاركة كل فرد في المجموعة، فإنه يطلب من كل تلميذ أن يقدم فكرة ما ويوضحها للآخرين. وهذا يعني أن أحدهم يتكلم ويقوم الآخرون بالاصغاء الايجابي النشط لفترة معينة، كي يبدأ دور الطالب المصغي بعد ذلك، ليطرح أسئلته، أو يعلق، أو يعقب، أو يضيف، أو ينتقد، أو

يعارض، أو يتفق مع زميله، كي يكون في موقع الحديث أو الكلام، ويكون غيره في موقع الاصغاء النشط، وهكذا دواليك، حتى يتحدث الجميع في أَوقات معينة ويصغي الجميع في أوقات أخرى.

واذا ما لاحظ المعلم وجود طالبٍ أو أكثر يسيطر على سلوكه الهدوء وعدم الكلام، فعليه أن يكلفه أو يكلفهم بأن يكونوا متحدثين رسميين عن زملائهم في مناقشات مختلفة قادمة، حتى يشجعونهم باستمرار على الحديث.

فتكليف المعلم للطالب الهادئ بالتحدث باسم جماعته عن موضوعٍ أو أمرٍ أو قضيةٍ ما، يُشعرهُ بتحمل المسؤولية، ويحاول أن يقوم بمهمة الحديث أو توجيه الحوار أو النقاش أو طرح الأسئلة، أو توجيه الارشادات أو النصائح، أو تنظيم عمل المجموعة، كي يؤكد للمعلم ولزملائه في المجموعة أو في المجموعات الأخرى بأنه قد قام بتحمل المسؤولية على أكمل وجه.

وتمثل تحمل المسؤولية مهارة من المهارات المهمة التي يسعى المعلم الناجح تدريب الطلبة عليها خلال توفيره للفرص الجيدة للتعلم النشط الذي ينمي عنصر الحديث وعنصر الاصغاء الايجابي في آنٍ واحد .

(2) عنصر الكتابة: Writing Element

يؤكد المربون أيضاً على أن الكتابة توضح ما يفكر به الفرد، تماماً كما يفعل عنصر الكلام أو الحديث. فالكتابة تسمح لنا، بل وتعمل على اكتشاف أفكارنا والتوسع فيها. كما أن الكتابة تدعم عملية التعلم النشط، ليس عندما تسمح للطالب أن يعيد كتابة أفكار الآخرين، ولكن عندما تغوص في أعماق تفكيره هو وتعمل على تنميته وتطويره.

وتوجد مجموعة مفيدة من التمارين والأساليب التي تدعم نجاح الكتابة في تحقيق أهدافها. ومن بين أهمها اسلوب (اكتب- تعلم- شارك) الذي طرحه المربي هارمن (Harmin, 1994) والذي يمكن تطبيقه بعدة طرق مختلفة. ومن بين هذه الطرق أن يقوم المعلم بطرح سؤالٍ معين. والطلب من التلاميذ كتابة ما يجول في خاطرهم للإجابة عنه. وما أن ينتهي بعض التلاميذ فقط، حتى يطلب من الجميع التوقف عن الكتابة وتشكيل مجموعات صغيرة لتبادل ما كتبوه من افكار، ثم طرح كل ذلك على طلاب الصف جميعاً.

فقد يطرح المعلم العربي على طلبة الصف العاشر مثلاً سؤالاً عن المعلومات والأشياء المطلوبة عند إنشاء حديقة عامة جديدة في القرية أو البلدة أو المدينة التي يعيشون فيها، ويطلب منهم القيام بعملية عصف ذهني Brainstorming ضمن مجموعات حول هذا الموضوع، وأن يكتبوا ما توصلوا

إليه من افكار وآراء بعد النقاش في كل مجموعة، مع طرح توصيات محددة من كل مجموعة إلى الصف كله.

وهنا يطلب المعلم من مقرر كل مجموعة قراءة الأفكار أو الآراء أو التوصيات التي توصلوا إليها، بحيث يتم تجنب ما تمَّ طرحه من إحدى المجموعات سابقاً، بحيث تكون الافكار المطروحة جديدة وابداعية.

ويتمثل دور المعلم هنا في كتابة ملخص لهذه الافكار على السبورة مع الاستمرار في المناقشة.

وتظهر نتيجة لذلك كتابات ضعيفة إلى جانب الكتابة القوية، وهنا يعتبر إعطاء الطلبة الضعفاء في الكتابة واجباً منزلياً كتابياً مع بعض الارشادات التي تشير إلى أن يوجهوا الكتابة إلى زملائهم. فعندما يوجه الطالب كي يكتب إلى زميله في الصف، فإنه غالباً ما يكتب بدرجة أكثر دقة ووضوحاً، أما عندما يكتب إلى أحد الاصدقاء خارج المدرسة فإنه يميل إلى الكتابة القريبة من المحادثة، ويخشى في الوقت نفسه من سوء الفهم لبعض الكلمات أو العبارات، مما يجعله حذراً في ذلك، بعكس الكتابة لزميل له داخل الصف، حيث يكتب كل ما يجول في خاطره من أفكار أو آراء أو انتقادات أو تعليقات مهما اختلفت عن وجهة نظره.

وهنا فإن على المعلم الناجح الذي يتيح لطلبته فرص التعلم النشط، أن يزودهم بالتعليمات والتوضيحات والتعريفات الخاصة ببعض الكلمات أو المفاهيم المهمة مثل التحليل أو الانتقاد، عندما يطلب منهم المعلم القيام بالكتابة.

فهل هاتان الكلمتان تعنيان الشيء نفسه عند الافراد المختلفين؟

لا شك أن بعض هذه المفاهيم التربوية المهمة ذات العلاقة بعنصر الكتابة ينبغي توضيحها جيداً للطلبة، حتى يكونوا على بينة تامة منها عند الكتابة، وهذه الكلمات أو المفاهيم هي:

- حللْ: اعمل على تجزئة المشكلة أو الشيء أو الأمر أو الحدث أو الموضوع أو المفهوم أو المادة التعليمية إلى أجزاء أو أقسام صغيرة وانظر إليها عن قرب.
- قارنْ: انظر إلى جوانب الشبه ونقاط الاختلاف في الأمر أو المشكلة، مع التركيز على الأُمور المتشابهة بينها.
- ناقض: انظر إلى نقاط الشبه وجوانب الاختلاف، مع التركيز على الأمور المختلفة.
- عَرِّفْ: وضح ماذا يعني الشيء المراد تعريفه تماماً.
- أوصفْ: وضح ماذا يبدو الشيء ولا سيما الخصائص الطبيعية له.
- قيِّمْ: إعمل على إعطاء حكمٍ قيمي بناءاً على بعض المعايير أوالمحكات.

- برزْ: جادل من أجل دعم شيءٍ ما من أجل إيجاد أسبابٍ مقنعة.
- برهن: مارس أو طبق الأُمور الصحيحة بالاعتماد على المنطق أو الحقيقة أو المثال.
- لخصْ: ضع النقاط الرئسية معاً في عبارات محددة.
- رَكبْ: اجمع المفاهيم أو الكلمات واربطها معاً في قالب جديد من بنات أفكارك.

ومن الأمور المهمة ذات العلاقة بالكتابة أن اصحاب العمل ينظرون نظرة ايجابية نحو الموظفين أو العمال لديهم الذين يمتلكون مهارات كتابة جيدة، مما يجعل من الضروري للمعلم الناجح أن يدرب الطلبة على أنشطة تعلمية كتابية فاعلة حتى تلبي احتياجات السوق المحلية.

(3) **عنصر القراءة:** Reading Element

تتطلب القراءة في العادة فهم ما يفكر به الآخرون، وهي تمثل في الواقع ايضاً أساس العملية التعليمية التعلمية. ومع ذلك، فإنه من الصعب الافتراض بأن الطلبة يفهمون جيداً القراءة الناقدة التي تتطلب عملية إمعان النظر بدقة، وتجميع الافكار، وتلخيص المعلومات، وفهم الأمور والمجريات من القراءة، وربط النقاط ببعضها، وتحديد الأخطاء المنطقية والرسائل المخفية، وتحديد الأولويات، وغير ذلك من أمور.

ومن أجل جعل الطلبة أكثر اهتماماً بالقراءة، فإن نتائج البحث التربوي والنفسي تقترح ضرورة تزويدهم بأسئلة معينة قبل القيام بعملية القراءة، حتى يجيبوا عنها من خلال القراءة، أو الطلب منهم تلخيص ما قاموا بقراءته كتابياً أو شفوياً، لأن مثل هذه التمارين أو الواجبات تؤدي في الغالب إلى فهم كبير لما تتم قراءته، لأنه لا بد لهم من التركيز والانتباه خلال قراءتهم للمعلومات، وذلك من أجل استخلاص المطلوب أو الاجابة عن الاسئلة.

ويتمثل الشيء الآخر المهم الواجب مراعاته خلال القراءة في عملية تدوين أو أخذ الملاحظات أو وضع الخطوط أو الدوائر حول الكلمات الدالة أو المفاهيم المهمة أو المفتاحية Key Words لأنها تلفت نظر القارئ اليها بشكل افضل. لذا، فإن المهم تزويد الطلبة بالتوجيهات التي تشجعهم على اكتساب المعلومات مما يقومون بقراءته.

ويطالب المعلم الناجح بأن يقرأ الطلبة فقرة أو مجموعة من العبارات ويطلب منهم التعليق عليها، كأن يقوموا بقراءة فقرة عن الاقتصاد العربي، على أن يتبع ذلك نشاط المعلم المتمثل في سؤال الطلبة عن خصائص ذلك الاقتصاد، ونقاط القوة فيه، وجوانب الضعف المحسوبة عليه، ورأيهم في عملية الاصلاح.

كما قد يطلب معلم اللغة العربية من الطلبة قراءة عدة اسطر من قطعة نصوص ويسألهم عن إعراب عدة كلمات فيها، مع التركيز على الاخطاء التي يقعون فيها، والمشكلات النحوية التي يعاني منها الطلبة عموماً، مع فتح المجال أمام الجميع كي يقوموا ببعض التعليقات أو التعقيبات عن اسباب ذلك، مع طرح بعض المقترحات لحلها أو للتخفيف من حدتها على الأقل.

(4) عنصر التأمل والتفكير : Reflecting Element

لقد أكد بعض المربين على أننا ندرك جميعاً كم هي مهمة فترات الهدوء التي نقضيها في التفكير العميق بأنفسنا وما يدور حولنا من أمور شخصية وأكاديمية. وهذا يجعل من المهم أن نوفر الوقت للطلبة كي يفكروا وأن يتأملوا بأية مادة تعليمية جديدة أو أي موضوع دراسي جديد يُطرح عليهم لأول مرة. ففترة التأمل هذه تسمح لهؤلاء الطلبة بفرز المعلومات وتصنيفها وفهمها بعمق، مع التفكير السليم في ربطها جيداً بما لديهم من معلومات ومعارف سابقة، وبناء أو تركيب معارف أو معلومات أو افكار أو أسئلة جديدة أكثر عمقاً.

وتمثل المذكرات اليومية طريقة متميزة لتشجيع عملية التأمل والتفكير وإدخالها الى المنهج المدرسي. فقد يطلب من التلاميذ عند العودة الى منازلهم واخذ قسط وافر من الراحة، أن يكتبوا ما دار داخل الحجرة الدراسية خلال اليوم المدرسي، وماذا تعلموا فعلاً، وماذا يشعرون في داخل انفسهم عند انتهاء الحصص الدراسية. فقد يطلب المعلم الناجح والحريص على تطبيق اساليب أو استراتيجيات التعلم النشط من تلاميذه القيام بالآتي:

أ- العمل على تلخيص ما دار في الحصة الدراسية.

ب-العمل على تحديد ما تعلموه أو فهموه منها.

جـ-العمل على تحديد الأُمور التي ما زالت غامضة لديهم منها.

د-العمل على تحديد المعلومات التي تعتبر مهمة ولم يحصلوا عليها.

وهناك اسلوب آخر يتمثل في الطلب من التلاميذ مناقشة أي موضوع غير متأكدين من فهمه، وذلك للاطمئنان على أنهم قد فهموه قبل اللقاء التالي. فاذا ما طُرح موضوع جديد ولم يستوعب الطلبة الموضوع السابق الذي له علاقة به، يزداد الغموض وعدم الفهم عند تناول المعلم للموضوع الجديد. ومن هنا فإن تشجيع الطلبة على مناقشة الموضوع أو المواضيع الغامضة لديهم، يزيد من فترات التفكير والتأمل في الأمور غير الواضحة لديهم، ويستفسرون جيداً عنها حتى تصبح واضحة.

وباختصار، فإن الكلام والاصغاء، والكتابة، والقراءة، والتفكير تمثل عناصر ضرورية للتعلم النشط داخل الحجرة الدراسية. وكل عنصر منها يعتبر جزءاً من العناصر الأخرى وتدعم بعضها بعضاً، وأن استخدام هذه العناصر سوف يساعد الطلبة على تعلم المادة التعليمية الجديدة وتحليلها ونقدها والتعبير عن افكارهم وآرائهم بالكتابة والحديث.

3

الفصل الثالث

خصائص كل من التعلم النشط والمتعلم النشط

- خصائص التعلم النشط.
- خصائص المتعلم النشط.

خصائص كل من التعلم النشط والمتعلم النشط

خصائص التعلم النشط:

لقد تناول المربون خصائص أو صفات التعلم النشط في العديد من المقالات، والكتب والبحوث التربوية، وقد تعددت هذه الخصائص وتنوعت بحيث شملت الآتي:

1- التركيز على مسؤولية الطالب ومبادراته في الحصول على التعلم واكتساب المهارات المختلفة: فصحيح أن للمعلم الدور المهم في العملية التعليمية التعلمية وتوجيه الطلبة وارشادهم إلى ما يفيدهم ويكسبهم المعارف والمهارات والاتجاهات المرغوب فيها، إلا أن مسؤولية الطالب في ذلك هي الأهم، وعلى كل من المعلم والطالب معا أن يدركا ذلك تماما. فمبادرة الطالب وقيامه بعملية التعلم بنفسه تجعله يمر بخبرات تعلمية مباشرة يصعب نسيانها، وتجعله يكتشف كثيراً من الأمور والمعلومات، ويكتشف معارف ومعلومات لا حصر لها، ويكتسب فوق ذلك مهارة تحمل المسؤولية ويطبقها عمليا، بحيث يشعر بالفائدة الجمة. وما أن يتم كل ذلك حتى يشعر بأنه اكتسب اتجاهات مرغوب فيها واهمها الاعتماد على النفس، والثقة بها، والسعادة لما يقوم به من خبرات تعلمية فردية.

2- الاهتمام باستراتيجيات التعلم وطرقة الواضحة، والتفكير والتأمل بخطوات التعلم وبالمهارات فوق المعرفية Metacognitive Skills: فالتعلم النشط يقوم في نجاحه أصلاً على الاهتمام بالاستراتيجيات والطرق المختلفة للتعلم والتي تزيد من مرور الطلبة بخبرات متنوعة ومفيدة، وتشجعهم على التفكير والتأمل ليس بعملية التعلم ذاتها فحسب، بل وأيضا بعمليات التخطيط المستقبلي لعمليات تعلم اكثر دقة وعمقاً تتطلب التفكير العميق الذي يحتاج الطلبة فيه إلى القيام بانشطة فردية وجماعية داخل المدرسة وخارجها تحت اشراف المعلم وتوجيهه.

3- الاهتمام بالانشطة والواجبات والمشاريع الهادفة، وتلك التي تركز على حل المشكلات، والاخرى التي توصل إلى نواتج تعلمية ذات قيمة. فالتعلم النشط لا يركزعلى كثرة الواجبات والمشاريع والانشطة فحسب، بل وأيضا على ضرورة تنوعها حتى تعمل على مراعاة ما بين التلاميذ من فروق فردية أولا، وتهدف إلى تحقيق أكبر عدد ممكن من الأهداف التربوية المنشودة ثانيا. كما تهتم هذه الأَنشطة والواجبات أيضاً بالخبرات التعلمية للطلبة، التي يتعاملون فيها مع مشكلات تعليمية وحياتية مختلفة حتى يحصلون بالفعل على نواتج تعلمية قيمة، بسبب المكاسب الكثيرة التي يكسبونها معرفياً عند الإلمام بأسباب هذه المشكلات ومدى اتساعها وكيفية مواجهتها ووضع الحلول المناسبة لها، إلى المهارات في التعامل مع المشكلات بمختلف انواعها، ثم إلى الاتجاهات التي يتمسكون بها كالمثابرة والموضوعية والتعاون والصدق مع الاشخاص والأَشياء والموضوعات والمشكلات المتنوعة.

4- اعتبار المعلم كميسر وموجه ودليل لكل من المعارف والمعلومات وليس مَصدراً لها، مما يتطلب اجراء مناقشات كثيرة بين المعلمين والمتعلمين: فالتعلم لا يكون نشطاً بالمستوى المطلوب، والمعلم يكون هو المحاضر والمزود للمعلومات معظم الوقت، والطالب يتلقى لها بشكل سلبي، بل إن للمعلم الدور الجديد الذي يتناسب مع مطالب القرن الحادي والعشرين، حيث مصادر المعلومات غير محدودة، ولابد للطالب من أن يكون الباحث عنها، والمكتشف للمزيد منها، والمتفاعل مع السهل والصعب من بينها، في الوقت الذي ييسر له المعلم السبل والوسائل التي يصل فيها إلى المعارف بشتى أنواعها، ويزوده بالارشادات الملائمة للبحث عنها والتعامل معها، مما يتطلب اجراء مناقشات كثيرة وبشكل يومي حول ذلك، حتى يطمئن المعلم على مسيرة طلابة الصحيحة، وحتى يطمئن الطلبة بأنهم يصلون إلى المصادر المطلوبة ويحققون الاهداف المنشودة.

5- الاهتمام بالتعلم الذي يعتمد على محتوى تعلمي أصيل وصحيح ومرتبط بمشكلات العالم الحقيقية: فمصادر المعرفة كثيرة ومتنوعة، والمعلومات فيها منها ما هو غث ومنها ما هو سمين، وما هو صحيح وموثوق به، وما هو مدسوس وغير دقيق، وما هو أَصيل وصادق، وما هو غير ذلك تماما، وما هو خيالي وما هو حقيقي.

وهنا تأتي خصائص التعلم النشط والناجح، التي تركز على المواد والمصادر والمحتويات التعليمية الصحيحة، والموثوقة، بعيداً عن تلك الزائفة التي لا تؤدي إلى المقصود من الاهداف.

كما يهتم التعلم النشط بالمشكلات الحقيقية التي يُعاني منها الطلبة ،أو المدرسة، أو المجتمع المحلي، أو الوطني، أو القارة التي يوجد فيها هؤلاء الطلبة، أو حتى العالم بأسرة الذي ينتسبون إليه. فالمشكلات الحقيقية تجعل الطلبة يشعرون أكثر بها ويتعاملون معها بنوع من المسؤولية الفردية والجماعية، ويدفعهم ذلك كله إلى بذل الجهود الكبيرة لحلها أو للتخفيف من حدتها على الأقل، لاسيما بعد أن يطلعوا على أبعادها ومخاطرها والفوائد الجمة التي تعود عليهم أو على مجتمعهم أو على العالم نتيجة التخلص منها.

6- الاعتماد على استراتيجيات تقييم موثوق بها من اجل الحكم على مهارات حقيقية وواقعية: فقد تعددت وسائل التقويم التربوية واجراءاته هذه الأيام. ونظرا لأن التعلم النشط يركز على التنويع الكبير في المشاريع والأعمال والمناشط والواجبات، فانه لابد من اختيار اساليب التقييم التي تتناسب مع كل نمط من انماط هذه الأنشطة حتى يتم الحصول على النتائج الأكثر دقة.

ولما كان التعلم النشط يركز في طبيعتهِ على اكتساب الطلبة للمهارات الواقعية الكثيرة، فان كل مهارة من هذه المهارات بحاجة إلى وسيلة تقييم خاصة بها. فقد تحتاج مهارة التفاعل مثلا إلى تطبيق اسلوب التقويم المسمى بالملاحظة، والذي يقوم فيه المعلم الناجح بملاحظة كل طالب ومدى تفاعله مع زملائه في الصف، في الوقت الذي تقاس فيه المهارة الفنية لادارة المعارض باعطاء الطالب المسؤولية للاشراف جزئيا على المعرض، ومهارة التمثيل في اعطائه فرصةً لتمثيل جانبٍ من مسرحيةٍ أو قصة، ومهارة التخطيط الكتابي في اعطائه فرصة لكتابة عناوين مجلة الحائط بأنماطٍ وأشكالٍ مختلفةٍ من الخط وجعل بقية زملائه يصدرون الحكم عليه، أو مهارات الرياضة البدنية لمراقبة الاداء ومقارنته بمعايير أو محكات معروفة عالميا، أو مهارة التفكير الناقد بمقدار ما يطرح من آراء وأفكار ناقدة أو استخلاص أفكار وآراء ووجهات نظر متعددة من الآخرين.

7- الاهتمام بالتعلم التعاوني Cooperative Learning: رغم ما للتعلم النشط من فوائد كثيرة وخصائص متميزة، إلا انه يهتم أيضا بالتعلم التعاوني الذي يمتاز بمجموعة من الخصائص مثل التفاعل الايجابي بين افراد المجموعة، بحيث يعتمدون فيه على بعضهم بعضاً لتحقيق هدفهم المنشود، وتحمل كل فرد في المجموعة للمسؤولية المنوطة به، والمتمثلة في المشاركة الفاعلة مع بقية افراد المجموعة، وحدوث تفاعل قائم على المواجهة بين الافراد ضمن المجموعة الواحدة وليس كل فرد على حدة، وتشجيع الطلبة على تنمية مهارات الثقة بالنفس، وتولي القيادة، وصنع القرارات، وادارة الاتصال بين الأفراد وقت حدوث الاختلافات في الآراء. ومن بين الصفات الأخرى للتعلم التعاوني الاهتمام بخطوات عمل المجموعات المتمثلة في صياغة الاهداف التي تسعى المجموعة إلى تحقيقها، وتقييم ما تم عمله بشكلٍ دوري منتظم وضمن المجموعة، وتحديد التغيرات التي يمكن القيام بها لزيادة فعالية المجموعة مستقبلا. كل هذا يتم بشكل أَفضل لو كان أَفراد المجموعة مختلفين في اهتماماتهم وميولهم وحاجاتهم وقدراتهم، لأَن الفائدة سوف تكون أكثر في حال وجود عدم تجانس بين الطلبة في المجموعة الواحدة (Abi Samra,2003).

8- يتم البناء المعرفي للطالب في التعلم النشط اعتماداً على الخبرات التعلمية السابقة واضافة المزيد منها بشكل حلزوني من اجل التعمق: فالتعلم النشط لا يتم في فراغ، ولا يبدأ مباشرة دون مراعاة ما مر به الطالب من خبرات سابقة، بل يتم تلمس الخبرات السابقة له والالمام بها عن طريق توجيه أسئلة متعددة هادفة للتعرف إليها، أو من خلال الطلب مباشرة منه بأن يتحدث عن نفسه لفترة كافية في تحديد أهم الأحداث أو الأنشطة أو

المشاريع البحثية، أو الخبرات التي قام بها منفردًا أو مع المجموعة أو المجموعات المختلفة. وهذا يتم في الغالب إذا كان المعلم جديداً أو أنه لا يعرف الطلبة، بينما تكون المسؤولية أخف إذا كان لدى المعلم خبرة جيدة عن كل طالب، مما يجعله خبيراً في التعامل معه، بحيث يحرص على توجيهه للتعامل مع المشكلات أو المعلومات أو المعارف التي تزيده تعمقاً وفائدة وبسرعة أكبر، اعتمادًا على الخبرات السابقة التي مر بها.

9- تتطلب المشاريع الناجحة في التعلم النشط الرجوع إلى مشاريع أُخرى ذات علاقة، والخروج خارج القاعات الدراسية لمشاركة الآخرين أو التعاون معهم: حيث أن من بين أَهم فعاليات التعلم النشط قيام الطلبة بالمشاريع البحثية المختلفة حسب مستوياتهم واهتماماتهم وقدراتهم، ولكن نجاح هذه المشاريع مرهون برجوع أَصحابها من الطلبة إلى مشاريع أو بحوث أُخرى سابقة ذات علاقة، وذلك من أَجل الاستفادة من أَهدافها واجراءاتها وعينتها وأَدواتها ونتائجها وتوصياتها، ولكي تربط نتائج بحوثها بما توصلت إليه البحوث السابقة من قبل.

ونظراً لتنوع هذه المشاريع البحثية وتشعب أَهدافها، فان التعلم النشط يشجع الطلبة على عدم الاقتصار على الحجرة الدراسية أو حتى المدرسة لإتمامها، بل لابد من الخروج إلى بيئة المجتمع المحلي والاستفادة من المكتبات أو المتاحف أو المؤسسات أو الوزارات أو الجمعيات أو المصانع أو المزارع، مما يجعلهم يميلون إلى مشاركة الاخرين والتعاون معهم لإكمالها بنجاح.

10 -وجود جانب اللهو البريء في فعاليات التعلم النشط: فمن بين الاهداف الكثيرة التي يسعى إليها التعلم النشط أَن يشعر الطالب بأنه يلهو في أشياء نافعة ويتسلى في تنفيذ فعاليات أو مناشط أو مشاريع مفيدة، والتي يعمل على إِنجازها أحيانا بنفسه وفي أَوقات كثيرة مع آخرين، مما يشعره بالسعادة والمرح والرضا لما يقوم به، رغم ظهور العديد من العقبات التي تعترضه لإتمام المطلوب منه في المشروع أو الواجب البيتي أو الواجب الصفي.

11- التركيز على الابداع والإلهام: حيث لا يكتفي التعلم النشط عند حد إنجاز أكبر عدد ممكن من الأَعمال أو المشاريع أو الفعاليات، بل يبحث عن المستوى الرفيع لها، الذي يؤكد حدوث الابداع بعينه، والذي يأتي في ضوء الإلهام الذي يتوصل إليه بعض الطلبة الذين يتمتعون بقدرات عقلية وفنية وبحثية ورياضية وعلمية عالية جداً، مما يجعل العمل الجماعي ضرورياً في كثير من الحالات، والعمل الفردي في بعض الحالات.

وعلى المعلم العربي الناجح الذي يسعى إلى توفير الفرص العديدة للتعلم النشط لطلبته أن يضعهم في صورة مهارات الإبداع الأربع المتمثلة في الاصالة والمرونة والطلاقة والتوضيح أو التفاصيل، وذلك من حيث خصائص كل مهارة منها وأهميتها وتطبيقاتها التربوية والحياتية، بالاضافة إلى توضيح مراحل الابداع المختلفة والتي تمثل مرحلة الالهام أهمها، وخصائص الشخص المبدع والعقبات التي تقف أمام إبداعات الطلبة.*

12- الاهتمام بالتغذية الراجعة المستمدة من الخبرات التعلمية: حيث تبقى التغذية الراجعة ضرورية لأي عمل تعليمي تعلمي، وذلك حتى يتم التأكد من السير حسب الخطوات المرسومة له. لذا، فان التعلم النشط يحرص على وجود تغذية راجعة عندما يمر الطلبة بخبرات تعلمية عديدة بعد قيامهم بانجاز أنشطةٍ متنوعة طلبها منهم المعلم في ضوء إرشاداته المختلفة، أو في ضوء مطالب الفعاليات أو المشروعات التي يقوم بها الطلبة.

ويأتي اهتمام التعلم النشط بالتغذية الراجعة الدقيقة، في ضوء الفوائد الجمة التي يحققها الطلبة والمعلمون، والتي يتمثل اهمها في التأكد من تحقيق الأهداف المرغوب فيها من جهة، وتحديد نقاط القوة لدى الطلبة من أجل دعمها ووضع اليد على جوانب الضعف في سبيل التخلص منها من جهة ثانية.

13- التركيز على مبدأ التحدي القابل للتنفيذ، مع وجود دعم مناسب، وتوقعات عالية: وهي من الخصائص المهمة التي يمتاز بها التعلم النشط، حيث يمثل التحدي للأُمور والمشكلات والأحداث والموضوعات الصعبة أمراً يركز عليه التعلم النشط، حتى يولد لدى المتعلم الشجاعة في مواجهة الصعاب وعدم الاستسلام للمواقف غير السهلة. ومع ذلك، فلا يترك التعلم النشط الطالب ضحية المواقف الصعبة للغاية أو المعقدة جداً، بل يفسح المجال له كي يتحدى الظروف أو الأحوال أوا لمواقف أو المشكلات التي يمكن حلها أو تنفيذ الخطوات التي يتم وضعها للتعامل معها بنجاح، حتى لا يصاب المتعلم بالإحباط نتيجة مواقف غير قابلة للتنفيذ، رغم كل صنوف التحديات التي يقوم بها.

صحيح أن توقعات المعلم الناجح من طلبة التعلم النشط تكون عالية في العادة ، إلاأن السقف لهذه التوقعات يجب أن يكون واقعياً أو عملياً، بحيث يمكن تحقيقها رغم صعوبتها،

---

* للاطلاع على المزيد من التفصيلات والامثلة الخاصة بالإبداع ومهارات التفكير الابداعي، يمكن الرجوع الى الفصول (11) و (12) و (13)و (14) و (15) و (16) من المرجع الآتي:

- جودت أحمد سعاده (2006). تدريس مهارات التفكير : مع مئات الأمثلة التطبيقية. الاصدار الثاني. عمان: دار الشروق، الصفحات من (241-35).

ولكن لا أن تكون مستحيلة التطبيق. ولا يتم ذلك إلا بالدعم المناسب من المعلم وادارة المدرسة وأولياء الامور وأبناء المجتمع المحلي، إذا تطلب الأمر ذلك.

14- الاهتمام بالمجالات الجسمية والعاطفية والعقلية للطالب: فالتعلم النشط لا يقتصر في اهتماماتهِ فقط على العناية بالناحية العقلية أو المعرفية للطالب عن طريق توفير مصادر المعرفة وايجاد الفرص للتعامل مع المواد والمصادر والوسائل التعليمية المختلفة، بل تبقى الأمور الحركية الجسمية والأمور العاطفية الوجدانية مهمة أيضا، لا سيما إذا عرفنا أن هذه المجالات الثلاثة تؤثر في بعضها بعضاً. فاذا كان الطالب يتمتع بصحة جسمية جيدة فانه سيكتسب المعارف، وسوف يشعر مع الآخرين، وسوف يكون نشطاً في أداء التدريبات والتمرينات العملية والحركية المختلفة. *

وهنا يأتي دور المعلم الذي ينبغي عليه أن يركز على صياغة الاهداف التعليمية المتنوعة من معرفية أو عقلية، إلى عاطفية وجدانية، إلى مهارية نفسحركية، وضمن مستوياتٍ متفاوتةٍ من السهل إلى الصعب كي تتناسب مع ما بين هؤلاء الطلبة من فروق فردية **.

15 - على المعلم استخدام طرق تدريس فعالة عديدة لنجاح فرص التعلم النشط: فصحيح أن التعلم السليم والفعال يجب أن يكون من مسؤولية الطالب بالدرجة الأولى، إلا أن استخدام المعلم الناجح للعديد من طرائق التدريس واساليبه وتقنياتهِ، ولا سيما التي تجعل المسؤولية الكبرى على المتعلم، تبقى مهمة جدا لنجاح التعلم النشط.

ويحتاج المعلم أحيانا إلى استخدام طريقة المحاضرة في التدريس، من أجل توضيح بعض المفاهيم الصعبة أو الأمور الغامضة لدى الطلبة، أو لتشجيعهم على القيام بمشروع معين أو بحثٍ محدد أو سرد قصةٍ أو حادثةٍ لها علاقة بموضوع الدرس. وهنا ينبغي على المعلم الالمام باجراءات تطوير المحاضرة في التدريس والتي تصل إلى عشرين نقطة مهمة، حتى تكون محاضرة فعالة وتساهم بالتالي في تحقيق أهداف التعلم النشط (سعادة، 1998).

---

* للاطلاع على المزيد من التفاصيل والأمثلة المتنوعة حول تأثير المجالات المعرفية والوجدانية والجسمية في بعضها بعضاً، يمكن الاطلاع على الفصل الرابع من المرجع الآتي:
- جودت أحمد سعاده (2004). المنهج المدرسي المعاصر. عمان: دار الفكر للنشر والتوزيع.
** للاطلاع على آلاف الأمثلة التوضيحية عن الأهداف في المجالات المعرفية والوجدانية والمهارية والحركية، يمكن الرجوع إلى الآتي:
- جودت أحمد سعاده (2005). صياغة الأهداف التعليمية في جميع المواد الدراسية (كتاب الخمسة آلاف هدف). عمان: دار الشروق.

خصائص كل من التعلم النشط والمتعلم النشط

وتتطلب مواقف التعلم النشط المختلفة أحيانا، استخدام المعلم لطريقة الحوار في التدريس، ولا سيما الحوار السقراطي الذي يتم فيه طرح سؤالٍ من معلمٍ أو من طالبٍ والرد عليه من طالب آخر، على أن يستمر الطرف الأول في طرح الاسئلة على الطرف الثاني مع التشجيع أو التعزيز، على أن يقوم الطرف الثاني بالاجابة وطرح سؤالٍ أو أكثر مقابل ذلك، حتى يتوقف الطرف الثاني عن الاجابة، فينتقل المعلم إلى الطالب الآخر .... وهكذا.

وقد يلجأ المعلم إلى الحوار القيمي أو الجدلي بين مجموعة الصف كله، بحيث يقسم ذلك الصف إلى قسمين متعارضين في وجهات نظرهما حول قضية جدلية أو قيمية ينقسم الناس إزاءها بين مؤيد ومعارض مثل موضوع الاستنساخ للاغراض العلمية. وهنا يطلب المعلم من أفراد المجموعة الأولى التي تؤيد الاستنساخ التداول فيما بينها لتحديد مبررات ذلك التأييد وكتابتها على ورقة، في الوقت الذي يطالب المجموعة الثانية التي تعارض ذلك الاستنساخ، المناقشة فيما بينها للتوصل الى المبررات المضادة التي ترفض الاستنساخ، مع تدوينها في ورقة منفصلة أيضاً.

اما دور المعلم، فيكون تشجيع المجموعتين على التفاعل، وذلك قبل بدء الحوار، وخلاله، وبعد الانتهاء منه،مع إدارة ذلك الحوار وتوجيهه لتحقيق الاهداف المنشودة . وما أن يبدأ الحوار الجدلي، حتى يركز كل طرف من المجموعتين على طرح الادلة التي تؤيد وجهة نظرها، على أن يبقى المعلم محافظاً على حياده بين الطرفين، ومشجعاً على الحوار النشط بينهما، ومخففاً من حدة الاختلافات، بحيث يخرج الطلبة من الطرفين في نهاية المطاف بفهمٍ واضحٍ لقضية الاستنساخ الجدلية، سواء من كان معها أو من كان ضدها.

وقد يطلب المعلم بعد ذلك من الجميع أداء واجب بيتي عما دار في الحوار، أو تكليف مجموعة من الطلبة لعمل لوحةٍ تشتمل على نقاط الاختلاف والتوافق بين الطرفين.

ويبقى استخدام المعلم الناجح للأسئلة السابرة أو العميقة، ولمختلف أَنواع الأَسئلة الأُخرى حسب مستويات تصنيف بلوم، وللأسئلة ذات الاجابة المغلقة والأخرى المفتوحة، أمراً مهماً لنجاح التعلم النشط. فالتنويع في الاسئلة ولا سيما التي يثير منها عمليات التفكير العليا، يمثل مهمة اساسية من مهمات المعلم الكفؤ الذي يسعى لتحقيق أهداف التعلم النشط.

ويكون لطريقة الاكتشاف دور أساس في التعلم النشط، على المعلم أن يراعيه جيداً، لأن الكثير من الموضوعات الدراسية تتطلب قيام الطلبة انفسهم باتباع طريقة الاكتشاف تحت اشراف المعلم، حيث يتطلب التعامل مع أي موضوع دراسي تحديد عددٍ من الأَنشطة التي يسعى الطلبة إلى القيام بها ودعمها بالأَدلة التي تؤكد نجاح ذلك النشاط، ولا سيما فيما يسمى بالاكتشاف الموجه. اما

الاكتشاف الحر فيترك المجال للطالب فيه كي يكتشف بنفسه الأشياء أو المعلومات أو الحلول، ويمكن له الرجوع إلى المعلم إذا ما واجهته مشكلة أو إذا أراد الاستفسار عن أمر ما.

وتظل طريقة حل المشكلات من طرق التدريس الفاعلة التي يجب على المعلم الناجح استخدامها من وقت لآخر على بعض الموضوعات التي تمثل مشكلات حقيقية يواجهها الطلبة، أو يواجهها أبناء المجتمع المحلي.

وهنا يلجأ المعلم الحريص على توفير فرص التعلم النشط إلى توضيح خصائص طريقة حل المشكلات وصفات الشخص الجدير بحل المشكلة، مع بيان خطواتها الخمس من الشعور بالمشكلة وتحديدها، إلى وضع الفرضيات أو الحلول التجريبية المؤقتة، إلى اختبار الفرضيات بالادلة المختلفة، إلى الوصول إلى الحلول الدقيقة، ثم تطبيق الحلول في مواقف تعلمية اخرى جديدة.

ويحرص ذلك المعلم ليس على توضيح هذه الخطوات والرد على استفسارات الطلبة حولها فقط، بل لابد من تطبيقها ضمن فعاليات عديدة وأنشطة متنوعة تحقق أهداف التعلم النشط المرسومة. ويتم ذلك في الغالب بالتخطيط لاستخدام نظام المجموعة لكل خطوة، مع الوصول إلى نتائج كل خطوة بعد الرجوع إلى المصادر التعليمية المتنوعة التي تغطي ذلك.

وتبقى طرق تدريس أُخرى عديدة يمكن للمعلم الحريص على التعلم النشط أن يقوم بتطبيقها مثل طريقة المناقشة القصيرة أو الطويلة، وطريقة القصة، وطريقة المشروع، وطريقة التمثيل، وطريقة لعب الدور، وطريقة المحاكاة، وطريقة التعلم الذاتي.

خصائص المتعلم النشط

بقدر ما اهتم المربون بالتعلم النشط وخصائصه أو صفاته المختلفة، بقدر ما أَفردوا اهتماماً آخر إلى المتعلم النشط وصفاته المتعددة، حتى يستطيع كل طالب جعلها كمعايير أو محكات يقيس نفسه بما يقوم به من أنشطة تعلمية ناجحة. وتتمثل خصائص المتعلم النشط في الآتي:

أ) **منتظم في حضور الحصص والفعاليات والأنشطة المختلفة:** وفي هذا الصدد فانه:

- يأتي في الوقت المحدد للحصص أو الفعاليات أو المناشط.
- وإذا ما اضطر للغياب، فانه يجد من الواجب عليه أن يخبر المعلم بذلك.
- ويكون عذره عن الغياب شرعي ومعقول.
- ويشعر بالمسؤولية الشخصية في الالمام بما تم من شروح أو توضيحات أو مناقشات في غرفة الصف، وما تمت تغطيته من مادة دراسية، وما تم تعيينه من واجبات منزلية نتيجة غيابه طيلة ذلك اليوم.

ب) يحاول المتعلم النشط استغلال أية فرصة تلوح أمامه للنشاط أو التعلم أو الخبرة المباشرة الهادفة. فما أن يعلم بوجود مجال للتعلم حتى يسرع للاستفادة من ذلك. كما أنه يهتم بالعلامات أو الدرجات أو التقارير التي يحصل عليها من وقت لآخر ويسعى جاهداً لتحسينها. كما أنه غالبا ما يقوم بأداء الواجبات الاختيارية التي يسعى الآخرون لاهمال جانب منها.

ج) يشارك المتعلم النشط بفعالية في المناقشات الصفية: فحتى لو كانت مشاركاته الأَولية في المناقشات مع زملائه الطلبة ومع المعلم، فان المتعلم النشط يعمل على الاستفادة مما يدور وما يطرحهُ بقية الطلبة من أسئلة وافكار وآراء، يقوم بأخذ زمام المبادرة في مرات تالية كثيرة للرد على الاسئلة والتعليق على ما يقوله الزملاء، ويتفق معهم تارة ويختلف تارة اخرى، ويستفسر، ويضيف، ويعلق، ويعقب، ويطرح الافكار أو يلخصها شفويا، ضمن مناقشة فاعلة داخل الحجرة الدراسية.

د) يقوم المتعلم النشط بتسليم الواجبات أو البحوث بشكل نظيف ودقيق ومرتب: فهو يبذل الوقت الكافي لاخراج الواجبات المنزلية أو المشاريع البحثية أو التقارير المكتوبة بشكل دقيق وأنيق، ويُعطي الانطباع عن مدى الاهتمام ليس في الدقة فحسب، بل وفي الترتيب والنظام والاخراج ايضا، إلى درجة أنه يشعر بالفخر لما يقدمه أو ينتجه من أنشطةٍ مكتوبة.

هـ) يكون المتعلم النشط منتبها لما يدور في فعالياتٍ داخل غرفة الصف: فاذا ما كان هناك توضيح من جانب المعلم، أو تقرير شفوي من جانب أحد زملائه، فان انتباهه يكونُ منصباً لما يدور وما يقال، واذا ما كانت عملية الحوار بين اثنين من الطلبة أو بين المعلم وواحدٍ من طلابه، فهو لا ينظر خارج شباك الصف، ولا ينشغل بالقراءة، أو يعمل على فتح مجلة ما، أو يتعامل مع الحاسوب، أو يقوم بمخاطبة الاخرين عبر الانترنت، أو الحديث الجانبي مع أحد زملائه، وانما يعطي اهتماماً كبيراً لما يتم قوله أو فعله، حتى يفهم، ثم يسأل، ثم يناقش عن وعي ودقة.

و) المتعلم النشط والناجح هو من ينهي جميع الواجبات المطلوبة منه: فحتى يوصف المتعلم النشط بأنه ناجح، فان عليه أن يتم الواجبات أو المهام التي توكل اليه داخل غرفة الصف، وتلك الواجبات أوا لمهام المفروض أن ينجزها خارج المدرسة وفي البيئة المحلية، أو تلك الواجبات المنزلية.

ز) المتعلم النشط هو من يقوم بتحمل مسؤولية تعليم نفسه بنفسه: ففي عالم اليوم الذي تنتج فيه ملايين الكتب والمقالات والابحاث واللقاءات والندوات والمؤتمرات العلمية في مختلف مصادر المعرفة وميادينها شهرياً في قارات العالم الخمس، يصبح من الصعب على المعلم الالمام بكل ذلك مهما كان مجال تخصصه، مما يجد الطالب أنه من الواجب عليه أن يتحمل المسؤولية الأولى في تعليم نفسه بِنفسِهِ، والتعامل مع جميع مصادر المعرفة والمعلومات المتاحة بحيوية وكفاءة عاليتين، حتى يكتشف الكثير نفسه بنفسه، ويبني على خبراته التعلمية السابقة خبرات اخرى جديدة. ومع

ذلك، فان دور المعلم يبقى مهماً للغاية، حيث ينبغي إتاحة الفرص الكثيرة للطالب كي يتعلم ويقوم بتوجيههِ وارشاده.

ح) يفضل المتعلم النشط التعلم بالعمل: حيث لا يكتفي المتعلم النشط والناجح بالقراءة والكتابة فحسب، بل يرغب أيضا في المناقشة مع المعلم، أو مع زملائه، أو مع الوالدين، أو مع ابناء المجتمع المحلي. كما أنه يميل أيضاً إلى تطبيق ما يتم فهمهُ أو ممارسته في أرض الواقع، حتى يمر بخبرةٍ تعلميةٍ واقعيةٍ يعصب عليه نسيان التعلم.

ط) يفضل المتعلم النشط أن يتعلم عن طريق التفكير: فلا يكتفي المتعلم النشط بما يسمع من المعلم أو من الآخرين، ولا يقبل الاراء أو الافكار على علاتها، بل دائما يقول: دعنا نفكر جيداً في الامر، حيث يأخذ بالتفكير العميق في جوانب القضية أو المسألة أو المشكلة أو الموضوع أو الرأي أو الفكرة، طارحاً عدة أسئلة عن طبيعة الشيء لنفسه أولاً، ثم يلجأ إلى زملائه أو إلى المعلم فيما بعد، في ضوء التفكير العميق، كي يصل إلى قناعة عن الأمر ثانياً وأخيراً.

ي) يشعر المتعلم النشط بالارتياح من خلال العمل الجماعي: فرغم أن المتعلم النشط يدرك المسؤولية الملقاة على عاتقه كي يتعلم بمفرده تحت اشراف معلمه، إلا أنه يجد متعة وارتياحاً في العمل مع الاخرين في مشاريع جماعية بحثية أو فنية أو مهنية أو رياضية، لأنه يستفيد من آراء زملائه ومن مناقشاتهم ومن إبداعاتهم. كما أنه يعمل على تنقيح الافكار التي يؤمن بها عندما يضعها على المحك مع آراء الاخرين، فيسمع منهم، ويطرح ما عنده، فتتلاقح الافكار معاً، و يخرج بنتيجةٍ أو رؤيا أفضل مما كان لديه من قبل.

وتبقى مسؤولية المعلم هنا كبيرة، حيث ينبغي عليه توفير فرص التعلم للطلبة من خلال المجموعات، سواء داخل الحجرة الدراسية عند الرغبة في مناقشة موضوع والوصول إلى استنتاجات معينة، أو عند إجراء بحوثٍ جماعية داخل المدرسة أو خارجها، مع تشجيعهِ المتواصل للطلبة على ذلك.

4

الفصل الرابع

التشجيع على التعلم النشط

- وجهة نظر للتشجيع على التعلم النشط.
- وجهة نظر ثانية للتشجيع على التعلم النشط.
- وجهة نظر ثالثة للتشجيع على التعلم النشط.
- تشجيع التعلم النشط داخل المنزل.
- دور الوالدين في تشجيع التعلم النشط لدى الاطفال الصغار.

وجهة النظر الأولى للتشجيع على التعلم النشط

لا يتم التعلم النشط في فراغ بالنسبة للطلبة بالذات، ولا ينبغي على المعلم أن يقتصر على عملية التخطيط للتعلم النشط أو عملية تنفيذه فحسب، بل عليه كذلك الاهتمام بتوفير أو تطوير وسائل التشجيع على عملية التعلم النشط والعمل على تطبيقها داخل الحجرة الدراسية، وذلك من أجل التأكد من أن التلاميذ يشتركون بحيوية وفاعلية في عمليات التفكير، ولا سيما عند التعامل مع محتوى المنهج المدرسي وموضوعاته المختلفة.

وتبقى المناقشة الفعالة وسيلة مهمة لتشجيع الطلبة على التعلم النشط ، لا سيما وأنها تصلح للتعامل مع الكثير من الموضوعات في مختلف ميادين المنهج المدرسي العلمية والأدبية والعملية الميدانية.

ولكي يتم التشجيع الصحيح على التعلم النشط بعد المناقشة أو عمل المجموعات الصفية، فإن على المعلم أن يشجع الطلبة على القيام بالأتي:

1- تلخيص ما دار من نقاش بين المعلم والطلبة :

حيث يمثل ذلك نشاطاً مهماً يستخدم فيه الطالب ليس تذكر ما دار من تفاعل داخل الحجرة الدراسية فحسب ، بل وايضاً تلخيصها في نقاط أو افكار أو محاور أو موضوعات، تجعل كل طالب يستخدم مهاراته الكتابية المتنوعة في إعطاء نبذة مختصرة ومركزة عما دار في المناقشة من آراء.

كما تزيد أهمية هذه الخطوة في أنها تكون بلغة الطالب الخاصة وليس بلغة المعلم أو الكتاب المدرسي، مما يؤدي فيما بعد إلى التنوع الواضح في كتابات الطلبة وملخصاتهم التي يعملون على تدوينها في كراساتهم، واستيعابهم لما دار من نقاش. وسوف يجد المعلم بلا شك نوعاً من التفاوت في هذه الملخصات بين ما هو قوي ودقيق، وما هو ضعيف يحتاج الى دعم.

ويمكن للمعلم في هذه الحالة إما أن يأخذ عينات من كتابات الطلبة ويقوم بقراءتها أمامهم والتركيز على نقاط القوة وجوانب الضعف فيها حتى يتعلم الطلبة منها ، وإما أن يأخذها الى البيت ويقوم بقراءتها جميعاً ووضع الملاحظات عليها من ايجابيات وسلبيات ويعيدها الى جميع الطلبة كي يستفيدوا من ملاحظات معلمهم التي تمثل في الحقيقة تغذية راجعة دقيقة.

ومن الأفضل للمعلم والطلبة أن يتبع عملية توزيع الأوراق، مناقشة نقاط القوة المشتركة وجوانب الضعف العامة في كتابات الطلبة وملخصاتهم جميعاً، وكيفية العمل على التمسك بمجالات القوة، والتخلص من نقاط الضعف مستقبلا، مما يحقق الكثير من الاهداف التربوية التي يسعى المنهج المدرسي لتحقيقها، والاهداف التدريسية التي يهتم المعلم بالوصول إليها، والاهداف التعلمية التي يطمح الطلبة إلى بلوغها بنجاح، مما يجعل العملية التعليمية التعلمية اكثر نشاطاً وحيوية.

2- توضيح أو تفصيل ما قيل في المناقشة:

فإذا كان مجال التشجيع على التعلم النشط خلال النقطة السابقة قد تركز على تلخيص ما دار في المناقشة كتابيا، حتى ينمي مهارة الفهم العقلية المعرفية من جهة ومهارة الكتابة الادائية الحركية من جهة ثانية، فان مجال التشجيع في هذه النقطة يدور حول توضيح ما جرى في المناقشة شفهياً، حتى تتم تنمية مهارة المحادثة والكلام بين الطلبة.

وتوجد أهداف تربوية وتعليمية يمكن تحقيقها وراء توضيح ما قيل في المناقشة تتمثل في الآتي:

- التأكد من مدى اكتساب الطلبة للعديد من المعارف والمعلومات المفيدة.
- مراجعة العديد من النقاط التي تم طرحها.
- ربط الافكار والآراء والمعلومات التي تم تداولها ببعضها.
- تنمية مهارة المحادثة بين الطلبة ولا سيما الذين يسيطر عليهم عنصر الخجل.
- تنمية مهارة الاصغاء الايجابي من جانب من لا يتحدثون مؤقتا، حتى يستوعبوا ما يقال بفهم عميق، والبناء على ذلك معرفياً.
- إضافة تفصيلات لما دار في المناقشة تقوم على تفسيرات الطلبة وآرائهم فيما يتم طرحه من أفكار أو آراء.
- تنمية مهارة تحمل المسؤولية في أخذ كل طالبٍ الدور المناسب للحديث أمام زملائه لفترة أطول نسبيا من مرات سابقة، وذلك من أجل إضافة تعليقات أو تعقيبات على ذلك، مما يكسب طبيعة التعلم النشط حيوية أكثر.
- تنمية احترام كل طالب لآراء وأفكار زملائه عند الحديث، حتى في حالة الاختلاف في وجهات النظر.
- وضوح الصورة بشكل تفصيلي جديد عما دار في المناقشة، وذلك لمن لم ينتبهوا جيداً، أو لمن انشغلوا مع زملائهم في جزئية من المناقشة.

3- ربط ما قيل عن محتوى معين أو عن قضية ما بخبرات الطلبة ومعارفهم السابقة:

فحتى يكون التعلم نشطاً بدرجة أفضل في ضوء تشجيع الطلبة على ممارسته أو تطبيقه، فانه لابد من تشجيعهم على ربط ما دار عن بعض القضايا أو الموضوعات من حديث، بما لديهم من معلومات أو معارف أو خبرات تعلمية أو حياتية سابقة، لأن ذلك يُسهم في إنجاح عملية ما يسمى بانتقال أثر التعلم **Transfer of Learning**، مما يجعل الطالب يتعلم بشكل أسرع وأسهل، فينتقل بالتالي من السهل إلى الصعب ثم إلى الأكثر صعوبة.

وما دام قد تمَّ بالفعل ربط المعلومات الجديدة بالسابقة لدى المتعلم، فانه يعمل على بناء على ما هو جديد عليها، وغالبا ما يكون هذا الجديد اكثر عمقاً، بعد أن يستفسر الطالب عن جوانبه المختلفة، وربما يعود إلى بعض المراجع والدوريات العلمية ذات الصلة، حتى يتوسع عن جوانب الموضوع أو القضية المطروحة.

وقد يحاور الطالب أو يناقش زملاءه أو معلمه معتمداً على ما لديه من معارف سابقة عن القضية أو المسألة، ويستمع في الوقت نفسه إلى ما يقوله الآخرون، مستوعباً لما يقال، ومحللاً لجوانبه المختلفة، ومنتقداً لما يُطرح أحيانا، حتى يحصل على رد الفعل من الزملاء، كي تكتمل الصورة الملائمة لديه.

4- طرح أمثلة لتوضيح أو دعم ما تمت مناقشته:

فمن بين أساليب تشجيع المعلم للطلبة على التعلم النشط، أن يطلب منهم طرح أمثلة علمية أو حياتية لدعم الأمور التي تمت مناقشتها. فطرح الأمثلة التوضيحية له دلالات عديدة تتمثل في الآتي:

- تؤكد على مدى فهم الطالب للأمر أو القضية أو المسألة التي يدور حولها النقاش.
- تعمل على تسهيل عملية استيعاب الطلبة الآخرين لما تتم مناقشته، في ضوء طرح الأمثلة التوضيحية.
- تربط موضوعات المنهج المدرسي المختلفة بالحياة اليومية، وذلك عن طريق الأمثلة الحياتية المتنوعة ذات العلاقة بالقضايا المطروحة للنقاش.
- تبعد الملل عن نفوس الطلبة عند مناقشة موضوعات أو مشكلات أو قضايا مختلفة، وذلك عند طرح الامثلة المرتبطة بها.
- تجعل المناقشة أكثر حيوية للطلبة، وتشجعهم على استخدام الأَمثلة، ليس في المناقشة فحسب، بل وفي أَحاديثهم المختلفة، وفي الامتحانات اليومية أو الشهرية أو الفصلية، وفي المشاريع البحثية المتعددة.

5- ربط المفاهيم الواردة في المناقشة ببعضها:

حيث يتم في العادة طرح الكثير من المفاهيم خلال أية مناقشة فعالة، يكون بعضها مفاهيم علمية، واخرى رياضية وفنية، وثالثة سياسية، ورابعة دينية، وخامسة لغوية نحوية، وسادسة تاريخية، وسابعة جغرافية، وثامنة اقتصادية، وتاسعة ثقافية، وعاشرة اجتماعية، وغيرها من انواع المفاهيم الكثيرة.

وحتى يكون التعلم نشطاً بالفعل، فان على المعلم الناجح أن يشجع الطلبة على رصد المفاهيم المتنوعة التي يتم طرحها في المناقشة أولا، مع العمل على ربط تلك المفاهيم ببعضها بشكل دقيق ثانيا.

وتتم عملية الربط عن طريق تشجيع الطلبة على تعلم أن مفهوم (الخلية) مثلاً هو مفهوم علمي له علاقة وثيقة بما تردد من مفهوم علمي آخر خلال المناقشة وهو مفهوم (الإنسان) وبمفهوم آخر هو مفهوم (الحيوان) وبمفهوم ثالث هو مفهوم (النبات)، وأن المفهوم التاريخي (معركة) مثلاً الذي طرحه أحد الطلبة، له علاقة وثيقة بمفهوم جغرافي هو (الموقع) وبمفهوم ديني هو (الايمان). فمثلا كان الموقع الجغرافي لكل من معركة بدر ومعركة اليرموك في التاريخ الإسلامي علاقة وثيقة بانتصار المسلمين فيهم،ا اضافة إلى مفهوم (الايمان) الديني. فسيطرة المسلمين على مياه نبع بدر في المعركة الأولى وعلى مياه نهر اليرموك في المعركة الثانية ومنع المشركين في الأولى والروم في الثانية من الوصول إليهما، اضافة إلى الايمان القوي لدى المسلمين والرغبة في نشر الدين الإسلامي، وأن من يُقتل في سبيل اللـه يعتبر شهيداً وأن مثواه في الآخرة هو الجنة، ساهم كله في صنع الانتصار في المعركتين، مما يمكن للمعلم ان يربط بين مفاهيم تاريخية وأُخرى جغرافية وثالثة دينية، ويساهم بالتالي في استيعاب الطالب لمجالات الحياة المختلفة.

كما ينبغي على المعلم الحريص على توفير فرص التعلم النشط أن يشجع الطلبة على ربط المزيد من المفاهيم الاخرى الواردة في المناقشة. فمثلا، نجد أن مفهوم (شغب الملاعب) يعتبر مفهوما مهماً في التربية الرياضية، ولكن له علاقة وثيقة بمفهوم (ثقافة المجتمع) من الناحية الرياضية. فكلما آمن افراد المجتمع بأن الألعاب الجماعية متعة للناس وأن الهدف النهائي ليس الربح أوا لخسارة فقط، بل وأيضاً الاستمتاع بفنون الالعاب الرياضية، وأن تشجيع فريق معين يمثل ظاهرة صحية وثقافية واجتماعية ولكن ضمن حدود القوانين والانظمة والاخلاق، وأن الاعتراف بالهزيمة في لعبة معينة يمثل أدباً رياضياً ينبغي الالتزام به، مما يؤدي إلى التقليل من التأثير السلبي لظاهرة شغب الملاعب.

كما يرتبط مفهوم شغب الملاعب أيضاً بمفاهيم صحية عديدة مثل الكسور، والجروح، والنزيف، والاغماء، والاسعاف، والمستشفى، والدواء، والاصابة، والشفاء، وبمفاهيم اجتماعية وقانونية واقتصادية اخرى مثل الشتم والتخريب، وتدمير الممتلكات، والتحقيق، والقضاء، والعقوبة، والسجن، ودفع الغرامات، وغيرها، مما ينبغي ربط كل ذلك معاً.

ومن الضروري أن يلم المعلم بالنماذج العالمية لتدريس المفاهيم المختلفة مثل نموذج ميرل- تنيسون Merrill & Tennyson Model ونموذج برونر Bruner Model ونموذج جانييه Gagne

Model ونموذج كلوزماير Klausmier Model ونموذج هيلدا تسابا Hilda Taba Model* والتي يركز بعضها على الطريقة الاستنتاجية (أي الانتقال من العام إلى الخاص) في حين يركز بعضها الاخر على الطريقة الاستقرائية (أي الانتقال من الخاص إلى العام)**.

6- اعادة صياغة التعليمات أو الواجبات المختلفة بلغة الطالب الخاصة:

يبقى دور المعلم أساسيا في تشجيع الطلبة على التعلم النشط، وذلك عن طريق توضيح ما ينبغي عليهم القيام به من واجبات متعددة، أو فعاليات متنوعة، أو مناشط مختلفة، أو مشاريع كثيرة بلغة يفهمها الطلبة. أي أن تكون ملائمة لمستوياتهم العمرية والعقلية. فكم ينجح المتعلمون في تفاعلهم مع واجب معين، إذا كانت تعليماته أو ارشاداته واضحة ومحددة ومفهومة لديهم، وكم يجدون من الصعوبة أداء الواجب أو حتى مجرد البدء به عندما تكون التعليمات غامضة، أو غير مفهومة، أوانها فوق قدراتهم العقلية. و إذا ما شعر المعلم بذلك، فان عليه أن يقوم فوراً بالاستفسار من الطلبة عن أية جزئية من التعليمات يجدونها صعبة أو مبهمة، كي يعمل على توضيحها أو تبسيطها لهم، حتى يضمن قيامهم بأداء الواجبات أو المناشط التعلمية بطريقة دقيقة وناجحة.

7- صياغة أسئلة لها علاقة مباشرة بالقضية المطروحة في المناقشة:

حيث يستمر المعلم الناجح في تشجيع الطلبة على التعلم النشط، وذلك عن طريق الطلب منهم طرح أسئلة متنوعة مرتبطة بالمشكلة أو المسألة أو القضية المطروحة للنقاش، بحيث لا يكون الأمر مجرد مناقشة عامة لجميع الطلبة في الحجرة الدراسية أو لمجرد مجموعاتٍ صغيرة يتم تقسيم الصف كله إليها، بل التفكير الحقيقي في صياغة أسئلة عديدة لها علاقة وثيقة بتلك القضية.

فطرح الأسئلة له دلالات عديدة على التعلم النشط للطلبة تتمثل في الآتي:

- تؤكد على مدى اهتمام الطلبة بالموضوع المطروح للنقاش.
- توضح للمعلم مدى مشاركة الطلبة في المناقشة الفعالة.
- تبين المجالات غير الواضحة بعد للطلبة عن القضية المطروحة للنقاش، لان عملية طرح السؤال من جانب الطالب تدل على غموض جزئية معينة لديه يرغب في جلائها.

(**) و (*) للاطلاع على النماذج العالمية لتدريس المفاهيم المختلفة سواء بالطريقة الاستنتاجية أو بالطريقة الاستقرائية، مع تطبيق ذلك على الموضوعات المدرسية المختلفة، يمكن الاطلاع على المرجع الآتي:

- جودت أحمد سعادة وجمال اليوسف (1998): تدريس مفاهيم اللغة العربية والرياضيات والعلوم والتربية الاجتماعية. بيروت: دار الجيل (525 صفحة).

- تدل عملية صياغة الأسئلة وطرحها من جانب بعض الطلبة، عن رغبتهم في التوسع حول نقطةٍ معينة أو جانب محدد.

- تزيد عملية صياغة الأسئلة وطرحها من درجة التفاعل بين الطلبة أنفسهم تارة وبينهم وبين المعلمين تارة اخرى.

وهنا لا تكون صياغة الأسئلة وطرحها من مهام الطلبة فحسب، بل ينبغي على المعلم أيضا أن يقوم بها من وقت لآخر، حتى تبقى جذوة التعلم النشط مشتعلة، ويحافظ على بقاء المناقشة فعالة، مستفيداً من إدارته السليمة لها، بحيث يطرح الأسئلة عندما يجد أن أمراً ما لا يزال غامضاً، أو أن مسار المناقشة يكاد ينحرف عن أهدافه، أوأن الكسل بدأ يدب بين بعض الطلبة.

ويزيد من فعالية التعلم النشط كلما كانت الأسئلة متنوعة في أهدافها ومستوياتها والطريقة التي تطرح فيها ووقت عملية الطرح ذاتها.

وهنا يأتي دور المعلم الحريص على تطبيق فعاليات التعلم النشط أن يوضح لهم أنواع هذه الأسئلة وخصائصها وأهميتها والتطبيقات عليها.

8- توضيح إلى أي حد تختلف وجهات نظر الطلبة أو تتشابه مع وجهة نظر المعلم، أو مع وجهة نظر بعض الطلبة الآخرين، أو مع وجهة نظر المؤلف أو الكاتب:

لاشك أن التعلم النشط يشجع على اختلاف وجهات النظر في الموضوعات أو القضايا المطروحة للنقاش. لذا، فان وجود اختلاف في وجهات النظر يمثل تشجيعاً للمعلم على تطبيق التعلم النشط، وتشجيعاً للطلبة على ممارسته والاستفادة من انشطته المختلفة. وهنا يقوم المعلم بلعب دور مهم في اتاحة الفرصة للطلبة ومن خلال التعلم النشط، على تحديد مجالات الاختلاف في وجهات النظر فيما يتعلق بالقضية المطروحة للنقاش بين أطراف عديدة لها علاقة بها كالطلبة والمعلمين والمؤلفين. فتحديد مجالات الاختلاف في وجهات النظر له دلالات عديدة تتمثل في الآتي:

- تؤكد على فعالية المناقشة التي تختلف فيها الاطراف المتعددة التي تشارك فيها.

- توضح مدى الاختلاف في فهم الأمور أوادراكها.

- تبين مدى الاختلاف في الخبرات الحياتية التي مروا بها.

- تشير إلى القدرات العقلية المتفاوتة بين الطلبة.

- تؤكد على التفاوت الواضح في الخبرات التعلمية المعرفية السابقة.

- توضح أن أية قضية يتم طرحها للنقاش سوف يختلف الناس إزاءها بين مؤيد ومعارض.

- تبين أنه لا يوجد أي شخص يتم التسليم برأيه أو فكرته على علاتها، بل يخضع كله للرأي والرأي المضاد، حتى لو كان المؤلف أو الكاتب مشهورا أو معروفا أو ضليعا في مجال تخصصه، مما يشجع بالتالي على حرية الرأي والنقاش في ظروف صحيةٍ مطلوبةٍ ومرغوبٍ فيها كثيراً.

وينبغي على المعلم والطلبة، عدم التركيز على الاختلاف في وجهات النظر فحسب، بل وأيضا البحث عن نقاط الالتقاء أو جوانب الشبه فيها، حتى تتم الاستفادة منها في حل القضية أو المشكلة، أو تطوير الاشياء والامور ودفعها نحو الافضل أو نحو الحلول الملائمة التي تناسب طموح المناقشين لها.

9- تحديد بضع دقائق لكتابة بعض ما ورد من نقاط سابقة:

فمن بين وسائل تشجيع الطلبة على التعلم النشط، قيام المعلم بتحديد دقائق معدودة لكتابة بعض النقاط أو الافكار أو الآراء أو المعلومات التي وردت في المناقشة السابقة من جانبهم، حتى يتم التأكد بأنهم ما زالوا يتذكرون أهم ما دار من حديث من جهة، ويتعودون على مهارة تلخيص المعلومات بطريقة سليمة من جهة ثانية، بحيث يرجعون إلى ما يكتبون مستقبلا إذا ما طلب منهم المعلم ذلك بسرعة فائقة، وذلك للاطلاع عليه وربطه بما يرغبون في تعلمه لاحقاً.

10- كتابة أكثر الأسئلة إثارةً وارتباطاً بأذهان الطلبة حول الموضوع الذي تمت مناقشته:

فعندما تشرف وسائل تشجيع الطلبة لتطبيق التعلم النشط على نهايتها، فان على المعلم الناجح أن يعمل على صياغة مجموعة من الأسئلة الأكثر اثارة لدى الطلبة حول الموضوع أو حول القضية التي نوقشت،على أن يتم تدوينها في دفتر التحضير الخاص به، كي يستخدمها فيما بعد عند رغبته في مرور الطلبة بخبرات جديدة من التعلم النشط الذي يتعمق الطلبة فيها عن الموضوع، حيث تكون الاشارة المتجددة لنشاط آخر أو انشطة تعمقية تهدف إلى تحقيق المزيد من الاهداف المنشودة.

وقد يلجأ المعلم إلى هذه الأسئلة التي تمّ تدوينها كجزء من العملية التقويمية، حيث يطرحها عليهم للتأكد من مدى فهمهم للقضايا والأمور والمشكلات التي تمّ التعامل معها في مناقشات سابقة.

وقد يطلب المعلم الحريص على تشجيع الطلبة للقيام بفعاليات التعلم النشط منهم أن يتولوا مهمة كتابة أو صياغة مثل هذه الأسئلة الأكثر اثارة حول الموضوع الذي تمت مناقشته، حتى يستطيعوا مراجعة ذلك بسرعة فيما بعد، أو أن ينطلقوا إلى نشاط أو أنشطة جديدة ذات علاقة، وتصبح هذه الأسئلة مجرد البداية لفعاليات أكثر عمقا.

وقد يستخدم المعلم والطلبة معاً هذه الأسئلة لمراجعة جميع الخطوات التي تمت فيها المناقشة، وذلك لمساعدة هؤلاء الطلبة على فهمهم للقضايا والأمور المختلفة من خلال طرح الأسئلة التي تمت كتابتها من جانب الطرفين.

11- مناقشة الطالب زميلة نقطة ما أو موضوعا من الموضوعات التي تمت مناقشتها من قبل، والانتقال بعد ذلك للمشاركة في مجموعة مناقشة صغيرة أو كبيرة:

وهنا يركز المعلم على مرور الطلبة بخبرات في التعلم النشط بعضها يهتم بتعلم الازواج، أي اثنين فقط، حيث يشجع كل طالب على مناقشة زميله في احدى الامور أو النقاط السابقة، وما أن يتكون لهما رأي موحد أو وجهة نظر متقاربه، حتى يشجعهما على التحاق كل واحد منهما في مجموعة اخرى أكثر حجما، كي ينقل إلى أفرادها ما توصل هو مع زميله بشأنها. ويستمع المعلم في الوقت ذاته إلى ما توصلت إليه المجموعة الاكبر حجما من قرارات أو حلول، حيث يمكن أن يدور النقاش الجديد، بناءاً على ما توصل إليه كل طرف، وتحديد نقاط الشبه وجوانب الاختلاف في الآراء، مع كيفية الوصول إلى الاتفاق العام حول القضية المطروحة للنقاش، على أن يتم كل ذلك تحت اشراف المعلم وتوجيهه.

وجهة النظر الثانية لتشجيع الطلبة على التعلم النشط

لقد كتب أجنيو (Agnew,2006) مقالة دارت حول كيفية تشجيع الطلبة على التعلم النشط متعمداً على الافكار التي طرحها عدد من العلماء السابقين، الذين أكدوا بأن تعلم الطلبة من المحاضرات سوف يتحسن إذا لم تزد فترة اصغاء الطلبة فيها عن عشرين دقيقة. وهذا يعني أن الانشطة وفترات الراحة ينبغي ان يتم طرحها، على ألا تكون فترات الراحة طويلة، حتى لا تفتر همة الطلبة عن النشاط، بل ينبغي أن تكون من أجل تشجيع الطلبة على اثارة التفكير حول المعرفة التي اكتسبوها من المحاضرة. وهنا تكمن اهمية وفائدة استخدام اسلوب المجموعات الصغيرة في التدريس، وما يحققه الطلبة في هذا الصدد من أهداف متنوعة حتى داخل الصفوف كبيرة الحجم وبخاصة ما يسمى أحياناً بالمجموعة الثرثارة Buzz Group، التي تمثل نموذجاً من مجموعة اكبر من النماذج الاخرى الممكن تطبيقها والمتمثلة في لعب الدور، والتمثيل، والمناظرة وغير ذلك. وفيما يأتي توضيح لها جميعاً:

1- استخدام المجموعات الثرثارة Buzz Groups وهي عبارة عن مجموعات صغيرة تظهر عند اجراء المناقشات التي يتيحها المعلم لطلابه خلال المحاضرة التي يقدمها لهم. وهنا فان استخدام مثل هذه المجموعات لا يكون من أجل زيادة اهتمام الطلبة بالمحاضرة فحسب، بل لكي تشجع الطلبة ايضا على المشاركة في عمليتي التفكير والمناقشة معاً.

٨٤

ويبدأ استخدام هذا الاسلوب الذي يشجع الطلبة على التعلم النشط باقتراح نشاط معين على الطلبة، ثم تقسيمهم داخل غرفة الصف إلى عدد من المجموعات الصغيرة التي يكون من السهل تشكيلها أو تنظيمها حول عدد من الطاولات المستديرة، حتى لو كان ذلك في قاعة محاضرات كبيرة.

ومع ذلك، فان شكل المجموعة يرتبط ارتباطا وثيقا بنوع النشاط المطلوب، بحيث يمكن أخذ قدرات الطلبة العقلية والمعارف التي يلمون بها في الحسبان، مما يجعل من غير المناسب ان يتم طرح بيانات أو مشكلات أو قضايا أو موضوعات أعلى بكثير من مستوى فهمهم، بل نشاطاً محدداً يتعاملون فيه مع أمور يتوقع منهم سهولة إدراكها، ولا سيما إذا عمل الطلبة على تقدير استخدام اسلوب المجموعات الثرثارة، وحصلوا على تعليمات واضحة لما ينبغي عليهم القيام به، والفترة التي يحتاجون اليها لانجاز المهمة، وما يتوقع منهم عمله في نهاية المطاف، على أن تكون هذه المعلومات ليست شفوية فحسب، بل وموضحة لهم بشكل كتابي على جهاز العرض العلوي أيضاً.

أما عن تنظيم المجموعة، فغالبا ما يجلس الطالب بجانب من يعرفه جيداً ويميل إليه، بحيث لا تبدو هناك اية مشكلة للحديث فيما بينهم. ومع ذلك،فإن هذا قد يصبح صعبا في بداية العام الدراسي، حيث يتم تعديل الصفوف، وانتقال الطلبة من مدرسة إلى اخرى، وتسجيل طلبةٍ جدد، مما يتطلب بعض الوقت حتى يتعرف الطلبة على بعضهم جيداً. ويمكن حتى في هذه الحالة أن يطلب المعلم أداء واجب بسيط، يتمثل في أن يقدم كل طالب نفسه إلى زملائه في الصف من حيث المنطقة التي يعيش فيها والاشياء التي يحبها والمأكولات والمشروبات التي يفضلها، والهوايات التي يمارسها وقت فراغه.

وفي حال وجود حجرة دراسية كبيرة ومجموعات صغيرة متعددة، فليس هناك من الوقت الكافي الذي يستطيع فيه الجميع المشاركة. وهنا، فان على المعلم الذي لا يريد أن يضيع فرصة التعلم النشط على التلاميذ، أن يطلب من اثنين أو ثلاثة منهم أن يتطوعوا بطرح الافكار التي توصلوا إليها في مجموعاتهم الصغيرة، وأن يسأل بقية المجموعة إن كان لديها ما تضيفه إلى ما قيل، مع حرص المعلم على عدم التعليق أو التعقيب المباشر على كل فكرة أو نقطة يتم طرحها، ما عدا الاشارات باليد والايماءات بالرأس والعينين، بأن هذه نقطة مهمة أو نقطة جيدة أو فكرة رائعة. أما التعقيب الحقيقي فيكون عند بداية محاضرة جديدة، حيث يكون هناك مجالٌ للتذكير بما دار، وفرصة لنشاط جديد يقوم به الطلبة حتى يتعلموا شيئاً جديداً.

ولا يغيب عن ذهن المعلم أن يحدد وقت المناقشة المطلوب، وأن يبلغهم عن الالتزامات أو المهمات أو الأعمال الواجب إنجازها عند الانتهاء من هذه المناقشة، حتى يتعودوا على اتمام المطالب في وقتها، وعلى رفع وتيرة المناقشة كي تكون فاعلة في تحقيق الاهداف المرسومة لها.

وقد طرح كل من جيبس وجينكنز (Gibbs & Jenkins, 1992) ثلاث عشرة خطوة لممارسة استراتيجية المجموعات الصغيرة الثرثارة، مع تحديد وقت كل خطوة من هذه الخطوات، والنشاط أو الأنشطة الواجب القيام بها، كما يتضح من اللوحة الآتية (2):

اللوحة (2) خطوات استخدام المجموعات الصغيرة

الخطوة	الوقت بالدقائق	النشاط أو الأنشطة المطلوبة
الأولى	خمس دقائق	مراجعة عامة باستخدام جهاز العرض العلوي للعمل السابق وذلك بعد دخول الطلبة حجرة الصف، وجلوسهم على المقاعد بمشاركة فاعلة من جانب الطلبة.
الثانية	تسع دقائق	مراجعة شفوية من جانب المعلم للدرس أو العمل السابق.
الثالثة	خمس دقائق	يطرح الطلبة سؤالاً يتعلق بالاسلوب الممكن استخدامه مثلاً لتحليل عدد أماكن التسوق ومواقعها الموجودة في البلدة أو القرية أو المدينة التي يقطنونها، مع مناقشة ذلك ضمن مجموعات صغيرة.
الرابعة	سبع دقائق	يقوم المعلم بطرح أسئلة من جانبه لها علاقة بأسئلة الطلبة.
الخامسة	أربع دقائق	يقوم الطلبة بعمل واجب له علاقة بالبيانات والمعلومات التي تم تقديمها على شاشة جهاز العرض العلوي.
السادسة	ست دقائق	يقوم المعلم بعمل ملخصات لما توصل إليه الطلبة في المجموعات الصغيرة المختلفة.
السابعة	ست دقائق	يقوم الطلبة بحل واجب يقوم على فحص التغيرات التي تحصل في أماكن التسوق في المنطقة التي يعيشون فيها مع ايجاد التفسيرات المناسبة بشأنها.
الثامنة	دقيقة واحدة	يقوم المعلم باجابة أحد الأسئلة، بحيث يؤدي ذلك الى قضية أكثرُ صعوبة.
التاسعة	دقيقتان	يستمر الطلبة في العمل ضمن مجموعات العمل المختلفة.
العاشرة	ثلاث دقائق	يجيب عن بقية الاسئلة والتحليلات في محاضرة قصيرة.
الحادي عشر	دقيقة واحدة	يطرح الطلبة سؤالاً مفتوحاً مع وجود وقت غير كافٍ للاجابة عنه.
الثاني عشر	ست دقائق	يراجع المعلم المادة التعليمية الموجودة في دفتر التحضير.
الثالث عشر	دقيقتان	يقوم الطلبة بكتابة ملخص لما دار في المحاضرة.

وجهة النظر الثالثة لشجيع الطلبة على التعلم النشط

طرح بوفلاكس (Povlacs, 2005) مجموعة من الاقتراحات التي تساعد فعلا المعلم على تشجيع الطلبة على التعلم النشط، وتتمثل في الآتي:

1- إتاحة المعلم الفرصة للطلبة كي يكتبوا عن أي شيء:

فمثل هذا النشاط يجعلهم يكتبون عن أشياء يعرفونها، أو عن أمورٍ قد عايشوها بخبرات مباشرة، أو عما يتخيلونه من أحداث أو أمور أو إنسان أو حيوان أو جماد، أو ما يفكرون فيه من أعمال أو أفعال، أو ما يواجهونه من عقبات أو مشكلات، أو ما يتمنونه من طموحاتٍ أو رغباتٍ أو أمنيات، أو ما يحبونه من أشخاصٍ أو حاجاتٍ أو اشياء، أو ما يميلون إليه من هواياتٍ أو زياراتٍ أو رحلاتٍ أو فنونٍ أو إبداعات، أو ما يكرهونه من أقوالٍ أو أفعالٍ أو تصرفات، مما يعكس عن أمور كثيرة يشعرون فيها أو تجول في خاطرهم، مما يؤدي إلى تنوع الحكم من جانب المعلم على انواع الكتابة التي يكتبونها.

2- إتاحة المعلم الفرصة للطلبة كي يكتبوا ما تعلموه داخل غرفة الصف ويعملوا على تسليمه:

فاذا كانت مهمة الكتابة في النقطة الأولى تتركز على نشاط كتابي يرغب فيه الطالب بصرف النظر عن الاختلافات الشاسعة بين الطلبة في هذا الصدد، فان هدف الكتابة هنا يتركز حول تدوين ما دار فعلاً من خبراتٍ تعلميةٍ داخل الحجرة الدراسية تحت اشراف المعلم. فرغم الاختلاف في الصياغة والاسلوب بين الطلبة عن الكتابة عما تعلموه في غرفة الصف، إلا أن الجوهر العام يظل متشابهاً.

وتزداد صعوبة المعلم في التمييز بين الانشطة الكتابية للطلبة، التي تدور حول شيء واحد هو ما تعلموه خلال الحصة الدراسية، حيث يتم التركيز على شمول الكتابة وعمقها وسهولتها وتغطيتها لجوانب مختلفة مما دار في غرفة الصف، إضافة إلى دقة المعلومات أو البيانات أو الآراء أو الافكار.

3- إتاحة المعلم الفرصة للطلبة لعمل مجلات حائط أو مجلات أسبوعية، يستطيعون عن طريقها كتابة ملاحظاتهم، وطرح أسئلتهم، والاجابة عن أسئلة الآخرين المتعلقة، بموضوعات المقرر الدراسي:

وهذه النقطة تمثل وسيلة مهمة لتشجيع الطلبة على التعلم النشط. فإذا كانوا يتمكنون داخل الحجرة الدراسية من طرح العديد من الملاحظات والتعليقات والأسئلة الشفوية السريعة، فانهم باستخدام مجلات الحائط أو المجلات الاسبوعية التي يعدونها عن طريق الحاسوب وتحت اشراف لجنةٍ

ثقافيةٍ أو علميةٍ منهم بقيادة احد المعلمين، يستطيعون كتابة الملاحظات الدقيقة، والتعليقات العميقة، وطرح الأسئلة السابرة والمتنوعة في اهدافها ومستوياتها، بل والاجابة عن أسئلة اخرى تم طرحها داخل الحجرة الدراسية، ولم تتم الاجابة عنها، ولها جميعاً علاقة وثيقة بموضوعات المنهج المدرسي أو المقرر الدراسي المطروح، بحيث يتيح المعلم المجال الواسع للطلبة، كي يكتبوا ما يجول في عقولهم من أفكار أو آراء أو مقترحات تعمل على تبسيط الأمور أو إثارة التفكير.

4- دعوة الطلبة لنقد كتابات بعضهم بعضاً أو التعليق على قراءاتهم المختلفة:

حيث تمثل كتابات الطلبة وقراءاتهم المتنوعة، مجالاً خصباً للتعلم النشط، وتشجعهم هذه جميعا بعد قيامهم بكتابة موضوعات التعبير المتنوعة في اللغة العربية أو اللغة الأجنبية أو كتابة التقارير العلمية أو الثقافية أو الفنية، أن ينقد كل واحد منهم ما كتبه زميله بروح من الموضوعية والعلمية الدقيقة. فمثل هذا النشاط يشجعهم أولاً على أداء نشاط القراءة المتعمقة لكتابة الآخرين، والبحث عن نقاط القوة وجوانب الضعف فيها تمهيداً لتحديدها، مع طرح المقترحات المناسبة أو الملاحظات الملائمة لجعل المقالة المكتوبة، أو موضوع التعبير أو التقرير العلمي أو الثقافي أكثر قوة وفائدة من ذي قبل.

ولا يقتصر تشجيع المعلم للطلبة في التعلم النشط على نقد ما يقومون بكتابته فحسب، بل وما يعملون على قراءته كذلك. فقد يقرأ الطالب قصة، أو كتاباً، أو مقالة، أو موضوعاً، أو مذكرات شخصية، أو تقارير مختلفة، ويقوم بتقديم ملخصٍ لها لزملائه في غرفة الصف، مما يمثل فرصة ملائمة لبقية الطلبة كي يطرحون عليه مجموعة من الأسئلة التوضيحية عن بعض جوانب ما قرأ، يلحقونها بمجموعة اخرى من الأسئلة الناقدة التي تكشف عن وجود أو ظهور وجهات نظر لديهم حول ما ورد في قراءات زميلهم، مما يثير مناقشة مفيدة لديهم، يستطيع المعلم استثمارها جيداً خلال مرور الطلبة بخبراتٍ أفضل في التعلم النشاط.

5- دعوة الطلبة إلى طرح الأسئلة والانتظار حتى يحصلون على إجابتها:

من المعروف أن عملية صياغة الأسئلة من جانب الطالب وطرحها على زملائه الآخرين أو على المعلم، تمثل أحد الفنون التربوية التي ينبغي أن يتقنها المتعلم بشكل دقيق، حتى يشعر بأنه يقوم باحدى فعاليات التعلم النشط المطلوبة والمفيدة.

فيمكن للمتعلم أن يطرح سؤالا أو أكثر عما سمع من معلمه أو من زميله أو من الاذاعة أو من التلفزيون، ويمكن له أن يصيغ سؤالاً أو مجموعةٍ من الأسئلة عما قرأه في الكتاب المدرسي المقرر، أو في قصة من القصص المتنوعة، أو في مجلة علمية أو ثقافية محددة، أو مما كتبه المعلم أو أَحد الزملاء، أو ما

وجده في شبكة الانترنت من معلوماتٍ أو اشكالٍ أو صور أو جداولٍ أو أحجياتٍ أو غيرها، ثم يقوم بطرح تلك الأسئلة على زملائه أو على المعلم أو على الطرفين معاً.

ولا تتمثل المهارة في صياغة الأسئلة وطرحها فحسب، بل وايضا في الانتظار لبرهة من الوقت حتى يحصلون على الاجابة الشافية أو الدقيقة، التي تحتاج أصلا إلى التفكير العميق في مطالب السؤال أو الأسئلة العديدة المطروحة، وان التسرع في طلب الحصول على الاجابة يربك المعلم والطلبة الآخرين الذين يسعون جميعا إلى التفكير في جوانب السؤال، والغوص في المعلومات والخبرات والفعاليات السابقة التي مر بها الشخص المطلوب منه الاجابة ،حتى يصل إلى الحل الأكثر ملاءمة للسؤال والذي يسهل فهمه من جانب الآخرين، ويكون مجالاً لإثارة التعليقات أو التعقيبات عليه كي ينتقل الطالب من تعلم نشط إلى تعلم نشط آخر.

6- ضرورة التعمق في استجابات الطلبة أو ردودهم وتعليقاتهم على الأسئلة:

ينبغي على المعلم الحريص على تطبيق فعاليات التعلم النشط مع طلابه، أن لا يتيح الفرصة لهم كي يجيبوا عن الأسئلة بسرعة، أو يقوموا بالتعقيب أو التعليق على ما يقال، دون أن يتعمق فيها تماما، ليجد ما إذا كانت صحيحة أم لا، وهل هي مقبولة ومنطقية أم لا؟ وهل هي مرتبطة بموضوعات المقرر الدراسي أم لا؟ وهل يمكن الاضافة عليها أو تصويبها أم لا؟ وهل تقع ضمن مستويات الطلبة العمرية والعقلية أم لا؟

كما لا ينسى المعلم أن يتفحص ردود الطلبة وتعليقاتهم وملاحظاتهم، بحيث تكون ضمن مستوى اللياقة والأدب واحترام آراء الآخرين وافكارهم مهما اختلفت أو تعددت أو تنوعت. ويتدخل المعلم الناجح في العادة من وقت لآخر اذا ما وجد أن تعليقات بعض الطلبة قد خرجت عن الإطار المرسوم للحصة أو الموضوع المراد مناقشته، أو عندما يجد أن هناك مغالطات واضحة في التعليق لابد من تصويبها.

7- وضع الطلبة في نشاط ضمن أزواجٍ أو خلايا تعلمية، من أجل أن يختبر كل واحدٍ منهم الآخر فيما تعلموه خلال اليوم الدراسي:

فمن بين وسائل تشجيع المعلم لطلابه على التعلم النشط، أن يطلب من كل اثنين منهم الجلوس معاً لتكوين ما يسمى بالخلايا التعلمية Learning Cells وأن يقوم كل واحدٍ باختبار الآخر عما تعلمه في ذلك اليوم الدراسي من معلومات عن موضوعات مختلفة، وما اكتسبه من مهارات عقلية أو حركية، وما تم تكوينه من عاداتٍ حسنة واتجاهاتٍ وقيمٍ ايجابية نتيجة التفاعل مع المعلم، ومع الزملاء، ومع المادة الدراسية، ومع الادوات والاجهزة والوسائل التعليمية المختلفة. فكم يستفيد الطلبة

من نشاط التعلم الزوجي في مراجعة كل زميل لما استوعبه زميله، مع المقارنة بين الاثنين في نهاية المطاف، والوصول إلى حصيلةٍ علميةٍ وسلوكيةٍ لما دار من فعاليات خلال يوم دراسي كامل.

8- إتاحة الفرصة للطلبة لإبداء الرأي في المادة الدراسية:

حيث يحرص المعلم الناجح على تشجيع الطلبة كي يمروا بخبراتٍ مفيدة للتعلم النشط عن طريق السماح لهم بابداء وجهات نظرهم فيما يدرسون من موضوعات مختلفة. فالمقرر الدراسي قد تم وضعه أصلا من جانب متخصصين في المناهج والكتب المدرسية، بالتعاون مع بعض المعلمين والمشرفين التربويين واولياء الامور والطلبة وليس جميعهم، مما يجعل المحك والمعيار الأَساسي للحكم على فعالية المادة الدراسية المقررة هو ما يدور حولها من أنشطة ومناقشات بين الطلبة تارة وبين الطلبة والمعلمين تارة أخرى. فالمواقف التعليمية التعلمية المختلفة، تكشف للطلبة الكثير من جوانب القوة ونقاط الضعف في الموضوعات المقررة عليهم دراسياً، ولا سيما إذا اتاح لهم المعلم الحرية الكاملة لابداء وجهات نظرهم فيها، بحيث يحددون أي الأجزاء فيها غامضة، وأي الاجزاء الاخرى صعبة، وأي المواقع التي هي اقل من المستوى العمري والعقلي لهم، وأي الموضوعات الملائمة لهم ولروح العصر الذي يعيشونه، وأي الانشطة الموجودة في المادة الدراسية لا تلبي حاجاتهم واهتماماتهم وميولهم، وأي الوسائل التعليمية من رسومٍ واشكالٍ وصورٍ في الكتاب المدرسي يحقق الهدف المنشود، وأيها لا يعمل على تحقيق أي هدف.

9- إتاحة الفرصة أمام الطلبة لتطبيق ما تعلموه من المادة الدراسية في حل المشكلات الحقيقية:

فمن المعروف، انه ليس من المهم الالمام بموضوعات المادة الدراسية من الناحية المعرفية فحسب، بل والأهم من ذلك أيضا توظيف المعلومات أو البيانات أو المهارات أو الخبرات أو القيم أو الاتجاهات التي اكتسبها الطلبة منها في مواقف تعلمية جديدة. ولما كانت الحياة المدرسية وظروف الحياة اليومية تعج بالكثير من المشكلات، فان من واجب المعلم الحريص على توفير فرص التعلم النشط للطلاب أن يشجعهم على تطبيق تلك المعلومات والمهارات والاتجاهات التي اكتسبوها نتيجة تعاملهم مع المادة الدراسية عند التصدي للعديد من المشكلات الحقيقية. فلا شك أن محاولة حل مثل هذه المشكلات يتطلب خلفيةً معرفيةً امتلكها الطالب نتيجة تفاعله النشط مع المادة الدراسية، مما يحتم عليه الاستفادة من جميع الحقائق والمفاهيم والتعميمات والقوانين والنظريات التي تسهم في إلقاء الضوء الساطع على المشكلة المطروحة للحل والتي مرت عليه خلال تعامله مع المادة الدراسية المقررة.

كذلك، فان الانشطة التعلمية الكثيرة التي شارك فيها الطالب والتي عمل المعلم على توفيرها له عند طرحه للموضوعات المقررة دراسياً، قد اكسبت الطالب مهارات عقلية كالتحليل والتركيب والتقويم والنقد والتلخيص، ومهارات أدائية حركية كالرسم والتمثيل والتعبير الحركي والتعامل مع الاجهزة والادوات، كما اكسبته اتجاهات وقيم مرغوب فيها كالتعاون، واحترام آراء الاخرين، والصبر، على الغموض، والموضوعية، والحياد في المناقشات، مما يجعله يطبق كل ذلك عند تعامله مع المشكلات الحقيقية، التي هي بحاجة من الطلبة إلى تنفيذ كل ذلك عند السير بالخطوات الدقيقة والمتنوعة لطريقة حل المشكلات.

10- تزويد الطلبة بالبطاقات الخضراء والصفراء والحمراء لاستخدامها وقت التصويت على أمور وموضوعات دراسية مختلفة:

فاذا أراد المعلم الناجح تشجيع الطلبة بشكل فعال على التعلم النشط، فان عليه أن يدربهم على النظام والترتيب خلال الفعاليات والمناقشات المختلفة، ولا سيما التي تتفاوت فيها الآراء بين مؤيد ومعارض ومحايد.

فحتى تسير أُمور مناقشة بعض القضايا المطروحة ضمن التعلم النشط حسب الاصول في تناول الموضوعات بطريقة حضارية منظمة دون فوضى أو صراخ، فانه بإمكان المعلم عقب التناول العميق لأية مشكلة أو موضوع دراسي مع التلاميذ، أن يطلب منهم إبداء وجهة نظرهم الصريحة والواضحة إزاء الحلول النهائية التي تم اقتراحها قبيل انتهاء الحصة الدراسية، وذلك عن طريق رفع البطاقة الخضراء لمن يؤيد القرارات المقترحة، والبطاقة الحمراء لمن يعارضها، والبطاقة الصفراء لمن ليس له رأي نحوها أو أنه محايد في الموقف اتجاهها.

وهنا يأتي دور المعلم الناجح في اكساب الطلبة اتجاهات ايجابية نحو تطبيق النظام في المناقشات، ووضعهم في الأجواء الديمقراطية التي تسود في الكثير من برلمانات الدول المتحضرة، بحيث يتاح لكل طالب الحرية للتصويت بما يؤمن به حتى لو اختلف عن معظم زملائه، مما يشجعه فيما بعد على الدفاع عن وجهة نظره ليس داخل المدرسة وحجرة الصف فقط، بل وفي البيت، والشارع، والمؤسسات، والوزارات، والدوائر الحكومية والأهلية، بحيث تزيد من قوة شخصيته عند التعامل مع الآخرين، بصرف النظر عن مواقعهم ووظائفهم وخبراتهم واتجاهاتهم.

11- **ضرورة قيام المعلم بالتجوال بين مقاعد الطلبة لتشجيعهم على الاستمرار في المناقشة:**

فحتى يضمن المعلم نجاح المناقشات العديدة في التعلم النشاط، فان عليه أن يقوم بتشجيعهم على استمرار زخم المناقشات، ومشاركة الجميع في مناشط المجموعات الصغيرة. ولا يكون ذلك بالحديث الشفوي الحماسي فحسب، بل وايضا عن طريق ترك مكانه والتجول بينهم للاطلاع على ما يطرحونه من افكارٍ أو آراءٍ أو حلول، حيث يمكن له تعديل بعضها إذا وجد أنها غير منطقية أو غير دقيقة أو غير ذات علاقة بالقضية المدروسة.

كما تفيد عملية تجوال المعلم بين الطلبة في طرح عددٍ منهم بشكل فردي لبعض الأسئلة التي قد يجدون حرجاً لو طرحوها على مسمع الجميع، ويجدون التوجيهات الصائبة من المعلم بشأنها. كذلك فان الطلبة انفسهم يزدادون حيوية ونشاطاً في مناقشاتهم عندما يجدون المعلم مهتماً بما يقومون به، وأنه يتابعهم للاطمئنان على خطواتهم والعمل على تقييم ما ينجزونه من أفعال. كما يقوم المعلم أيضا بتصويب بعض ما توصلوا إليه إذا احتاج إلى التصويب، ويلم بأفكار الطلبة جميعاً بعد مروره على المجموعات كافة، فيبدأ في النقاش العام لما توصلوا إليه بخطىً ثابتةٍ ودقيقةٍ بشكل يؤدي إلى تحقيق الاهداف المرسومة من قبل.

12- **توجيه سؤالٍ محدد إلى طالبٍ بعينه، مع الانتظار قليلا لسماع الاجابة:**

فصحيحٌ أن المعلم إذا أراد طرح الأسئلة المختلفة، فان عليه أن يوجهها لجميع الطلبة بصورة عامة وليس لأي واحد منهم بمفرده، إلا أنه احيانا إذا أراد تعميم فوائد التعلم النشط، فان عليه ألايترك بعض الطلبة يميلون إلى الانفراد أو العزلة، ولاسيما إذا اتاح الفرصة للاجابة عن الأسئلة أو للقيام بالانشطة المتعددة للراغبين دوماً في ذلك.

فمن المعروف أن في معظم الصفوف الدراسية، يوجد عدد قليل جداً من الطلبة الذين يعزفون عن المشاركة في الانشطة أو الاجابة عن الأسئلة، حتى لو كانوا يعرفون تلك الاجابة أو يستطيعون المساهمة في الفعاليات المتعددة، وذلك ربما بسبب الخوف من الفشل أو من استهزاء الطلبة والمعلم من اجاباتهم ونوعية مساهماتهم، أو بسبب خبراتٍ تعلميةٍ سلبية مروا بها في هذا الصدد، أو خوفاً من أن تكون إجاباتهم أدنى بكثيرٍ في مستواها من مستويات إجابات الطلبة الاخرين أو مساهماتهم.

وهنا تقع على المعلم المسؤولية الحقيقية في تشجيع هذه الفئة القليلة من الطلبة على التفاعل والمشاركة، وذلك عن طريق توجيه أسئلةٍ محددة إليهم كل باسمه مباشرة، مع ترك وقتٍ قصيرٍ مناسب لهم حتى يستجيبوا للسؤال، أو اتاحة الفرصة لهم للمساهمة النشطة في المناقشة، أوصنع عملٍ أوتوصلٍ إلى قرارٍ أو حلٍ بشأن قضية أو مشكلة محددة أو موضوع معين.

13- العمل على تثبيت صندوق اقتراحات في احدى زوايا غرفة الصف وتشجيع الطلبة على كتابة ملاحظاتهم وتعليقاتهم المختلفة ووضعها في ذلك الصندوق:

فحتى يعمل المدرس الناجح على توفير أفضل الفرص للتعلم النشط واكثرها تنوعاً، فان عليه وضع صندوقٍ صغيرٍ داخل الصف كي يضع الطلبة فيه بعض الاقتراحات أو الملاحظات أو التعليقات التي لا يرغبون في طرحها امام المعلم والطلبة بصورة عامة، بحيث لاتحمل أية أسماءٍ أو إشاراتٍ لأصحابها. و في هذا الاسلوب تشجيع آخر على الكلمة المكتوبة مع ضمان سرية كاتبها.

ويجد المعلمون في العادة بعض الاقتراحات أو التعليقات البناءة التي تلفت انتباه المعلم نحو اسلوبه في التدريس أو تعامله مع الطلبة أو إدارته للتفاعل الصفي، فيلجأ إلى تعديل ذلك الاسلوب أو التعامل، ويراعي بعض الملاحظات القيمة لهؤلاء الطلبة.

وقد يستفيد المعلم من ملاحظات الطلبة واقتراحاتهم المتراكمة في الصندوق، بحيث يفرد لها حصةً كاملةً يتطرق إلى ماهيتها وأهميتها وكيفية الرد على أصحابها. ومن الممكن عمل نشاط مجموعاتٍ صغيرة، تتناول فيه كل مجموعة احدى المقترحات أو الملاحظات وكيفية الرد عليها أو تطبيقها.

14- إعطاء الطلبة اختبارات شفويةٍ أو كتابيةٍ موضوعية، وذلك لتلخيص أو مراجعة موضوع معين أو للحصول على تغذية راجعة سريعة:

حيث يبقى التقويم عنصراً مهماً من عناصر العملية التعليمية، يحرص المعلم الناجح على الاهتمام به وتطبيقه في مختلف أساليب التعلم النشط وتقنياته المتنوعة. وحتى يشجع المعلم مواقف التعلم النشط المختلفة، فانه يستطيع عمل اختبارات شفوية سريعة للطلبة يتأكد بواسطتها من استيعابهم وإلمامهم بموضوع الدرس من جهة، ويتأكد من تحقيق الأَهداف التي وضعها من جهة ثانية.

وقد يستخدم المعلم الاختبارات الكتابية الموضوعية السريعة ليس لمراجعة الدرس فحسب، بل وأيضا للحصول على تغذية راجعة سريعة للطلبة، يتعرف من خلالها على نقاط القوة لديهم ويعمل على دعمها، ويلم بجوانب الضعف عندهم ويحاول جاهداً العمل على علاجها أو التخفيف من حدتها على الأقل. ويتم ذلك سواء بالاختبارات الشفوية أو الموضوعية في فترة قصيرة تعطي المعلم فكرة عن مستوى الطلبة بعد انجاز الحصة.

15- استخدام مجموعات عمل لانجاز أهداف محددة:

حيث يلجأ المعلم المهتم بالتعلم النشط إلى تشكيل مجموعات عمل صغيرة من وقت لآخر لتحقيق عدد من الأهداف القليلة المحددة من قبل، بحيث لا يشرك جميع طلبة الصف فيها، بل

يطلب من عددٍ قليلٍ منهم القيام بذلك. و يتطلب اسلوب المجموعات، العمل على تحديد المهام المنوطة بها والاهداف التي يسعون لتحقيقها، و يستخدمون وسائل وأدوات واجهزة وبيانات ومعلومات واساليب للوصول إلى المطلوب منها .

16- تصحيح الاختبارات والتمارين داخل غرفة الصف لاستثمارها كأداة تعلمية للطلبة:

فلا شك أن تصحيح الاختبارات والتمارين من جانب المعلم يمثل عملية تقويمية لما تعلمه الطلبة داخل المدرسة وخارجها، يستطيع بموجبها أن يحدد مستويات الطلبة ونقاط القوة وجوانب الضعف لديهم.

وقد يستثمر المعلم نفسه هذه الخطوة كوسيلة من وسائل تشجيع الطلبة على التعلم النشط عن طريق استخدامها كأداة تعلمية. فعند قيامه بتصحيح الاختبارات داخل الحجرة الدراسية وامام الطلبة جميعا، فانما يوضح الاخطاء أولا بأول، ويحدد لهم كيفية تجنبها مستقبلاً مع ضرب الأمثلة على ذلك، بل ويمكن تكليف المعلم للطلبة بنشاطٍ تعلمي جديد يقصد منه التأكد من عدم وقوعهم في الاخطاء مرة أخرى.

17-منح الطلبة فرصةً كافيةً لممارسة النشاط قبل تقديمهم لأي اختبار حوله:

فيظل مبدأ الممارسة الفعلية للنشاط مُهماً لدى المعلم الناجح والحريص على تطبيق التعلم النشط، حيث يشجع طلابه دائما على التدريب على أي نشاط تعلمي قبل أن يطالبهم بتقديم أي اختبار فيه، وذلك على اعتبار أن الممارسة تمثل التعلم بالعمل، أي مرور الطلبة بخبرات تعلمية مباشرة وميدانية، يتحمل فيها المتعلم المسؤولية الكاملة لتطبيق ذلك النشاط تحت إشراف معلمه. لذا، فانه ما أن ينتهي من عملية الممارسة تلك، حتى يتقدم لاختبارٍ حوله، يستطيع المتعلم في الغالب اجتيازه بسهولة،على اعتبار أن التعلم بالممارسة أيسر فهما وابقى أثراً من غيره.

18- إعطاء الطلبة اختباراً في وقت مبكر من الفصل الدراسي، مع اعادته مصححاً في اللقاء التالي:

حيث تمثل هذه الخطوة وسيلة مهمة لدى المعلم لتشجيع طلابه على التعلم النشط بعد تحقيق الاهداف المرجوة منها. فقد يجد المعلم من الضرورة أن يحدد مستويات الطلبة في بداية العام الدراسي، في موضوعات المادة الدراسية التي ينوي تدريسها اليهم، فيقدم لها اختباراً عاماً يقيس مثل هذه القدرات ويعمل على تصحيحهِ واعادته لهم وعليه الملاحظات والتعليقات والتصويبات المطلوبة في اللقاء التالي.

ويأخذ المعلم فكرةً جيدةً للغاية عن كل طالب، وماذا يمتلك من معلوماتٍ أو خبراتٍ سابقة عن موضوعات المادة الدراسية الجديدة، حيث يعمل بعد ذلك على تقسيم الطلبة إلى مستويات ثلاثة محددة هي: عالي ومتوسط ومنخفض، يعطي بموجب ذلك أنشطةً اكثر إلى الطلبة ذوي المستويات المتوسطة والمنخفضة، وذلك حتى يتمكنوا من الالمام بالمعارف والمعلومات والمهارات المطلوبة للمقرر الدراسي وممارستها أيضاً، في حين يكلف الطلبة الأقوياء بأنشطة تعمقية أو إثرائية إضافية Enrichment Activities تعمل على إرضاء رغباتهم وقدراتهم، وحتى لا يشعروا بالملل من انتظار زملائهم من ذوي المستويات المتوسطة والدنيا.

وتصويب كل اختبار واعادته للطلبة أولاً بأول، غالباً ما يكشف لهم ما اصابوا من إجابات، وما وقعوا فيه من أخطاء، مما يجعل التعلم لديهم نشطاً، والتغذية الراجعة تسهم في ذلك بشكل قوي وواضح كلما اهتم فيها المعلم بعد كل نشاط.

19- تشجيع المعلم للطلبة على كتابة أسئلةٍ على بطاقات مفهرسة أو مبوبة، ثم جمعها منهم واجابتها بالاشتراك معهم في الحصة القادمة:

فمن أنشطة التعلم الاخرى التي يحرص المعلم الناجح الطلبة على القيام بها، أن يطلب منهم صياغة بعض الأسئلة وكتابتها على بطاقات مفهرسة حسب الموضوعات الدراسية التي تعلموها، على أن يقوم المعلم بجمعها منهم أولاً واخذها معه إلى المنزل أو إلى غرفة المعلمين كي يقرأها بعمق ثانيا، ويعمل على فرزها وتقسيمها إلى مجموعات حسب الموضوع ثالثا، وتحضير بعض المراجع والمواد والوسائل التعليمية اللازمة لها رابعاً وأخيراً.

وما أن يأتي موعد الحصة التالية،حتى يحمل المعلم هذه البطاقات ومعها المراجع والمواد التعليمية الاخرى معه إلى الحجرة الدراسية، حيث يقدم لهم محاضرة قصيرة لا تزيد عن خمس دقائق حول انطباعاته وملاحظاته على الأسئلة، وكيفية ترتيبها إلى مجموعات حسب الموضوعات التي تطرقت إليها، ثم يقوم بتقسيم الصف إلى مجموعات بعدد مجموعات الأسئلة، ويطلب منهم التداول فيما بينهم، والتفكير العميق للاجابة عنها في غضون عشر دقائق على الأكثر.

ثم يطلب المعلم من كل مجموعة من هذه المجموعات قراءة الأسئلة التي تم تحويلها إليهم أولاً والاجابات التي توصلوا إليها ورأي بقية المجموعات في هذه الاجابات ثانيا، حيث تتم مناقشات فاعلة داخل الصف بين هذه المجموعات، حتى يتم التوصل إلى اجابات عميقة ودقيقة باتفاق وتحت اشراف معلمهم.

20- **العمل على تصميم واجباتٍ يتعاون فيها الطلبة معاً:**

فتشجيع المعلم للطلبة على التعلم النشط يجب ألا يقتصر على ما يقومون به داخل غرفة الصف، وانما يتعدى ذلك إلى خارج أسوار المدرسة، حيث البيت والمجتمع المحلي والمؤسسات المختلفة.

وهنا يقوم المعلم بتصميم مجموعة متنوعة من الواجبات التي تحقق عددًا من الأهداف التعلمية المرغوب فيها، وتكون متكاملة في نهاية المطاف من حيث المعلومات والمعارف والمهارات والاتجاهات المطلوب اكتسابها من جانب الطلبة.

ويوزع المعلم هذه الواجبات على الطلبة بشكل جماعي وليس بشكل فردي، حيث يطرح عليهم أولاً عنوان الواجبات أو يكتبها على السبورة أو على شاشة جهاز العرض العلوي، ويطلب منهم تشكيل مجموعات صغيرة يتفقون فيها على التعاون التام لإنجاز ذلك الواجب، وإذا اختلف الطلبة على واجب معين يريدونه، يقوم المعلم بتقريب وجهات نظرهم، وانسحاب مجموعة منهم عن ذلك الواجب واعطائهم بدلا منه.

ويُعطي المعلم بعد ذلك جميع الطلبة ارشادات كي يقوموا بانجاز الواجب بشكل جماعي وعدم اعتماد بعضهم على الآخرين، مع تحديد وقت التسليم للواجب مطبوعا أو مكتوبا بخط واضح ومرتب، على أن يتم عرضه لاحقاً من المجموعة كلها، بحيث يكون لكل طالب الدور الأول في التقديم والدور الثاني في الرد على أسئلة زملائه والدور الثالث في طرح الأسئلة على افراد المجموعات الاخرى عندما يقدمون واجباتهم أو مشاريعهم البحثية امام طلبة الصف.

21- **تقديم نصوص وملخصات مكتوبة من قراءات صعبة:**

فحتى يُرضي المعلم الناجح رغبات الكثير من الطلبة ويشجعهم على التعلم النشط والفعال، يمكنه البحث عن قراءات صعبة ومتعمقة لموضوعات دراسية مختلفة، ويقتطف منها شذرات أو كلمات أو عبارات أو فقرات أو ملخصات قصيرة من هنا وهناك، ويكتبها أو يطبعها بواسطة الحاسوب ويطرحها عليهم في لقاء جديد.

وهنا يُسمح للطلبة بعد عملية التوزيع، الاستغراق في التفكير بعد قراءتها ولمدة خمس دقائق، وأن يقوموا بطرح ما يريدون من أسئلة أو استفسارات أو تعليقات حول هذه النصوص أو الملخصات الصعبة، على أن يقوم المعلم بالرد عليها بشكل واضح.

ويشجع المعلم الطلبة على الذهاب إلى مكتبة المدرسة أو مكتبة القرية أو البلدة أو المدينة التي يعيشون فيها، أو زيارة مكتبة المعاهد أو المؤسسات أو الجامعات القريبة منهم، وذلك للبحث

عن المراجع والكتب والمجلات أو الدوريات المناسبة التي جاءت منها هذه النصوص والملخصات الصعبة، كي يعملوا على قراءتها، بحيث تكتمل الصورة لديهم عن المادة الصعبة وتصبح واضحة لديهم، على أن يعودوا بعدها إلى المعلم وابلاغه بالامر، تمهيداً لعرض القراءات على الصف كله. وقد يحتاج بعض الطلبة إلى المزيد من مساعدة المعلم لايجاد القراءات الاصلية، فيقدم لهم الارشادات اللازمة لذلك، كي يصلوا إلى هدفهم المنشود.

22- إعطاء الطلبة واجباً بيتياً يدور حول مشكلة ما لها علاقة بالمحاضرة:

حيث لا يقتصر المعلم الناجح الذي يشجع طلبته على التعلم النشط، على اعطاء الواجبات المنزلية ذات الطبيعة المعرفية العادية، التي تتطلب جمع المعلومات وتحليلها وتركيبها واخراجها في قالب جديد فحسب، بل يعمل جاهداً كذلك على تكليفهم بواجب بيتي يدور حول مشكلة قام بتحديدها جيداً وترتبط مباشرة بمعلوماتٍ أو قضايا لها علاقة بالمحاضرة التي ألقاها.

ويكون هدف هذا الواجب التفكير بعمق في حل مشكلة معينة تزيد من فهم المحاضرة، وما دار فيها من موضوعاتٍ أو معلوماتٍ، وما تم طرحه فيها من استفسارات وتعليقات وأفكار وآراء. كما يمثل هذا الواجب أيضاً تطبيقاً للمعلومات أو توظيفاً لها من اجل التصدي لمشكلة حقيقية يتطلب حلها الاستفادة من المعلومات والمعارف ذات الصلة بالمحاضرة.

ويحرص المعلم على الرد على استفسارات الطلبة من وقتٍ لآخر حول طبيعة المشكلة، وخصائصها،وأبعادها، وأخطارها، وكيفية التعامل معها، بالاضافة إلى توفير المزيد من مصادر المعلومات ذات الاهمية لحلها أو ارشادهم إليها، سواء من مكتبة المدرسة أو من المكتبات القريبة.

كذلك يشجع المعلم الطلبة على اللجوء إلى زملائه المعلمين الآخرين أو إلى مدير المدرسة للاسترشاد أو الاستئناس بآرائهم وافكارهم حول هذه المشكلة، كما قد يستعينون بأولياء الأمور ايضا أو ببعض الاشخاص المهتمين أو ذوي العلاقة من أبناء المجتمع المحلي.

23- تشجيع الطلبة على تجميع الاخبار ذات العلاقة بموضوع الدرس وانشطته المختلفة ووضعها على اللوحة الصفية:

ومن بين الوسائل الفاعلة لتشجيع الطلبة على التعلم النشط، الطلب منهم القيام بعملية تجميع ما يدور من أخبارٍ أو فعالياتٍ مختلفة حول موضوع الدرس وأنشطته المتعددة.

وهذا يسهم في الواقع في ايجاد جو من التنافس الشريف بين الطلبة لقراءة الصحف المتنوعة، والاستماع إلى محطات الاذاعة المحلية والاجنبية الكثيرة، ومشاهدة القنوات التلفزيونية العربية

والاجنبية، والدخول إلى شبكة الانترنت للاطلاع على الأَخبار والانشطة الكثيرة، التي قد يجد فيها ما له علاقة وثيقة بموضوع الدرس.

ولا شك أن تجميع هذه الاخبار من الطلبة وتبويبها واخراجها في لوحة كرتونية حائطية بعناوين ملونة وبارزة، سوف يزيد من اهتمام الطلبة بذلك الموضوع، ويجعلهم يتوسعون في جوانبه المختلفة والالمام بتفاصيله الكثيرة.

كما قد يؤدي تجميع هذه الاخبار في لوحة واحدة، إلى تشجيع الطلبة مستقبلاً على عمل الشيء نفسه لموضوعاتٍ دراسيةٍ جديدةٍ وبسرعةٍ وسهولةٍ واضحتين، بعد مرورهم بخبرةٍ سابقةٍ في هذا الصدد. وهنا ينبغي على المعلم أن يشجع الطلبة على قراءة تلك الاخبار ومناقشتها في حصة منفصلة للاستفادة منها، أو عمل اختبارقصير Quizz حول ما ورد فيها.

تشجيع التعلم النشط في المنزل

سواء في المدرسة أو في المنزل، فان المشاركة في التعلم تساعد الطلبة على اكتساب معلوماتٍ جديدةٍ وعلى تشجيعهم على التعلم بدرجة اكبر. وإذا كانت وسائل تشجيع الطلبة على التعلم النشط في المدرسة هي كثيرة جداً ومهمة، فهي اقل من ذلك في المنزل. ومع هذا، فان اهميتها تبقى كبيرة، حتى يكمل المنزل دور المدرسة في تحقيق الاهداف المرجوة.

وهنا يلعب الوالدان دوراً مهماً في تشجيع طفلهما على ان يكون متعلماً نشطاً عن طريق مشاهدة ما يقوم به من أعمال، والاستماع إلى ما يطرح من اقوال أو افكار أو آراء من جانبه. كما أن عليهما عند مراجعة الواجبات المنزلية للابن أو البنت، طلب الآتي:

1- تلخيص ما طلبهُ المعلم أو ما حددته أسئلة الكتاب، أو ما قاله زميل آخر.

2- التعامل مع قاله الابن أو ما قالته البنت عن طريق طرح بعض الأسئلة المهمة مثل:

- هل تعني كذا وكذا...؟
- كيف يمكن إنجاز أو عمل ما تقول؟
- هل هذا سيؤثر في مجالات اخرى؟
- هل يمكنك أن تبلغني المزيد من المعلومات عن هذه النقطة أو تلك؟

3- ربط الموضوع أو المحتوى المطروح بالخبرة والمعرفة السابقتين لهما عن طريق طرح الأسئلة الآتية:

- هل حدث مثل ذلك من قبل؟
- هل لديك خبرة سابقة عن هذا الموضوع أو تلك القضية؟
- هل هذا يشبه كذا وكذا؟
- هل لديك معلومات عن بعض اجزاء الموضوع أو الواجب البيتي؟

4- الطلب من المتعلم المزيد من المعلومات أو التوضيحات لما قاله أوكتبه، ويكون ذلك عن طريق طرح الأسئلة الآتية:

- ماذا تعني بقولك هذا؟
- كيف يمكن إتمام هذا العمل أو الواجب؟
- لماذا تؤكد على هذه النقطة؟
- هل يمكنك أن تصل إلى نتيجة مع هذا التوجه؟
- هل تعتقد بأن معلمك سوف يوافقك هذا الرأي؟

5- العمل على الربط بين المفاهيم والمصطلحات ذات العلاقة بالواجب المنزلي: ويمكن للوالدين طرح الأسئلة المساعدة الآتية:

- ماذا يمكن أن يحدث لو تمّ ربط مفهوم الحرب بمفهوم السلام؟
- ماذا تتوقع لو اقترحت على المعلم القيام برحلة ميدانية إلى أحد الأودية القريبة من المدرسة لربط مفهوم التعرية المائية بمفاهيم الوادي والجبل والصخر مثلا؟
- بسبب هذه النتيجة، هل يمكن لك أن تربطها بالجو العام في المدرسة، أم بقصر المدة الزمنية المعطاة للطلبة، أم بقرب انتهاء العام الدراسي؟
- هل يمكن التأكد من هذه النتيجة عن طريق زيارة المنطقة التجارية في المدينة أو البلدة التي نعيش فيها للاستفسار من البائع ومن المشتري ومن المراقب في وقتٍ واحد؟

6- تشجيع الابن أو البنت من جانب الوالدين على إعادة صياغة الواجبات أو التعليمات التي اعطيت من المعلم بلغتهم الخاصة، ويكون ذلك عن طريق طرح الأسئلة المهمة الآتية:

- ماذا فهمت من التعليمات التي اعطيت لك من المعلم؟
- هل يمكنك توضيح المطلوب من الواجب المنزلي الذي ينبغي إتمامه من جانبك؟
- هل يمكنك اعادة كتابة المطلوب منك باسلوبك الخاص أو بلغتك الخاصة؟
- هل تقترح تعديلات جديدة على تعليمات الواجب المنزلي، بحيث تصبح أكثر سهولة وشمولا من السابق؟

7- تشجيع الوالدين للابن أو البنت على صياغة سؤال أكثر له علاقة بالواجب المنزلي أو بموضوع الدرس: ويكون ذلك عن طريق طرح الأسئلة الآتية:

- ما الذي تنوي الاجابة عنه من سؤال أو أسئلة عند انتهائك من هذا الواجب المنزلي؟
- ما المعلومات التي تحتاج إليها من اجل الاجابة عن السؤال أو الأسئلة المطلوبة؟
- هل لك ان تصيغ السؤال أو الأسئلة التي تريد الاجابة عنها بشكل واضح حتى نتأكد من فهمك لها؟
- هل يمكن تعديل هذا السؤال أو ذاك قليلا حتى يصبح اكثر وضوحاً؟ وكيف؟

8- توضيح الوالدين للابن أو البنت كيف أن وجهات نظرهما تتشابه أو تختلف مع وجهات نظر الناس الآخرين حول قضية ما أو مشكلة معينة أو مسألة محددة: ويكون ذلك عن طريق طرح الأسئلة الآتية:

- هل تتفق في هذا المجال مع الرأي القائل بكذا وكذا؟
- هل توجد أفكار أُخرى تختلف مع وجهة نظرك للمعلم أو لزملائك الطلبة؟
- هل قرأتَ في كتابٍ أو مجلةِ مجموعةً من الآراء المختلفة أو المتشابهة مع وجهة نظرك؟ وما هي؟
- هل تتفق مع المؤلف (س) أو تختلف معه حول هذه القضية؟ ولماذا؟

9- تحديد الوالدين لأفضل الأسئلة التي تدور في ذهن الابن أو البنت حول القضية المطروحة: ويكون ذلك عن طريق طرح الأسئلة الآتية:

- هل تعتقد بأنك في حاجة إلى المزيد من المعلومات حول القضية التي تتم مناقشتها؟
- هل هناك من شيء آخر تريد معرفته عن الموضوع؟
- ماذا تنوي أن تفعل بشأن إنجاز الواجب بشكل أفضل؟
- هل لك أن تحدد لي ما يدور في ذهنك من أسئلة مهمة حول هذه القضية؟

دور الوالدين في تشجيع التعلم النشط لدى الأطفال الصغار

إن دور المنزل في التعلم النشط لا يقتصر على اهتمام الوالدين بأبنائهم في الصفوف المتوسطة أو العليا من المراحل المدرسية فحسب، بل ينبغي أن يكون الاهتمام الاكبر مُنصباً كذلك على تعليمهم وهم في الصفوف الاساسية الدنيا كيف يتعلمون، وذلك عن طريق توفير الكثير من فرص التعلم النشط من جانبهم، أو تسهيل فهمهم لفرص التعلم النشط اللامحدودة التي يهتم بها المعلمون في

١٠٠

التشجيع على التعلم النشط

المدرسة. وفيما يأتي مجموعة من الأمثلة على المجالات المتنوعة التي يمكن للوالدين مساعدة أبنائهم كيف يتعلمون بطريقة نشطة وفعالة:

1- الاصغاء الايجابي للأطفال، مع الاهتمام بما يواجهونه من مشكلات:

فكم يكون الطفل سعيداً عندما يجد والده أو والدته وهما يصغيان لما يقول من كلام مهما كان بسيطاً أو غير مهم بالنسبة لهما. فهو بلا شك انه بالغ الاهمية بالنسبة له، لانه يمثل ما يدور في ذهنه من أفكار، ويعكس ما تعلمه أو ما رآه أو ما سمعه أو ما شاهده من أشياء. فاصغاء الوالدين لطفلهما يشجعه على قول المزيد مما يعرف أو يفكر فيه، وهذا بحد ذاته تشجيع على التعلم، خاصة إذا ما قام الوالدان بتصويب كلام الطفل وطرح أسئلة ذات علاقة بما قال، مما يشجعه على قول المزيد، ويؤدي بالتالي إلى زيادة الطلاقة الفكرية وزيادة الرصيد اللغوي لديه.

وإذا كان من شيء آخر أكثر أهمية من الاصغاء الايجابي للطفل، فهو الاهتمام بالمشكلات التي تواجهه، لا سيما وانها تمثل إعاقات أو عقبات امام فهمه للكثير من الامور ، امام رغباته واهتماماته. وهنا لابد من إلمام الوالدين بهذه المشكلات عن طريق تشجيع الطفل على الصراحة والشجاعة في توضيح ما يعانيه من مشكلات مع معلمه ومع زملائه ومع الحيوانات الأليفة التي يتعامل معها، وحتى مع الالعاب التي يمتلكها أو الملابس التي يلبسها، كي يستطيع الوالدان تذليل هذه العقبات واستمرارية الطفل في التعلم النشط.

2- قراءة الوالدين مع الاطفال:

تبقى القراءة صعبة على الأطفال المبتدئين من الكلام، لأنهم يتعاملون مع كلمات وفقرات تمثل في الغالب رموزاً مجردة يصعب إتقانها دون تشجيع واضح، ليس من المعلم فحسب، بل ومن الوالدين كذلك.

وكم يكون مناسباً لوقام الاب أو قامت الأم بقراءة الدرس مع طفلهما بصوتٍ مرتفع، لأن ذلك يشجعه على تعلم القراءة من جهة ويتعلم منهما ألفاظ الكلمات بطريقة صحيحة، ويشعر أنهما يشاركانه في الأعمال المطلوب منه إنجازها.

ولقراءة قصص الأطفال أمام الابن أو البنت دور السحر في شد انتباههما إلى أحداث القصة، لا سيما وأن ذلك يوسع خيالهما من جهة، ويعلمهما القراءة بشكل افضل عند قيام الوالدين بالتركيز على مخارج الحروف من جهة ثانية. وقد يطرح الطفل أسئلةً عديدةً على الوالدين خلال قراءة القصة وبعد لانتهاء منها، مما يفيد في اكتسابهما لمعلوماتٍ جديدةٍ من الوالدين، وينمي لديهما مهارة طرح الأسئلة ومهارة الاصغاء لما يقوله الوالدان في وقتٍ واحد.

3- رواية القصص العائلية للأطفال:

لا يكفي أن يقوم أولياء الأمور بالاصغاء لأَبنائهم والقراءة معهم، بل عليهم أيضا أن يعملوا على رواية العديد من القصص لهم، والتي تدور حول حياة الناس وظروفهم العائلية، والتي سمعوها أوقاموا بقراءتها من قبل، على أن يتم ذلك حسب مستوى الأطفال وقدراتهم العقلية.

فالطفل يحب بطبيعته سماع القصص، وبخاصة إذا تمت روايتها من جانب أُمهِ أو من جانب أبيه. كما يشعر كذلك بأن الوالدين سوف يقفا عن رواية القصة وسوف يتابعان روايتها بناء على طلب طفلهما، حتى يعملا على إرضاء رغبته أو يقوما بالرد على استفساراته، وهذا ما يصعب توفره في الحجرة الدراسية، حيث يوجد أطفال كثيرون ورغبات أكثر.

كما يكون الطفل سعيداً عندما يسمع من والده أو من والدته قصة أو أكثر عن شيء يعرفانه أو أنهما مرا بخبراتٍ حياتية عنه. هذا بالاضافة إلى وسائل الترغيب التي يمكن للوالدين اتباعها عند رواية القصة العائلية مثل الاختلاف في نبرات الصوت، واستخدام الأيدي لتشبيه الأشياء أو وصفها، وإحضار بعض الحاجيات من داخل البيت لتوضيح بعض الأمور، مثل الاطباق أو الملاعق أو الملابس أو الادوات أو الأجهزة التي تسهل على الطفل فهم وقائع القصة التي تتم روايتها.

4- تحديد عدد الساعات المخصصة لمشاهدة الأطفال لبرامج التلفزيون:

فرغم فائدة البرامج التلفزيونية المختلفة للأطفال ولا سيما البرامج التعليمية الهادفة منها، إلا أن على أولياء الأمور تحديد عدد الساعات التي يسمح فيها لابنائهم الصغار مشاهدتها، وذلك حتى لا يؤثر ذلك على عدد ساعات نومهم الكافية من ناحية، وعدد الساعات التي قد يقومون فيها بحل بعض الواجبات المنزلية أو الأُحجيات أو التعامل مع الألعاب الهادفة المتنوعة من ناحية ثانية.

فالطفل الذي يقضي فترات زمنية طويلة في مشاهدة التلفزيون، يعمل الوالدان على إيقاظه من النوم في الصباح الباكر عُنوةً حتى يذهب إلى المدرسة، مما يجعله يُكمل نومه غالبا في الحجرة الدراسية، مما يضيع عليه فرصا تعلمية مفيدة من التعلم النشط. وحتى إذا لم ينم فعلياً، فيكون ميالا إلى النُعاس، مما يجعل انتباهه للمناشط التعلمية المختلفة ضعيفا، فينعكس سلبا على تحصيله الاكاديمي وأدائه داخل الحجرة الدراسية، حتى لو حاول المعلم الانتباه إليه ومعالجة الأمر. ولذا، فان على المعلم أولاً أن يلفت نظر الوالدين إلى خطورة هذه الظاهرة على الطفل، وعلى ضرورة تحديد ساعات ليس لمشاهدة برامج التلفزيون فحسب، بل وللسهر أيضا بصورة عامة خلال الليل.

5- توفير عدد من الكتب والمواد والمصادر التعليمية المتنوعة في المنزل:

فحتى ينجح أولياء الأمور في إيجاد فرص مختلفة للتعلم النشط داخل المنزل، ثم العمل على إنجاحها، فان عليهم توفير عدد كافٍ من الكتب والقصص والأحجيات والألغاز والمعاجم والاطالس

والاقلام الملونة والكرتون والبطاقات، وبعض الوسائل التعليمية المهمة كجسم الإنسان، وعمليات الاسعاف الأولية، والمحافظة على النظافة، وغيرها.

وتحرص دور النشر الناجحة على إصدار الكثير من الكتب المزودة بالوسائل التعليمية الملونة، والقصص المشوقة، والالعاب والاحجيات المختلفة، بأسعارٍ منخفضة لأولياء الأمور بالذات، بعد إقامة المعارض الكثيرة التي تركز على مكتبة الطفل ودعوة الأطفال وأولياء أمورهم إليها كي يشتروا ما يناسبهم منها، حتى يستطيعوا تكوين مكتبات فعلية لأطفالهم في المنزل، يرجع إليها الطفل كلما احتاج إلى ذلك وبمساعدة الوالدين.

6- مشاركة الوالدين للأطفال في البحث عن الكلمات الصعبة في المعاجم:

فمن وسائل تشجيع الأطفال الصغار على التعلم النشط في المنزل بعد قيام الوالدين بشراء الكتب والمصادر التعليمية المختلفة ومن بينها المعاجم، ألا يقفوا مكتوفي الأيدي عندما يصعب معنى بعض الكلمات على الطفل، ويريد استخدام المعجم اللغوي أو المعاجم التخصيصة العلمية والفنية الاخرى، بل لا بد من مشاركتهم في البحث عنها، حتى يشعر الطفل بأن والديه معه في عملية التعلم من ناحية، وأن استخدامه للمعجم سيكون أسرع مع مساعدة الوالدين في المرات الأولى،على أن يتولى المهمة لوحده في مراحل تالية من ناحية ثانية.

وكم يشعر الطفل بالراحة والسرور عندما يقف والده أو والدته معه لحل صعوبة ايجاد معنى مصطلح من المصطلحات، أو كلمة من الكلمات، باستخدام المعاجم باختلاف تخصصاتها، حيث تنمو لديه فيما بعد مهارة استخدام المصادر التعليمية بشكل تلقائي وسريع كلما احتاج إلى ذلك.

7- تشجيع الوالدين للأطفال الصغار على استخدام الموسوعات المختلفة:

حيث يتعدى تشجيع الوالدين للأطفال على استخدام المعاجم، إلى استخدام الموسوعات العلمية والثقافية المتنوعة، وذلك حتى لا يقف الأمر عند تحديد معنى الكلمة كما هو الحال في المعجم، إلى جمع المعلومات حول الكلمة أو المفهوم أو المصطلح أو الموضوع لعمل واجبٍ بيتي أو مشروع بحثي صغير، حسب مستوى الأطفال، وبمساعدة الوالدين. وهنا يكون دور أولياء الأمور نشطا كذلك في توفير عدد من الموسوعات المختلفة في المنزل، أو الذهاب مع أبنائهم إلى مكتبة المدرسة أو البلدية أو أية مؤسسة حكومية أو أهلية، ومساعدتهم في استخدامها للوصول إلى المعلومات التي يريدونها.

8- مشاركة الوالدين لأطفالهم في قراءة الشعر وفي ترديد الأغاني والاناشيد التي يفضلونها معهم:

فمن المعروف أن التلاميذ يتذوقون في الغالب قراءة القصائد الشعرية البسيطة منذ نعومة أظافرهم، وأنهم مولعون بترديد الأغاني والأناشيد العذبة المخصصة للأطفال وهم في سن مبكرة للغاية.

ولا يقف الأمر عند حد طلب أولياء الأمور في المنزل من أبنائهم قراءة بيوت من الشعر أو الاستماع إليهم عندما يغنون اغاني الأطفال الجميلة، أو عندما يرددون الأناشيد العذبة فحسب، بل عليهم فوق ذلك مشاركتهم فعلياً في القراءة وفي الغناء أو ترديد الأناشيد، لما لذلك من شعور هؤلاء الأطفال بالسعادة الغامرة وهم يرون الأم والأب يتذوقون معهم الشعر ويطربون وهم ينشدون القصائد ويغنون الأغاني معهم.

كما أن لهذه المشاركة أثرها التعليمي التعلمي أيضا، حيث يُصوبُ الآباء أخطاء أبنائهم العفوية في قراءة الشعر أو في الغناء، حيث قد يردد الأطفال كلمات غير صحيحة سمعوها بصورة خاطئة منذ البداية. كما تزيد سعادة الأطفال بشكل واضح كلما قام الوالدان بتمثيل كلمات القصيدة الشعرية أو الأغنية. فاذا كانت تدور حول طيران العصافير، فتمثل الأم أو يمثل الأب كيفية الطيران أو الزقزقة لهذا العصفور، أو كيفية تشغيل السيارة وسيرها، أو كيفية قفز الارنب أو الغزال، أو كيفية صهيل الخيل، أو مواء القط، أو زئير الاسد، أو فحيح الأفعى، أو خرير المياه، أو هدير أمواج البحر، أو هبوب الرياح.

9- أخذ الوالدين لأبنائهم إلى المكتبة وتعليمهم كيفية استغلالها بصورة صحيحة:

فرغم انتشار الحاسوب واستخدام شبكة الانترنت بشكلٍ واسعٍ لدى الكثير جداً من البيوت، مما يجعل الوصول إلى المعلومات يتم بصورة أسهل وأسرع في وقتٍ واحد، إلا أن استخدام المكتبة يبقى ضروريا نظراً لتوفر خدمات أخرى عديدة يصعب الحصول عليها بشكل مجاني عن طريق الانترنت، ولا سيما في الرجوع إلى الكتب والقصص والمراجع والمصادر والوثائق والأطالس، والمعاجم والأقلام والوسائل التعليمية والنماذج والخرائط وغير ذلك من أمور كثيرة.

ونظراً لأن المكتبة تشتمل على خدمات كثيرة لمن يرتادها، وأن معظمها أصبح يسير حسب شبكة من أجهزة الكمبيوتر التي يستطيع المتعلم الوصول إلى ما يريد من كتبٍ ومراجعَ ودورياتٍ حسب أسماء المؤلفين أو عناوين الموضوعات، كما يرتبط العديد من أجهزة الكمبيوتر فيها بشبكة الإنترنت كي يستفيد منها الأطفال الذين لا توجد في منازلهم خدمة الانترنت.

وهنا تظل عملية مصاحبة الوالدين لأطفالهم للمكتبة وسيلة تشجيع مهمة على التعلم النشط، لا سيما وأنهم يطلعونهم على الكثير من أقسامها وخدماتها، ويسألون القائمين على المكتبة بما يجول في خاطرهم من أمورٍ يريدون الاستفسار عنها وتخص أطفالهم، مما سيكون له الأثر الطيب في نفوس هؤلاء الأطفال، من اكتشافهم للكثير من الأمور المفيدة، وتشجيعهم على تكوين عادة زيارة المكتبة باستمرار مستقبلاً.

10- أخذ الوالدين لأطفالهم إلى المتاحف والمواقع التاريخية كلما كان ذلك ممكنا:

فاذا كان التعامل مع الكتب والمراجع والوثائق في المكتبات ضروريا للأطفال، فان زيارتهم مع أولياء أمورهم للمتاحف والمواقع التاريخية يحقق الكثير من الأهداف التربوية المرغوبة. فزيارة المتحف يعطي الطفل فرصة لمشاهدة النماذج والعينات والكثير من الاشياء على حقيقتها ليس بالصور فحسب، بل وغالبا ما تكون كما هي في واقع الحال.

فاذا ما زار الطفل مع والديه متحف التاريخ الطبيعي مثلا، فسوف يشاهد الحيوانات الكثيرة المختلفة وهي محنطة، فيستطيع الاقتراب الكثير منها للتحقق من اجسامها وشعورها أو جلودها أو صوفها أو وبرها أو قرونها أو القشور على جسمها أو أسنانها أو عيونها دون خوف من المخاطر، رغم أن معظمها حيوانات مفترسة وضخمة ولا توجد إلا في الغابات أو المناطق البعيدة والخطرة جداً، مما يوفر ذلك المتحف الفرص الكثيرة للتعلم النشط لهؤلاء الأطفال، لا سيما وان مشاهدتهم عن قرب لهذه الحيوانات سوف يشجعهم على طرح استفسارات متنوعة عن طبيعتها وخصائص حياتها ومجالات الخطورة منها أو الفائدة من وجودها.

وهنا يكون دور الوالدين كبيراً في الرد على استفسارات ابنائهم الأطفال، وقراءة المعلومات الموجودة بالقرب من كل حيوان من هذه الحيوانات، والرجوع إلى المتخصصين القائمين على المتحف للاستفسار منهم عن بعض ما يفكر فيه اطفالهم، والذين لم يستطيعوا الاجابة عنها من قبل.

كما توجد متاحف اخرى علمية وزراعية ورياضية تكون زيارتها من جانب الأطفال وأولياء أمورهم في غاية الفائدة والأهمية، حيث يطلع هؤلاء على الكثير من الأجهزة والأدوات والمواد والعينات والأشياء على طبيعتها، فيطلعون على تركيبتها واجزائها وعملية تشغيلها، كما قد يجدون نباتات وثمار وخضروات وفواكه محنطة، بعضها يعرفه الطلبة، وبعضها الاخر غريب عن بيئتهم، مما يزدادون معرفة واطلاعاً على خصائص بيئات العالم الاخرى.

ولا تقتصر الأهمية في الزيارات على متاحف الاشياء والأمور الحالية، بل إن اصطحاب الوالدين لأطفالهم في زيارة المواقع التاريخية يمثل خبرة تعلمية مفيدة جداً لهم، ولا سيما إذا اطلعوا عن قرب على تاريخ بلادهم الحافل بالأمجاد والانتصارات وحتى الهزائم والانتكاسات، وذلك حتى يأخذون الدروس والعِبَر من النجاحات والفشل في وقت واحد. كما تزيد هذه الزيارات من انتماء الأطفال للوطن واعتزازهم بابطاله وشخصياته التاريخية. وحتى لو كان الموقع التاريخي لبلد آخر، فان الأطفال يتعلمون أن الحضارات البشرية متكاملة في جهودها، وأن ما قدمته الحضارات الفرعونية والهندية والصينية واليونانية والرومانية والعربية الإسلامية ثم الاوروبية والأمريكية، ساهمت بشكل فعال في مسيرة التقدم الإنساني الحالي.

ويحرص أولياء الأمور عند وصولهم المنزل، على تشجيع أطفالهم على التعلم النشط، وذلك عن طريق طرح أسئلة عديدة عليهم عن تلك الزيارات للمتاحف والمواقع التاريخية وما استفادوا منها، والرد أيضا على استفسارات الأبناء بكل دقة وصراحة ووضوح.

11- مناقشة أولياء الأمور مع أطفالهم لما يسمعونه من أخبار يومية:

فزيادة في تشجيع الآباء لأبنائهم على التعلم النشط داخل المنزل، فان عليهم أن يناقشوهم فيما يسمعون من الإذاعات أو محطات التلفزيون المحلية أو القنوات الفضائية العالمية للأخبار السياسية والاقتصادية والاجتماعية والثقافية والرياضية والعلمية بصورة عامة ومختصرة من جهة، والتركيز على المجالات التي يميلون إليها من هذه الاخبار من جهة ثانية.

فمناقشة الأطفال فيما يدور من أحداث حسب مستوياتهم العقلية، يعطيهم فكرة مبسطة للغاية عن بعض ما يدور حتى يتعلموا بعض المفاهيم التي تقع خارج نطاق معرفتهم السابقة من ناحية، وحتى تعزز تفاعلهم البسيط مع العالم من حولهم من ناحية أخرى. وهنا نجد أن على أولياء الأمور تقع مسؤولية توضيح الكثير من القضايا المحيطة بالبيئة التي يعيشون فيها باسلوب فيه البساطة والمرح والتمثيل والتصوير للأمور حتى يستوعبها الأطفال ببساطة. فاذا كانت الأخبار تحمل ارتفاع أسعار النفط مثلا، فيمكن للوالدين تبسيط أثر ذلك للطفل مثل، ان سعر البنزين الذي تسير عليه سيارتهم سوف يزيد، وان سعر الغاز الطبيعي الذي يعتمدون فيه على الطبخ وعلى التدفئة في البيت خلال فصل الشتاء سوف يرتفع، مما يكلفهم الكثير، بل وانه حتى المصانع والمؤسسات التي تستهلك مشتقات البترول سوف ترفع من أسعار منتجاتها الغذائية أو أسعار الملابس أو أسعار الأجهزة الكهربائية أو حتى أسعار السيارات والمواد الاخرى، مما ينعكس سلبا على مصاريف البيت اليومية والشهرية.

12- مشاركة الوالدين لأطفالهم في اكتشاف عالم النباتات والحيوانات وجغرافية البيئة المحلية والتعلم من كل ذلك:

حيث يعتبر عالم النبات عالماً واسعاً وخصباً كي يتعلم منه الأطفال كثيراً. وصحيح أن المعلم في المدرسة يلعب دوراً في ذلك، إلا أن ما قد يقوم به الوالدان من جهودٍ في هذا الشأن يفوق حد الوصف، لا سيما وأن النباتات تحيط بهم في الغالب، مما يتيح لهم الفرصة لتعليم أبنائهم الكثير عن أنواع النباتات وخصائصها وفوائدها. كذلك، فان يوم الاجازة الاسبوعي قد يكون فرصة للرحلات والذهاب إلى مناطق بعيدة نسبياً، قد تختلف فيها النباتات عن منطقتهم المحلية التي يعيشون فيها، مما تصبح مجالاً مهماً لاكتشاف المزيد من النباتات، وتعلم الأطفال عنها بمساعدة أبنائهم والرد على أسئلتهم الكثيرة.

وإذا كان النبات يمثل حقلاً من حقول المعرفة يتعلم منه الأطفال الكثير، فان عالم الحيوان والطيور والزواحف والحشرات لا يقل اتساعاً عنه.فالطفل قد تقتصر معرفته على بعض الكائنات الحية الأليفة مثل العصافير والقطط والكلاب والخيول، إلا أن تنقله إلى أماكن أبعد، قد يجعله يرى قطعانا من البقر والاغنام، وأنواعاً أخرى من الطيور والزواحف والحيوانات البرية والبحرية المختلفة.

وكم تكون زيارة حديقة الحيوانات أو حديقة النباتات، مفيدة جداً، وذلك لأنها تسمح للأطفال بالاطلاع عليها جميعا في مكان واحد وآمن، يتمكن من خلاله الأطفال من الاطلاع بانفسهم على حياة الحيوانات المفترسة، والزواحف الخطرة، والحشرات الضارة، موضوعة في اقفاص حديدية أو زجاجية، يسمح لها بالتحرك ضمن مساحة محدودة، تسمح للأطفال برؤيتها عن قرب وملاحظة خصائصها وطباعها أو تصرفاتها، وكيف تأكل وتنام وتتصرف عند الاثارة، مما يكسبهم معلومات ومعارف من خبرات تعلمية مباشرة.كما تفتح لهم عملية اكتشاف عالم النبات والحيوان، العديد من الأسئلة التي يوجهونها لأولياء أمورهم حولها، مما يكسبهم معارف جديدة وتوضيحات كثيرة.

ولما كان النبات والحيوان يعيش في مناطق جغرافية مختلفة ومنها المنطقة الجغرافية التي يعيش فيها الأطفال، فان على أولياء الأمور اصطحاب أطفالهم لزيارة مناطق محددة من الولاية أو المحافظة التي يعيشون فيها أو حتى القطر العربي الذي ينتسبون إليه. فمعرفة النبات والحيوان في المناطق القريبة يكون أكثر فائدة للطفل من التعرف إلى حيواناتٍ ونباتاتٍ من المناطق أو الاقطار أو القارات الأبعد، لأن التفاعل يكون أكثر من جانبهم مع البيئة المحلية، رغم أهمية الإلمام بما في البيئات البعيدة من حيوانات ونباتات وإنسان.

ويطلع أولياء الأمور أطفالهم على اثر النبات والحيوان في جغرافية المنطقة التي يعيشون فيها عن طريق الزيارات. فكم تعمل الحيوانات على تحطيم التربة عن طريق المشي فوقها من جانب الحيوانات الكبيرة ذات الحوافر كالأبقار والجواميس والوعول والخيول مثلا، وعن طريق الحفر داخل الأرض كالأرانب والثعالب والجرذان والفئران، مما يمثل شواهد على تأثير الحيوان في التربة، بينما يكون تأثير النبات إيجابياً بتماسك ذرات التربة والحفاظ عليها من الانهيار حتى في السفوح المنحدرة ،ولا سيما خلال سقوط الامطار وتشبع التربة بالمياه.

13- توفير أولياء الأمور لأطفالهم أماكن هادئه للدراسة:

يهتم أولياء الأمور الذين يحرصون على توفير الكثير من فرص التعلم النشط لابنائهم، بايجاد ليس الجو المناسب للدراسة داخل المنزل فحسب، بل بايجاد المكان الهادئ كذلك. لأن الهدوء يشجع الأطفال على التفكير بعمق عند أداء واجباتهم المنزلية، أو عند قيامهم بحل المشكلات المختلفة التي تواجههم أو المكلفين بحلها، وذلك في مكان بعيد عن الضجيج والأصوات، ويسيطر عليه الهدوء الذي يسمح للتفكير بالإنطلاق بحريةٍ، والتعامل مع الموضوعات المدرسية والحياتية المختلفة.

صحيح أن الأطفال يحتاجون إلى الجلوس مع أولياء أمورهم داخل المنزل تارةً، ومشاهدة البرامج التلفزيونية أو التعامل مع الألعاب والألغاز تارة ثانية، إلا أنهم بحاجة في أوقاتٍ عديدة إلى الجلوس مع أنفسهم أو مع المواد التعليمية المختلفة في مكان يمتاز بالهدوء، حتى يستوعبوا مثلاً ما يقومون بقراءته، أو ينجزون ما هو مطلوب منهم انجازه، دون تشتيت للذهن بفعل عوامل داخلية وخارجية في آن واحد.

ويتأكد الآباء من وقت لآخر من مدى توفر شروط الهدوء المطلوبة في أماكن الدراسة المخصصة لأبنائهم، ولا سيما إذا كان يوجد أكثر من طفل، وذلك حتى يحقق كل فرد منهم الأهداف التي يرغب في الوصول إليها، أو يتمم الأعمال والواجبات المطلوبة منه.

وقد يضطر أولياء الأمور إلى الاشراف من وقت لآخر على أماكن الدراسة لأبنائهم، وذلك للتأكد من سلامة الأجواء وهدوئها وتوفر وسائل الراحة من الكراسي المريحة والطاولات الواسعة والرفوف الملائمة والمصادر التعليمية المتنوعة، حتى يتم الاطمئنان إلى حدوث التعلم النشط بفاعلية أكبر.

14- مراجعة أولياء الأمور للواجبات المنزلية الخاصة بأطفالهم:

صحيح أن الآباء والامهات في هذا العصر ينشغلون في أعمالهم الكثيرة وينغمسون في أداء أمور كثيرة خارج البيت، وما أن يعودوا إليه، حتى يجدوا أنفسهم في حالة صعبة من الارهاق الجسدي والعقلي، مما يجعل من قيامهم بأعباء إضافية من الجهد المعرفي عملية صعبة. ومع ذلك، فان الأطفال يميلون إلى من يقف بجانبهم ويدعمهم في فهم الواجبات المنزلية أولاً، ويرشدهم أو يشرف عليهم في إنجازها ثانياً واخيراً، بشرط أن يقوم الأطفال انفسهم بخطوات عمل هذه الواجبات.

ولا يقف أولياء الأمور عند حد متابعة الواجبات المنزلية الحالية، بل ضرورة الاطلاع على الوجبات المنزلية السابقة التي قرأها المعلم ووضع عليها ملاحظات وعلامات أو درجات تقييمية، وذلك حتى يتعرفوا على جوانب القوة ونقاط الضعف في أعمال ابنائهم الكتابية والبحثية والتحليلية.

15- ضرورة مقابلة أولياء أمور الأطفال لمعلميهم في المدرسة:

حيث لا يكفي تشجيع الوالدين لأطفالهم على التعلم النشط داخل المنزل، بل عليهم أن يتابعوا أيضا أنشطتهم وفعالياتهم داخل المدرسة، وذلك عن طريق الالتقاء بمعلميهم لأخذ صورة أكثر

وضوحاً عن جوانب القوة لديهم ونقاط الضعف التي يعانون منها. ففي مثل هذه المقابلات يُصغي أولياء الأمور في العادة إلى المعلمين حتى يكتسبوا المزيد من المعلومات عن الاشياء التي يحبون أن يتعلمها أطفالهم، والأمور التي لا يميلون إليها، والأنشطة التي يبدعون فيها، والفعاليات التي تحتاج منهم إلى مساعدة الوالدين في المنزل، بحيث تكتمل الصورة عما يحبه الأطفال وما لا يرغبون فيه من أعمالٍ أو أفعالٍ أو أشياءٍ أو أمورٍ أو أنشطةٍ مختلفة.

5

الفصل الخامس

دور المعلم والطالب
في التعلم النشط

- دور المعلم في التعلم النشط.
- دور الطالب في التعلم النشط.

مقدمة:

من أجل إلقاء الضوء على أدوار من لهم علاقة وثيقة بالعملية التعليمية التعلمية الخاصة بالتعلم النشط، فإنه لا بد من توضيح دور المعلم الذي يوفر البيئة الغنية الضرورية لهذا النوع من التعلم أولاً، ثم بيان دور الطالب الذي يقوم بتعليم نفسهِ بنفسهِ تحت إشراف معلمهِ ثانياً، وذلك كالآتي:

أولاً: دور المعلم في التعلم النشط

تتعدد مهام المعلم في التعلم النشط وتتنوع أدواره، في ضوء العديد من التطورات العلمية والتكنولوجية من جهة، وفي ضوء نتائج الكثير من البحوث والدراسات التربوية والنفسية التي دارت حول المعلم والمتعلم وعمليتي التعلم والتعليم من جهة ثانية. وقد طرح المهتمون بالعملية التعليمية التعلمية العديد من الاقتراحات أو التوصيات أو الخصائص المتعلقة بدور المعلم في التعلم النشط.

وكان كاشيون وبالميري **(Cashion & Palmieri, 2002)** قد وصفا دور المعلم النشط في العملية التعليمية التعلمية كالآتي:

1. دور المعلم في تشجيع الطلبة ومساعدتهم على التعلم:

فوجود نوع من العلاقة الطيبة والقوية بين المعلم من جهة وبين الطالب من جهة ثانية، تزيد من تشجيع الأخير وقدرته على التعامل بحيوية مع الصعوبات والمشكلات المختلفة، والذي يجد في دعم المعلم له وسيلة للتصدي لها والعمل على حلها، فما دام الطالب يشعر بالتشجيع في عملية التعلم، فإنه يستمر في التعلم بروح معنوية عالية، وما دام يقدم المعلم له المساعدة عندما يحتاجها، فإنه لا يخشى من مواجهة الصعاب.

ويعمل المعلم الناجح على تشجيع الطلبة على التعلم النشط سواء في الأعمال الفردية، ولا سيما حين يقوم الطالب بالإجابة الشفوية الناقصة عن سؤال من المعلم أو من أحد زملائه، حيث يطرح المعلم بعض الاستفسارات حول تلك الإجابة يجعله يصوبها أو يكملها، أو في الأعمال والفعاليات والأنشطة الجماعية، حيث يطلع على ما يقومون به ويعمل على تعديله أو تصويبه، ويرد على أسئلتهم المتنوعة التي توضح لهم العديد من النقاط الغامضة، فيزيد بالتالي من مستوى تعلمهم.

وفي عصر الهواتف الأرضية والنقالة وخدمات شبكة الإنترنت، فإن نسبة التشجيع والمساعدة للطالب من جانب المعلم أخذت تزداد شيئا فشيئاً. فقد يستفسر الطالب خلال الليل عند قيامه بالتعامل مع الواجب المنزلي من معلمه عبر الهاتف عن بعض جوانب ذلك الواجب، ويستجيب له المعلم بروحٍ أبويةٍ صادقة، كما قد يبعث له خلال عطلة نهاية الأسبوع أو إجازة ما بين الفصلين أو الإجازة الصيفية، العديد من رسائل البريد الالكترونية للاستفسار عن أشياء عديدة، ويقوم المعلم بالرد عليها وتوضيح الكثير من الأشياء له.

2. دور المعلم في إيجاد التوازن بين الأنشطة التعليمية الفردية والجماعية:

يحرص المعلم الناجح على الإكثار من الأنشطة التعلمية المتنوعة التي يمر من خلالها الطلبة بالخبرات الواقعية، ويكتسبون المعارف والمعلومات والمهارات والاتجاهات المرغوب فيها. ولما كان ذلك لا يمكن تحقيقه إلا من خلال اهتمام المعلم ليس بتوفير المناشط التعلمية الكثيرة فحسب، بل وأيضاً بإيجاد نوع من التوازن بين الأنشطة التي يقوم بها الطالب لوحدهِ، وتلك التي يقوم بها بشكل جماعي مع بعض زملائه.

فالمعلم يعرف الطالب بدرجة أَفضل كلما تعرف على نشاطه منفرداً، وكلما أشرف على الأنشطة الجماعية التي يساهم فيها الطالب مع رفاقه. فعن طريق النشاط التعلمي الفردي، يتلمس المعلم قدرات الطالب الحقيقية في التذكر، والاستيعاب، والتطبيق، والتحليل، والتركيب، والتقويم، للمعارف والمعلومات، التي يعمل على قراءتها، أو الواجبات المنزلية الفردية المطلوب منه إتمامها. كما يتعرف المعلم أيضاً على المهارات العقلية أو المعرفية، وتلك الأدائية الحركية، بالإضافة إلى القيم والاتجاهات العديدة التي يؤمن بها في ضوء الأنشطة الفردية التي يقوم بانجازها، فيستطيع التعرف إلى مواطن القوة وجوانب الضعف لديه، ويسهل عليه تصويبها، كما يتمكن عند الالتقاء بالوالدين من أن ينقل إليهما التفصيلات المتعلقة بمستوى المتعلم ومدى تقدمه أو تأخره من وقتٍ لآخر.

ومع ذلك، فإن الأنشطة الجماعية لا تقل أهمية عن الأنشطة الفردية في تعرف المعلم على المتعلم، ولا سيما من حيث تعاونه مع زملائِه، ومدى مساهمته في إنجاز المشاريع البحثية الجماعية، أو المناقشات الصفية الجماعية، أو عمل الوسائل التعليمية مع الآخرين، أو المشاركة في الألعاب الرياضية الجماعية. كما يتأكد المعلم من مدى احترام الطالب لآراء زملائه وأَصلهم وجنسهم، ومدى تمتعه بالموضوعية والحياد، ومدى صدقه في الحديث، وفي التعامل، وفي العمل داخل أَسوار المدرسة.

وهنا تكمن أهمية دور المعلم الحريص على التعلم النشط، في ايجاد توازنٍ دقيقٍ في الأنشطة التعلمية الفردية والجماعية، فإذا كانت معظم الامتحانات ومعظم الواجبات المنزلية ومعظم المشاريع والتقارير الشفوية والكتابية تكون فردية، فإن على المعلم أن يزيد من الفرص التعلمية التي يتم التركيز فيها على عمل المجموعات الصغيرة والكبيرة، والمشاريع البحثية الجماعية، والتقارير المشتركة النابعة من الزيارات الميدانية، والألعاب الجماعية، وتشكيل اللجان الصفية والمدرسية المشتركة، بحيث يشعر في نهاية المطاف بأن الطالب يحقق الكثير من الأهداف التربوية المعرفية والمهارية والجسمانية الحركية، حتى يصل إلى مرحلة التكامل المنشود.

3. دور المعلم في التركيز على القضايا الخاصة بأخلاقيات التعلم والتعليم:

حيث تمثل الكثير من أخلاقيات العملية التعليمية التعلمية صمام الأمان بالنسبة لنجاح دور المعلم، الحريص على التعلم النشط، والذي يسعى إلى أن يمر الطلبة بخبراتٍ تعلميةٍ هادفةٍ ومتنوعة.

ومن بين الأخلاقيات المهمة التي ينبغي على المعلم توضيحها لطلابه، تجنب الغش تماماً في الامتحانات، لما للغش من آثارٍ سلبية خطيرة على مسيرة الطالب الأكاديمية. فمن يعتمد كثيراً على الغش يخدع نفسه ومعلمه ورفاقه وأهله في وقت واحد. وهو كذلك لن يستوعب الموضوعات الدراسية، وسوف يفشل في تحليلها أو ربطها أو الحكم عليها، ما دام لم يعمل على قراءتها بعمق إستعداداً للامتحان. كما أنه إذا نجح في عملية الغش مرات قليلة فقد تصبح لديه عادة في الاعتماد على جهود الآخرين ليس في الامتحانات الكتابية فحسب، بل وأيضاً في المشاريع البحثية المشتركة، حيث يحاول التنصل من المهمة التي حددها له المعلم، وبخاصة إذا كان له تأثير على زملائه الآخرين بالترغيب أو الترهيب.

وهنا يأتي دور المعلم في محاربة هذه الظاهرة بالحكمة والروية، حيث ينبغي عليه التدقيق في أوراق الإجابة للطلبة، بحيث إذا لاحظ وجود تطابق في إجابة الأسئلة التحليلية أو الاستنتاجية أو التقويمية أو التي تثير التفكير، فإن عليه إحضار الطالبين، والتأكد ممن قام فعلاً بالغش من الآخر، في ضوء معلوماته السابقة عنهما، ثم توجيه الطالب الذي قام بعملية الغش وتحذيره من عواقب ذلك عليه حاضراً ومستقبلاً، وأن من الضرورة تصويب المسار والتعهد بعدم تكرار ذلك فيما بعد، مع لفت نظر الطالب الثاني بضرورة عدم تشجيع زميله على الغش. أما في حالة العمل الجماعي، فيمكن للمعلم تدبر الأمر بشكل أسهل، إذ عليه أن يطلب من كل فردٍ من أفراد المجموعة، تقديم تقرير شفوي عن الجزئية من المشروع البحثي الذي اشترك فيه مع زملائه.

ومن الأخلاقيات المهمة الأخرى الواجب التركيز عليها من جانب المعلم لطلابه، ضرورة التعاون الوثيق في المناقشات وعمل المجموعات الصغيرة أو المتوسطة أو الكبيرة بين الطالب وزملائه الآخرين، وعدم اللجوء إلى الانعزال من ناحية، أو تخريب عمل المجموعات، أو عدم الرغبة في التفاعل معها من ناحية ثانية.

وهنا يكون دور المعلم فاعلاً في تشجيع الطلبة الذين يميلون إلى الانعزال على المشاركة مع رفاقهم، وعدم الخوف من العمل مع الجماعة، وإعطائهم من وقت لآخر الدور البارز في المجموعة، وتوجيه الأسئلة والاستفسارات لهم، حتى يشعروا بأن المعلم لا يراقبهم بقدر ما يهتم بهم وبتعلمهم.

كما أن محافظة المعلم الناجح على الانضباط، وعدم السماح للفوضى بالسيطرة على المناقشات بين الطلبة، تمثل أخلاقية ينبغي أن يلفت انتباه المتعلمين إليها، حتى تحقق تلك المناقشات الأهداف المرجوة من ورائها.

صحيح أن المناقشات الفعالة فيها الكثير من تبادل الآراء والأفكار، وترتفع فيها الأصوات قليلاً، إلا أنه يجب أن تكون ضمن الحدود المعقولة، وضمن قواعد الأدب والحوار المعهودين، بحيث يحترم فيها كل طالب شخصية زميله وآرائه مهما اختلفا عن بعضهما، كما أن على الطلبة جميعاً أن يشعروا بأن فعاليات المناقشة هي تبادل للخبرات وليس للاتهامات. إنها ليست مبارزة في استعراض العضلات بقدر ما هي مناقشة شريفة بين الزملاء للوصول إلى القرارات أو الأحكام الأكثر ملاءمة للقضية أو المشكلة، وذلك عن طريق تلاقح الأفكار المتنوعة وتبادل الآراء المتفاوتة.

وليست الحقوق الملكية للأشخاص هي الواجب صيانتها من جانب الطلبة في داخل المدرسة أو خارجها فحسب، بل والحقوق الفكرية أيضاً. فما أن يعود الطالب إلى مرجعٍ ما أو بحثٍ معين عندما يقوم بأعداد مشروع بحثي فردي أو جماعي، حتى يجد أن عليه أن يكون أميناً في ذكر ذلك في المراجع من باب الأمانة العلمية، والشيء نفسه يتم إذا ما أخذ فكرةً من زميله لإعداد تقرير شفوي مثلاً، فإن عليه أن يشير إلى ذلك أمام طلبة الصف جميعاً.

ويبقى الاحترام الشديد للمعلم من جانب الطالب من بين الأخلاقيات المهمة التي ينبغي التركيز عليها داخل الحجرة الدراسية وخارجها. فصحيح أن العلاقة ينبغي أن تكون طيبة للغاية بينهما، ولكن يجب ألا تخرج إلى مستوى العلاقة بين الطالب وزميله الآخر، بل علاقة فيها احترام وتقدير للفضل في العلم والتوجيه والإرشاد. والأمر ذاته ينطبق على احترام دور جهود الوالدين في تدريس أبنائهم وتوفير الأجواء المناسبة للدراسة.

وفي عصر خدمات شبكة الانترنت اللامحدودة، تبقى هناك مجموعة من الأخلاقيات الواجب على المعلم توضيحها للطلبة، حتى يكون التعلم نشطاً ومثمراً ويحقق الأهداف التربوية المرغوب فيها. ومن بين هذه الأخلاقيات، استخدام خدمات البريد الألكتروني للأغراض العلمية البناءه في تبادل الآراء أو الأفكار فيما يفيد الموضوعات الدراسية المتنوعة، والابتعاد عن المواقع اللاأخلاقية التي تشغل الأجيال الصاعدة بطريقة سلبية عن العلم وفوائده الكثيرة، وأن تستخدم خدمات التخاطب Chating بين الطلبة وغيرهم في أشياء علمية نافعة، وإذا ما أرادوا الاستفادة من المواقع الكثيرة جداً عن الموضوع الذي يبحثون عنه، أن يقوموا بقراءة المقالات أو الأبحاث أو المعلومات ذات الصلة، وتحليلها والاستنتاج منها، دون نقلها بشكل حرفي للوصول إلى بحثٍ جاهز في وقت قصير، مما ينعكس سلباً على العملية التعلمية المرجوة.

فالبريد الالكتروني والتخاطب Chating، يمكن أن يكونا وسيلة فعالة للمناقشة المفيدة حول موضوع من الموضوعات الدراسية، أو حول واجب، منزلي، أو حول رحلةٍ مدرسية يتم التخطيط

الدقيق لها، أو حول معرضٍ من المعارض العملية أو الفنية يتم الإعداد له مسبقاً، أو حول مبارياتٍ رياضيةٍ يتم الاستعداد لها، أو حول بحثٍ جماعي مشترك بدأ تجميع المادة له ويتم تحليلها وتبادل الأفكار والآراء حولها، أوحول مواقع علميةٍ أو ثقافيةٍ أو فنيةٍ أو دينيةٍ أو لغويةٍ أو جغرافيةٍ أو تاريخيةٍ أو سياسيةٍ أو اقتصاديةٍ أو اجتماعيةٍ أو سياحيةٍ أو ترفيهةٍ، يمكن الاستفادة منها في زيادة فهم المادة الدراسية، أو في القيام بفعاليات التعلم النشط المختلفة.

4. دور المعلم كشخصٍ يحافظ على استمرارية الزخم في عملية التعلم:

يحرص المعلم الناجح ليس على توفير فرص التعلم النشط الكثيرة فحسب، بل وأيضاً على استمرارية الدفع أو الزخم في عملية التعلم في كل فرصةٍ من الفرص التعلمية التي يوفرها لطلابة. فليس المهم للمعلم و الطلبة البدء في النشاط التعليمي التعلمي الهادف فقط، بل الأكثر أهمية استمرار عملية الدفع في ذلك النشاط، بحيث يحقق الأهداف المرجوة منه الواحد تلو الآخر وبشكلٍ منتظم.

ففي نشاط المناقشة الجماعية بين الطلبة مثلاً، ينبغي أن يبقى المعلم متيقظاً لتبادل الآراء والأفكار بين أفراد المجموعات المختلفة، بحيث إذا وجد أن زخم المناقشة قد بدأ يخف، يقوم بعملية التدخل، وذلك عن طريق طرح سؤالٍ ما، أو التعليق على قول أحد الطلبة، أو تلخيص ما دار من مناقشة، أوطرح طلبٍ جديدٍ على المناقشين يزيد من حيوية المناقشة ويعيدها إلى المربع الأول من حيث النشاط والتفاعل بين المشتركين فيها.

وقد يلجأ المعلم الحريص على استمرارية الدفع في عملية التعلم النشط إلى احضار وسيلة تعليمية كأن تكون لوحة ملونة، أو خريطة جغرافية، أو شكلاً من الأشكال، أو مجسماً من المجسمات، أو عينةً من عينات الصخور أو النبات، أو وثيقةً من الوثائق، يتم عن طريقها شد انتباه الطلبة إلى ما سيقوله المعلم وما سيطلبه منهم فيما بعد لإنجازه، مما يزيد من زخم النشاط واستمراريته.

5. دور المعلم كمدرب للطلبة على التعلم النشط مع طرح تمرينات عليهم:

يقوم المعلم الفعال في التعلم النشط بعدم الاكتفاء بتوضيح كثير من جوانب ذلك النوع من التعلم، بل يحاول دائماً إعطاء الطلبة الكثير من التمارين داخل الحجرة الدراسية وفي المنزل حتى يزداد فهمهم له.

صحيح أن الجانب النظري مهم لأي نشاط أو موضوع، ويمثل الأساس الذي يقوم عليه، ولكن الأكثر أهمية هو تطبيق هذا الأساس في مواقف تعلميه أو حياتية متنوعة، حتى يسهل استيعابه من ناحية، وتزيد فائدته ويتم توظيفه لما يفيد وينفع من ناحية ثانية.

ولا تؤدي التمارين على مواقف التعلم النشط ما هو مقصود منها، إلا إذا وجدت المتابعة الحثيثة من جانب المعلم نفسه، بحيث يقوم بمراجعتها مع الطلبة، وتوضيح نقاط الضعف فيها، تمهيداًَ للتخلص منها، أو التخفيف من حدتها على الأقل. أما التدريبات الميدانية على مواقف التعلم النشط فتبقى هي الجانب التطبيقي أو العملي الأكثر فائدة من مجرد الشروحات التوضيحية أو التمرينات النظرية، رغم كونها تمثل القاعدة لهذه التدريبات، التي تجعل الطلبة يمرون بخبراتٍ تعلميةٍ تطبيقيةٍ يسهل عليهم استيعاب كثيرٍ من الأمور الصعبة، وتجعل بقاءها يدوم لفترة أطول.

6. دور المعلم ليس كملاحظ فقط، بل وكباحثٍ وموثقٍ للمعلومات أيضاً:

صحيح أن الملاحظة تعتبر مهارة مهمة بالنسبة لمعظم معلمي الصفوف الأساسية الدنيا، بل لابد للمعلم من أن يأخذ خطوة أبعد من ذلك. فالملاحظة بالنسبة إليهم تمثل الخطوة الأولى لجمع المعلومات التي تستخدم لتطوير عملية توثيق أنشطة الطلبة داخل الحجرة الدراسية، ومدى التقدم الذي حصل في مدى فهمهم للأمور. ومن هنا فإن عملية التوثيق تصبح القاعدة التي تقوم عليها جلسات النقاش أو الحوار لتخطيط المنهج المدرسي الفعال. وبعد ذلك، يقوم المعلم الناجح باستخدام هذه الوثائق للعودة إلى خبرات الطلبة وتفعيلها، والرجوع إلى أولياء الأمور لإبلاغهم بنقاط القوة وجوانب الضعف لدى أبنائهم (Fraser et. al., 2001).

ورغم أهمية وفوائد الملاحظة، إلا أن على المعلم أن يخطو خطوة أبعد إلى الأمام بالنسبة للملاحظة وتوثيق أنشطة الطلبة وخبراتهم، وذلك بأن تصبح تلك الملاحظة أداة المعلم للبحث الميداني والتجريبي المفيد في نتائجه، والتي تشجعه على التفكير والتعاون، لا سيما وأن مجال التربية والتعليم يعج بالكثير من المشكلات التربوية والنفسية والسلوكية التي سوف تستفيد من هذه الوثائق المليئة بالمعلومات المتنوعة.

7. دور المعلم ليس كمخطط للدروس اليومية فحسب، بل وكشخص يعمل أيضاً على تهيئة البيئة التعلمية المحيطة بالطلبة:

يقوم المعلم الناجح بالتخطيط أو الإعداد الدقيق للدروس اليومية بشكل يسبق عملية التدريس الفعلي. ومع ذلك، فإن هذا لا يعتبر كافياً لنجاح عملية التدريس ذاتها، بل لابد من تهيئة جميع الفرص لايجاد بيئة تعليمية تعلمية تزيد من نسبة التفاعل بين الطلبة من جهة، وبينهم وبين المعلم من جهة ثانية. تلك البيئة التي تتوفر فيها المصادر والمواد التعليمية المتنوعة، والمساحات الكافية للحركة ولتشكيل المجموعات الصغيرة، والمقاعد الملائمة للفعاليات المتعددة، والمبادرات من جانب المعلم نفسه لتفعيل الأنشطة المختلفة من وقتٍ لآخر.

8. دور المعلم ليس كمخطط للمنهج المدرسي فقط، بل وأيضاً كشخص يشارك في بناء المعرفة:

يبذل المعلم جهوداً حثيثة للتخطيط للخبرات والأنشطة الخاصة بالطلبة، وذلك بالتعاون الوثيق مع زملائه المعلمين في المدرسة. فكل معلم لديه ملاحظاته الكثيرة عن الطلبة وما يحتاجونه من أنشطةٍ تتناسب مع اهتمامات الطلبة وميولهم وقدراتهم. وهذا يعني، أنه لابد من لقاء المعلمين مع بعضهم في اجتماعات منتظمة، لأن عملية التخطيط للمنهج المدرسي ولجمع المعارف والمعلومات يحتاج إلى التعاون مع الآخرين والحوار فيما بينهم، بحيث يشاركوا بشكل جماعي في تخطيط المناهج وتطويرها من ناحية، وفي بناء معرفة جديدة أو في قالب جديد يفيد الطالب كمتعلم نشط من ناحية ثانية.

9. دور المعلم ليس كوالد مثقف فحسب، بل وكشريك مع الوالدين الحقيقيين أيضاً:

يدرك المعلم الفعال والحريص على نجاح التعلم النشط أهمية التعامل مع الطلبة، ليس كأنه والد مثقف لهم فقط، بل وكشخص يؤمن أيضاً بضرورة التواصل القوي بأولياء الأمور والتعاون الوثيق معهم، بحيث يكون هناك تكامل واضح وشراكة قوية بين تعليم المنزل وتعليم المدرسة. فعند الغوص في بعض الأفكار أو الآراء بين المعلم والطلبة داخل غرفة الصف، يكون من الضروري الرجوع إلى أولياء الأمور والعمل الوثيق معهم. كما أنه عند ملاحظة المعلم لوجود تأخر لدى العديد من الطلبة أو ظهور مشكلات سلوكية أو أكاديمية، يصبح الاتصال بالبيت أمراً في غاية الأهمية، وتداول القضايا المختلفة بشفافية عالية، بحيث يتعرف المعلم على العوامل المنزلية المؤثرة في الطالب من جهة، ويتعرف ولي الأمر على الخبرات التعلمية التي يمر بها الابن أو البنت في المدرسة من جهة ثانية. كذلك يكتشف كل من المعلم وولي الأمر كم هي مفيدة ومثمرة تلك الجهود المشتركة لرفع مستوى الأبناء أكاديمياً، ولمساعدتهم على التخلص من المشكلات التي يواجهونها، ويتعلمون معاً طرقاً وأساليب عديدة تكرس مبدأ التعاون بين المنزل والمدرسة لصالح المتعلمين.

10. دور المعلم ليس كشخص موصل للمعلومات فقط، بل وأيضا كشخص يصغي للطلبة، ويعمل على إثارتهم والتفاوض معهم بشأن المعاني والأفكار والآراء الكثيرة:

إن وسائل الاتصال المكتوبة والمرئية والمنطوقة تبقى وسائل في غاية الأهمية في المواقف التعليمية التعلمية المختلفة، والتي ينبغي على المعلم الحريص على التعلم النشط الاهتمام بها. ومع ذلك، فإن الأكثر أهمية هو الإصغاء الإيجابي من جانب ذلك المعلم إلى ما يقوله الطلبة وما يقومون بتفسيره من المعاني والأسئلة، بحيث يكون لديه الإلمام بطرق مساعدتهم على توضيح أفكارهم، وأن يفاوضهم على توسيع تلك الأفكار، والعمل على تطبيقها بالتعاون مع زملائه المعلمين، وأن يفسر البرامج المختلفة

ويوضحها لأولياء الأمور، وأن يوثق الخبرات التعلمية التي يمر بها الطلبة داخل المدرسة أو خارجها تحت إشراف المدرسة ذاتها.

11. دور المعلم ليس كموجهٍ أو مرشدٍ فحسب، بل وأيضاً كداعمٍ حقيقيٍ للطالب كشخصٍ منافس:

يسعى المعلم الفعال إلى بذل المزيد من الوقت والجهد في سبيل توجيه الطلبة وإرشادهم في الفعاليات والمناشط التعلمية المختلفة، وذلك باستخدام استراتيجيات وأساليب ارشاد حديثة ومتنوعة. ومع ذلك، فإن نظرة المعلم في دوره الجديد إلى أن الطالب يمثل شخصاً منافساً Competent في العملية التعليمية التعلمية، ولا سيما عندما تلعب البيئة التعلمية دور المعلم الثالث Third Teacher في ضوء تعاون وثيق بين المعلم والطالب والبيئة التعليمية التعلمية المحيطة في وقتٍ واحدٍ.

وهنا يصبح المعلم شريكاً للطلبة في بناء المعرفة، ومنافساً في جمعها وتحليلها وتقييمها. فإذا كانت مهمته الأولية تتمثل في إيجاد الفرص الملائمة للتعلم النشط للطلبة، فإن مهمته الأكثر حيوية تتمثل في التنافس مع هؤلاء الطلبة في استمرار عملية التعلم عن طريق البحث عن المعارف والمعلومات ومناقشتها والحكم عليها، في إطار تنافسي شريف من ناحية، ويؤدي إلى تحقيق الأهداف المنشودة في دعم التعلم الحقيقي لهؤلاء الطلبة وصقل شخصيتهم الفاعلة والنشطة من ناحية أخرى.

12. دور المعلم ليس كميسرٍ للمعارف والمعلومات فقط، بل وأيضاً كشخصٍ يعمل على تحويل التفاهمات من طالبٍ لآخر أو من مجموعة طلابية إلى أخرى:

صحيح أن من بين أدوار المعلم الناجح جعل المعارف أكثر سهولةً ويسراً على الطلبة، وذلك حتى يدركوا معناها أولاً وإمكانية توظيفها في مواقف تعلمية جديدة ثانياً. ومع ذلك، فإن فهم المعلومات والمعارف وحتى القضايا والمشكلات والموضوعات المتعددة، يختلف من طالب إلى آخر ومن مجموعة إلى أخرى، وهنا يأتي دور المعلم الفعال في التوفيق بين ما يفهمه هذا الفريق، وما يستوعبه الفريق الآخر، وذلك من أجل الوصول إلى تفاهم مشترك في التعامل مع الموضوع الذي تتم مناقشته.

13. دور المعلم ليس كمحافظٍ على العلاقات الاجتماعية داخل الحجرة الدراسية فحسب، بل وأيضاً كباعثٍ وداعمٍ لها:

إن إيجاد بيئة اجتماعية إيجابية داخل غرفة الصف وفي المجتمع المحلي، يمثل دوراً آخر من الأدوار المهمة للمعلم الحريص على نجاح عملية التعلم النشط. ومن المعروف أن مفهوم الانتماء ومعناه يسيطر على مختلف المراحل التعليمية ولا سيما الأساسية الدنيا منهاوبدون الاهتمام بذلك ودعمهِ وتشجيعهِ من جانب المعلم يصبح معنى الانتماء مفقوداً.

لذا، فإن من أوائل المهام الواجب على المعلم القيام بها في هذا الصدد هو إيجاد ما يسمى ب: (دائرة نحن) The Circle of We، وذلك عن طريق توفير الفرص التعلمية المختلفة، التي تسمح للطلبة جميعاً بالمشاركة في بناء المعرفة أو تراكمها مع المجموعات المختلفة ضمن علاقات اجتماعية طيبة، مما يعزز ما أكد عليه برونر Bruner من تشجيع ما أسماه (المجتمع التعاوني للمتعلمين Mutual Community of Learners). كما ينبغي أن يركز المعلم الفعال على أن العلاقات الاجتماعية أو (دائرة نحن) لا تقتصر على الطلبة فحسب، بل يجب أن تشمل كذلك المعلمين الآخرين وأولياء الأمور وأبناء المجتمع المحلي.

14. دور المعلم كمقيّمٍ للبرامج المدرسية ولما تعلمه الطلبة وليس كمطبق لها فقط:

يحاول المعلم الفعال تطبيق البرامج المدرسية بدقة ونجاح، في ضوء تعاونه مع زملائه المعلمين، ومدير المدرسة، والطلبة، وأولياء الأمور. ومع ذلك، فإن دورهُ لا يقف عند هذا الحد، بل يتعداه إلى تقييم هذه البرامج من حيث ملاءمتها للطلبة، ومن حيث مدى تحقيقها للأهداف التي وضعت من أجلها، ومن حيث تحديد نقاط القوة وجوانب الضعف فيها. كما ينبغي على المعلم أن يكون قادراً على تقييم ما تعلمه الطلبة، مستخدماً في ذلك مختلف أساليب التقويم وإجراءاته المتعددة، ومدى تحقيقهم للأهداف التربوية المنشودة.

ثانياً: دور الطالب في التعلم النشط:

حتى تكتمل عملية التعلم النشط بفاعلية ونجاح، فإن الأمر لا يقتصر على قيام المعلم الناجح بالدور المهم والأساس فيها عن طريق توفيره للفرص التعلمية الكثيرة والمتنوعة فحسب، بل ينبغي على الطالب كذلك أن يلعب الدور الأهم والأكثر حيوية في تحمل المسؤولية لتعليم نفسه بنفسه تحت إشراف معلمه. ولتحقيق ذلك كله، فإن على الطالب أن يلعب الأدوار المهمة الآتية:

1. الرغبة الحقيقية للمشاركة في الخبرات التعلمية غير الرسمية:

فصحيح أن على المتعلم أن يشارك بفعالية واضحة في الكثير من الخبرات التعلمية التي يوفرها له المعلم الحريص على نجاح فعاليات التعلم النشط داخل الحجرة الدراسية أو داخل أسوار المدرسة، إلا أن هناك دوراً آخر للمتعلم النشط، يتمثل في توفر الرغبة الحقيقية لديه للمشاركة الفعالة في الخبرات والأنشطة التعلمية المتنوعة غير الرسمية، والتي تتوفر في البيئة المحلية، وتشجع المدرسة على أدائها أو تطبيقها. فهناك الكثير من المؤسسات والأندية والجمعيات غير الحكومية التي توفر فرصاً للخبرات التعلمية المتنوعة، على الطالب ألا يكون لديه الاهتمام بمثل هذه الخبرات فحسب، بل والمشاركة الفعالة فيها كذلك.

2. **تقدير قيمة تبادل الأفكار والآراء مع الآخرين:**

حيث ينبغي أن يدرك المتعلم النشط، أن الحوار بينه وبين أحد زملائه في قضية ما أو مشكلة محددة أو موضوع معين سيعمل على إثارة نشاط تعلمي فعال يتم من خلاله تبادل وجهات النظر، وأن دور الطالب هنا يتمثل في الحرص على المشاركة في مثل هذه الحوارات وتوسيعها إلى مناقشات في مجموعات صغيرة أو متوسطة أو كبيرة من أجل زيادة تلاقح هذه الأفكار وتبادل الخبرات التعلمية فيما بينهم، وحتى يتكون لديهم اتجاه إيجابي بنّاء يتمثل ليس في تقدير قيمة تبادل الأفكار والآراء مع الآخرين فحسب، بل وأيضاً الحرص على تطبيق ذلك في واقع التفاعل بين المتعلم وغيره داخل الحجرة الدراسية وخارجها.

3. **الالتزام ببذل الجهد المطلوب وتخصيص الوقت اللازم من أجل اللقاءات المنتظمة مع المرشد النفسي في المدرسة:**

فصحيح أن المعلم هو المرشد والموجه الأساسي للطالب في الأمور الأكاديمية المختلفة، ولكن يلعب المرشد النفسي دوراً حيوياً في مساعدة الطلبة على حل الكثير من المشكلات الأكاديمية والنفسية والاجتماعية.

وهنا يأتي دور الطالب الفعال في التعلم النشط الذي ينبغي ألا يشعر أبداً بالإحراج أو بالخوف أو بالقلق من مقابلة المرشد النفسي في المدرسة، وذلك من أجل مناقشة ما يواجهه من مشكلات اجتماعية أو نفسية أو أكاديمية أو عائلية، حتى يجد منه كل المساعدة والإرشاد السليمين في حل هذه المشكلات، أو التخفيف من حدتها على الأقل.

وينبغي على المرشد ذاته أن يقيم علاقات طيبة مع المعلمين ومع أولياء الأمور، كي يتعاونوا جميعاً في تذليل العقبات المختلفة التي يواجهها الطالب، مع تشجيعه على تخصيص الوقت والجهد لتحديد اللقاءات الإرشادية التي تعود عليه بالنفع والفائدة والنمو المعرفي والمهاري والقيمي.

4. **توضيح الحاجات الإرشادية والآمال والطموحات لكل من المعلم والمرشد النفسي:**

ولهذه النقطة علاقة وثيقة بالنقطة السابقة، حيث لا يكتفي دور الطالب في التعلم النشط بتخصيص الوقت من أجل اللقاءات المنتظمة مع المرشد النفسي، بل لابد من أن يوضح له المجالات التي يحتاج فيها إلى الإرشاد والتوجيه، مع بيان طموحاته وآماله وما يخطط له في المستقبل القريب والبعيد، لأنه قد يكتشف أن قسماً من المشكلات التي يواجهها ربما تعود إلى طموحاته الزائدة وآماله التي يصعب تحقيقها إلا ضمن وقت طويل جداً، مع ضرورة تأكيد المرشد النفسي للطالب بأن الأهداف والآمال لا يتم تحقيقها بسهولة، بل لابد من بذل الجهد المضني والعمل الشاق، وأن هذه

الجهود لا تسير في الغالب دون عقبات أو مصاعب، وأن عليه أن يتوقع ببساطة أن ثمن النجاح باهظٌ دوماً، وأن عليه أن يكون مستعداً لمواجهة المشكلات الكثيرة لتحقيق هدفٍ واحد، فما بالك إذا كانت الأهداف كثيرة ومتنوعة.

وهنا يأتي دور الطالب في وضع المرشد النفسي في صورة النجاحات والاخفاقات في وقت واحد، حتى تتم الاستفادة من عناصر النجاح وجوانب الفشل، للتمسك بالأول وتجنب الثاني مستقبلاً.

5. فهم الطالب بأن نموه وتطوره كفرد يبدأ من ذاته أولاً:

فمن المعروف أن للنمو الإنساني مجموعة من الأسس، يتمثل أهمها في أن النمو عملية فردية، حيث يختلف كل فرد عن الآخر في النمو الجسمي، والنمو العقلي أو المعرفي، والنمو الوجداني أو الانفعالي، والنمو الاجتماعي. كذلك تؤثر في نمو الفرد وتطوره عوامل كثيرة داخلية وخارجية من أهمها خلو جسمه من الأمراض، ونوع طريقة العيش التي يعيشها ضمن العائلة، ونوع البيئة التعليمية التعلمية في المدرسة التي يلتحق بها، ونوع رفاق السن الذين ينتمي إليهم. ومع ذلك، فإن المهم هو أن يفهم الطالب بعمق بأن نموه وتطوره العقلي والاجتماعي وإلى حد ما الجسماني يبدأ من ذاته أصلاً.

فإذا كان يؤمن مثلاً بأن العِلم هو الذي يصقل شخصية الإنسان، وجعله يتعلم الكثير، ويفسر الأمور ويحللها ويقيمها بشكل أفضل، فإنه يحاول جاهداً سلوك دروب العلم المختلفة حتى ينمي ذاته. وإذا اعتقد الطالب بأن التعاون مع الآخرين ينمي لديه حب العمل الجماعي والمساهمة في تطور المجتمع المحلي، فإنه يجعل التعاون هدفاً من أهدافه. وإذا شعر بأن النظافة مهمةٌ لجسم الإنسان ومهمةٌ أيضاً لسلامة الآخرين وصحتهم، فإن كثيراً من العادات والاتجاهات الإيجابية تنمو ليس للنظافة بمعناها الظاهري فقط، بل ونظافة اليد من الاختلاس، ونظافة القلب من البغضاء والحقد، ونظافة اللسان من قول الكذب والفساد والنميمة والايقاع بالآخرين. كما أن إيمان الطالب بتحمل المسؤولية وفهمه لها، يجعله يؤدي واجباته بدقة متناهية، معتمداً على نفسه أولاً، وإذا شارك الآخرين في عمل جماعي يؤدي دوره على أكمل وجه، وإذا كلفه المعلم أو مدير المدرسة أو ولي الأمر بشيء ما، فإنه يقوم به في وقته وبالمستوى المطلوب منه.

6. تقبل الطالب للنصائح والاقتراحات من المعلمين والمهتمين والمتخصصين على أساس من المودة والصداقة:

حيث يبقى قبول المتعلم سهلاً للتعليمات والنصائح والاقتراحات من جانب المعلمين أو المديرين أو المهتمين أو المتخصصين أو حتى من عامة الناس، وهو في المرحلة التعليمية الأساسية الدنيا، حيث يشعر بالقصور ونقص المعارف والمعلومات والخبرات من الكبار ذوي الخبرة الطويلة. ولكن ما أن ينمو

المتعلم ويتطور جسمياً ومعرفياً ووجدانياً، حتى تنمو شخصيته، ويحاول الميل إلى الاستقلالية في اتخاذ القرارات والمواقف، وقبول أو عدم قبول النصائح والاقتراحات والآراء من الآخرين إلا إذا اقتنع بها تماماً.

وهنا، فإن على المتعلم دور مهم يتمثل في النظر إلى ذوي الخبرة والكفاءة والعلم بأنهم أهلُ ثقةٍ فيما يطرحونه من نصائح وتوجيهات واقتراحات تخصصية دقيقة، وإذا كان هناك غموضٌ يتصوره الطالب نحوها جميعاً أو نحو جزءٍ منها، فإن عليه أن يتقبلها أولاً، ثم لا يتردد في طرح الأسئلة أو الاستفسارات المختلفة عليهم حتى تتبلور الأمور جيداً لديه ثانياً وأخيراً.

كما أن على المعلمين وأولياء الأمور إدراك مرحلة المراهقة لدى المتعلمين، وما يميلون إليه من صعوبة تقبل الكثير من النصائح والارشادات، مما يحتم عليه مراعاة ذلك، مع التمتع بالصبر والأناة والرغبة في الاستمرار بتوضيح الأمور للطلبة، حتى يقتنعوا بفوائد تلك النصائح وأهميتها لهم. وهنا يكون دور المرشد النفسي مهماً في الحالات الشاذة من جانب بعض المتعلمين.

7. ثقة الطالب بقدراته في التعامل بنجاح مع البيئة التعليمية التعلمية المحيطة به:

فإذا كان فهم الطالب بأن نموه وتطوره يبدأ من ذاته أولاً كما أشارت إحدى النقاط المهمة السابقة، فإن ثقة الطالب بقدراته وإمكانياته المتعددة في التعامل بنجاح مع البيئة التعليمية التعلمية المحيطة به يأتي تالياً في الأهمية، بل وإن النقطتين متكاملتان أيضاً. فإذا فهم الطالب أن نموه وتطوره ينبع من ذاته بالدرجة الأساس، فإن ثقته تزداد في قدراته على التعامل بحيوية ونجاح مع ما يحيط به من بيئة تعلمية وحياتية.

فالثقة بالنفس وقدرتها على النجاح يزيد من طموح الطالب في تخطي الصعاب ومواجهة العقبات، مؤمناً بأن لديه الإمكانيات الذاتية التي تساعده على الاستفادة من البيئة التعليمية التعلمية المحيطة به لتحقيق أهدافه المنشودة. وحتى في حالات الفشل أو الاخفاق، فإن على الطالب أن يدرك وجود عوامل أخرى خارجية ربما أدت إلى هذا الفشل وليس القدرات الذاتية له، مما يجعله يحاول مرات ومرات من أجل النجاح في نهاية المطاف، لا سيما إذا وجد الدعم والتأييد من المعلمين وأولياء الأمور.

8. توظيف الطالب للمعارف والمهارات والاتجاهات التي اكتسبها في مواقف تعلمية وحياتية جديدة:

حيث يكتسب الطالب الكثير من المعلومات ذات العلاقة بميادين المعرفة المختلفة، وهذا شيء طبيعي في ضوء انتقاله من صفٍ دراسي لآخر، ومن مرحلة دراسية إلى أخرى، وفي ضوء تعامله مع

مصادر المعرفة الهائلة ولا سيما الكتب والمراجع والمجلات العلمية المتنوعة وشبكة الانترنت والقنوات الفضائية المتخصصة والصحافة والإذاعة، بالإضافة إلى المعلم الذي يعمل جاهداً على أن يكتسب الطالب بنفسه المعلومات والمعارف الكثيرة يومياً.

وصحيح أن اكتساب الطالب لهذه المعارف مهم له ولذويه ولمجتمعهِ المحلي كذلك، إلا أن الأكثر أهمية بل والأكثر فائدة هو توظيف هذه المعارف والمعلومات في مواقف تعلميةٍ وحياتيةٍ متنوعةٍ وجديدة.

فليس المهم أن يكتسب الطالب معارف دقيقة عن قواعد النحو في اللغة العربية، وأن يجتاز الامتحان فيه بتفوقٍ فحسب، بل الأكثر أهميةً أن يكتب ويتحدث مع الآخرين من الزملاء والمعلمين بلغةٍ عربيةٍ فصحيةٍ وسليمةٍ وخاليةٍ من لحنِ القول أو الأخطاء النحوية أو الإملائية، أو اللجوء إلى اللهجات العامية الركيكة في معناها والضعيفة في الدفاع عنها، نظراً لاختلاف الناس في فهمها وتأييدها واستخدامها.

كما أن دور الطالب في التعلم النشط في التربية الإسلامية مثلاً ليس حفظ الآيات القرآنية الكريمة والأحاديث النبوية الشريفة فقط، بل وأيضاً تطبيق ما جاءت به من تعليمات أو توجيهات أو إرشادات. فلا يكفي أن يحفظ الطالب الحديث النبوي الشريف الذي يقول "آية المنافق ثلاث: إذا حَدَّثَ كذب، وإذا وعدَ أخلف، وإذا أؤتمن خان" بل عليه أيضاً أن يطبق ذلك عملياً. ولا يكفي أن يحفظ الطالب الآية الكريمة التي تقول {ولا يغتب بعضكم بعضاً} بل عليه أن يمتنع كذلك عن اغتياب الناس. ولا يكفي أن يحفظ الآية الكريمة {وقضى ربك ألا تعبدوا إلا إياه وبالوالدين إحساناً. إما يبلغنَ عندك الكبر أحدهما أو كلاهما فلا تقل لهما أُفٍ ولا تنهرهما وقل لهما قولاً كريماً، واخفض لهما جناح الذُلِ من الرحمة وقل رب ارحمهما كما ربياني صغيراً} بل عليه أن يطبق ذلك بمراعاة والديهِ والعناية بهما كثيراً.

وللطالب دور مهم في التعلم النشط خلال دروس مادة العلوم. فليس المهم أن يحفظ الطالب المعلومات الخاصة بالدورة الدموية والحفاظ على نشاطها وحيويتها وعدم تلوث الدم بملوثات خارجية فحسب، بل عليه أيضاً توظيف ذلك عن طريق ممارسة الألعاب الرياضية حتى ينشط تلك الدورة، وأن يلتزم بنظافة الجسم حتى لا تهاجمهُ الأمراض، وإذا أصيب بجرح مهما كان بسيطاً، فإن عليه ألا يتركه معرضاً للهواء حيث الميكروبات والتلوث والمرض، بل استخدام المطهرات والاسعافات الأولية النظيفة. ولا يتعلم الطالب في العلوم كذلك أهمية الزهور وجمال الطبيعة بالنسبة للحياة البشرية ثم يقوم بقطعها وتخريب تلك البيئة، بل يحافظ عليها ويرعاها.

ولا يكفي أن يتعلم الطالب العمليات الحسابية من جمعٍ وطرحٍ وضربٍ وقسمةٍ وغيرها من العلميات الحسابية في مادة الرياضيات، ثم يلجأ إلى الآلة الحاسبة طول الوقت، مما يجعله يفقد قدرته على توظيف ذلك في الحياة العملية إذا فقد تلك الآلة أو أنها تعطلت.

ولا يتوقف الأمر عند حساب المستطيل والمربع والدائرة والمثلث الموجودة في مسائل كتب الرياضيات، بل لابد من حساب مساحة المنزل والمسبح والبقالة والمصنع والحديقة وحجرة الدراسة وغيرها، حتى يتم تطبيق ذلك عملياً.

وليس كافياً أن يتعلم الطالب في التاريخ عن المعارك والشخصيات والقادة العظام، بل يأخذ من كل ذلك الدروس والعِبَر القيّمة. فعن المعارك التي انتصر فيها العرب والمسلمون، يستخلص الطالب في ممارسة التعلم النشط أن الوحدة، والإيمان، والأخذ بالأسباب، وتوفر القيادات الفذة، كان السبب في ذلك الانتصار، كما حصل في معارك بدر واليرموك والقادسية وحطين والطرف الأغر وعين جالوت قديماً، ومعركة الكرامة عام 1968 بين الجيش الأردني والفدائيين الفلسطينيين من جهة، وجيش الاحتلال الاسرائيلي من جهة ثانية، وحرب اكتوبر (تشرين أول) من عام 1973بين الجيش المصري والسوري من ناحية، وجيش الاحتلال الاسرائيلي من ناحية ثانية. ويستنبط الطالب في الوقت نفسه بأن انهزام العرب والمسلمين قديماً في معارك أُحد وحُنين والأندلس في أواخر أيام ملوك الطوائف، وحرب يونيو (حزيران) من عام1967 بين القوات الاسرائيلية من جهة والقوات المصرية والسورية والأردنية من جهة ثانية، كانت بسبب الاختلافات، والابتعاد عن الوحدة، وتغليب المصالح الخاصة على الصالح العام، وعدم الأخذ بالأسباب الكافية للمعركة.

كما لا يعتبر حفظ المعلومات والحقائق مُهماً عن الخرائط الجغرافية وأنواعها وفوائدها، دون التعرف إلى كيفية رسمها واستخدامها للدلالة على الأشياء أو تمثيلها أو توزيعها، ثم تفسيرها وتحليلها والحكم على جدواها من الناحيتين العلمية والعملية الميدانية.

أما توظيف المهارات في التعلم النشط، فهو من الأدوار المهمة للطالب الفعال. فلا يكفي أن يلم الطالب بخطوات مهارة حل المشكلات والتي عمل فيها مع زملائه الآخرين مع المعلم في حل مشكلة الغذاء والسكان في العالم مثلاً داخل الحجرة الدراسية، بل عليه أن يستخدم ما اكتسبه من مهاراتٍ لحل المشكلة السابقة، في حل مشكلاتٍ علميةٍ أو حياتيةٍ أخرى داخل المدرسة وخارجها.

فإذا واجهت الطالب مشكلة نقص المياه، أو تلوث البيئة من حوله، أو قلة المراجع حول موضوع ما، أو قلة الأصدقاء ،أو انتقالهم إلى أماكن أخرى، فإن عليه استخدام مهاراته السابقة في حل هذه المشكلات جميعاً أو التخفيف من حدتها على الأقل، وذلك بالاعتماد على نفسه أو التعاون مع الآخرين.

وإذا اكتسب الطالب في التعلم النشط مهارة الطباعة السريعة، أو مهارة الرسم الفني، أو مهارة كرة المضرب، أو كرة السلة، فإن عليه ألا يكتفي باستخدام هذه المهارات في مواقف تعلمية أو حياتية جديدة فحسب، بل ويقوم بتعليمها للآخرين ومساعدتهم على اكتسابها كذلك.

وإذا اكتسب الطالب قيمةً ما مثل مساعدة الفقراء مثلاً، فإن عليه أن يترجم ذلك عملياً في أرض الواقع، وذلك عن طريق التبرع بما يستطيع لمساعدة زملائه الفقراء في المدرسة، أو الاشتراك في حملة التبرعات لجمع الملابس الشتوية لأبناء الفقراء، وذلك حتى يحقق التعلم النشط أهدافه المرغوب فيها.

وحتى يصبح اكتساب الطالب لقيمة العمل الجماعي حقيقياً، فإن عليه عدم الاقتصار على المشاركة في عمل المجموعات الكثيرة داخل الحجرة الدراسية في مختلف المقررات والموضوعات، بل والمساهمة الفعلية في العمل الجماعي داخل المنزل، وفي مؤسسات المجتمع المحلي المختلفة.

2

الباب الثاني

أساليب التعلم النشط واستراتيجياته المختلفة

- الفصل السادس: أساليب المجموعات الصغيرة والكبيرة.
- الفصل السابع: أساليب التعلم التعاوني، والتعلم القائم على الخبرة، وتقديم التعلم، والتعليم المباشر، والتعلم المستقل.
- الفصل الثامن: أسلوب المحاضرة المعدلة.
- الفصل التاسع: أساليب القدوة، والقصة، والمحاكاة.
- الفصل العاشر: أسلوب المناقشة، وأسلوب الحوار.
- الفصل الحادي عشر: أسلوب لعب الدور، وأسلوب العصف الذهني.
- الفصل الثاني عشر: أسلوب دراسة الحالة.
- الفصل الثالث عشر: أسلوب طرح الأسئلة.

أسلوب المجموعات الصغيرة والكبيرة

6

الفصل السادس

أسلوب المجموعات الصغيرة والكبيره،
أحد الأساليب الفعالة للتعلم النشط

● أسلوب المجموعات الصغيرة.

● أسلوب المجموعات الكبيرة (الصف كله).

أسلوب المجموعات الصغيرة والكبيرة

أساليب التعلم النشط واستراتيجياته

مقدمة:

حتى يحقق التعلم النشط الأهداف التربوية والتعليمية والتعلمية الكثيرة المرغوب فيها، فإنه لابد من استخدام مجموعة من الأساليب التي يتعاون فيها المعلمون مع الطلبة بشكل مستمر. ونظراً لأنه لا يوجد أسلوب واحد يمكن عن طريقه تحقيق جميع الأهداف المنشودة، فإنه لابد من التنويع في هذه الأساليب كي تتناسب وما بين الطلبة من فروق فردية من ناحية، وحتى تلائم طبيعة الموضوع المطروح أو القضية التي ينبغي مناقشتها أو المشكلة التي يستعد الطلبة والمعلم للتصدي لها من أجل حلها من ناحية ثانية.

وقد اقترح المهتمون بالتعلم النشط العديد من الأساليب، مؤكدين على ضرورة قيام المعلم بتوفير الفرص التعلمية للطلبة من خلالها، وأن يكون لكل طرف دور مهم يعملون على تطبيقه بدقة حتى يستفيد الطلبة في النهاية منها أيما استفادة.

كما يحتاج كل أسلوب قبل عملية التنفيذ إلى خطواتِ التحضير أو الأعداد الدقيق من جانب المعلم، حتى يضمن النجاح المأمول، وذلك بإيجاد البيئة التعلمية المناسبة للطلبة، كي يمارسوا بدقة فعاليات التعلم النشط. أما خلال عملية تطبيق هذه الأساليب، فإن الأمر يستدعي القيام بالعديد من الترتيبات والتنظيمات داخل الحجرة الدراسية كي تناسب متطلبات كل أسلوبٍ على حدة.

أهم أساليب التعلم النشط واستراتيجياته

سيتم في هذا الفصل توضيح أسلوبين مهمين من أساليب التعلم النشط، وذلك من حيث طبيعتها، وخصائصها، وأهميتها، ودور المعلم والمتعلم فيها، والمناشط أو الفعاليات التي يمكن استخدامها من خلالها، والأمثلة على الموضوعات أو القضايا أو الأحداث أو الدروس التي يمكن تطبيقها عليها، والأهداف التي يمكن أن يحققها كل أسلوب، وغير ذلك من أمور مهمة تلقي الضوء عليه، حتى يصبح واضحاً للمعلم من ناحية وللطالب من ناحية أخرى، وفيما يأتي توضيح لهذين الأسلوبين:

أولاً: أسلوب تعلم المجموعات الصغيرة، أحد الأساليب الفعالة للتعلم النشط

مقدمة:

يلجأ المعلم الفعال والحريص على نجاح التعلم النشط في تحقيق أهدافه المتنوعة، إلى استخدام أسلوب تعلم المجموعات الصغيرة Small Group Learning مرات كثيرة، وذلك لأهمية هذا

الأسلوب في دمج كل العناصر المتعلقة بالتعلم النشط في بوتقةٍ واحدةٍ لتتفاعل معاً أثناء تنفيذ الأنشطة التعلمية المختلفة. وتتألف هذه العناصر من الاصغاء الإيجابي، والمحادثة، والقراءة، والكتابة، والتفكير التأملي العميق، كما يوفر هذا الأسلوب العديد من الفرص التعلمية للطلبة من أجل تنمية مهارات التفاعل الشخصي بين الطلبة والعمل على تطويرها نحو الأفضل.

تنظيم المجموعات الصغيرة:

يختلف تنظيم شكل المجموعات الصغيرة من نشاط تعلمي إلى آخر. فقد يعمل كل طالبين معاً على شكل أزواج، بحيث يشكل كل طالب مع من يجلس بجانبة مجموعة صغيرة جداً يتم التعاون فيما بينهما من أجل الرد على الأسئلة الخاصة بالمناقشة من المجموعات الأخرى أو من المعلم، وحتى يتم بينهما تبادل الرأي في فهم الموضوع المدروس أو القضية المطروحة للنقاش.

وقد يتم تشكيل المجموعة ما بين خمسة إلى ستة من الطلبة، سواء ممن يجلسون بجوار بعضهم أو ممن يتوزعون على مواقع مختلفة في داخل غرفة الصف، ما دام يمكن بسهولة تحريك المقاعد من مكانٍ لآخر، حتى تتعاون تلك المجموعة في العمل معاً للقيام بمشروع بحثي معين يلتزمون فيه بالعمل المشترك لمدة طويلة.

وتمثل عملية حرية التنقل وتحريك المقاعد من جانب الطلبة داخل الحجرة الدراسية، من بين أهم عناصر العمل الناجح لأسلوب المجموعات الصغيرة. وهذا يصبح من مهام المعلم الفعال والحريص على تحقيق أهداف التعلم النشط الذي ينبغي أن يعطي الطلبة الفرصة للتعرف إلى بعضهم أولاً وبشكل دقيق، وتزويدهم بعد ذلك بخطوط عريضة عن النشاط الذي سيقومون به، والتوقعات أو النتائج المرجوة منه ثانياً، مع التأكد من أنهم يفهمون طبيعة النشاط قبل بدء العمل به.

أنشطة المجموعات الصغيرة:

ينبغي أن تكون أنشطة المجموعة مصممة بشكل يكون لكل عضو في المجموعة عملٌ أو دورٌ يقوم به، وليس بالضرورة تحديد طبيعة ذلك العمل أو الدور بشكل مسبق. وعندما تبدأ المجموعات في العمل ضمن النشاط المحدد، فإن على المعلم وقادة المجموعات أو مقرريها، التحرك داخل غرفة الصف لدعم عمل هذه المجموعات والرد على أسئلتها الكثيرة، والاطلاع على كيفية سير العمل فيها، مع الأخذ في الحسبان جيداً عدم التدخل في نشاط أية مجموعة، إلا عندما تحتاج تلك المجموعة إلى توجيه أو إرشاد أو استفسار.

وبالنسبة للمعلمين الذين يعتبر أسلوب المجموعات الصغيرة جديداً بالنسبة لهم، فإن عليهم البدء بنشاط بسيط مثل قيام أنشطة الأزواج، حيث يتم تقسيم طلبة الصف كله إلى مجموعات،

كل واحدة منها مؤلفة من طالبين فقط، والطلب من كل مجموعة تلخيص ما تمَّ لهم تحديده من قراءة نص ما أو قطعة أدبية أو علمية قصيرة وتلخيصها في نقطتين مهمتين جداً فقط، حيث ينقل النشاط بعد ذلك إلى مجموعة أكبر.

تنوع المجموعات الصغيرة:

يمكن للمعلم النشط تقسيم طلبة الصف كله ضمن مجموعات متنوعة كالآتي:

1. مجموعة الطلبة من ذوي القدرات العقلية المختلفة (المجموعة غير المتجانسة):

وذلك للمشاركة في المشاريع والأنشطة التربوية التعليمية التعلمية الهادفة، وتهيئة الفرص لهم من أجل المتابعة والتشجيع على التعلم. فالطلبة من ذوي القدرات المتفاوتة، يتمتعون بنسب من الذكاء المختلفة والمواهب المتعددة، بحيث يتمكن أحد الأعضاء في المجموعة من مساعدة زميله في الكتابة، بينما يقوم آخر بتوضيح الموضوع أو القضية المطروحة للنقاش من زاوية أخرى، في حين يعمل ثالث على رسم بعض الأشكال أو الرسوم التوضيحية للمجموعة كلها، في الوقت الذي يلخص طالب رابع الأفكار أو الآراء الرئيسة التي تطرق إليها أفراد المجموعة.

2. مجموعة الطلبة من ذوي القدرات العقلية المتشابهة (المجموعة المتجانسة):

وذلك للمشاركة في أنشطة القراءة، أو أنشطة الكتابة، أوأنشطة الفنون، أو أنشطة التربية الرياضية، أو أنشطة حل المسائل الرياضية والهندسية، أو أنشطة رسم الخرائط الجغرافية أو التاريخية، أو أنشطة التربية الأسرية، أو أنشطة التلاوة القرآنية.... وغيرها من الأنشطة الكثيرة والمتنوعة.

وهنا يكون التنافس الشريف قوياً بين أفراد المجموعة، وخاصة إذا كانت القدرات العقلية عالية في تلك المجموعة المتجانسة، مما يجعل كل فرد يبدع في طرح الأفكار أو الآراء، أو الرسوم، أو الأشكال، أو الحلول المقترحة النادرة، أو الحركات الرياضية الدقيقة، أو اللمسات الفنية الساحرة، أو التنظيمات المنزلية التي تدل على الترشيد في الاستهلاك، أو التذوق في المأكل أو المشرب أو الملبس.

3. مجموعة الطلبة من ذوي الاهتمامات والرغبات والميول المتقاربة (مجموعة الهوايات المتشابهة):

ويتم التركيز هنا على الأنشطة اللاصفية في الغالب، حيث يمكن تشكيل مجموعة الرحلات، من الطلبة الذين يعشقون الرحلات والزيارات الميدانية، مما سيكون لهم الأثر الطيب في التخطيط لأية رحلة صفية قادمة، حيث سيعطون هذا الموضوع اهتماماً كبيراً، وهم على استعدادٍ ليس للتخطيط للرحلة فحسب، بل وتنظيمها والإشراف عليها أيضاً بالتعاون الوثيق مع المعلمين.

ويمكن لمجموعة كرة القدم أو كرة السلة أو الكرة الطائرة، التخطيط لعدد من المنافسات أو المسابقات الرياضية بين الصف الذي ينتمون إليه أو الشعبة التي يلتحقون بها، وبين الصفوف أو الشُعَب الأخرى، في إطار حرصهم على نجاح تلك المباريات وتحقيق الأهداف التي أقيمت من أجلها.

ويمكن لعشاق الآثار المعمارية القديمة المنتشرة في طول الوطن العربي وعرضه، ألا يشجعوا فقط على زيارة الأماكن الأثرية الكثيرة، بل وأيضاً على عمل اللوحات التوضيحية التي يتم فيها عرض صور ملونة لهذه الآثار سواء الفرعونية أو الرومانية أو اليونانية أو البابلية أو الآشورية أو الإسلامية.

ويستطيع الطلبة من هواة قراءة القصص العربية أو الأجنبية، عمل مسابقات في المدرسة لعدد القصص التي يعمل الطالب على قراءتها، وتلخيص كل قصة في صفحة واحدة ،وعمل لوحة حائطيه عنها، أو توضيح ذلك في تقرير شفوي أمام الطلبة، مع الرد على استفسارات بقية المجموعات الأخرى.

ويمكن للمجموعة التي تعشق الفنون بأنواعها، أن تقوم بالتحضير لمعرض فني للصف أو للمدرسة بأكملها، وذلك بالتعاون مع المجموعات الفنية في الصفوف الأخرى، بحيث تشمل اللوحات فيه، مجموعات متنوعة من لوحات الطبيعة، والرسم التجريدي، ورسوم الأطفال، وغير ذلك من الرسوم الأخرى.

ويلجأ الطلبة من هواة العلوم إلى صناعة الكثير من الأدوات والأجهزة البسيطة أو الوسائل التعليمية المختلفة التي توضح الجرس الكهربائي، والخلية الحيوانية، والطاقة الشمسية، وعملية النتح، وعملية التبخر، والأواني المستطرقة، والتفاعلات الكيميائية، وتحنيط الحيوانات، .... وغير ذلك من أنشطة متنوعة عديدة.

ويستطيع هواة مادة الهندسة أو مادة الجبر أو مادة الحساب في الرياضيات، من عمل الكثير من الأنشطة التعلمية داخل الحجرة الدراسية أو خارجها، مثل مساعدة الطلبة الضعاف في الرياضيات على تحسين مستوياتهم، وعمل مجلة حائط تتناول موضوعات هندسية وجبرية مختلفة، مع طرح أسئلة كثيرة مع حلول دقيقة لها، واستخراج مسائل صعبة في الرياضيات من شبكة الانترنت وعرضها على طلبة الصف جميعاً، وعمل تقارير شفوية حول بعض موضوعات الرياضيات الصعبة.

ويمكن لهواة التربية المهنية من زراعية، أو صناعية، أو تجارية، أو فندقية، أو بريدية، أو تمريضية، أو أُسرية، إقامة الكثير من الأنشطة ذات العلاقة باهتماماتهم مثل تنظيف حديقة المدرسة، وإعادة زراعتها والاهتمام بهذه المزروعات، أو مشاركة المزارعين في زراعة بعض أنواع المحاصيل أو

رشها بالمبيدات، أو قطف ثمارها، أو زيارة البنوك والفنادق، وعمل مقابلة مع أحد موظفيها المعروفين، أو زيارة ورشة صناعية، وملاحظة ما يقوم به العمال من أنشطة، ثم عمل تقرير كتابي وعرضه على طلبة الصف كله، أو ملاحظة ما يدور في المستشفى، وفي البريد، ومناقشة أحد المسؤولين عن المهام التي قومون بها، وإجراء مناقشة مع الوالدين حول ميزانية الأسرة وكيف يتم توزيعها على مطالب الحياة المختلفة.

ويمتد مجال الهوايات كثيراً إلى أمور أخرى يمكن تشكيل مجموعاتٍ أو لجانٍ صغيرة للقيام بأنشطتها المتنوعة، مثل لجنة النظافة في الصف أو في المدرسة، ولجنة الكلمات الصباحية لاختيار الكلمات المناسبة للظروف التي تمر بها المدرسة أو البلدة أو المدينة أو الوطن أو العالم، واللجنة الترفيهية والفنية، التي تحرص على إقامة الحفلات والمسرحيات والعروض الغنائية، وغير ذلك من لجان أو مجموعات صغيرة.

الأجواء السليمة لعمل المجموعات الصغيرة:

ينبغي على المعلم الفعال والحريص على نجاح التعلم النشط، أن يوفر الأجواء النفسية المريحة داخل الحجرة الدراسية أو خارجها، من أجل تحقيق المناشط المختلفة لمجموعات العمل الصغيرة للأهداف المنشودة، بحيث يتاح لكل عضو في الجماعة المشاركة الفاعلة إما بالحديث، أو بالنقد، أو بابداء الرأي بصراحة تامة، أو بالحكم على أعمال الآخرين وأنشطتهم، أو بعمل وسيلة تعليمية، أو كتابة تقرير، أو التعاون في مشروع بحثي جماعي، أو بالمشاركة في مسرحيةٍ أو تمثيليةٍ أو أغنيةٍ أو معرضٍ من المعارض، أو غير ذلك من فعاليات.

عدد أفراد المجموعة الصغيرة والوقت المخصص لنشاطها:

يجب على المعلم الفعال، أن يأخذ في الحسبان عدم تجاوز عدد أفراد المجموعة عن سبعة، حتى يرى كل واحد منهم الآخر إذا ما جلسوا حول طاولة مستديرة أو على الكراسي بشكل دائري أو حتى على الأرض. كما لابد من أن يكون لكل مجموعة منسق أو عريف يعمل على تنظيم العمل، على أن يساعده في ذلك مقرر أو أمين سر، يوثق ما توصلت إليه المجموعة من قرارات أو حلول أو أفكار أو آراء أو نتائج أو تصورات أو أهداف.

ويمكن أن يستمر عمل المجموعة الصغيرة مدة تتراوح ما بين (10-15) دقيقة، يتم فيها توزيع الأدوار، ومناقشة الموضوع أو القضية أو المشكلة أو الحدث أو المعلومة، في حين يرى بعض المعلمين تخصيص كل وقت الحصة للعمل في مجموعات صغيرة منذ بداية الحصة، لكي تكون انطلاقة مناسبةً لها، وفي نهايتها، من أجل تلخيص العمل الذي تمَّ إنجازه من خلالها.

ومع ذلك، فإن العديد من المربين يركزون على ضرورة تحديد الوقت لنشاط المجموعات الصغيرة، وذلك حتى لا يصبح النشاط مملاً، بحيث يشتركون في الفعاليات المتنوعة، ويصغون، ويكتبون،

ويفكرون، ويعلقون على موضوع ما أو موقف معين، ويفسرون رأياً أو حادثاً أو فكرةً، ويحترمون آراء زملائهم مهما اختلفت عن آرائهم، ويطبقون خطوات مهارة حل المشكلات خطوةً وراء أخرى، مما يجعلهم يكتسبون الكثير من المعارف والمهارات والاتجاهات المرغوبة.

مقترحات لنجاح عمل المجموعات الصغيرة:

لقد طرح كل من مايرز وجونز (Meyers & Jones, 1993) مجموعة من المقترحات أو الأفكار التي تساعد في نجاح عمل المجموعات تتمثل في الآتي:

< التفكير جيداً قبل المباشرة بالحديث أو الكلام، وإلا فإن السكوت من ذهب كما يقول الكثيرون.

< طلب التوضيح مما تمّ طرحه من حديث إذا لم يتم فهم ما قاله الآخرون.

< احترام مشاركة الآخرين، فأحد أهداف المجموعات الصغيرة، هو أن تتعلم رؤية الأمور من زوايا مختلفة ومن وجهات نظر أخرى.

< عدم السيطرة على الحديث في المجموعة، وعدم مقاطعة الآخرين أثناء مشاركتهم، مع الإيمان بإعطاء الآخرين فرصاً متساوية في الحديث، وضرورة الإلمام ببعض آليات الإصغاء الإيجابي النشط.

أهم أنشطة المجموعات الصغيرة:

تتمثل أهم الأنشطة التي تناسب عمل المجموعات الصغيرة في الآتي:

1. **ملخص المحاضرة:** حيث يمكن للمعلم الفعال والحريص على نجاح التعلم النشط، أن يحاضر لمدة (15) دقيقة ثم الطلب من كل تلميذ أن يختار شريكاً واحداً أو اثنين لتلخيص ما سمعوه، وتقديم ذلك على شكل مجموعة من الأفكار الرئيسية المهمة.

2. **توضيح الواجبات القرائية:** حيث يطلب المعلم من المجموعة قبل تعيين الواجب القرائي، تلخيص ما سيقومون بقراءته، وتسجيل أي سؤال لديهم حول الموضوع، ثم جمع ملاحظات الطلبة وتعليقاتهم حول المادة المقروءة في تقرير جماعي مختصر.

3. **حل المشكلات:** حيث يسمح هذا النشاط للمجموعة كي تركز حول موقف محدد من البداية وحتى النهاية، وذلك من أجل حل مشكلة معينة. وهنا، فإن على الطلبة أن يقوموا بعملية عصف ذهني، ووضع الاستراتيجيات المناسبة، من أجل المباشرة في خطوات الحل، ثم تركيب المعلومات أو تأليفها، والعمل على كتابة تقرير شامل، من أجل طرحه على طلبة الصف كله.

4. **المقارنة والتناقض:** حيث يتطلب هذا النشاط أن يأخذ الطلبة فكرتين أو أكثر، مع البحث عن أوجه الشبه وجوانب الاختلاف بينهما. وهنا لابد من أن يتناول الطلبة كل عنوان بشكل منفرد، ثم العمل على تحليله ووصفه من أجل معرفة مكوناته، ومقارنة ذلك بالموضوعات الأخرى التي تمَّ تخصيصها للعملية ذاتها، حيث يتم ذلك من خلال أساليب عمل مختلفة، كأن يقدم ممثل أو مقرر كل مجموعة ما توصلت إليه تلك المجموعة من قرارات أو حلول.

5. **العصف الذهني:** حيث يتم إعطاء الطلبة موقفاً ما، أو قضية معينة، أو مسألةٍ محددة، أو موضوعاً بذاته، من أجل دراسته من جانب جميع الطلبة لاستخلاص عدد من الأفكار، مع تشكيل مجموعات صغيرة لمناقشة هذه الأفكار والعمل على اختزالها، ثم تقديمها بأسلوب أفضل للطلبة وإنهاء المهمة، وبعد ذلك إعطاء كل مجموعة فرصة لطرح ما توصلت إليه للمجموعات الأخرى.

6. **المراجعة:** حيث يطلب المعلم الفعال في التعلم النشط من تلاميذه مراجعة ما تمَّ تقديمه في جميع الحصص خلال الأسبوع المنصرم، ومن ثم قيام كل طالب باختيار زميل له أو اثنين لتوجيه مجموعة من الأسئلة حول ما دار من أنشطة أو مناقشات سابقة، مع ضرورة أن يعرف كل طالب إجابة السؤال الذي يريد طرحه على زميله، وإلا فإنه يحرم من المشاركة في النشاط الجماعي أو التشاركي.

وهنا، فإنه يمكن تحويل هذا النشاط إلى لعبة أو عملية منافسة بين المجموعات، مع مراعاة عدم تشجيع المعلم لفكرة وجود رابح أو خاسر، حتى لا تفقد العملية التعلمية معناها عندما يندفع الطلبة باتجاه الربح والخسارة.

ايجابيات أسلوب المجموعات الصغيرة وسلبياته:

وبعد كل ما قيل عن أسلوب المجموعات الصغيرة كأحد أساليب التعلم النشط، فإن الفكرة المهمة التي ينبغي التركيز عليها تتمثل في ضرورة تعلم الطلبة من بعضهم بعضاً. فالمعلم هو الذي يقدم المعلومات الأولية أو الإرشادات أو التعليمات، ولكن دوره الحقيقي لا يعدو أن يكون مراقباً ومنظماً للأمور أو الفعاليات، في حين يبحث الطلبة عن المعلومات من مصادرها المختلفة ويناقشونها مع بعضهم، ويتبادلون الخبرات إزاء الموضوعات أو المشكلات أو القضايا المطروحة للنقاش، مما يجعلهم يتعلمون كثيراً من بعضهم بعضاً، وفوق ذلك فهم يكتسبون مهارات التواصل والمناقشة والاتجاهات والقيم، التي تعمل هذه المهارات على ترسيخها في عقولهم.

كما يكتشف هذا الأسلوب الطاقات الدفينة لدى الطلبة، ويساهم في نشر الآراء والأفكار والمعلومات بينهم، ويخفف من الشعور بالعزلة لدى بعضهم، ويزيد من الثقة بالنفس وتحمل المسؤولية لدى معظمهم، ويشجع على المشاركة في العمل الجماعي داخل المدرسة وخارجها، ويعمل ليس على ترسيخ المعلومة في أذهان الطلبة فحسب، بل وأيضاً على توثيقها تمهيداً للرجوع إليها في أي وقت يرغبون فيه.

ومع ذلك، فلا يخلو هذا الأسلوب من بعض نقاط الضعف رغم المزايا السابقة، حيث غالباً ما يفشل عمل المجموعات إذا جاء عشوائياً وبدون تخطيط مسبق، أو إذا ما ترك المعلم الحبل على الغارب دون مراقبة أو تنظيم أو متابعة خلال النشاط الجماعي. كما يمكن فشل هذا الأسلوب إذا لم يتم توضيح أهداف النشاط للطلبة وإذا لم يتم إعطاؤهم التعليمات الدقيقة الواجب تنفيذها. كما قد لا يحقق النشاط أهدافه إذا سيطر على عمل المجموعات الصغيرة عدد قليل من الطلبة وتمَّ حرمان البقية من المشاركة نتيجة هيمنتهم على الفعاليات المختلفة، خاصة إذا ما آمن المعلم بأن السكوت أحياناً أفضل من الكلام.

ثانياً: أسلوب تعلم الصف كله أو أسلوب المجموعات الكبيرة، أحد الأساليب الفعالة للتعلم النشط

مقدمة:

من أساليب التعلم النشط المهمة الأخرى الواجب أخذها في الحسبان، ما يسمى أحياناً بأسلوب تعلم الصف كله Whole Class Learning أو أسلوب المجموعات الكبيرة، لذي يدعم الرأي القائل بأن على الطلبة تحمل مسؤولياتهم نحو تعلمهم الذاتي. وهو على العكس تماماً من تعلم المجموعات الصغيرة، يتطلب من التلاميذ أن يتصرفوا بأنفسهم كأفراد من أجل أن يتفاعلوا في البيئة الصفية عن طريق ربط أفكارهم وآرائهم وقضاياهم وأسئلتهم مع تلك البيئة. ومن أجل تشجيع الطلبة على تحمل مسؤولياتهم نحو تعلمهم الذاتي، فإن على المعلمين أن يزودوا الطلبة بالأفكار والأساليب التي من خلالها يستطيعون تحمل هذه المسؤوليات.

طرق تعلم الصف كله (المجموعات الكبيرة):

توجد عدة طرق يستطيع المعلم الفعال في التعلم النشط الاهتمام بها من أجل توفير الفرص التعلمية للطلبة للتعلم الخاص بالصف كله. وفيما يأتي توضيح لهذه الطرق:

(أ) طريقة المحاضرة:

لا يعني التعلم النشط بأنه لا مجال للمعلم كي يستخدم المحاضرة مع الطلبة داخل الحجرة الدراسية. فالمحاضرة من بين أكثر الطرق شيوعاً في ايصال المعلومات إلى الطلبة أو الحضور، وأن الشيء

الأساس للمحاضرة في التعلم النشط يتمثل في شد انتباه الطلبة عن طريق التنويع في طرائق التدريس المستخدمة، وطرح الأمثلة، واستخدام الوسائل التعليمية المتنوعة، وربط موضوع المحاضرة بحياة التلاميذ اليومية. كما ينبغي التركيز على أن المحاضرة ليست هي الطريقة الوحيدة لتوصيل المعلومات إلى الطلبة، الذين يتعلمون أصلاً بطرق تعلمية مختلفة داخل الحجرة الدراسية الواحدة.

وقد أكد المربي هارمن (Harmin, 1994) على أن الدروس الفاعلة في تطبيقها، تؤدي إلى مستوىً عالٍ من تفاعل الطلبة. وفيما يأتي بعض الآراء والأفكار التي تؤدي إلى جذب انتباه الطلبة بشكل أكبر وهم يتابعون محاضرة المعلم:

1. **حاضر - أكتب - شارك - تعلم:** حيث تقترح هذه الاستراتيجية أن يحاضر المعلم أو أن يشرح مفهوماً معيناً أو فكرةً ما لمدة تتراوح ما بين (5 - 10) دقائق، ثم يطلب من تلاميذ الصف جميعاً تدوين الأفكار الرئيسة التي وردت فيها، وكتابة أي سؤال يجول في خاطرهم، وذلك في غضون دقيقة أو اثنتين، مع الطلب منهم التوقف عن عملية تدوين الملاحظات تمهيداً للاستمرار في المحاضرة، إلى أن تصل إلى عنوان الموضوع الفرعي التالي، مع الطلب منهم الكتابة أو تدوين الملاحظات مرة ثانية وثالثة حتى ينتهي من الموضوعات الفرعية المحددة ضمن الوقت المعروف للمحاضرة.

أما الخطوة التالية، فتتمثل في خيارات عدة يمكن تنفيذها بشكل منفرد أو تشكيل أزواج من الطلبة، يجتمع فيها كل اثنين معاً لمناقشة المعلومات التي قاموا بتدوينها، والإجابة عن أي سؤال قاموا بكتابته تمهيداً لطرحه على المعلم أو على زملائهم الآخرين من أجل الوصول إلى إجابة مناسبة له.

وقد يدير المعلم نقاشاً ختامياً يدور حول ضرورة استخلاص الطلبة للمعلومات التي كتبوها. فقد يوجه المعلم سؤالاً إلى الطلبة إن كان لدى بعضهم الرغبة في المشاركة في تلك المناقشة بما كتبوه، حتى تزيد عملية التعلم فعاليةً ونشاطاً وحيوية. وأخيراً قد يصل المعلم إلى ما يسميه الباحثون (بالتجول بين الطلبة داخل غرفة الصف) للتأكد من إكمالهم للعبارة التي تقول (أنا تعلمت .....) مثل (أنا تعلمتُ تلخيص ما قيل في المحاضرة) و (أنا تعلمتُ تبادل الأفكار مع زميلي خلدون) و (أنا تعلمتُ من طريقة المناقشة احترام رأي زميلي عصام) و (أنا تعلمتُ تدوين الملاحظات في نقاط رئيسية بعد ما رأيت ما فعله زميلي كمال) و (أنا تعلمتُ من المعلم الالتزام بالوقت المحدد لتدوين الملاحظات والوقت المحدد للنقاش مع زميلي فواز) و (أنا تعلمتُ من طريقة الاستماع النشط مع زميلي مجدي) و (أنا تعلمتُ عملية التحليل لما قيل في المحاضرة من زميلي جميل). ويسمح المعلم للطلبة بالتجول بين مقاعد زملائهم للإطلاع على ما كتبوه من حيث التعلم والمقارنة بما كتبوه هم.

2. إطرح سؤالاً - إجعل الطلبة يكتبون - ثم اسمح بالمناقشة: وهي استراتيجية أخرى تزيد من فعالية المحاضرة، حيث يتم توجيهٍ سؤالٍ إلى جميع تلاميذ الصف، والطلب منهم تسجيل ردود أفعالهم. مرة أخرى، ينبغي منحهم فرصة لمدة دقيقةٍ أو اثنتين لتبادل الأفكار والآراء، وذلك حتى تتاح لهم فرصة التأمل والكتابة، مع عدم إعطائهم وقتاً طويلاً حتى لا يشعروا بالملل، مع العلم بأن هذا يختلف من صفٍ إلى آخر.

ويمكن بعد ذلك الطلب من متطوعين منهم قراءة ما كتبوا، على أن يمنح بقية الطلبة وقتاً كافياً للتفكير، وذلك من أجل أن يتم إعداد الجميع لهذه الخطوة، على ألا يشعروا بالتوتر أو القلق من الحديث الشفوي أمام زملائهم، لا سيما وهم لا يرتجلون الإجابة ارتجالاً، بل في ضوء تحضير مسبق. وفي حال وجود إجابة واحدة صحيحة للسؤال، فإن على الطلبة التأكد من أن إجاباتهم صحيحة أو إنها خاطئة، من خلال مناقشة زملائهم فيما توصلوا إليه.

3. استخدام الوسائل التعليمية: إن فكرة إيجاد بيئةٍ تعلميةٍ مفيدةٍ وممتعةٍ تتضمن في الحقيقة استخدام وسائل تعليمية متنوعة خلال الأنشطة الصفية المختلفة، مثل الخرائط الجغرافية والتاريخية، والصور، والمجسمات، والعينات، واللوحات، والأشكال، والرسوم المتعددة، والتي يمكن للمعلم استخدامها خلال المحاضرة، أو الطلب من التلاميذ النظر إليها، وتفحص بعض الأمور فيها، ثم العمل على وصفها. ومن الطرق الأخرى لايجاد وسائل تعليمية، استخدام اللوحة الطباشيرية ذاتها لرسم الأشكال والصور والرسوم المختلفة من جانب المعلم والطلبة في وقت واحد، بحيث يوضح المعلم لتلاميذه الكثير من الأمور أو النقاط أو الموضوعات الغامضة عن طريق رسم الأشكال على السبورة، كما يمكن للطلبة إثبات أنهم تعلموا من المحاضرة عن طريق رسمهم لمثلث أو مربع أو أي شكل هندسي أو توضيحي لأية قضية تمَّ التطرق إليها في المحاضرة.

4. طلب وجهة نظر معينة: ويمثل أسلوباً جيداً لدعم المحاضرة، حيث يطلب من التلاميذ أن يفكروا بعمق فيما يقدمه المعلم من فكرةٍ أو ملخصٍ أو عنوانٍ أو نصٍ معين، حيث يستوعب الطلبة النص المقروء مثلاً إذا سبقه طرح أسئلة قبلية تمهيدية لذلك النص، على أن يعقبه طلب المعلم من تلاميذه توضيح وجهات نظرهم في ذلك.

5. إنهاء المحاضرة: يواجه المعلم في العادة مشكلة إنهاء الحصة الصفية، رغم محاولات تلخيص ما ورد فيها من وقتٍ لآخر، ولا سيما إذا لم يتم التخطيط الدقيق لها مسبقاً. ومع ذلك، فمن الملاحظ أنه عندما يبدأ المعلم في عرض الملخص النهائي للمحاضرة كي يعلن انتهاء الحصة، فإن الطلبة ينهمكون في إغلاق كتبهم ودفاتر الملاحظات لديهم استعداداً للحصة التالية. ومن

الاستراتيجيات الفاعلة لإنهاء الحصة الصفية أو المحاضرة، هي الطلب من التلاميذ أن يقوموا بتلخيص ما تمَّ عرضه في المحاضرة بشكل شفوي، وقد يشجعهم المعلم على ذلك بالقول: "لقد تحدثنا في بداية المحاضرة عن موضوع كذا وكذا .... حيث أدى ذلك إلى كذا وكذا " ومن الاستراتيجيات المهمة الأخرى لإنهاء المحاضرة أن تجعل الطلبة يكملون العبارات الآتية:

"لقد تعلمتُ من هذه المحاضرة:

1................

2. ....

3................

4................

5................

أو (أنني فوجئتُ بـ ....) أو (أنني لاحظتُ ....). كما يمكن للمعلم أن يصل إلى الخلاصة الآتية: (ما أهم الطرق التي ناقشنا بها موضوعات المحاضرة لهذا اليوم) وأطلب من التلاميذ الاستجابة لذلك.

(ب) طريقة تشجيع المشاركة لطلبة الصف كله (المجموعة الكبيرة):

فغني عن القول، أن التعلم النشط لا يتم بشكل دقيق دون مشاركة فاعلة من الطلبة. ومع ذلك، فإنه في الصفوف الدراسية كبيرة العدد تتعذر مشاركة الجميع، وتقتصر تلك المشاركة على مجموعة قليلة من الطلبة. وقد اقترح سيلبرمان (Silberman, 1996) عشرة أساليب أو تقنيات فرعية تؤدي إلى تشجيع الطلبة على المشاركة الفاعلة في التعلم النشط، في أي وقت داخل الحجرة الدراسية. وهذه التقنيات تشمل الآتي:

1. المناقشة المفتوحة Open Discussion: قد يواجه المعلم مشكلةً خلال المناقشة المفتوحة وجود طالبٍ أو أكثر يجيب السؤال بسرعة فائقة قبل أن يفكر فيه زملاؤه الآخرون. وهنا، فإن عليه في مثل هذا النوع من المناقشة الفعالة، أن يطلب من جميع التلاميذ أخذ وقت قصير جداً للتفكير قبل الإجابة، وألا يجيب الطالب قبل أن يرفع يده وقبل أن يأذن له المعلم. فالمناقشة المفتوحة لها فوائد كثيرة، ولا سيما إذا ما تمَّ ضبطها بنوع من النظام والسماح للجميع بالمشاركة ما أمكن.

2. بطاقات الاستجابة Response Cards: حيث يعطي المعلم لكل طالب بطاقة، على أن يجيبوا فيها عن سؤال محدد يطرحه عليهم. وهنا فإما أن يقوم المعلم بجمع البطاقات وقراءة ما فيها من إجابات على طلاب الصف كله، أو أن يقوم بجمعها وإعادة توزيعها

من جديد، بحيث يستلم كل طالب بطاقة أحد زملائه، ثم يقوم بقراءة تلك الإجابات على الصف كله، كي تكون هذه وسيلةً فاعلة لمشاركة الطلبة، مهما كان عددهم في الصف الواحد.

3. المسح الدراسي أو التصويت Polling: حيث يمكن للمعلم تصميم أداة مسح قصيرة يجيب الطلبة عن أسئلتها، أو يمكن طرح أسئلة شفوية عليهم والطلب منهم رفع أيديهم للإجابة عنها. وإذا كانت أداة المسح مكتوبة، فينبغي إعادة النتائج إلى الطلبة بسرعة، حيث يمكن عن طريق هذه الأداة، التعرف منهم إلى مدى التقدم الذي أحرزوه في المقرر الدراسي. ومن أمثلة أسئلة المسح ما يأتي: ما الدرجات أو العلامات التي حصلتَ عليها في امتحانات هذا الفصل الدراسي؟ وما الذي جعلك تحصل عليها بهذه النسبة؟ وما الوسائل أو الطرق التي يمكن عن طريقها رفع مستوى هذه الدرجات أو العلامات؟ وما العلامة أو الدرجة التي تسعى للحصول عليها في هذه المادة؟ وهل باستطاعتك الوصول إلى هذه الدرجة أو العلامة؟ وماذا يمكن أن أفعل حتى أساعدك في الحصول على هذه العلامة أو الدرجة؟. وبعد ذلك يقوم المعلم بتشجيع الطلبة على الحديث معه بشكل منفرد عن أي سؤال يتعلق بعملية المسح الدراسي. وفي هذه الحالة، فإنه لا تتم مناقشة النتائج مع جميع طلبة الصف، بل مع كل واحد منهم على حدة، وهذا يزيد من تعلمهم ومشاركتهم في تفاعل الصف كله.

4. المناقشة مع المجموعات الصغيرة: وهذا ما تمَّ توضيحه بالتفصيل من قبل في أسلوب المجموعات الصغيرة، كأحد أنماط التعلم النشط المشهورة.

5. المتعلمون المشاركون Learning Partners: وقد تمت مناقشة هذا الأسلوب من قبل أيضاً عند الحديث عن التعلم بواسطة المجموعات الصغيرة.

6. الاستجابة السريعة Whips: وتعتبر من بين الأساليب المفضلة للتطبيق ضمن نظام المجموعات الصغيرة أو الصفوف الصغيرة، حيث يتم استخدامها للتعامل مع استجابة كل طالبٍ وبسرعةٍ عالية، وذلك عن طريق استجابة الطالب لفظياً لجملة غير مكتملة، من أجل إتمامها بشكل صحيح.

7. حلقات النقاش Panels: وتعتبر من الأساليب التي تؤدي إلى حصول مناقشات جديدة، وذلك عن طريق السماح لعدد محدود من الطلبة لعرض وجهات نظرهم أمام طلبة الصف كله، حول درس من دروس القراءة مثلاً، أو حول قضيةٍ تاريخية، أو مشكلةٍ جغرافية أو نظريةٍ علمية أو مسألةٍ هندسية أو موضوعٍ مثير للجدل في التربية الرياضية أو التربية الأسرية أو التربية المهنية أو الحرفية أو التربية الفنية.

8. **أسلوب حوض السمك Fishbowl Technique:** ويعتبر من بين الأساليب التي تستهلك وقتاً طويلاً خلال عملية التطبيق، مما يتطلب التحضير المسبق الدقيق له، وذلك عن طريق تشكيل مجموعة صغيرة على شكل دائرة داخل مجموعة طلابية أكبر تقوم بمهمة الإصغاء لما تقوله في ضوء أسئلة تطرحها المجموعة الكبيرة على المجموعة الصغيرة حول موضوع ما أو قضية معينة أو مسألة محددة.

وعلى المعلم الحريص على تطبيق التعلم النشط بدقةٍ وحيوية، أن يعمل على تغيير مواقع المجموعتين، مع طرح موضوعات جديدة. وقد يضيف مجموعاتٍ جديدةٍ وقضايا أخرى جديدة، وذلك حتى يحافظ على الزخم في المناقشات. وقد أكد العديد من المربين، على أن هذا الأسلوب يحقق الكثير من الفوائد المتعلقة بمجموعات المناقشات الصغيرة ومجموعات المناقشات الكبيرة في وقتٍ واحد.

9. **الألعاب Games:** حيث تتم المناقشة بعد تطبيق لعبة من الألعاب المعروفة أو برنامجاً تلفزيونياً مشهوراً، والذي يتطلب الإجابة عن أسئلة تمّ التحضير الدقيق لها وتتطلب إجابتها تفكيراً من الطلبة ومشاركة فعالة من جانبهم، مثل وجود مجموعتين متنافستين كأنهما في برنامج تلفزيوني حقيقي،وإعطاء نقاطٍ محددة حول الإجابات الصحيحة من هذه المجموعة أو تلك.

10. **أسلوب استدعاء المتحدث التالي Calling on the Next Speaker:** ويمثل إحدى الأساليب المثيرة للنشاط والحيوية، والذي يبدأ تطبيقه عن طريق التأكيد على الطلبة بأن عليهم رفع أيديهم أولاً قبل الحديث عن أية نقطة مهما كانت. وبعد ذلك، فإنه لابد من أن يبدأ المعلم بالمناقشة، وذلك عن طريق طرح سؤال مثير للتفكير، أو أن يقوم بطلب تفسير نتيجة ما أو توضيح نقطة معينة من طالب محدد، على أن يختار ذلك الطالب زميلاً له كي يستمر في الإجابة أو التوضيح أو التفسير، على أن يختار الطالب الثاني المتحدث الآخر، وهكذا حتى يشترك أكبر عدد ممكن من طلبة الصف الدراسي وتنتهي المناقشة.

(ج) طريقة تشجيع النقاش لطلبة الصف كله (المجموعة الكبيرة):

من الصعب على التعلم النشط أن يتم دون مشاركة الطلبة بشكل فعال، ولكن أحياناً نجد أنه من الصعب مشاركة أكثر من مجموعة قليلة من الطلبة في الصفوف الكبيرة. ومع ذلك، فإن سيبلرمان (Silberman, 1996) طرح عشرة مقترحات لتسهيل عملية المناقشة تتمثل في الآتي:

- استخدام أسلوب التلخيص من جانب الطلبة والمعلم.

- فحص مدى استيعاب الطلبة لأنفسهم.
- إكمال ما يُطرح من تعليقات من جانب الطلبة.
- التعليق على مداخلات الطلبة من وقت لآخر.
- تشجيع المشاركة الطلابية داخل الحجرة الدراسية.
- التسريع في خطوات المشاركة لزيادة النشاط.
- القيام بدور غيرك، بعد التأكد من أن الطلبة يدركون ما تقوم به.
- العمل على التوفيق بين الآراء المتعارضة للطلبة حول موضوع ما أو قضية محددة.
- جمع الأفكار معاً في سياق واحد.
- العمل على التغيير في الأسلوب الخاص بالمعلم، عن طريق الانتقال من تدريس الصف كله إلى مناقشة مجموعة صغيرة أو العكس.
- العمل على تلخيص النقاط الرئيسية وتدوينها.

(د) طريقة سجل التعلم Learning Log:

وهو من بين أساليب تعلم الصف كله، الذي يتطلب من كل تلميذ الرجوع إلى مجلة الصف أو مجلة الحائط الصفية أو المدرسية، والتأمل فيما كتب فيها من آراء أو أفكار أو معلومات، والتعليق عليها كتابياً، أو الرد على أسئلة المعلم كتابياً بناءاً على طلبه، أو تقييم بعض الآراء أو الأفكار خطياً في ضوء طلب المعلم، مع احتفاظ الطالب بكل هذه الأنشطة ضمن سجل التعلم الخاص به، حيث يقوم المعلم بالإطلاع عليه وتدوين ملاحظاته المختلفة التي تمثل تغذيةً راجعةً مهمةً للطالب.

ويعتقد سيلبرمان (Silberman, 1996) بأن السجلات التعلمية تتعامل مع بعض أو جميع الأمور والقضايا والأفكار المهمة الآتية:

- الأشياء غير الواضحة أو الأمور التي لم يتم الاتفاق عليها.
- مدى ارتباط ما يجري داخل الحجرة الدراسية بحياة التلاميذ اليومية.
- مدى انعكاس ما يحدث داخل غرفة الصف بما قرأه الطلبة أو سمعوه أو شاهدوه.
- مدى ما لاحظوه في أنفسهم أو لدى الآخرين، وله علاقة وثيقة بالموضوع المطروح أو بالقضية التي تتم مناقشتها.
- ما يمكن للطلبة استخلاصه من الدرس.
- ما الذي يمكن لهم أن يقوموا به كنتيجة للدرس.

(هـ) طريقة العقود التعلمية Learning Contracts:

يتطلب هذا الأسلوب أو هذا النشاط من كل تلميذ، توجيه دراسته بنفسه بدلاً من توجيه المعلم له معظم الوقت، نظراً لأنها الأكثر عمقاً والأكثر تأثيراً والأكثر ديمومة. ويكون دور المعلم في هذه الحالة القيام بالآتي:

- السماح لكل طالب وبالمشاركة مع المجموعات، باختيار موضوع البحث الذي يميل إليه، ولكن إذا لم يتم ذلك، فإن على المعلم تحديد ذلك الموضوع.
- الطلب من كل تلميذ أو من كل مجموعة من التلاميذ، وضع خطة بحث معينة، وذلك ضمن عقد مكتوب يشمل الآتي:
  - إسم الموضوع.
  - المعارف والمهارات المطلوب اتقانها.
  - الأنشطة التعلمية المطلوب القيام بها.
  - كيفية الحكم على تحقيق الأهداف المنشودة.
  - تاريخ انتهاء النشاط.
- العمل على مقابلة الطلبة أو المجموعات لمراجعة العقد واقتراح المصادر والمراجع والوسائل التعليمية الممكن الحصول عليها وذات العلاقة بالنشاط.
- إمكانية طرح المعلم لقائمة من الموضوعات والسماح للطلبة باختيار ما يناسبهم منها.
- إمكانية طرح المعلم لقائمة من الموضوعات والسماح للطلبة بتشكيل المجموعات التي تروق لهم واختيار الموضوع الذي يناسبهم من القائمة ذاتها.
- مطالبة التلاميذ كأفراد أو كجماعات، تقديم مشروع بحثٍ كاملٍ مدعومٍ بعقدٍ مكتوبٍ حول خطوات التنفيذ ومواعيد الانتهاء منها.

(و)طريقة تدوين الملاحظات الموجهة Guided Note - Taking:

وهو أسلوب معروف وله فوائد عديدة أكثر من فوائد الأوراق أو النشرات الجاهزة التي تمَّ إعدادها سلفاً. ويمكن للمعلم تقديم ورقةٍ أو نشرةٍ إلى الطلاب، يلخص فيها النقاط الرئيسة للمحاضرة أو الدرس الجديد، بحيث تتضمن كذلك مجموعة الأفكار والموضوعات المهمة، بالإضافة إلى عباراتٍ أو فقراتٍ فيها كلماتٍ مفقودةٍ من أجل تعبئتها من جانب الطلبة، مع ترك فراغٍ كبيرٍ للملاحظات.

ويقوم المعلم بعد المحاضرة بتزويد الطلبة بالنشرة أو الورقة، ويطلب منهم إكمالها دون اللجوء إلى الملاحظات التي قاموا بتدوينها في الورقة أو النشرة السابقة.

أسلوب المجموعات الصغيرة والكبيرة

7

الفصل السابع

أساليب التعلم التعاوني، والتعلم القائم على الخبرة، وتقديم التعلم، والتعليم المباشر، والتعلم المستقل، من الأساليب الفعالة للتعلم النشط

- أسلوب التعلم التعاوني والتشاركي.
- أسلوب التعلم القائم على الخبرة.
- أسلوب تقديم التعلم.
- أسلوب التعليم المباشر.
- أسلوب التعلم المستقل.

أسلوب التعلم التعاوني

ثالثاً: أسلوب التعلم التعاوني والتشاركي، أحد الأساليب الفعالة للتعلم النشط

Cooperative and Collaborative Learning

مقدمة:

يمثل أسلوب التعلم التعاوني والتشاركي، أحد الأساليب الفعالة للتعلم النشط. ويعمل بعض المربين والباحثين على التفريق بين التعلم التعاوني والتعلم التشاركي، في حين ينظر إليهما مربون آخرون على أنهما مصطلحان لشيء واحد يصعب التفريق بينهما. فالذين يفرقون بينهما يرون بأن الطلبة في التعلم التعاوني يتلقون التوجيهات ومصادر المعلومات من المعلم، في حين يحدد الطلبة توجهاتهم ومصادرهم المعلوماتية في التعلم التشاركي، بحيث يعملون ضمن مستويات معرفية عالية. ومع ذلك، فإن معظم الباحثين لا يفرقون بينهما، مما يجعل استخدام مصطلح التعلم التعاوني ليدل على الاثنين معاً ليدل على الاثنين معاً هو الاكثر شيوعاً في كتابات المربين وبحوثهم ومؤلفاتهم.

ويتطلب التعلم التعاوني مشاريع بحثية جماعية، وامتحانات نهائية تعاونية، وتشكيل مجموعات من أجل تسهيل عمل الطالب وتشجيعه على النشاط. ويبدو أن التعلم التعاوني يقدم القواعد الاساسية للتعلم القائم على حل المشكلات والتعلم الاستقصائي، اللذان يعتمدان على اعطاء الطلبة مشكلةً ما من أجل العمل على حلها، أو طرحِ موقفٍ معقدٍ أو قضيةٍ معينةٍ، مع التوصية بحلها. ويشبه أسلوب التعلم التعاوني أسلوب تعلم المجموعات الصغيرة في كونهما يسمحان للطلبة بالآتي:

- توضيح ما يجول في خاطرهم من أفكار عن طريق الحديث أو الكتابة.
- اختبار ما لديهم من أفكار عن طريق مقارنتها بأفكار زملائهم الآخرين.
- تقدير وجهات نظر الآخرين واحترامها.
- ممارسة مهارات الاتصال الجماعية.

ومع ذلك، فإن الفروق بين أسلوب التعلم التعاوني وأسلوب المجموعات الصغيرة كثيرة للغاية. فالمجموعات الخاصة بالتعلم التعاوني تعمل لفترة أطول، وفي إطارٍ أوضح من المشاركة والتفاعل وإقامة العلاقات القوية. كما أن أعضاء تلك المجموعات تحدد لهم الواجبات الفردية، مما يزيد من مستوى تحمل المسؤولية الذاتية لديهم. ومع ذلك، فإن كل فردٍ يعتمد على المجموعة من أجل النتيجة النهائية. وفي الوقت نفسه، فإنه في مجموعات التعلم التعاوني، يتم تشجيع الطلبة بكل الوسائل والسُبل المتاحة على الانتقال الى المستويات العليا من التفكير، وإلى الأنواع الايجابية والحيوية من التفاعل، وإلى استخدام مهارات التفكير الناقد، من أجل تحليل وجهات نظر الآخرين أو أعمالهم أو جهودهم، كي يتم تحديد مستوى حيوية المجموعة ونشاطها كوحدة وظيفية فاعلة.

وتتمثل أهم فوائد أسلوب التعلم التعاوني في أن الاحتفاظ بالمعلومات وتذكرها يبقى لفترة أطول، ويزداد بازدياد التحصيل لديهم، وأن التعلم التعاوني يقدم أمثلة لما سيأتي من أنشطةٍ أو أمورٍ أو فعاليات. فالعمل كعضو في فريق والحصول على النتائج المطلوبة، يمثل عملاً دقيقاً ومنتظماً في عالم اليوم. ومن بين الأسئلة المهمة التي يمكن طرحها في هذا الصدد ما يأتي:

- ما آخر عمل أو نشاط قمتَ به كعضوٍ في فريق؟
- ما الدور الذي قمتَ به خلال ذلك العمل أو النشاط؟
- هل يمكنكَ وصفُ حيوية المجموعة خلال النشاط؟
- وهل كانت لديكَ اقتراحات لأدوارٍ أخرى لك ضمن عمل الفريق؟

إن التعلم التعاوني القائم على المشاريع البحثية الجماعية يعمل على فهم الطلبة للعالم الواقعي الذي يعيشونه، عن طريق التعامل مع قضاياه ومشكلاته وظروفه كما هي، وذلك من خلال الخبرات التي يمرون بها، والأنشطة والفعاليات التي يقومون بها، والتي تتطلب منهم مستويات عليا من التفكير. كما يشجع التعلم والتعاوني أيضاً بل ويعمل على تحسين مهارات التفاعل والتواصل بين الطلبة. ومع ذلك، فإن على المعلم أن يضع في الحسبان أن كثيراً من الطلبة لا يعرفون القيام بأدوارهم من خلال عمل المجموعات، مما يحتم على معلميهم توضيح أساسيات عمل الفريق أو عمل المجموعات لهم. وقد اقترح هارمن (Harmin,1994) أمثلةً على المهارات التي يحتاج إليها الطلبة ضمن عمل الفريق تتمثل في الآتي:

- الاصغاء الجيد لبعضهم بعضاً.
- الالتزام بالأدوار المخصصة لكل طالب، وعدم الاعتماد على الآخرين ليقوموا بالدور.
- العودة إلى العمل أو النشاط أو المهمة أو الفعالية أو الواجب، كلما شعر الفريق بأنهم قد ابتعدوا عن ذلك.
- القيام بدور المعارضة في مواقف عديدة، ولكن ضمن الالتزام بقواعد الادب والاخلاق والزمالة في الحديث.
- الالتزام بعملية إدارة الوقت بدقة وفعالية.
- طلب المساعدة من المعلم كلما كانت الحاجة ضرورية لذلك.
- القيام بدورٍ ايجابي وبنّاء لدعم عمل الفريق، للوصول إلى النتائج المرجوة.
- مشاركة الآخرين في المجموعة بمشاعر صادقة.

- العمل على إتاحة الفرصة لمشاركة الجميع في النشاط أو الفعالية أو المهمة.
- المشاركة في عملية تلخيص الافكار أو الآراء أو النقاط الواردة في النشاط.
- تقديم المساعدة للآخرين، دون تزويدهم بالأجوبة الجاهزة لأسئلة النشاط أو الواجب.
- الإعراب عن التقدير الحقيقي والصادق لجهود الآخرين وأعمالهم وأفكارهم.
- الإصغاء للآخرين بصدقٍ وايجابية.
- الحد من المشاركات غير الفاعلة أو غير الايجابية.
- إشعار كل فردٍ في الفريق بأنه مهم وأن دوره حيوي.
- الاتصال البصري من جانب المعلم مع أفراد الفريق بشكل مستمر، من أجل ملاحظة ما يتم من فعالية أو نشاط.

ويركز العديد من المربين على نمط التعلم التعاوني الذي يعتمد على المشاريع البحثية الجماعية التي يتم تصحيحها، ووضع الدرجات أو العلامات عليها، والمصاحبة للعديد من الأنشطة والامتحانات الفردية، جنباً إلى جنب مع أنشطة الفريق الأكثر عدداً أو تنوعاً .

وهنا، فإن المشاريع الجماعية تتطلب العديد من الترتيبات، من بينها أن على الطلبة اختيار رفاق جدد في كل خطوة يقومون بها للنشاط أو الواجب أو العمل، حتى يتم الانتهاء منه. ومع ذلك، فإنه في المرحلة النهائية، قد يتم اختيار أعضاء الفريق المناسبين لانجاز المهمة، بحيث يقدم الفريق أو المجموعة البحث أو المشروع، ويعرضونه على زملائهم في الحجرة الدراسية، للحصول على درجة أو علامة الجهد أو النشاط بعد قراءَته وتدقيقه من جانب المعلم. ويبقى الاساس المهم في هذا التعلم التعاوني هو أن يفهم الطلبة أنهم مسؤولون عما يقومون به من أنشطة وأقوال وأفعال.

العناصر الأساسية للحكم على التعلم التعاوني:

لقد طرح كل من روجر جونسون **Roger Johnson** وديفيد جونسون **David Johnson** خمسة من العناصر الأساسية للحكم على التعلم التعاوني تتمثل في الآتي:

(1) الاعتماد الايجابي للطلبة على بعضهم Positive Interdependence :

حيث ينبغي على الطلبة أن يدركوا بأن مجموعتهم تعتمد عليهم، وأنها لن تنجح دون مشاركة جميع أفرادها، وأنهم جميعاً يعملون من أجل تحقيق هدفٍ عامٍ واحدٍ ومجموعةٍ من الأهداف التعليمية. وفي الوقت نفسه يدرك المعلم أن عمل المجموعة يتصف بالنجاح إذا اشترك أفرادها بفعالية تامة في المصادر التعليمية التعلمية، وعملوا على تقديم الدعم لبعضهم بعضاً،

وتجنبوا الاعتماد على الآخرين، واحتفلوا معاً بالوصول إلى النتائج المنشودة، كي يشعروا بفرحة النجاح في العمل الجماعي، الذي يعتمد إيجابياً على أفراد المجموعة مجتمعين. وهنا يكون دور المعلم مهماً في تحمل مسؤولية توضيح التعليمات للمجموعة، والقيام بعمليات التعزيز لهم من وقت لآخر.

(2) المسؤولية الفردية Individual Accountability :

تتمثل أهم المآخذ أو السلبيات على عمل المجموعات، في أن الطالب يملك حرية كبيرة للتصرف، وبالتالي فإنه لا يشارك بشكل فاعل في المناقشات والمهمات الجماعية، معتمداً في ذلك على زملائه الآخرين. لذا، فإن على المعلم أن يكون مستعداً لمثل هذه الحالات، وأن يرسم خطوطاً عريضة لمختلف مراحل المشروع أو النشاط، وأن يوزع المهام والمسؤوليات الفردية، محددةً بأوقاتٍ زمنية دقيقة، بعد أن يؤكد للطلبة على مسؤولياتهم. وقد يقوم بتوزيع بعض النماذج التي تتطلب من كل تلميذ أن يعمل على تقييم أدائه وأداء زملائه وأداء المجموعة ككل في السير نحو تحقيق الهدف العام. كما أن على الطلبة أن يدركوا تماماً أنهم مسؤولون عن أقوالهم وتصرفاتهم وأعمالهم، وأن المعلم لا يتدخل إلا عند الضرورة القصوى لتصويب مسار العمل، أو لِمساعدة الطلبة في الوصول إلى النتائج المرغوبة، أو للرد على استفساراتهم وأسئلتهم حول أمورٍ غامضة.

(3) التفاعل المباشر (وجهاً لوجه) Face - to - Face Interaction :

فمن المعروف، أن الحديث يمثل جزءاً مهماً من عملية التعلم، حيث يمكن عن طريقه توضيح الآراء والأفكار والمعتقدات التي نؤمن بها، والتي يصغي لها الآخرون، وذلك لمعرفة الشيء، والتعليق أو التعقيب أو الرد عليه. فالحديث حول مشكلة ما أو قضية معينة أو موضوع محدد، لا يتم عن طريق توضيح أفكارنا فقط، بل تجعلنا نتعرف كذلك على ما يجول في أذهان الآخرين من آراء وأفكار. وبالتالي فإن على المجموعات أن تشجع الأفراد على التعبير عن أفكارهم، عن طريق تشجيع بعضهم بعضاً لمواجهة المشكلات، وممارسة مهارات الاصغاء أثناء نقاش المجموعات. لذا، فإن على الطالب حضور جميع جلسات المناقشة، مع محاولة المعلم تعويض أي لقاء يفقده الطلبة نتيجة تغيبه أو انشغاله.

(4) العلاقات الشخصية ومهارات المجموعات الصغيرة :

Inter Personal and Small Group Skills

لا يولد الطلبة في العادة ومعهم مهارات التعامل ضمن المجموعة. لذا، فإن عليهم أن يدركوا أهمية عمل المجموعة، وأن يشجعوا الآخرين على إدراك أن كل فرد له أهمية خاصة ودور في تطوير أداء المجموعة أو تحسينها. لذا، فإن على كل طالب أن يشجع زملاءه في المجموعة على المشاركة والمناقشة والاختلاف في الرأي مع الآخرين، ضمن حدود الأدب واللياقة والنظام.

(5) عمل المجموعة Group Processing:

ينبغي على الطلبة أن يكونوا قادرين على تقييم عمل مجموعتهم، وإذا ما كانت تسير بالشكل الصحيح أم لا، وإذا كان هناك خلل أو مشكلة ما، فيمكن التعامل معها عن طريق توجيه الأسئلة أو تقديم الطلبة لتقارير توضح سير العمل في المجموعة، الذي غالباً ما يؤدي إلى نتائج أفضل وبجهود فردية أقل.

رابعاً: أسلوب التعلم القائم على الخبرة، أحد الأساليب الفعالة للتعلم النشط Experential Learning

يتطلب أسلوب التعلم القائم على الخبرة، أن يقوم الطلبة ضمن مواقف تعلمية معينة، بالتفكير والتفاعل والتعلم في بيئة واقعية حقيقية. فالتعلم بالخبرة يعني تعايش الطلبة مع كل من البيئة والموقف والمشروع والواجب. وهو من الأساليب الفعالة للتعلم النشط. وتوجد ستة أنماط للتعلم بالخبرة تتمثل في الآتي:

أ- العلاقات الداخلية **Internships** : حيث يقوي هذا النوع من التعلم علاقات الطلبة مع المؤسسات والمنظمات والوزارات والجمعيات المحلية لفترة زمنية طويلة، بحيث يصبح الطلبة جزءاً من تلك المؤسسات ويساهموا بفاعلية في انجاز مهماتها اليومية ومشاريعها بعيدة المدى، حتى يؤهلوا الطلبة للقيام بمهامٍ لها علاقة بوظائفهم في المستقبل ضمن برامج تدريبية مفيدة تهدف الى تقوية العلاقات بين الطلبة ومؤسسات المجتمع المحلي من جهة، وإطلاعهم على عمل تلك المؤسسات ودورها في خدمة المجتمع وتدريبهم على ذلك من جهة ثانية.

ب- الخبرات الميدانية أو العمل الميداني **Field Experiences or Field Work**: وهي خبرات مهمة للغاية، تتطلب من التلاميذ القيام بدراسات ميدانية حسب مستوياتهم، بحيث تضعهم في بيئة تعلمية يعملون فيها على إكمال مشروعٍ بحثيٍ معين خارج أسوار المدرسة، يتم من خلاله جمع المعلومات الواقعية حول قضية ما أو مشكلة محددة، يتعرف الطلبة من خلالها على أبعادها وحجمها، من أجل وضع التوصيات المناسبة لحلها بعد تحليل النتائج الاحصائية لها.

ج- المحاكاة **Simulations**: وتتضمن كلاً من ألعاب الحاسوب وخطط لعب الدور، بحيث يتم وضع الطلبة في بيئة مصطنعة يتوفر فيها فرص التفاعل الحقيقي وحل المشكلات المختلفة، من خلال بذل الطلبة جهوداً ذهنية والتفكير بعمق فيما يعملون على قراءَته أو سماعهِ أو مشاهدته. وفيما يأتي توضيح لأهم أساليب المحاكاة:

- نماذج الحاسوب Computer Models: وهي عبارة عن برامج مهنية تخصصية، تتيح الفرصة للمتعلم أن يمارس نشاطاً معيناً، حيث يوجد أحد الأمثلة المشهورة على هذه البرامج والمتمثل في برنامج مدينة سيم Sim City، الذي يمثل لعبة يتم عن طريقها تدريب الطلبة على بناء مدينة ما، والعمل على إدارتها.

- لعب الدور Role Play: حيث يتم تزويد الطلبة بشخصية ما مثل الشرطي أو السائق أو المحامي أو المزارع أو المعلم أو الطبيب أو المهندس، ويُطلب منهم التصرف كما يتصرف هؤلاء، ضمن مواقف يتم تحديدها لهم من جانب المعلم أو من جانب زملائهم الآخرين، مما يشجعهم على تقمص شخصياتٍ كثيرة، والتعرف إلى الأدوار التي يقومون بها في خدمة المجتمع.

د- الاثباتات أو البراهين Demonstrations : وتمثل مطلباً من مطالب التعلم بالخبرة، ولا سيما عندما يطالب التلاميذ باثبات فهمهم لشيء ما، أو الموضوع معين، أو لقضيةٍ محددة، فيقومون بتوضيح ذلك لزملائهم وللمعلم، عن طريق استخدام الوسائل التعليمية المتنوعة أو الحاسوب أو الأجهزة والأدوات ذات العلاقة.

هـ- دراسة الحالة Cas Study: وهي عبارة عن القيام بجمع معلومات تفصيلية لمواقف محددة تخص قضايا جوهرية تفرز العديد من المشكلات التي تحتاج إلى حلولٍ وقرارات. وقد تمّ تصميمها لتشجيع الطلبة على التعلم، وتزويدهم بفهمٍ أكثر عمقاً للأمور أو المواقف التي قد تكون حقيقية أو مفترضة. وهنا يتم الطلب من التلاميذ دراسة الحالة مسبقاً ويأتوا للصف ومعهم تعليقاتهم الجاهزة، حيث يتم تقديم الحالة، وتتم مناقشتها من الجميع، على أن يطلب من التلاميذ التفكير العميق فيها لبلورة أفكارهم وإلمامهم الدقيق بها.

و- التعلم الخدماتي Service Learning: يعتبر التعلم الخدماتي أحد أساليب التعلم بالخبرة، والذي يضع الطلبة في موقف يتطلب منهم المساعدة في التصدي للمشكلات، ووضع الحلول الناجعة لها، والتي تستند إلى الفهم العميق لها من جهة، والتعاون الوثيق لمعرفة أبعادها، والوصول إلى قرارات مناسبة بشأنها من جهة ثانية.

ومن الأمثلة الشائعة على التعلم الخدماتي، تدريس التلاميذ الصغار من جانب زملائهم الاكبر سناً والأعلى صفاً، والعمل التطوعي داخل المدرسة أو خارجها، وتوزيع استبانةٍ لمعرفة آراء الطلبة أو قطاعات من الناس حول موضوع ما أو قضية معينة، والمشاركة في اقامة معرض مدرسي. وحتى يكون التعلم خدماتياً بشكل أفضل، فان العمل يجب أن يكون ذا معنىً ومفيداً وحقيقياً وهادفاً في وقت واحد.

خامساً: أسلوب تقديم التعلم، أحد الأساليب الفعالة للتعلم النشط

Presentation Learning

لقد أظهرت الدراسات والبحوث التربوية والنفسية، بأن الطالب عندما يقوم باعداد المادة التعليمية وتقديمها أو عرضها أمام زملائه داخل الحجرة الدراسية سواء بمفرده أو ضمن مشروعٍ بحثي جماعي، فانه يتعلم بدرجة أكبر مما لوقام المعلم نفسه بتقديم المادة أو عرضها عليه. وتوجد أنماط ثلاثة يتم عن طريقها تقديم التعلم أو عرضه، وتتمثل في الآتي:

1. تقديم المادة داخل الصف **In Class Presentation**: وهو من الأساليب الشائعة كثيراً في المدارس المتوسطة والثانوية وفي الجماعات والمعاهد العليا، حيث يقوم الطالب أو مجموعة صغيرة من الطلبة، بعرض مادة تعليمية قاموا بجمعها أو بحث جماعي قاموا بتطبيقة ويريدون عرض النتائج التي توصلوا إليها، أو تجربة عملوا على تطبيقها ويودون طرح نتائجها على زملائهم ومعلمهم.

ويعمل المعلم على إعطاء الطالب أو أعضاء الفريق، الوقت الكافي لعرض افكارهم وآرائهم نحوما توصلوا إليه من معلومات أو نتائج، في الوقت الذي يطلب فيه، زملائهم الآخرين، الاصغاء الايجابي لما يقال أو يطرح، مع توجيه الاسئلة والاستفسارات المتعددة حوله، ثم تقييم الأمر كله، ووضع درجات أو علامات على هذا التقديم، حتى يأخذ الجدية المطلوبة من جانب الطلبة من ناحية، ويمثل أحد اساليب التقويم الضرورية للعملية التعليمة التعليمية من ناحية ثانية.

2. تدريس الأقران **Peer Teaching** : يعتقد بعض الناس، بأنه حتى تتعلم شيئا ما بشكل فعال وناجح، فانه لابد لك أن تقوم بتعليم شخص ما. فاعطاء الطلبة الفرصة للمشاركة في متطلبات التدريس اليومي، يلزمهم معرفة موضوع الدرس، ومصادر المعلومات المتعلقة به، وإعداد المادة التعليمية حوله، وذلك تمهيداً لتقديمه أو عرضه أمام زملائهم داخل الحجرة الدراسية، من أجل اثارة المناقشات المفيدة التي يتعلمون منها ويعلمون أقرانهم.

وفي العادة، يقوم المعلم الحريص على نجاح التعلم النشط، باتاحة الفرصة للطلبة باختيار الموضوع الذي يرغبون تدريسه لزملائهم الآخرين. وقبل تقديم الموضوع باسبوع على الاقل، فان المطلوب منهم قراءة مراجع أو مقالات حول ذلك الموضوع، وذلك للاطلاع على مزيد من الاتصالات. وعند عرض الموضوع في الاسبوع التالي، عليهم العمل على إدارة نقاش حوله يوضح لهم الكثير من الأمور التي يتعلمون منها، في الوقت الذي يتعرض فيه للعديد من الأسئة التي يستفيد هو أيضا منها.

3. المناظرة **Debate**: تمثل المناظرة الطريقة الأمثل لإكمال الطلبة لجهودهم وأعمالهم الاكاديمية. فالمطلوب منهم البحث عن موضوع ما، والعمل مع مجموعة صغيرة لتحديد النقاط الرئيسية ذات العلاقة، والايجابيات والسلبيات فيه، وطرح النتائج التي توصلوا إليها، ثم التفكير في محاور تحمل الرأي الآخر المعارض، بحيث يدور النقاش الذي تُطرح فيه الآراء والافكار المتعارضة بين فريقين،بحيث يتم في نهايته استفادة كل فريق ليس من الآراء التي طرحها هو فحسب، بل وأيضا من الآراء والأفكار التي طرحها زملاؤه الآخرون في الفريق الثاني.

سادساً: أسلوب التعليم المباشر، أحد الأساليب الفعالة للتعلم النشط

Direct Teaching:

وهو من أساليب التعلم النشط المهمة الذي يعمل فيه المعلم على قيادة الصف الدراسي من خلال اسلوب المحاضرة، أو القراءة، أو الشرح للمادة الدراسية، وذلك باستخدام الاساليب والتقنيات المتنوعة مثل الآتي:

- قيام المعلمين بقراءة موضوعٍ ما أو قصةٍ قصيرة للطلبة، أو استخدام بعض المهارات من اجل عرض معلوماتٍ جديدة، حيث يعتبر التعليم المباشر من الطرق الفاعلة في عرض المفاهيم العديدة المختلفة والمعلومات الكثيرة والمتنوعة، والخبرات التعلمية المختلفة لجميع طلبة الصف أو لمجموعةٍ صغيرة منه.
- قيام المعلمين بارشاد الطلبة وتوجيههم فيما يتعلق بالتفكير، وذلك من خلال طرح الأسئلة الهادفة والمتنوعة، مع عرض أمثلة توضيحية تساعد في ايصال المعلومات بأيسر الطرق وأسهلها. فمثلاً، نجد أنه في حصة القراءة، يمكن أن يقوم المعلم بقراءة قصة ما، ثم يبدأ بعملية نقاش وطرح استفساراتٍ وأسئلةٍ تثير تفكيرالطلبة، وتستحوذ على اهتماماتهم بالموضوع. ومن الضروري هنا مراعاة المعلم لخبرات التلاميذ السابقة، عن طريق الربط بين ماهو قديم لديه ،وما يريد عرضه من خبراتٍ جديدة. ففي وحدة الفصول الأربعة في حصص العلوم والجغرافيا مثلاً، يمكن ان يطلب المعلم من تلاميذه أن يسموا له الفصول الأربعة أولاً، وأن يقدموا وصفاً دقيقاً لكل فصل منها ثانياً، ثم يبدأ المعلم معهم بطريقة المناقشة الفعالة، كي يتوصل الطلبة إلى الاسباب الكامنة وراء التغييرات التي تحدث نتيجة لهذه الفصول ثالثاً وأخيراً. كما يمكن للمعلم أن يقرأ على طلبته حركة دوران الأرض حول الشمس، وما ينتج عن ذلك من ظواهر يومية وفصلية وسنوية، قبل أن يطلب منهم القيام بعمل تقرير مفصل عن الطقس خلال الفصول الاربعة للسنة الشمسية.

- للتعليم المباشر دورٌ أساسي وفاعل في عملية ربط الطالب للمعلومات بعضها ببعض من ناحية، وبثقافتهِ العلمية التي يمر بها خلال عمليتي التعلم والتعليم من ناحية ثانية.
- يمكن للمعلم أن يدير الحصة الصفية من خلال إعطاء الحقائق الأولية والمعلومات والخبرات التعلمية بأسلوب شيق، مستخدماً في ذلك اسلوب المراجعة والتقييم البنّاء، والذي يعمل على تحقيق الاهداف التربوية والتعليمية المنشودة.
- يكون المعلمون المتميزون من حيث الأَداء، على وعيٍ تامٍ بأن التعليم المباشر يستمر ويبقى أثره في ذهن الطلبة لأطول فترة ممكنة. فعمليتي الاستماع والمشاهدة تعدان من الطرق السلبية في التعليم، إذا لم يتمتع الطلبة بقدرات ومهارات عقلية عالية لترجمة ما نراه وما نسمعه أثناء عملية التعلم، حيث ثبت من الدراسات السابقة التي أُجريت في العملية التعليمية التعلمية، بأن التلاميذ يتعلمون بشكلٍ أفضل إذا ما تمَّ التعليم من خلال اسلوب التعلم بالعمل المباشر **Learning Through Action**.

سابعاً: أسلوب التعلم المستقل، أحد الأساليب الفعالة للتعلم النشط

Independent Learning :

عندما ينضج الأطفال ويكبرون، يصبحون قادرين على العمل والتعلم باستقلاليةٍ أكبر، معتمدين في ذلك على انفسهم وقدراتهم، مما يجعلهم يقبلون على التعليم في المدارس بدرجةٍ عاليةٍ من الدافعية والتركيز الموجه، وذلك من أجل تنمية مهاراتهم وقدراتهم العقلية، مع مواصلة مواظبتهم المستمرة على انجاز واجباتهم ومهامهم ووظائفهم على أكمل وجه.

وأسلوب التعلم المستقل يعتبر من الأساليب الفعالة للتعلم النشط، وهو يعني ان يصبح بمقدور الأطفال قراءة الكتب، وكتابة القصص القصيرة، مع استخدام الرسوم التوضيحية بأنفسهم، وذلك حتى يصبحون على قدرٍ عالٍ من المسؤولية والرغبة الحقيقية في التركيز التام عند حل تمارين الرياضيات أو اجراء الابحاث التربوية، وفق المنهج العلمي وما يقتضيه من ترتيب للمعلومات باسلوب منظم، وعرض هذه الابحاث أمام الزملاء داخل الحجرة الدراسية، بالاضافة الى مشاركتهم في الالعاب التربوية المختلفة، والقيام بإعداد المجسمات، باستخدام خامات البيئة المحلية المتوفرة، أو إعداد مشاريع تربويةٍ هادفة، تعتمد على منهج التعلم النشط، الذي يتيح الفرصة أمام الطلبة لممارسة التعلم الذاتي، وتنمية مهاراتهم العقلية في البحث والاستقصاء والعمل بروح الفريق.

لذا، فانه يستحسن أن يقوم المعلم بتوفير الحصص الكافية والاوقات المناسبة لممارسة التعلم المستقل، وذلك من خلال توفير الأُمور والانشطة والفعاليات الآتية:

- إعداد أو تحضير التمارين والأَنشطة والفعاليات الهادفة والشاملة والمدروسة، من أجل التعامل معها من جانب التلاميذ.
- توفير أو إيجاد بيئةٍ تعلميةٍ مناسبة، تشجع التلاميذ على حب الاستطلاع والاستكشاف.
- جمع أو توفير المصادر التعليمية المتنوعة والملائمة، من كتبٍ ومعاجمَ ومراجعَ وقصصٍ ونشراتٍ ومجلاتٍ ثقافيةٍ وعلميةٍ ووسائل تعليميةٍ مختلفة.
- ربط المعلومات ببعضها والعمل على توظيفها في حياة التلاميذ اليومية.
- تحضير الانشطة التربويةالهادفة، واعطاءُ الواجبات البيتية المناسبة، والتي تراعي قدرات الاطفال واحتياجاتهم.
- تشجيع التلاميذ على التعبير الحر والعمل على زيادة رصيدهم اللغوي بالكلمات المتنوعة والكثيرة، وذلك من خلال الخبرات التعلمية الهادفة، مع مساعدتهم على اكتشاف ما يجهلونه.

باختصار، فان التلاميذ من مختلف الأَعمار ولاسيما الصغار منهم، بحاجة ماسة كي يتعلموا باستقلالية، مع ضرورة تقديم يد العون والمساعدة لهم من وقت لآخر، من أجل تعلم نشطٍ وفعالٍ، فردي أو ضمن جماعات، مع التأكيد على أهمية التعاون البنّاء والايجابي، لتهيئة الجو الذي يتصفِ بالأمن والأمان وعدم التهديد، وإِعداد الأَنشطة الملائمة والممتعة والموجهة نحو الهدف أو الأهداف المنشودة، مع ضرورة الاهتمام الدائم بمشاعر الطلبة وحاجاتهم واهتماماتهم وميولهم.

8

الفصل الثامن

أسلوب المحاضرة المعدلة،
من الأساليب الفعالة للتعلم النشط

- تقديم.
- الإعداد الدقيق للمحاضرة الفعالة.
- أنماط المحاضرة المعدلة.
- علاقة المحاضرة باستراتيجيات التعلم النشط.
- مقترحات تطبيقية لتطوير المحاضرة.

ثامناً: أسلوب المحاضرة المعدلة، أحد الأساليب الفعالة للتعلم النشط Modified Lecture:

تقديم:

يعتبر أسلوب المحاضرة أو الالقاء من طرق التدريس الفعالة لتقديم كمية كبيرة من المعلومات للطلبة في أقصر وقت ممكن، غير متوفرة في أية طريقة من طرق التدريس الاخرى. ومع ذلك، فان هذا الاسلوب لا يشجع الطلبة على الانتقال من مستوى التذكر الى مستويات التحليل والتركيب والتقويم للمعلومات التي تم تقديمها، من أجل توظيفها بشكل سليم فيما بعد في مواقف تعلمية جديدة.

ومع ذلك، فانه يمكننا الاعتماد على اسلوب المحاضرة التقليدي من اجل ايصال المعلومات والمفاهيم الى الطلبة كي يُساعدهم ذلك على فهم واستيعاب الافكار التي يقدمها المعلم بشكل أفضل.

وتعتبر عملية تطعيم المحاضرة التقليدية التي تستمر لفترة تصل إلى ما بين (50-60) دقيقة، بطرح عدد من الأسئلة ومناقشتها مع الطلبة، الخطوة الأولى التي يمكن اخذها في الحسبان لتنشيط المحاضرة أو العمل على تفعيلها.

ويستهل معظم المعلمين أو أعضاء هيئة التدريس في الجامعات محاضراتهم، بأنشطة التحفيز الذهني المتعلقة بالقضايا التي لم يتم حلها في المحاضرات السابقة، أو بإعطاء الطلبة فرصة لطرح أسئلة حول القراءات التي أنجزوها أو الفرضيات التي طرحوها حول بحثٍ من البحوث أودراسةٍ من الدراسات. وهنا يمكن للمحاضر التعامل مع هذه القضايا والأسئلة والفرضيات أثناء تقديمه للموضوع الجديد، كما يمكنه الرد على مداخلات الطلبة أثناء تغطية المادة الجديدة.

وكم يكون هذا النشاط فعالاً لو كان الطلبة يعلمون مسبقا أن المحاضر سيطلب منهم المشاركة الحقيقية في بداية المحاضرة. كما أن التوقف لدِقائق قليلة (من 2-3) مرات في محاضرة تدوم لمدة أربعين أوخمسين دقيقة لمنحهم فرصة ملائمة لتدوين ملاحظاتهم وصياغة أسئلة مناسبة حول المادة التعليمية المطروحة، تعتبر من الطرق البسيطة التي تزيد من فرص مشاركة الطلبة في مجريات المحاضرة بفعالية. فغالبا ما يفترض المحاضر أن الطلبة قد فهموا ودونوا بدقةٍ ملاحظاتهم حول المادة المقدمة في المحاضرة، لكن في الحقيقة نجد أن معظمهم يحتاج إلى وقتٍ كاف لتنظيم هذه الملاحظات وإمعان التفكير فيها، وبمنحهم استراحةً قصيرةً أثناء المحاضرة، يمكن مساعدتهم فيها على تحديد الفجوات

الموجودة في ملاحظاتهم المكتوبة أو تدوين موجز لما قد يدور في أذهانهم من أسئلة حول المادة الدراسية.

كذلك يمكن للمعلم أن يتوقف ويطلب من التلاميذ العمل في أزواج، وذلك لتنظيم ملاحظاتهم ومناقشة النقاط الرئيسية الواردة في المحاضرة. كما يمكن لكل مجموعة من الطلبة ايضاً طرحُ أسئلةٍ تدور حول ما يشعرون أنه غير واضح. ويمكن الاجابة عن هذه الأسئلة في الدقائق الاخيرة من المحاضرة أو استخدامها كنقطة بداية للمحاضرة القادمة. كما يمكن الطلب منهم اغلاق دفاتر ملاحظاتهم لدقائق قليلة قبل نهاية الحصة، واعادة صياغة أو بناء ما يمكنهم تذكره من المحاضرة من جديد على ورقة بيضاء، مستخدمين مخططا تمهيدياً أو رسماً بيانياً. فمثل هذا التمرين القائم على الاستدعاء الفوري للمادة المقدمة في المحاضرة، يشجع الطلبة على مراجعة النقاط الرئيسة فيها، والعمل على تعزيزها وعلى اكتشاف العناصر التي تحتاج الى بحثٍ أو مراجعة.

وقد يتخذ المعلم النشط من اسلوب المحاضرة طريقة أساسية لتدريس الموضوعات المدرسية المختلفة. وهنا، فان عليه أن يدرك خصائص المحاضرة، ويتفهم القيود التي تفرضها على التعلم. وبما أن التحدي يكمن في إحداث تغييرات على المحاضرة لتحسين فاعليتها كبيئة تعليمية مناسبة للطلبة، فان مهمة المحاضر تتمثل في تعليم الطلبة كيف يستخدمون المفاهيم والمبادئ التي تمَّ تقديمها لهم من أجل التفكير فيها، وليس فقط تقديمها بشكل مجرد، كما يتم في الكتب المدرسية، أو أية مصادر معرفية أو معلوماتية اخرى.

فالمحاضرة النشطة والفاعلة، ينبغي أن تكمل النص أو أن تضيف إليه، لا أن تحل محله، وأن تعمل على تحديث المعلومات والنظريات والآراء السابقة. وهذا يتطلب ضرورة أن تكون المحاضرات حديثة يتم تحديدها وتقييمها كل عام. وتبدأ الخطوة الأولى باجراء المحاضر تقييماً ناقداً للموضوع الدراسي من حيث محتواه، مع مراعاة الاهداف التربوية الموضوعة من جانب المؤسسة التعليمية ذات العلاقة، وصلة الموضوع المطروح في المحاضرة بموضوعات اخرى في المنهج المدرسي، وتوقعات المحاضر للفصل الدراسي الحالي، والتأكد من مقدار المادة المراد تغطيتها خلال الفصل الدراسي وفي كل محاضرة من محاضراته.

كل هذا يمثل مهمة صعبة تتطلب من المحاضر أن يقوم بتحديدما هو متوقع من الطلبة تعلمه في الوقت المخصص لهم. فالطلبة بحاجة إلى ساعة على الاقل كي يفهموا ما يطرح لهم في محاضرة تدوم

اربعين دقيقة. وهنا، فانه لا يمكن للمحاضر ان يتخلى عن مسؤوليته نحو طلابه أو نحو المؤسسة التعليمية التي يعمل بها بمجرد زيادة العبء الدراسي المطلوب من التلاميذ إنجازه خلال دراستهم الذاتية، بل عليه القيام بتحديد المبادئ والمحتوى المتعلق بالموضوع التعليمي، ووضع أهدافٍ مناسبة للفصل الدراسي ككل ولكل محاضرة على حدة، بحيث يقوم بعدها بوضع تصور لآليات التقويم التي تنسجم، والاهداف التعليمية الموضوعة. وهنا، فان على المعلم أن يلجأ مرة أخرى الى طلب المشورة من مركز تكنولوجيا التعليم والمصادر التعليمية التابع لوزارة التربية والتعليم في المنطقة التعليمية الموجودة فيها مدرسته، مع اطلاع طلابه على ذلك في أول محاضرة تالية يلتقي بهم.

الإعداد الدقيق للمحاضرة الفعالة:

يعتبر الإعداد الدقيق لكل محاضرة شيئا بالغ الأهمية، حيث ينبغي أن يقدم المحاضر الموضوع بطريقة منظمة ومخطط لها بشكل متقن. فقدرة الطلبة على حفظ المعلومات واستيعابها، تعتمد بالدرجة الاساس على امتلاكهم لإطارٍ من المفاهيم والمبادئ التي تشكل أساسا للموضوع الدراسي، حتى يستطيعوا ترتيب المعلومات المقدمة لهم فيه. كذلك فان كل محاضرة ينبغي أن يتم تصميمها بطريقة يتفادى فيها المحاضر إثقال كاهل الطلبة بما يقدمه لهم من معلوماتٍ، آخذاً في الحسبان مدة تركيز الطلبة وانتباههم التي قد لا تستمر طول المحاضرة، وما يتبع ذلك من أنشطةٍ يقوم بها الطلبة. فكل محاضرة يجب أن تكون مصممة لتقديم ما بين (2-3) مفاهيم أو نقاطٍ أو افكارٍ رئيسة،على أن يتم تقسيم المحاضرة إلى ثلاثة أقسام أو ثلاث خطوات مهمة كالاتي:

1- مقدمة. 2- عرض.

3- خاتمة.

وفيما يأتي توضيح لكل قسم أو لكل خطوة من هذه الخطوات كالآتي:

المقدمة:

تبدأ المحاضرة في العادة بمقدمة، تكون عبارة عن تلخيص سريع للنقاط الرئيسة الخاصة بموضوع المحاضرة السابقة، وإن كان لدى الطلبة أسئلة قليلة عنها. أما عن تقديم موضوع المحاضرة الحالية، فمن الضروري أن يقوم المحاضر بتوضيح أهمية هذا الموضوع وأهمية ربطه بمواقف حياتية حقيقية أو بمحاضراتٍ أو تجارب سابقة إذا كان ذلك ممكنا، مع تجنب تقديم الاعتذارات عن ضيق الوقت أو مقدار المعلومات التي يجب تغطيتها، لأن مثل هذه التصريحات أو حتى التلميحات تدل على ضعف استعداد أو جاهزية المحاضر لتقديم المحاضرة.

العرض:

من الافضل مناقشة ما بين (2-3) مفاهيم أو نقاط أو أَفكار رئيسة في كل محاضرة، على أن يقرر المحاضر نفسه أية أفكار أو مفاهيم اخرى مفيدة يمكن أن يضيفها إذا ما توفر الوقت الكافي لها. مثل هذه القيود الزمنية تتطلب أن يكون هناك توازن بين عمق المادة المقدمة في كل محاضرة واتساعها أو شمولها. فالتفاصيل المتلاحقة تسبب فقدان الطلبة القدرة على وضع تصورٍللمفاهيم والمبادئ المهمة. لذا، فمن الضروري تقديمها بشكل منطقي، وتوضيح اهميتها من خلال استخدام عدة أمثلة حياتية حقيقية، مع الأخذ بالحسبان أن تكون هناك مرونة في التقديم ضمن الوقت المخصص للمحاضرة، وذلك لإعطاء الطلبة فرصة طرح الأسئلة والتعليق على المادة الدراسية المعروضة. وعند الانتهاء من تقديم أي مفهوم، فانه يجب تلخيصه والانتقال لتقديم المفهوم التالي، مما يتيح الفرصة لمراجعة المفهوم الرئيس، واظهار علاقته بالمفهوم اللاحق، مع منح الطلبة استراحة قصيرة إما لغرض طرح الأسئلة أو القيام بأي نشاط يعمل على تغيير دورهم السلبي.

وبدلاً من ذلك، فانه يمكن تقسيم المحاضرة الفعالة إلى عدة حلقات دراسية، تدوم كل واحدة منها نحو (15) دقيقة، لا سيما وأن قدرة الطلبة على التركيز لا تستمر في الغالب لأكثر من عشرين دقيقة، دون إثارة جديدة أو تفاعل جديد. ويوجد نوع من هذه الحلقات يسمى بحلقات التفاعل المصغرة Mini-Interactive Sessions التي يمكن استخدامها للتقليل من سلبية الطلبة،وزيادة مدى مشاركتهم في الانشطة والفعاليات التي يطرحها المحاضر، أو التي تتطلبها المادة المطروحة في المحاضرة ذاتها.

وهنا، فان على المحاضر أن يكون على درايةٍ جيدةٍ بالاشارات والايماءات غير الشفوية التي تصدر عن الطلبة وتبين ضعف اهتمامهم أو ضعف قدرتهم على متابعة شرح المحاضر. ومن بين أهم هذه الايماءات التثاؤب، والنعاس، والنظر الى الساعة، وفقدان التواصل البصري، والتظاهر بالقراءة، أو القيام بالأَحاديث الجانبية، أو تقليب الاوراق، أو الانشغال باصابع اليدين، أو القيام بعملية الرسم العشوائي، أو الشرود الذهني بعيداً عن موضوع الدرس. كل ذلك يؤكد على أن المحاضر قد فقد اهتمام الطلبة أو انتباههم، ولابد من اعادتهم إلى جوهر التفاعل والنشاط والحيوية من جديد، وذلك عن طريق طرح أسئلة تثير التفكير، أو الطلب منهم الاستفسار عن نقاط المحاضرة أو عن موضوعها، أو عن أُمورٍ لها علاقة وثيقة بها.

الخاتمة:

ينبغي على المعلم في نهاية المحاضرة تخصيص الوقت الكافي لتلخيص ما ورد فيها من نقاط أو أفكارٍ رئيسةٍ، وربطها بالسياق الكلي للموضوع الدراسي، وتخصيصُ وقتٍ لتوضيح بعض المعلومات التي تمّ طرحها خلال المحاضرة. ويعتبر حث الطلبة على تلخيص موضوع المحاضرة، طريقةً ممتازةً لانهاءالمحاضرة ذاتها، كما أَنها تشجع الطلبة ليس على المشاركة فحسب، بل وتعمل كذلك على تزويد المحاضر بتغذيةٍ راجعةٍ عن مدى نجاحهِ في تحقيق أَهداف المحاضرة، وذلك عن طريق إعطاء الطلبة وقتاً معيناً لكتابة سؤالٍ محددٍ على بطاقة أبعادها (12x8) سم2، مع تلخيصٍ قصيرٍ وتقديمها له، مما يتيح للمحاضر الحصول على تغذية راجعةٍ حول مدى فعالية المحاضرة وتوفير فرصةٍ له لمتابعة القضايا العالقة بتزويدهم بحلولٍ أو اجاباتٍ لها في المحاضرات القادمة.

ومن الضروري التأكيد على أن النهج المذكور أعلاه يشكل تغييراً مهماً في الهيكل العام للمحاضرة ويأخذ وقتا طويلا. ولهذا السبب، فان المحاضر يجد نفسه مجبراً على التأكد من مدى فعالية تحضيره للمعلومات التي سيطرحها في المحاضرة، ومدى فعالية تقيميه لها، واذا كان مهتماً بزيادة مشاركة الطلبة في المحاضرة، فان عليه استخدام تقنياتٍ تعليميةٍ اخرى، بحيث تكون مخططةً وموجهةً لمضاعفة الفائدة التي تعود على الطلبة في الوقت المعطى لهم.

أنماط المحاضرة المعدلة:

توجد ثلاثة انماطٍ مهمةٍ للمحاضرة المعدلة تتمثل في الآتي:

أ) **المحاضرة الموجهة Guided Lecture** : والتي يتم تصميمها لكي تساعد الطلبة على تحليل المادة الدراسية وتطوير مهارات تدوين الملاحظات لديهم، بشرط أن يتم عرض أهداف المحاضرة قبل البدء بطرح المعلومات. وهنا يستمع الطلبة للمحاضر مدةً تتراوح ما بين (20-30) دقيقة، يدونون أثناءها الملاحظات، وفي نهايتها يُعطى الطلبة مدة (5) دقائق لتدوين كل ما يتذكرونه من المعلومات التي قُدمتْ لهم، ثم ينتقلون للعمل بشكل ثنائي أو ثلاثي من اجل مناقشة ما دار في المحاضرة واكمال كتابة بعض الملاحظات التي فاتهم تدوينها من قبل، في الوقت الذي يقوم فيه المحاضر بتوضيح أية قضية أو أي سؤال قد يُطرح من جانب المجموعات. كل هذه العملية يمكن تسهيلها من خلال ما يسمى بأدلة الدراسة Study Guides التي تمثل في الواقع مجموعة من الأسئلة التي تمت صياغتها بدقة، بالاضافة إلى اختبارات قبلية وبعدية قصيرة يتم تقديمها للطلبة.

ب) محاضرة التغذية الراجعة **Feedback Lecture**: والتي يتم تصميمها حول دليل دراسي إضافي يزود الطلبة بكل من الأهداف التعليمية، والقراءات الاضافية، والاختبارات القبلية والبعدية، بل ويزودهم في بعض الاحيان إضافة الى كل ما ذكر، بمخطط ملاحظات حول المحاضرة ذاتها.

ويطلق عدد من المربين على هذا النوع من المحاضرات احيانا بمحاضرات أو حلقات الاتصال **Contact Sessions**، والتي تتألف من محاضرتين مصغرتين مدة كل منهما (20) دقيقة، تفصل بينهما حلقةً دراسيةً يعمل الطلبة فيها ضمن ثنائيات أو ثلاثيات حتى يناقشوا الأسئلة التي زودهم بها المحاضر، أو الموجودة في الدليل الدراسي سابق الذكر. وقد أظهرت نتائج احدى الدراسات الميدانية أَن (88%) من الطلبة الذين تمّ الاستفسار منهم حول رأيهم في هذا النوع من المحاضرات، اظهروا تفضيلاً له على المحاضرة التقليدية. ومع ذلك، فان الجانب السلبي لهذا النوع من أنواع المحاضرات المعدلة يتمثل في أنه يتطلب جهداً كبيراً من جانب المعلم للاعداد والتخطيط قبل عملية التنفيذ أو التطبيق .

ج) محاضرة الاستجابة **Responsive Lecture**: والتي تمثل في الواقع الملتقي الطبيعي للطلبة، يطرحون فيه أسئلة ذات نهايات مفتوحة، يوجهونها للمحاضر حول موضوع المحاضرة. ويتم تطبيق مثل هذا النوع من المحاضرات، كلما اقتضت الضرورة ذلك، أو بشكل أسبوعي، إعتماداً على طبيعة المادة الدراسية والوقت المتوفر لها.

ويقوم الطلبة في بداية محاضرة الاستجابة ،بطرح الأسئلة ذات النهايات المفتوحة، موضحين السبب وراء طرح كل منها وأهميته، على أن يقوم المحاضر أثناء ذلك بتدوين هذه الاسئلة على السبورة أو على جهاز العرض العلوي، وأن يطلب منهم أن يرتبوها حسب أهميتها من وجهة نظرهم، بحيث تشكل الاطار الدراسي لباقي المحاضرة.

وقد يشكل هذا الملتقى التعليمي عبئاً ثقيلاً على كاهل المحاضر، ولكن لن يكون ملزماً له بأن يجيب فوراً إذا ما شعر بأن مقدار الأسئلة ومستوياتها لم تكن في مستوى توقعاته، حيث يستطيع أن يطلب من تلاميذه تقديم هذه الأسئلة في المحاضرة السابقة كي يتسنى له دراستها والاجابة عنها في المحاضرة اللاحقة.

وكاجراء بديل للسابق، فانه يمكن للمحاضر أن يتوقف في منتصف المحاضرة ويطلب منهم العمل في مجموعات مؤلفة من (4-5) أفرادٍ يمنحهم فترة خمس دقائق كي يطرحوا سؤالاً واحداً فقط، وهذا يسمح للطلبة باستيعاب المعلومات، والمشاركة في المناقشة، والتفكير بها، وتبادل الخبرات مع الاقران*.

علاقة المحاضرة باستراتيجيات التعلم النشط:

هناك العديد من الاستراتيجيات التي يمكن استخدامها لبناء بيئة التعلم النشط وتطويرها. كما أن المدى الذي يستطيع فيه المحاضر الناجح إدخال تغيير على اساليبه التدريسية الحالية يعتمد بشكل كبير على الاستراتيجية التي سيختارها. ومع انه يمكن دمج بعض أساليب التعلم النشط مع اسلوب المحاضرة العادية، إلا أنه يجب التأكد من أن هذا الاسلوب الذي اختاره سيكون ناجحاً. واذا قرر المحاضر تجاهل اسلوب المحاضرة، فان عليه أن يوفر للطلبة بيئةً تعلميةً بديلة. ومع ذلك، فان هناك مجموعةً من استراتيجيات التعلم النشط المفيدة للمحاضر في تفعيل محاضرته كي تحقق الأهداف التربوية المنشودة والتي تتمثل في الآتي:

1- استراتيجية طرح الأسئلة واسلوب المحاضرة:

من الاستراتيجيات التي يمكن بها زيادة مشاركة الطلبة في فعاليات المحاضرة، هي استراتيجية طرح الأسئلة. وتعتبر (إذا ما استخدمتْ بشكلٍ حكيم) ذات قيمةٍ تعليميةٍ كبيرة، إلا أنها قد تكون ذات أثر سلبي إذا ما استخدمت بشكل سيء أو خاطئ. فالأسئلة التي توجه لتحقيق أهدافٍ تعلمية محددةٍ وواضحة، تدعم عملية التعليم والتعلم، كما أنه يجب أن تتوفر لدى المحاضر مهارات خاصة بطرح الأسئلة، والتي إذا ما التزم بتطويرها وممارستها، فسوف تكون عونا كبيراً له في إنجاح هذه الاستراتيجية. هذا بالاضافة إلى أن توجهات وأنماط سلوك ومهارات المحاضر الشخصية، تساهم إلى حد كبير في نجاحها أونجاح غيرها من أساليب التعلم القائم على تفاعل الطلبة مع الموضوع والمحاضر. وهذا بدوره سوف ينعكس على أداء الطلبة، فهم سيدركون بسرعة سلوك المحاضر، والذي يتماشى أو يتعارض مع عملية التعلم التفاعلي. فالطالب سوف يشعر بأن له الحرية في أن يسأل ويجيب عن أسئلة بدون الخوف من رد فعلٍ معادٍ له إذا ما أجاب بشكل خاطئ، أما إذا حدث

---

* لمن يرغب في الاطلاع على المزيد من المعلومات حول تعريفات المحاضرة واستعمالاتها وأهدافها وأنواعها وتخطيطها وتطبيقها وجوانب القوة والضعف فيها ومقترحات تطويرها، فإنه يمكن الرجوع الى المقالة المطولة الآتية:

- جودت أحمد سعادة (1998) «تطوير طريقة المحاضرة في ا لتدريس». مجلة رسالة الخليج العربي، السنة (18) العدد (66) الصفحات من 77-157 (ثمانون صفحة).

العكس، أو يفقد نشاطهم وتفاعلهم فإن الطلبة سيتوقفون عن متابعة مجريات المحاضرة، و«سيفقدهم» المحاضر في نهاية المطاف.

إن التخطيط المسبق من جانب المحاضر ضروري جدًا لنجاحٍ هذه الاستراتيجية. فالأسئلة التي تشكل أسس واتجاهات المناقشة، يجب أن تكون معدة سلفاً، ويجب أن لا تكون مبنيةً على أساس معلوماتٍ تافهةٍ أو غير ذات أهمية ،أو أن تستخدم كوسيلة لملء الفراغ في المحاضرة .لذا، فإنه من الضروري تحديد المحتوى والهدف من طرح الأسئلة مسبقاً، بحيث تتمحور حول المفاهيم والمبادئ التي تم تدريسها، بالاضافة إلى تحديد المستوى والوقت المناسب في المحاضرة لطرح هذه الأسئلة. ولكي يكون هذا الإعداد المسبق هادفاً فان على المحاضر أن يكون على وعيٍ ودرايةٍ بالأنواع المختلفة للأسئلة والمستوى المعرفي الخاص بها، ومتى يجب استخدام كل نوع منها. فأسئلة المستوى المعرفي المتدني تقيس أداء الطلبة في التحضير للموضوع واستيعاب ما سبق من موضوعات من خلال المراجعة والتلخيص، أما أسئلة المستوى المعرفي العالي فتشجع الطلبة على التفكير الناقد وحل المشكلات، وتدفعهم للبحث عن المعلومات بأنفسهم من خلال تحميلهم المسؤولية للقيام بذلك. وهنا يجب التأكد من أن المحاضر ملزم باستخدام أسئلة لقياس كل المستويات المعرفية أثناء المحاضرة، بحيث تكون الحصة الأكبر منها مخصصة لتطوير المهارات المعرفية المتعلقة بالاستيعاب والتطبيق والتحليل والتركيب والتقويم.

وعندما يبدأ المحاضر بتصميم الأسئلة، فان عليه أن يركز على مهارة التفكير ذاتها التي يريد أن يطورها لدى طلبته. وحتى تتحقق رغبته في إثارة المناقشات داخل غرفة الصف، فان أسئلته يجب أن تكون واضحة، وموجزة، ومصاغة بشكل جيد، وأن تكون المهمة المطلوب من الطلبة القيام بها واضحة كذلك. وحتى يتفادى المحاضر وقوع الطلبة في متاهة محاولة الاجابة العشوائية عن الأسئلة المطروحة، فعليه ان يوفر نوعا من المرونة في طرح السؤال وتوقع الاجابة. فالأسئلة ذات النهايات المفتوحة عادة ما تحتمل أكثر من إجابة، قد يكون معظمها مقبولاً ولا يتوقعها المحاضر، مما يشجع الطلبة على المشاركة أكثر في المناقشة، وهنا ينصح المحاضر بكتابة الأسئلة بالترتيب الذي سوف تُطرح فيه أثناء المحاضرة، ويضع أكثر من إجابة متوقعة للسؤال الواحد، مع تصورٍ لردود الفعل التي سوف تصدر عن الطلبة، مما يمكن المحاضر من التأكد من أن المهمة المطلوبة كانت واضحة للطلبة.

وفي حال عدم توفر إجابةٍ لأي سؤال فان التخطيط المسبق يمكنه من اتخاذ قرار لاستخدام استراتيجية بديلة وتحويل المأزق إلى خبرة تعلمية تعليمية مفيدة.

ومن المشكلات الشائعة التي تواجه المحاضر عند استخدامه لاستراتيجية طرح الأسئلة، قلة الوقت المخصص للطلبة لتجميع الأفكار وتقديم الاجابة. لذا، فإنه ينصح بتوفير فترة انتظار تدوم ما بين (10-20) ثانية، معتمداً على نوع السؤال المطروح. وعندما يجيب الطلبة فعلاً على السؤال، فان على المحاضر أن يهتم بالطالب واجابته، وهذا يعتمد بالدرجة الأساس على مهارة الاستماع النشط إلى المحاضر. كما انه يجب ألا يتسرع في الرد على الطالب، وأن تكون ردوده إيجابية حتى لو كانت الاجابات خاطئة، مما يمنح الطلبة الرغبة والاستعداد للمشاركة أكثر مع مرور الوقت.

ويمكن للمحاضر أن يطلب توضيحاً للاجابات للتأكد من أنه وباقي الطلبة قد استوعبوا الاجابة إذا كان ذلك ضروريا، أما إذا كانت الاجابة سطحية، فعلى المحاضر أن يطرح أسئلة أكثر تفصيلاً حتى يقرر ما إذا فهم الطالب المادة أم لا. وهذه الأسئلة المفصلة يمكن توجيهها للطالب الذي أعطى اجابةً سطحيةً أو إلى طلبةٍ آخرين داخل الصف، كما يمكنه استخدامها لتحليل الاجابات واستنباط العلاقات أو توضيح وتفصيل الملاحظات. وإذا كانت الاجابة ليست من السياق، فان على المحاضر طرح أسئلة إضافية تساعد الطالب على التركيزأكثر على السياق.

ويمكن استخدام الأسلوب نفسه لإعادة توجيه الطلبة نحو موضوع آخر، وإذا لم تكن هناك اجابةً أو أن الإجابة خاطئة تماما، فعليه أن يستخدم أسلوب إعادة الصياغة وليس تقديم الإجابة؛ حيث يمكن توضيح السؤال بكلماتٍ أُخرى، أو إضافة معلومات جديدة، أو تقسيم السؤال الى أسئلةٍ أصغر، والهدف هنا هو تحويل هذا الوضع الى خبرةٍ تعلميةٍ مفيدةٍ بالنسبة للطلبة.

ويمكن استخدام الأسئلة مع المجموعات الصغيرة أو الكبيرة داخل الحجرة الدراسية ضمن الفترة المحددة للمحاضرة. وهنا يتم طرح أسئلةٍ تثير التفكير وتشجع الطلبة على التعلم النشط وتزيد من عملية شد انتباههم لما يدور في المحاضرة من طرح معلومات أو افكار أو معارف، مما يجعل المهمة كبيرة على المعلم لاستخدام هذه التقنية لطرح الأسئلة، مما يؤدي إلى التنويع في التدريس وعدم الاعتماد على الالقاء المتواصل من جانب المعلم المحاضر والاصغاء السلبي من جانب الطلبة الحضور، مما يزيد من تفعيل طريقة المحاضرة أو تطويرها والعمل على تحقيق اكبر عدد ممكن من الاهداف التربوية المنشودة أو المرغوب فيها.

2-استراتيجية العصف الذهني وأسلوب المحاضرة:

قد يستخدم المحاضر هذا الأسلوب ليزيد من مشاركة الطلبة في المحاضرة وليساعدهم على تطويرها، مع أنه قد لا يوفر وقتاً كافياً لنقل المعلومات كما في المحاضرة العادية، لكنه يزيد من المشاركة الفاعلة في العملية التعليمية التعلمية. وإذا أراد المحاضر أن يستخدم هذا الاسلوب، فيجب أن تكون لديهِ فكرةً واضحةً عما يريد الكشف عنه أو اكتشافه ويخطط على اساس ذلك. ففي بعض الحالات يحتاج المحاضر إلى إقحام بعض النقاط المعينة من أجل إبقاء العملية التعليمية التعلمية في المسار المخطط له. إلا أنه يجب الحذر من التلاعب المبالغ فيه أثناء استخدام هذا الأسلوب، إضافة إلى أنه يجب أن يكون المحاضر مرناً فلا تؤثر أفكاره المسبقة على أهدافه. فهو يبدأ بسؤال الطلبة عن كل شيء يعرفونه عن الموضوع، ويدون المحاضر ملخص إجاباتهم إما على السبورة أو على جهاز عرض الشفافيات. ويتم بعد ذلك تصنيف الأفكار ووضعها في مجموعات حسب توجيهات الطلبة، وهكذا تصبح المحاضرة عبارة عن عملية ترتيب أو إعادة ترتيب للأفكار والمفاهيم المتعلقة بالموضوع بشكل متجانس ومنطقي. والناتج النهائي يكون عبارة عن انعكاس لما يعتبره الطلبة مُهماً حول هذا الموضوع. وخلال هذه المحاضرة يكون الطلبة قد قضوا وقتهم في التفكير في المفاهيم البارزة وتنظيمها، أو في النقاط المتعلقة بالموضوع كبديل لمجرد تسجيل المعلومات.

3- الاختبارات الطويلة والامتحانات القصيرة وأسلوب المحاضرة:

لقد أظهرت الدراسات أن الطلبة يتذكرون (62%) من المعلومات بعد المحاضرة مباشرة، وأن (45%) فقط منها يتم تذكره بعد (3-4) أيام، وأن (24%) يتم تذكره بعد ثمانية اسابيع. أما اذا ما عقد امتحان قصير أو اختبار طويل، فان نسبة التذكر تتضاعف في فترة الـثمانية اسابيع الأُولى. ومن المثير للاهتمام هنا، أن العديد من المحاضرين يتجاهلون التأثير القوي للامتحانات في التعليم، وهذا قد يكون بسبب أن الامتحانات تتطلب وقتا يفضل المحاضرون توزيعه على أنشطة اخرى، هذا إضافةً إلى أن معظم المدارس تستخدم الامتحانات كوسيلة للتقويم الختامي وليس التكويني. وبصرف النظر عن كل هذه الاسباب، فانه يجب أن يعيد المحاضرون النظر في طرق استخدام الامتحانات في موضوعاتهم الدراسية، بحيث تثير الاهتمام بالمادة الدراسية المطروحة في المحاضرة من جهة، وتحدد نقاط القوة وجوانب الضعف لدى الطلبة من جهة ثانية.

4- تدريس الاقران واسلوب المحاضرة:

كان أحد المعلمين العرب يشرح للطلبة ظاهرة الفيضانات في المدن بعد سقوطٍ أَمطارٍ غزيرةٍ عليها، وأثناء عرضه لمخطط إحدى المدن العربية على جهاز العرض العلوي، وبعد ربع ساعة من بداية محاضرته، توقف وطرح السؤال الآتي على طلابه:

في الوقت الذي تسقط فيه الأمطار الغزيرة على احدى المدن العربية وعلى القرى المحيطة بها، نجد أن فيضان المياه يكون أكثر في المدينة عنه في القرى المحيطة. فهل هذه العبارة صحيحة أم خاطئة؟

يفكر الطلبة في الجواب لبرهةٍ من الوقت، ثم يرفعون أيديهم للاجابة. عندها يطرح عليهم المعلم سؤالا آخر يتمثل في الآتي:

كم منكم يعتقد أن هذه العبارة صحيحة وكم منكم يعتقد أنها خاطئة؟ حيث تسود غمغمةٌ كلاميةٌ منخفضةُ الوتيرةِ بين الطلبةِ في الحجرةِ الدراسية، بعدها يطلب منهم المعلم رفع أيديهم مرة ثانية.

هذه التقنية والتي تدعى بتدريس الأقران، استخدمت من جانب العديد من المربين الذين كانوا مصابين بالاحباط نتيجة الكم القليل الذي يتعلمه طلبتهم عند تطبيق الطرق التقليدية في التدريس، حيث قال بعض المربين في مؤلفاتهم (إن تحليل طلبتي وفهمهم لقوانين نيوتن في الجاذبية، قد أصبح واضحا عن طريق استخدام تقنية تدريس الاقران، بعد أن كانوا غير قادرين على تعلم ما أردتُ منهم أن يتعلموه. وكان من الممكن أن ألوم طلبتي على ذلك، ولكن بدلاً من اللوم قررتُ أن أُغير من اساليب تدريسي وتقنياته، واكتشفت أنني استطيع عمل الكثير لمساعدتهم على تعلم الفيزياء بتطعيم اسلوب المحاضرة بتقنية تدريس الأقران **(Mazur,2004) (Breslow,2004)**.

وتسير تقنية تدريس الاقران كالآتي:

كل (15-20) دقيقة، يتوقف المحاضر عن إعطاء المعلومات من خلال المحاضرة، ويعمل على طرح سؤال من نوع الصواب والخطأ أو من نوع الاختيار من متعدد، ويطلب من التلاميذ التصويت على الاجابة الصحيحة عن طريق رفع الأيدي.

وبعد أن يعمل الطلبة على حل السؤال أو المشكلة بشكل منفرد، يناقشونها مع اثنين أو ثلاثة من زملائهم داخل الحجرة الدراسية، على أن تتم بعد ذلك عملية التصويت مرة اخرى على الاجابة الصحيحة، مما يؤدي في الغالب إلى ارتفاع عدد الذين يصوتون للاجابة الصحيحة عن مدى ثقتهم باجاباتهم من جهة، فيما إذا اكتشف أن مستوى الثقة باجاباتهم يرتفع بعد المناقشة من جهة ثانية.

وتوجد فائدتان أو ميزتان للتعلم عن طريق الأقران تتمثلان في الآتي:

- إن الطلبة بعد أن يستمعوا إلى المحاضر وهو يشرح مفهوماً معيناً، فانهم يستطيعون العمل به بأنفسهم.
- إن المحاضر نفسه يستطيع الحصول على تغذيةٍ راجعةٍ فوريةٍ حول مدى نجاحه في توصيل المفهوم أو المعلومة لطلابه.

ومن الواقع التطبيقي لتقنية تدريس الاقران، فانه إذا أجاب الطلاب إجابة صحيحة في المرحلة الأولى، فان ذلك من شأنه أن يمنح أشخاصاً آخرين الصلاحية للانتقال إلى الموضوع الذي يليه. أما إذا ما ظهر أي نوع من الالتباس حتى بعد مناقشة المشكلة من جانب الطلبة، فان على المحاضر أن يقرر منح المزيد من الوقت لمعالجة هذا الموضوع.

ويمكن أن تستخدم هذه التقنية في صفوفٍ أصغر عدداً، حيث يطلب من التلاميذ العمل بشكل فردي على حل مسألة معينة، ثم يطلب منهم العمل في مجموعات مؤلفة من اثنين، ثم يقوم كل منهما بتوضيح المسألة وكيفية حلها لبعضهما بعضا، ثم يقومان باخراجها في قالب جديد للوصول الى الاجابة الافضل، على أن يعقب ذلك قيام أحد الشريكين بتوضيح الحل لطلبة الصف كله.

وتتراوح الفترة المناسبة للمحاضرة النموذجية ما بين (45-50) دقيقة، والتي يمكن تضمنيها ثلاث أفكارٍ رئيسة، بحيث يمكن تخصيصُ عشرُ دقائق لكل فكرةُ مع عقد اختبار مفاهيمٍ في منتصفها أو في نهايتها، حيث أظهرت هذه التقنية حماساً لدى الطلبة، لأنها غيرت من وتيرة المحاضرة وأتاحت الفرصة للطلبة لتطبيق ما تعلموه من المادة الدراسية على الفور.

ومن أكثر ما يقلق من يستخدمون تقنية تدريس الاقران خلال المحاضرة هو الوقت. فاذا ما أخذ الطلاب وقتاً طويلاً في مناقشة المفهوم أو الفكرة (أ) مثلا، فان ذلك سيكون على حساب الوقت المخصص للمحاضر لتغطية المفهوم أو الفكرة (ب) وليست هناك طريقة سهلة للالتفاف على النقاش والسيطرة على مجراه.

وقد قام بعض المربين بتقدير نسبة المادة الدراسية التي لم يتم تغطيتها بسبب استخدام تقنية تدريس الأقران خلال المحاضرة بما بين (10-15%). ومع ذلك، فانهم يعتقدون أن هذا يعتبر ثمناً قليلاً مقابل الزيادة في استيعاب الطلبة للمفاهيم والافكار الرئيسية المطروحة، حيث أن طرح الأسئلة يشجع الطلبة على التفكير وفهم الأساسيات الضرورية لهم حاضراً ومستقبلاً.

5- استخدام تقنية النقطة الأكثر غموضاً أو تشويشا في المحاضرة:

اقترح احد المربين تقنية تزيد من فعالية المحاضرة وتحقق التعلم النشط لدى الطلبة، والتي سُميتْ بتقنية النقطة الاكثر غموضاً أو تشويشا في المحاضرة. فقد طرح موستيلر (Mosteller,1999) ثلاثة أسئلة على طلابه في الدقائق الأربع الاخيرة من المحاضرة، هي كالاتي:

- ما النقطة الأكثر اهمية في المحاضرة؟
- ما النقطة الأكثر غموضا أو تشويشا في المحاضرة؟
- ما الذي تود أن تسمع عنه أكثر؟

ويقوم المحاضر من خلال هذه التقنية بتوزيع بطاقات أبعادها (13x8سم) ويطلب منهم ذكر أو تحديد النقطة التي لم يفهموها أو التي لم تكن واضحة لهم، ويمكنهم توقيع أو عدم توقيع أَسمائهم على هذه البطاقات، على أن يقوم المحاضر بتصنيف هذه البطاقات حسب نوع النقطة التي لم تكن واضحة أو السؤال الذي هو بحاجة لإجابة، ثم يمكنه القيام بأشياء عدة من أهمها:

- التحدث عن السؤال في المحاضرة القادمة.
- إرسال رسائل عبر البريد الالكتروني يناقش فيها القضية موضوع البحث.
- إعداد نشرة يتم توزيعها في المحاضرة القادمة.

وقد يكون هناك عدد لا بأس به من الطلبة الذين يواجهون صعوبةً في استيعاب مفهومٍ ما. وهنا يستطيع المحاضر أو عدد قليل من الطلبة المتفوقين مساعدتهم في التغلب عليها. وفي حالاتٍ اخرى قد يقوم بعض المحاضرين الذين يستخدمون هذا الاسلوب بتوزيع بطاقات مكتوب فيها الملاحظة الآتية (كل شيء واضحٌ تماما).

ويمكن تحقيق العديد من الفوائد والايجابيات، نتيجة استخدام تقنية النقطة الاكثر تشويشا أو غموضاً في المحاضرة تتمثل في الآتي:

- إنها تُعطي الطلبة فرصةً للتفكير فيما تعلموه، وذلك في الدقائق الخمس الأخيرة من المحاضرة.
- إنها تُعطي الطلبة فرصةً لطرح الأسئلة حول ما لم يتم استيعابه دون حاجة الى تعريف أنفسهم منعاً للاحراج.
- إنها تُعطي المحاضر فرصة للتغذية الراجعة الفورية حول ما يقوم به.

- إنها تُعطي المحاضر فرصةً لتوضيح المفاهيم التي حدث فيها خلط أو كانت غير واضحة.

مقترحات تطبيقية لتطوير المحاضرة الفعالة:

تتناول هذه المقترحات مجالات التخطيط للمحاضرة أو الإعداد لها أولاً، والبدء بالمحاضرة ثانياً، وتنظيم محتوى المحاضرة ثالثاً، وخاتمة المحاضرة رابعاً وأخيراً كالآتي:

1-مقترحات لتطوير عملية التخطيط للمحاضرة وتطبيقها: وتشمل الآتي:

أ) التخطيط لمقدمة تجذب اهتمام الحضور كأن يتم توجيه سؤال على أن يُجاب عنه في نهاية المحاضرة.

مثال: عند نهاية هذه المحاضرة، ينبغي أن تكون قادراً على الاجابة عن السؤال الآتي: قارن بين المملكة الحيوانية والمملكة النباتية موضحاً أَوجه الشبه ونقاط الاختلاف بينهما.

اقتراح: ضرورة توضيح العلاقة بين محتوى المحاضرة والانشطة المخبرية والواجبات البيتية ذات الصلة بالمملكتين النباتية والحيوانية.

مثال آخر: خلال الأَشهر القليلة الماضية، سمعنا العديد من الآراء الجديدة حول الصلة بين المملكتين النباتية والحيوانية ولا سيما في مجال الهندسة الوراثية، وسوف أُقدم لكم وجهة نظرٍ أُخرى حول هذا الموضوع، وسوف نمضي في هذه المحاضرة من أجل تفهم وجهة النظر هذه ومقارنتها مع وجهات النظر المختلفة عنها، راجيا من الجميع التفكير في هذه القضية.

ب) تقديم ملخص عام لمحتوى المحاضرة:

ويكون ذلك عن طريق طرح عدد من النقاط أو الافكار الرئيسة حول وجهات النظر المختلفة عن العلاقة بين المملكتين النباتية والحيوانية، مع وجهة نظر المعلم في ذلك.

ج) ابلاغ الطلبة بتوقعاتك عن استخدامهم للافكار الرئيسة للمحاضرة.

مثال: أتوقع منكم إيها الطلاب التفكير السابر العميق بكل وجهة نظر من وجهات النظر السابقة عن المملكتين النباتية والحيوانية، ومقارنتها مع وجهة النظر التي طرحتها عليكم، من اجل ايجاد نقاط الشبه وجوانب الاختلاف بينها جميعا، وذلك عن طريق عمل مجموعات صغيرة تتوصل إلى نتائج مفيدة في هذا المجال.

د) توضيح المفردات اللغوية الجديدة أو غير المألوفة:

حيث يقوم المعلم بتوضيح مفردات الهندسة الوراثية والحامض الاميني DNA والجينات، والاستنساخ، وغير ذلك من مصطلحات جديدة وردت خلال المحاضرة أو خلال المناقشة التي تلتها.

هـ) تنظيم محتوى المحاضرة:

لابد أن يتصف المعلم النشط خلال المحاضرة بالمرونة الكافية، من اجل تلقي أسئلة الطلبة وتعليقاتهم حول ما ورد من معلومات وافكار، مع ضرورة المحافظة على التوازن بين التوسع الافقي المعلوماتي للمحاضرة والتوسع الرأسي أو العمق الخاص بها. فعندما تتم مناقشة كل جزئية بالتفصيل الممل، فان ذلك يفقد المستمع التركيز على جوهر المحاضرة الرئيسي. وكذلك عندما يتم عرض العديد من الافكار دون معالجتها ومناقشتها، فسوف يفشل الطلاب في فهمها.

وهنا ينبغي تنظيم مادة المحاضرة الفاعلة بطريقة منطقية، بحيث تشمل الخطط التنظيمية توضيح الحوادث أو الخطوات أو الاجراءات أو الاسباب أو المبررات أو الاكتشافات العلمية أو المعرفية أو الجغرافية أو المعدنية، مثل اكتشاف البترول في مناطق الوطن العربي في النصف الأول من القرن العشرين، الذي أدى إلى تنافس الدول الاستعمارية والقوية على هذه المنطقة من جهة، وعلى التطور الاقتصادي العربي والعالمي من جهة اخرى. وكذلك توضيح اثر التطوير في مجال الاتصالات السلكية واللاسلكية والمعرفية ولاسيما جوانب التطور المعلوماتي الهائل مثل شبكة الانترنت والقنوات الفضائية وأثرها في التقدم العلمي والتطور الثقافي لدى الامم والشعوب. وكذلك بيان اثر تطور نظريات هندسة الوراثة والتهجين في المجالين النباتي والحيواني على صحة الإنسان ونوعية طعامه وشرابه.

أما عن التنظيم أو الترتيب الزمني لمادة المحاضرة، فينبغي أن تأتي الأفكار الرئيسة فيها أولا، ثم الثانوية ثانيا، فالتفصيلات عنها ثالثا وأخيراً. اما من حيث الموضوعات، فانه ينبغي التركيز على العناصر المتماثلة في الأهمية لموضوعات مختلفة على التوالي. فاذا تحدث معلم العلوم عن مرض الملاريا الذي ينتقل عن طريق البعوض، فانه من الافضل توضيح ما ينتقل من امراض عن طريق الذباب والصراصير والبراغيث والقمل مثلاً. واذا تحدث معلم عن مساحة المثلثات بانواعها، فمن الفائدة للطلبة ان يوضح ايضا موضوع مساحات الدوائر والاشكال المستطيلة والمربعة والهرمية وغيرها.

وإذا تناول معلم التاريخ العربي اثر حركات الاستقلال العربية بعد الحرب العالمية الثانية مثلاً، فمن الافضل أن يوضح بعض حركات الاستقلال الافريقية والآسيوية الاخرى كي تتم المقارنة الملائمة بينها،وإذا ما اوضح معلم الجغرافيا أهمية المضائق والممرات البحرية العربية مثل باب المندب ومضيق جبل طارق ومضيق هُرمز وقناة السويس على التجارة العالمية، فان عليه بيان اهمية قناة بنما وقناة كيل وممر البسفور وطريق رأس الرجاء الصالح على النقل البحري في العالم. واذا ما ركز معلم اللغة العربية على المفعول به كاحدى المنصوبات، فلابد أن يعرج على المفعول المطلق والمفعول لأجله كذلك. واذا ما شرح معلم التربية الإسلامية حقوق الزوجة، فمن الافضل أن يوضح كذلك حقوق الزوج أيضاً... وهكذا بالنسبة لبقية المقررات الدراسية.

ويمكن للمعلم في تطبيقه لطريقة المحاضرة النشطة، استخدام استراتيجية حل المشكلات، بحيث يطرح مشكلة محددة مثل مشكلة القضية الفلسطينية، ويشجع الطلبة على اقتراح الحلول وعلى رأسها ضرورة التقيد بالقرارارت الدولية العديدة لحل النزاع، أو طرح مشكلة التلوث البيئي في مادة العلوم، والتشجيع على تقديم الطلبة للاقتراحات وعلى رأسها النظافة، ووضع النفايات في أماكنها، والتخلص منها بطرق حديثة، أو طرح مشكلة ضعف الطلبة في مادة النحو أو القواعد في اللغتين العربية والأجنبية، مع حفزهم على طرح الحلول المناسبة، التي يتمثل اهمها في الحديث باللغة الفصيحة، ومتابعة التمرينات والتدريبات اللغوية بشكل مستمر، والاطلاع على الكتب والمراجع والبرامج الحاسوبية ذات الصلة.

كما يستطيع المعلم تفعيل طريقة المحاضرة باستخدام الأشياء المتضادة، مثل الحديث عن الحلال ومقارنته بالحرام في مادة التربية الإسلامية، ومناقشة مزايا وعيوب اسلوب الاقتراع المباشر في التربية الوطنية، وطرح موضوع ايجابيات وسلبيات عملية رش الاشجار أو الخضروات الحقلية بالمبيدات الحشرية السامة، وتناول فوائد ومضار تناول منتجات الحليب والألبان المعلبة، وطرح ايجابيات وسلبيات معاهدات السلام العربية الاسرائيلية، وتوضيح ايجابيات وسلبيات وضع حواجز على الاستيراد من الخارج، وبيان كون البترول العربي نعمة في زي نقمة، وطرح مزايا وسلبيات طرح لغات اجنبية في المدارس العربية... وهكذا.

ويحاول المعلم اتباع نمط التقديم والتأخير في محاضرته النشطة، بحيث يتناول العناوين الفرعية أو الافكار الرئيسية حسب أهميتها وصعوبتها ومعرفة الطلبة السابقة بها أو ببعض جوانبها. فمثلاً،

عند حديث معلم اللغة العربية عن الشعر، عليه أن يبدأ بالشعر الموزون ثم ينتقل إلى الشعر الحر، وإذا أراد أن يتحدث عن المرفوعات، فعليه أن يبدأ بالفاعل والمبتدأ والخبر قبل الانتقال إلى الأكثر خصوصية وصعوبة كنائب الفاعل واسم كان وخبر إن. كما ينبغي على معلم الرياضيات أن يبدأمع الأطفال الصغار بالجمع الطرح أولاً قبل الانتقال الى الضرب والقسمة والنسبة والتناسب والكسور، وإن على معلم الجغرافيا أن يتحدث عن مناخ الوطن العربي أولاً ثم ينتقل الى مناخ قارة اوروبا مثلا، وينبغي على معلم العلوم أن يوضح أهمية الاشجار المثمرة والخضروات والفواكه، قبل الانتقال الى الطحالب والسرخسيات، ويفضل لمعلم التربية الرياضية أن يتحدث عن مزايا لعبة كرة القدم قبل الانتقال الى ايجابيات رياضة الرجبي أو الاسكواش أو كرة الريشة... وهكذا.

ويتيح المعلم لطلابه في كل الأحوال خلال المحاضرة النشطة أو قاتاً قصيرة لتلخيص الافكار الرئيسة، وتدوين الامثلة المهمة ذات العلاقة بتلك الافكار أو بموضوعات الدرس الفرعية المختلفة. وحتى يستمر المعلم النشط في تطوير محاضرته، فان عليه أن يطرح أسئلة متنوعة على الطلبة ولاسيما ما يثير منها التفكير، مثل: ما رأيكَ في دور الامم المتحدة لحل النزاعات الدولية؟ وكيف تتصدى بنفسك لمشكلة ارتفاع الاسعار بصورة عامة؟ وماذاترد على المنادين بحرية التجارة؟ وما موقفك من أخطار شبكات الانترنت؟ وما مقترحاتك لحل مشكلة ضعف الطلبة في الرياضيات؟

وفي الوقت نفسه، فانه ينبغي على المعلم أن يشجع الطلبة على طرح الأسئلة العديدة التي تدل على عدم فهمهم لبعض جوانب الدرس من ناحية، أورغبتهم في الاطلاع على المزيد من المعلومات عن أمور معينة من ناحية ثانية. وفي هذه الحالة، عليه ألا يكتفي بالأسئلة التي يطرحها الطلبة، بل القيام أيضاً بعملية تفسيربعض الايماءات أو الحركات التي تدل على عدم فهمهم أو اصابتهم بالملل والشرود الذهني أو الغموض، مما يشجعه على طرح الأسئلة الموجهة إليهم، من أجل حفزهم على المشاركة والتفاعل داخل الحجرة الدراسية.

ولا ينسى المعلم أن ينوع من نبرات صوته، والتحدث الى الطلبة دوماً وليس للسبورة، وأن يلفظ الكلمات بوضوح وبلغة سليمة، مع استخدام الدعابة الخفيفة، وان يتجنب تكرار بعض الكلمات أو الحركات أو الاصوات التي قد تثير السخرية، والحركة المعتدلة في السير أمام الطلبة وعدم البقاء في مكان واحد لفترة طويلة.

و) خاتمة المحاضرة المطورة:

من اجل الوصول الى خاتمة ناجحة للمحاضرة النشطة، فانه يمكن للمعلم أن يطلب من أحد الطلبة تلخيص أهم الافكار التي وردت في المحاضرة وطرحها شفويا على زملائه، على أن يؤكد المعلم من جديد على المفروض من الطلبة أن يتعلموه من المحاضرة في ضوء الاهداف المرسومة لها، وأن يعقبها بطرحِ أسئلة تقيس مدى ما اكتسبه الطلبة من معارف ومعلومات ومهارات واتجاهات مرغوب فيها.

9

الفصل التاسع
أساليب القدوة، والقصة، والمحاكاة،
من الأساليب الفعالة للتعلم النشط

- أسلوب القدوة.
- أسلوب القصة ذات الاتجاه الواحد.
- أسلوب القصة ذات الاتجاهين.
- أسلوب المحاكاة.

تاسعاً: أسلوب القدوة، أحد الأساليب الفعالة للتعلم النشط Modeling

الاقتداء بأبسط معانيه هو أسلوب أو شكل من أشكال التعلم النشط الذي يقوم فيه الطالب باستخلاص النتائج النهائية المهمة عن طريق ملاحظة أنماط السلوك والاتجاهات والعادات ذات الصلة بشخص مهني معروف، دون مناقشة طويلة لأهمية هذا السلوك أو القصد من ورائه. ومع ذلك، فقد لا يكون اسلوب القدوة بمثل هذه البساطة، فقد يمثل نشاطاً معقداً للغاية، حيث يقوم الطالب بمشاهدة أو ملاحظة الشخص القدوة، في الوقت الذي يقوم فيه شخصٌ مهني آخر بهذه المشاهدة، وكأنهما يشتركان في حوار عادي حول هذا السلوك ومدى ملاءمته للواقع التربوي المهني.

وقد لعب أسلوب القدوة دوراً كبيراً في المنهج الإسلامي منذ قرون عديدة، لانه ينقل القول والفكر إلى فعلٍ وسلوك. لذا، فان التربية بالقدوة أقوى تأثيراً من التربية بالقول أو بالكلام، وذلك لأن لسان الحال اكثر بلاغةً وأثراً من لسان المقال. فقد بعث الله رسله جميعا ليكونوا قدوةً للناس، وجاء سيدنا محمد صلى الله عليه وسلم، قدوة للعالمين مصداقاً لقوله تعالى:{ لقد كان لكم في رسول الله أسوةٌ حسنةٌ لمن كان يرجو الله واليوم الاخر، وذكر الله كثيراً} حيث تتلمذ الصحابة على يديه، وتتلمذ التابعون على أيدي الصحابة، وهكذا دواليك، بحيث كانوا القدوة للأجيال في شتى المواقف الحياتية (سعادة وزميله،2001).

ويمكن الاستفادة تربوياً من هذا المفهوم العميق للقدوة، سواء من الأب أمام أبنائه، أو الأم أمام بناتها، بحيث يتم تعليمهم وتربيتهم على أفضل وجه من جهة، وان يكون سلوك الام وسلوك الاب نموذجاً يُحتذى أو قدوة تُقتدى من جهة ثانية، وذلك عن طريق تدريبهم على العمل المنتج، والتفكير المبدع، والصدق، والاخلاص، في القول والعمل. كما لا يغيب عن البال، المعلم النشط والفاعل، الذي يقوم الطلبة بملاحظته ومراقبته على القدوة في التعلم، ومشجعاً طلابه على التفكير الناقد والابداعي، وتحري الدقة في طرح السؤال أو الاجابة، واحترام الاخرين في آرائهم وافكارهم

واتجاهاتهم، ما دامت لا تتعارض مع الصالح العام. فالطلبة اكثر ما يتأثرون بمعلمهم وبعلماءِ وطنهم وبقادة أمتهم التاريخيين، الذين أبلوا بلاء أحسناً في العلم والفكر والقيادة والانتصارات، مما يجعل من الانشطة الكثيرة الكتابية أو التمثيلية عن هؤلاء القدوة أمراً ضروريا على المعلم تشجيع الطلبة عليها.

عاشراً: أسلوب القصة ذات الاتجاه الواحد، أحد الأساليب الفعالة للتعلم النشط One- Way Story

يعتبر اسلوب القصة ذات الاتجاه الواحد، شكلاً آخر من أشكال التعلم النشط، الذي يقوم فيه المعلم القائد بكل بساطة بسرد قصة إلى تلاميذه، طالباً منهم التفكير السابر أو العميق بمدلولاتها والتعليق على ما ورد فيها، على أن يقوم المعلم بعد ذلك بالتعقيب على تعليقات الطلبة.

فمثلاً، قد يسرد المعلم قصةً أمام طلابه حول مدير مدرسة ثانوية خاصة كبرى يلتحق بها عدة آلاف من الطلبة ونحو تسعين من المعلمين المتخصصين في المجالات المعرفية المختلفة. وكان المدير يؤمن تماماً بالمخاطر الصحية الناجمة عن شرب القهوة كأحد المشروبات الساخنة المنبهة. وما كان من ذلك المدير إلا أن أصدر تعميماً قام بتوزيعه على المعلمين يمنع فيه شرب القهوة، وقام بالتخلص من الادوات والاجهزة ذات العلاقة بها، رغم توقعه بظهور معارضةٍ من بعض المعلمين. وكان المدير قد سبق قراره هذا، بالقاء محاضرة في قاعة الاجتماعات الكبرى داخل المدرسة، دارت حول أضرار المنبهات ولاسيما القهوة، مستخدماً الصور والرسوم والاشكال الملونة والاحصائيات ذات العلاقة بالأمراض الناجمة عن الإدمان على شرب القهوة بالذات.

وهنا يترك المعلم المجال للطلبة للتعليق على القصة:

- فمنهم من يقول ان هذا التصرف يمثل تعارضاً مع الحرية الشخصية.
- ومنهم من يرى أن ذلك يمثل دفاعاً عن قيمة اجتماعية كبرى تتمثل في الحفاظ على صحة المعلمين ويزيد من عطائهم، بل ويشجعهم على مطالبة تلاميذهم بتجنب شرب القهوة بسبب اضرارها الصحيحة.
- ومنهم من يعتقد أن محاربة شرب القهوة ونجاح ذلك على المستوى المحلي والعالمي سيؤدي إلى

الحاق الضرر الكبير ليس بمزارعي محصول البُن في الاقطار المنتجة له فحسب، بل وايضا سيضر بشكلٍ كبير الشركات التي تصنع القهوة الجاهزة، ومحلات بيع القهوة المنتشرة في معظم ارجاء الوطن العربي والعالم، مما يشكل خسارة اقتصادية كبيرة وهي في حد ذاتها قيمة ينبغي الدفاع عنها.

- ومن الطلبة من يقول: إن شرب القهوة باعتدال لا يضر بالصحة، وبأن شرب القهوة هو أفضل الف مرة من شرب المخدرات أو المسكرات، ولربما يؤدي منع شرب القهوة إلى التحول لشرب أشياء اكثر ضرراً منها.

- ومن الطلبة من يقول: إن تعود المعلمين على شرب القهوة في اوقات فراغهم،قد يدفعهم إلى نقل فنجان القهوة إلى داخل الحجرة الدراسية، مما يتعارض مع القيم المهنية التربوية ،ويجعل تركيز المعلم ينصبُ في جزءٍ من الحصة الدراسية على فنجان القهوة، في الوقت الذي يراقب فيه الطلبة معلمهم في كيفية تناوله للفنجان وتذوقه للقهوة ذاتها، مما يشتت الانتباه المطلوب لديهم.

- ومن طالب آخر يقول: إن تعود المعلم على شرب القهوة في المدرسة، يجعله ينتقل بذلك إلى المنزل، وربما لا يمانع من تناول أطفاله الصغار لهذا المشروب الضار بصحتهم، مما يتعارض مع القيم الاجتماعية والصحية.

- ومن طالب آخر يقول: لماذا يتم منع المعلمين من شرب القهوة بحجة الضرر الصحي لاجسامهم، وأنا أعرف الكثير من الاطباء يشربونها باستمرار، وهم الأحق بتركها من غيرهم، حتى يكونوا قدوة للناس من الناحية الصحية.

- ومن طالب آخر يقول: إن تناول المعلمين المتواصل للقهوة يشجعهم على التدخين الاكثر ضرراً على الصحة، وأنهم سوف يشجعون المعلمين الذين لا يشربون القهوة ولا يتعاطون التدخين على فعل ذلك، مما يزيد من التعقيد القيمي.

- ومن طالب آخر يؤكد على أن الجهد الذي يبذله المعلم خلال عملية التدريس المرهقة، وبعد ثلاث حصص متتالية، فانه بحاجة الى الراحة قليلاً، والتي تكون اكثر متعة بتناول فنجانٍ من القهوة، يعمل على تهدئة أعصابه وتجديد نشاطه وحيويته.

وبعد كل هذه التعليقات، يأتي دور المعلم النشط الذي واكب باهتمامٍ بالغ ما طرحة الطلبة من آراء، ينبغي عليه أن يعقب عليها، مؤكدا على أن ما تمّ طرحه يمثل نشاطاً ذهنياً متميزاً، غاص ليس في أعماق القصة القصيرة فحسب، بل وأيضاً في مدلولاتها والقيم العديدة التي تشير إليها.

وكخاتمةٍ فعالة ومفيدة لهذا الأسلوب من أساليب التعلم النشط، فإن على المعلم الناجح أن يوضح الفوائد الآتية القليلة التي تعود على الذين يتناولون القهوة باستمرار والأضرار العديدة التي سوف يتعرضون لها جسمياً ومادياً على المدى الطويل، مستشهداً بأقوال الطلبة من جهة، وبالبحوث والدراسات العلمية والطبية والاجتماعية والاقتصادية من جهةٍ ثانية، مما يضيف على هذا النمط من أنماط التعلم النشط الحيوية والنجاح في التطبيق.

حادي عشر: أسلوب القصة ذات الاتجاهين، أحد الأساليب الفعالة للتعلم النشط Two - way Story

يقوم هذا الأسلوب على استفسار المعلم من طلبته، فيما إذا كانت لدى بعضهم قصة لسردها أمام زملائهم، على أن يختار واحداً منهم يأخذ في سرد القصة التي قرأها، أو سمعها، أو شاهد أحداثها في إحدى القنوات الفضائية، أو مر بها في حياته اليومية، ثم يطلب المعلم من الطالب ذاته التركيز على القيم التي تدل عليها القصة، وأن يقوم بالتعليق على تلك القصة، مبدياً وجهة نظره في أحداثها والقيم التي تعمل على تعزيزها.

ويكلف المعلم بعد ذلك طالباً آخر، للتعقيب على قصة زميله، وعلى وجهة نظر ذلك الزميل، مع الطلب منه سرد قصةٍ من خبرته، وطرح وجهة نظره على تلك القصة، مع السماح للطالب الأول بالتعقيب على ما ورد في قصة الطالب الثاني وما قدمه من وجهة نظر، على أن يلي ذلك إجراء مناقشةٍ شاملةٍ من طلبة الصف جميعاً لما دار في القصتين من أحداث، وما ورد فيهما من أنماط سلوكٍ واتجاهاتٍ وقيمٍ مرغوب فيها.

تطبيقات على أسلوب القصة ذات الاتجاهين:

القصة الأولى:

يختار المعلم الطالب (سليم) الذي أبدى رغبة في طرح قصة يلم بها جيداً، وتدور حول تاجرٍ معروفٍ في المنطقة التي يعيش فيها، والذي أخذ يبيع المنتجات من متجرهِ بأسعارٍ مناسبةٍ وبأرباحٍ قليلةٍ، مما أدى إلى زيادة عدد زبائنه بدرجة كبيرة. وقد اجتمع بعض أصحاب المتاجر القريبة من متجره بشكل سري، وقرروا بيع السلع لديهم بسعر التكلفة ولمدة قاربت الشهر من الزمان، حيث دفع ذلك العمل الناس إلى ترك المتجر الأول وشراء المزيد من الحاجيات من العروض الرخيصة لدى التجار الآخرين، مما أدى إلى إلحاق الضرر باقتصاد المنطقة المحلية رغم فائدة الناس من هذه الظروف. وقد تدخلت غرفة التجارة المحلية، وعقدت اجتماعاً للتجار من أجل مناقشة الوضع، ولكن دارت حوارات ساخنة جداً بين الأطراف المتعارضة للتجار أدت إلى فشل اللقاء. وعندما وصلت هذه الأخبار إلى وزارة الصناعة والتجارة في العاصمة العربية التي يعيش فيها هؤلاء جميعاً، ناقشت الأمر بجدية كاملة وأصدرت التوصيات الآتية:

- حرية المنافسة الشريفة بين التجار مضمونة للجميع، بما لا يضر الصالح العام.
- المنافسة الأفضل هي في تقديم الخدمات وعرض المنتجات.
- الوضع في الحسبان أن الربح مشروع في إطارٍ من العقلانية، ودون مغالاةٍ في تخفيض الأسعار.
- مبدأ التنزيلات في أسعار المنتجات يبقى ضرورياً، ولكن ضمن أوقاتٍ معينة وليس بشكل مستمر في أية مؤسسة تجارية.
- استخدام أسلوب الدعاية للمنتجات وأسعارها، يعتبر من وسائل المنافسة التجارية المشروعة.
- يبقى التنافس المشروع والمعقول مقبولاً لدى الجميع، على أن يحافظ في النهاية على نمو الاقتصاد المحلي والوطني.

تعليق الطالب الأول على القصة التي سردها:

وهنا يطلب المعلم من الطالب الذي سرد القصة الأولى إبداء وجهة نظره أو تعليقه على تلك القصة، بصرف النظر عن توصيات وزارة التجارة والصناعة، فأعرب الطالب عن معارضته لتلك

التوصيات، معتبراً إياها نوعاً من أنواع القيود التجارية لحرية تجارة السوق، وأكد على أن البقاء في النهاية للأقوى والأصلح معاً. فليصمد من يصمد من التجار، ولينسحب من الساحة من لا يستطيع الاستمرار في المنافسة القوية في الخدمات والأسعار الأرخص للمستهلكين، حتى لا تظهر عمليات الاحتكار وترتفع الأسعار من جديد.

اختيار طالب آخر: يشكر المعلم الطالب (سليم) على القصة التي طرحها وعلى وجهة النظر التي أوردها، ثم يقوم باختيار الطالب (صلاح) من بين الطلبة الذين يرغبون في التعقيب على القصة الأولى وما فيها من مجرياتٍ وأحداثٍ من ناحية، وما طرحه صاحب القصة من وجهة نظر حولها من ناحيةٍ ثانية.

ويؤكد الطالب (صلاح) على أهمية القصة التي سردها زميله (سليم) نظراً لعلاقتها بالحياة اليومية التي يعيشها الناس، ومدى تأثيرها عليهم سلباً أم إيجاباً، بالإضافة إلى القيم التي تركز عليها مثل حرية التجارة، والمنافسة الشريفة، والربح المشروع، وخدمة الناس، ونمو الاقتصاد الوطني.

وأضاف الطالب (صلاح) بأنه على الرغم من احترامهِ الشديد لوجهة نظر زميله (سليم) التي ركز فيها على الحرية الكاملة للمنافسة بكل أنواعها، حتى لو أدت إلى انسحاب طرفٍ من التجار لم يستطيعوا الصمود، إلا أنه يعارض مثل هذا التوجه، ويتفق مع توصيات وزارة التجارة والاقتصاد الوطني السابقة. كما يؤكد بأن تشجيع عمليات الانسحاب للتجار من المنافسة بفعل التخفيض المبالغ فيه للأسعار، هو الذي يشجع على الاحتكار، لأن قوة بعض التجار وتخلصهم من منافسيهم، سيجعل المستهلكين تحت رحمتهم، ويأخذون في التلاعب بالأسعار كما يحلو لهم في أغلب الأحيان.

طرح القصة الثانية:

يشكر المعلم الطالب (صلاح) على ما قام به من تعقيبٍ على قصة زميله (سليم) وعلى وجهة نظره، ثم يطلب منه سرد قصةٍ من جانبه قرأها أو سمعها أو عايشها، فطرح قصةً مر بها شخصياً مع والديه وبعض الأقارب والأصدقاء والجيران. حيث طلب يوماً من الأيام من والديه، ربط جهاز الحاسوب الموجود في المنزل في إحدى العواصم العربية بشبكة الإنترنت، وذلك للإطلاع على

الجديد في عالم الثقافة والفن والمعرفة، بعدما لاحظ أهمية التعامل مع شبكة الإنترنت في مختبر الحاسوب الموجود في المدرسة.

وأضاف الطالب (صلاح) قائلاً: لقد فوجئتُ بمعارضةٍ شديدةٍ من الوالدين بصورة عامة، وبدرجة اكبر من الأب، الذي قال بأنك تستطيع يا بُني الاستفادة من خدمات شبكة الإنترنت في المدرسة تحت إشراف المعلمين والإدارة المدرسية، وهذا شيء كافٍ جداً. فقلتُ له: إن عدد الطلبة الكثير في المدرسة لا يعطيني الوقت الكافي والمناسب للتعامل مع الإنترنت، خاصة وان عدد الأجهزة يبقى قليلاً للغاية إذا ما قورن بعدد طلبة المدرسة، إضافةً إلى استئثار بعض المعلمين ببعض أجهزة الحاسوب المربوطة بشبكة الإنترنت من اجل البحث عن عناوينٍ ومقالاتٍ وأشكالٍ ورسومٍ وصورٍ عن الموضوعات التي يقومون بتدريسها. هذا ناهيك عن اكتظاظ الجدول المدرسي بالحصص والمناقشات والاختبارات والمناشط الكثيرة التي قلما تسمح للطالب بالذهاب إلى مختبر الحاسوب.

واستمر صلاح في سرد القصة قائلاً: مع أن الوالد أبدى بعض التفهم لهذه الأسباب، في ضوء ضغوط من الوالدة التي ظهر عليها الكثير من الحنان لتلبية رغبة ابنها، إلا أنه صرخ قائلاً: وما الذي يضمن لي يا بني عدم استخدامك للمواقع السيئة التي تمس بالأخلاق والعادات والتقاليد السليمة، وهي كثيرة جداً في هذه الشبكة العالمية، مما يؤثر عليك بشكلٍ سلبي جداً. بل والأخطر من ذلك، وجود أشقاء وشقيقات لك في هذا البيت، بل ووجود العديد من الأصدقاء لك ولأخوتك وأخواتك، بالإضافة إلى أن التعامل مع الإنترنت يضيع الوقت الطويل الذي يكون على حساب دراستك بل وصحتك وراحة جسدك.

وهنا يضيف الطالب (صلاح) في قصته قائلاً: فانفجرتُ من البكاءِ لعدم تفهم والدي لموقفي وقلت له: أنت تعرف يا والدي بأنه توجد مقاهي كثيرة تقدم خدماتٍ واسعة لشبكات الإنترنت، استطيع الذهاب إليها دون علمك، وربما يؤثر رفاق السوء على تصرفاتي، ويستطيع أخوتي وأخواتي القيام بذلك أيضاً. فما الأفضل لي ولك، أن أتعامل مع شبكة الإنترنت تحت إشرافك وإشراف والدتي أم تحت إشراف الآخرين؟ وأضفت قائلاً لوالدي: هل تذكر يا والدي كم كانت معارضتك قوية لإحضار الحاسوب وإحضار أطباق القنوات التلفزيونية الكثيرة التي يوجد فيها الغث والسمين،

والنافع والضار، ثم دخل كل ذلك المنزل بنوعٍ من الارشاد والتوجيه السليمين من جانبك وجانب والدتي، وأصبح وجود مثل هذه الأجهزة عادياً، وحتى أجهزة الهاتف المحمول (الموبايل) كانت عليها معارضة من طرفكم ثم أصبح أمراً عادياً. فما كان من الوالد إلا أن وافق باقتناعٍ في نهاية الأمر على الموضوع، فشكرتهُ وشكرتُ والدتي على ذلك، وتمّ ربط جهاز الحاسوب بشبكة الإنترنت، وتم التعامل معها لتسهيل الكثير من الموضوعات الدراسية لي ولأخوتي وأخواتي، بل واستفاد الوالدين من أشياء كثيرة في هذه الشبكة المعلوماتية الضخمة.

المعلم: أشكرك يا صلاح على هذه القصة الحياتية الواقعية، آملاً أن يسمع الطلاب منك وجهة نظرك فيما دار من أحداث القصة. وهنا يشدد (صلاح) على ضرورة أن يدافع الإنسان عن الأفكار التي يؤمن بأنها مفيدة وضرورية في الحياة، رغم العقبات التي تواجه ممن يتعامل معهم من أقارب أو أصدقاء أو معلمين أو عامة الناس.

الطالب سليم: يطلب المعلم من الطالب (سليم) الذي سرد القصة الأولى بأن يعقب ليس على أحداث قصة زميله (صلاح) حول شبكة الإنترنت فقط، بل وعلى وجهة نظره أيضاً وما في القصة ذاتها من اتجاهات وقيم وأنماط سلوك مرغوب فيها.

ويشيد الطالب (سليم) بأهمية القصة التي سردها زميله (صلاح)، وكم هي مشوقة وواقعية ومفيدة في تركيزها على العديد من القيم والاتجاهات والأنماط السلوكية المنشودة أو المرغوب فيها مثل: البحث عن المعرفة، التعامل مع التكنولوجيا الحديثة، اللحاق بركب الحضارة والتقدم، الحصول على المعلومات الأكثر حداثة، الدفاع عن وجهة النظر الصحيحة، الصراحة مع الوالدين، الحرص على تفهم الوالدين لوجهة النظر، والأخذ في الحسبان مخاطر الأمور.

وقد كان (سليم) موضوعياً في التعقيب على وجهة نظر زميله (صلاح)، حيث لم يتأثر بمعارضته السابقة لوجهة نظره حول قصة المنافسات التجارية، بل اتفق معه في ضرورة استخدام أسلوب الصراحة لإقناع الآخرين ولا سيما الوالدين بوجهة النظر السليمة، مع توضيح الأمور من جميع جوانبها، وكيف أن استخدام شبكة الإنترنت تفيد كثيراً الطلبة والمعلمين وكافة المواطنين،

أساليب القدوة، والقصة، والمحاكاة

ولا سيما إذا تمّ تجنب الدخول إلى المواقع المحظورة أخلاقياً، أو سرقة جهود الآخرين وكتاباتهم كما هي، دون تحليلٍ أو نقد أو مراجعة.

مناقشة القصتين: يشجع المعلم الطلبة على الإصغاء والتمعن لسرد القصة الأولى من جانب زميلهم (سليم) وسرد القصة الثانية من جانب زميلهم الثاني (صلاح) وطرح وجهتي النظر المتعلقة بهما، وتعقيب كل شخص على ما قاله الآخر، ثم يطلب من الجميع توجيه الأسئلة إلى صاحب القصة الأولى أو صاحب القصة الثانية، للاستفسار عن مجريات أحداث تلك القصة ومدى دقتها، والأهداف المعرفية والوجدانية والمهارية التي يمكن أن تحققها، والقيم التي يمكن أن تؤثر إيجابياً على سلوك الطلبة.

ويشجع المعلم طلابه كذلك على الربط بين هاتين القصتين، وقصصٍ أو خبراتٍ أخرى مرّ بها بقية الطلبة، والتوصل جميعاً إلى أحكامٍ عامةٍ حول تأثير تلك القصص في حياة الناس من جهة، وفي فهم الموضوعات الدراسية المطروحة من جهة ثانية، مع توجيه المعلم لطلابه وارشادهم من وقت لآخر.

من هنا تتضح أهمية استخدام أسلوب القصص ذات الاتجاهين في إثارة التعليم النشط ونجاحه في مشاركة الطلبة بصورة عامة في الإصغاء والتحليل والتعميم والوصول إلى قرارات، في الوقت الذي يتحمل فيه كل من سليم وصلاح المسؤولية الناجحة لسرد القصص والتعليق أو التعقيب عليها.

ثاني عشر: أسلوب المحاكاة، أحد الاساليب الفعالة للتعلم النشط Simulations

يشبه أسلوب المحاكاة أسلوب دراسة الحالة، فكلاهما يدرب الطلبة على عدم صنع القرارات. إلا أن أسلوب المحاكاة يكون أكثر فاعلية، وذلك نتيجة المشاركة النشطة من جانب الطلبة، نظراً لاعتماده على مواقف الحياة الحقيقية، ويقدم للطلبة خيارات تعكس المشكلات الاجتماعية الواقعية. فمثلاً، يمكن لمعلم التربية الوطنية أن يشجع الطلبة على محاكاة المجلس البلدي في اجتماعاته من أجل الوصول إلى قرارٍ بشأن اختيار المكان الأفضل لمجمع الخدمات العامة للبلدة أو المدينة التي يعيشون فيها، بحيث يشتمل على خدمات المياه والكهرباء ومركز الشرطة والاتصالات الهاتفية والبريد والملاعب والمراكز الصحية وغيرها.

وهنا يعطي المعلم الطلبة قواعد محددة لأداء أدوار الجماعات الآتية:

رجال الشرطة للحفاظ على الأمن والنظام في البلدة أو المدينة أو القرية، وممثلون عن الجماعات القاطنة فيها، وأعضاء من النقابات المهنية المختلفة، وممثلون عن مجلس البلدية ذاتها، بحيث يتم تقسيم طلبة الصف إلى أقسام تمثل هذه المجموعات المتعارضة في اهتماماتها ومطالبها.

ويركز المعلم على ضرورة قيام مناقشة بين طلبة الصف الذين يمثلون هذه المجموعات، من اجل التوصل إلى حلٍ وسطٍ لاختيار المكان الملائم لبناء مجمع الخدمات العامة الجديد. وهنا لا بد من أن تدور الأهداف التعلمية التعليمية حول ثلاثة محاور رئيسية هي : تدريب الطلبة على مهارات المفاوضات بين الأطراف المتعارضة في مصالحها، وتدريبهم على أسلوب حل المشكلات، وتدريبهم على تقنيات أو أساليب الوصول إلى حلٍ وسطٍ يرضي جميع الأطراف أو غالبيتهم على الأقل.

وعلى المعلم النشط أن يعمل جاهداً على التأكد من اكتساب الطلبة للمهارات المنشودة والمحددة في الأهداف التعليمية التعلمية، وذلك عن طريق التجول بين مجموعات الطلبة التي تناقش مطالبها، والمكان المناسب من وجهة نظر كل مجموعة أولاً، ثم يعطي إشارة البدء بمناقشةٍ جماعية كي تطرح كل مجموعة مطالبها واقتراحاتها بكل ديمقراطية وسعة صدر، على ان يراقب المعلم ما يدور من مفاوضات، بحيث يتدخل في الوقت الذي يرى تصلباً في الآراء أو تعقيداً في حل المشكلات أو محاولةً للانسحاب من جانب أحد الأطراف، دون تحيزٍ لمجموعة ضد أخرى. كما ينبغي على المعلم أن يعقب على بعض المواقف التي يرى أن فيها إمكانية الوصول إلى الحل الوسط، وأن يعلق على الاقتراحات غير المعقولة أو غير القابلة للتطبيق أو للتفاهم بين الأطراف المختلفة، وأن يشجع في الوقت نفسه على احترام آراء كل الممثلين للمجموعات، وأن يشجعهم على استخدام التمثيل للمواقف، واستخدام الوسائل التعليمية المناسبة كالمجسمات أو العينات أو الخرائط أو الرسوم أو الأشكال لتحديد المكان الأفضل، مع تقديم المبررات والحجج القوية للدفاع عن وجهات النظر.

وبلا شك، فإن أسلوب المحاكاة يبقى أكثر صعوبة في التطبيق من أسلوب دراسة الحالة، وأنه يحتاج إلى وقتٍ أطول للتدريب عليه داخل الحجرة الدراسية، رغم أن دور المعلم يبقى أقل مما هو عليه الحال في دراسة الحالة. ومع ذلك، فإنه يتطلب من المعلم أن يعطي توضيحات أكثر للطلبة عن أدوارهم قبل عملية التطبيق أو التدريب.

وما أن تنتهي عملية تدريب الطلبة على أسلوب المحاكاة، يأتي دور المعلم بشكل أساس عن طريق ربط ما تعلمه هؤلاء الطلبة من معارفٍ ومهاراتٍ واتجاهاتٍ مرغوب فيها، بالخبرات السابقة التي مر بها الطلبة أنفسهم من ناحية، وبالأسس والقيم العامة التي تسعى العملية التعليمية التعلمية على إرسائها، مما يجعل أسلوب المحاكاة من بين أكثر الأساليب فعالية في تعليم حل المشكلات من جهة ، ودعم ثقة الطلبة بأنفسهم من جهة أخرى.

10

الفصل العاشر
أسلوب المناقشة واسلوب الحوار،
من الأساليب الفعالة للتعلم النشط

- أسلوب المناقشة.
- أسلوب الحوار.

أسلوب المناقشة وأسلوب الحوار

ثالث عشر: أسلوب المناقشة، أحد الأساليب الفعالة للتعلم النشط Discussion Method

يمكن تعريف أسلوب المناقشة على أنه أحد أساليب التعلم النشط الذي يشجع الطالب على المشاركة بفاعلية داخل الحجرة الدراسية، وذلك من خلال تفاعل لفظي أو شفوي بين الطلبة أنفسهم، أو بين المعلم وأحد الطلبة أو بين المعلم وجميع الطلبة، وذلك من أجل اكتساب مجموعة من المعلومات والمهارات والاتجاهات المرغوب فيها.

أنماط المناقشة:

طرح المربون عدداً من أنماط المناقشة التي يصلح كل منها ضمن ظروف أو من أجل تحقيق أهداف محددة، والتي تتخلص كالآتي:

1. المناقشة القصيرة بين المعلم والتلاميذ Short - Period Discussion :

وتتمثل في ذلك النوع من المناقشات التي تستغرق ما بين (10-15) دقيقة من الحصة الدراسية بين المعلم والتلاميذ، وتدور في الغالب حول عددٍ محدودٍ من الملاحظات أو التعليقات، من أجل استخلاص معلومات من الصور أو الرسوم أو الأشكال أو الخرائط أو الإحصائيات أو الآراء أو الأفكار. كما أنها تعتبر ضروريةً لتوضيح بعض الأمور الغامضة أو الفهم الخاطئ للأشياء، وقد تكون أساساً لمناقشة أخرى تالية وطويلة.

وربما تدور المناقشة القصيرة حول سؤال يطرحه أحد التلاميذ، أو تعليقٍ أو تعقيبٍ أو إضافةٍ من تلميذٍ آخر، كما تحدث في الغالب بشكل مفاجئ ودون تخطيط مسبق أحياناً من المعلم، وقد تكون جزءاً من طريقة أخرى كالاكتشاف أو حل المشكلات أو الاستقصاء، كما تهدف أحياناً إلى القيام بنشاطٍ محددٍ أو تحقيق هدفٍ معين.

ورغم أهمية المناقشة القصيرة في التوصل إلى نتائج محددة، أو الإجابة عن استفسارات بعض الطلبة، أو توضيح بعض الأفكار، إلا أنها تعمل على إحراج المعلم أحياناً، لأنها تقوم على سؤال يتم طرحهُ فجأةً، وقد لا يكون المعلم متوقعاً له، أو قد لا يعرف الإجابة الصحيحة عنه. كما يعيق السؤال المطروح من خطة المعلم في الانتهاء من التحضير الذي وضعه أو الأنشطة التي صممها لتلاميذهِ. ومع ذلك، فإن الفترة الزمنية القصيرة لهذا النوع من المناقشة والهدف أو الأهداف التي تسعى لتحقيقها، تجعل منها أسلوباً فاعلاً، كي يتعلم منه الطالب الشيء الكثير وكي تضفي على الحصة الدراسية نوعاً من الحيوية والنشاط المطلوبين فعلاً.

2. المناقشة الطويلة بين التلاميذ أنفسهم Long - Period Disussion:

وتُبنى هذه المناقشة في الغالب على ما استخلصه التلاميذ من معلومات في المناقشة القصيرة، وربما تدور أحياناً حول ما جمعه التلاميذ من معلوماتٍ تتصل بموضوع الدرس أو بقضيةٍ معينة اختارها التلاميذ مع معلمهم، والتي تأخذ الحصة بطولها أو أكثر من ذلك. ويتوقف طول المناقشة على عدد من العوامل يتمثل أهمها في الخبرات السابقة للتلاميذ حول الموضوع المطروح للنقاش، وعدد هؤلاء التلاميذ، وكمية المعلومات التي تمَّ جمعها، ونوعية تلك المعلومات، والأهداف المنشودة من وراء تلك المناقشة، ونوعية الوسائل التعليمية المستخدمة لتوضيحها، وخبرة التلاميذ السابقة.

وتدور المناقشة الطويلة في الغالب بين التلاميذ أنفسهم تحت الإشراف الدقيق من جانب معلمهم، والذي غالباً ما يعمل على تقسيمهم إلى مجموعات من أجل مناقشة الأفكار أو الآراء أو القضايا ذات الصلة، مما يثير الحيوية والنشاط لديهم. وهنا فإن على المعلم التأكد من أن هذه المناقشة لن يستأثر بها أحد الطلبة أو مجموعة قليلة منهم على حساب بقية الطلبة. كما أنه لا بد للمعلم من أن يحث الطلبة على التنافس حتى تستمر المناقشة على زخمها وحيويتها، وأن يتدخل من وقتٍ لآخر من أجل الرد على استفسارات الطلبة وتوجيههم إلى المزيد من الحيوية والنشاط والتفاعل الإيجابي.

3. المناقشة بين المعلم وأحد التلاميذ:

وفيها يختار المعلم أحد التلاميذ من الصف كله من أجل البدء بمناقشة حيوية معه حول مشكلة من المشكلات، أو قضية من القضايا، أو مسألة من المسائل، أو موضوع من الموضوعات الفرعية، وذلك من أجل أن يتأكد من فهم ذلك الطالب لها، بينما يصغي بقية الطلبة لتلك المناقشة تارة، ويطرحون آراءهم وتعليقاتهم وملاحظاتهم تارة أخرى، كي تزيد الفائدة من هذا النوع من المناقشات.

أهمية المناقشة النشطة:

للمناقشة الفاعلة أو النشطة أهمية كبرى بالنسبة للمتعلم والمعلم والعملية التعليمية التعلمية في وقت واحد، ويمكن تلخيص أهم فوائدها في الآتي:

١. نقل المتعلم من حالة الإصغاء والتلقين والسلبية في التعليم، إلى حالة المشاركة والفاعلية في النقاش مع المعلم تارة، ومع زملائه تارة أخرى.

٢. تساعد المعلم على إثارة الميل لدى موضوع الدراسة، وذلك نتيجة الدور النشط الذي يلعبه خلال مناقشته مع زملائه أو مع المعلم داخل الحجرة الدراسية.

٣. تعمل على توجيه أنشطة التلاميذ نحو اتجاهات إيجابية ومرغوب فيها، وذلك في ضوء الأطوار أو المراحل التي تأخذها المناقشة، وما يقوم به كل تلميذ من دورٍ أو أدوارٍ فيها.

٤. تعمل على تدريب الطلبة على جمع المعلومات والبيانات المختلفة، والتعبير عنها ونقدها وربطها ببعضها من أجل الوصول إلى نتائج أو أحكام أو حلول مفيدة.

٥. تشجع التلاميذ على البحث والتقصي العلمي في الكتب والمراجع والمجلات ومواقع شبكة الإنترنت العلمية غير المحدودة، من أجل زيادة فهم جوانب الموضوع المطروح للنقاش.

٦. تتيح المنافسة النشطة للمعلم فرصة التعرف إلى نقاط القوة وجوانب الضعف لدى تلاميذه، ومدى فهمهم للمادة المطروحة للنقاش.

٧. تعمل على تدريب التلاميذ على احترام آراء زملائهم مهما اختلفت عن آرائهم أو كانت معارضة لها. ويكون للمعلم هنا دور كبير في تكريس هذا الاتجاه الإيجابي خلال

المناقشة، بحيث يسمح لهم بمعارضة آراء بعضهم بعضاً ضمن طابع الاحترام والإصغاء الإيجابي للآخرين.

٨. تعمل على تدريب التلاميذ على مهارة التوفيق بين الآراء المتعارضة، حيث يلعب المعلم دوراً أساسياً في ذلك، بحيث يسمح لهم بطرح الآراء المتعارضة، ثم يحاول التركيز على القواسم المشتركة في تلك الآراء أو نقاط الالتقاء فيها، حتى يتم الوصول إلى نقطة الوسط أو الحل التوفيقي بينهم.

٩. تمثل المناقشة النشطة إحدى وسائل زيادة الفهم لدى المتعلم للموضوع المطروح للنقاش، بحيث يحيط التلميذ في ضوئها بجوانبه المختلفة ونقاط القوة والضعف فيه، بحيث يزيد من تعمقه فيه وفهمه له.

١٠. تساعد المناقشة النشطة على تنظيم التفكير لدى التلاميذ، حيث يتدرب المتعلم على الإصغاء لما يقوله رفاقه تارةً، ويرد عليها تارةً أخرى، ويطرح الآراء والأفكار حيناً، ويعلق على ما يقوله الزملاء أحياناً، و يتفق مع هذا الزميل مرةً، ويختلف مع آخر مرةً أخرى، مما يؤدي إلى تنظيم التفكير لديه، بعيداً عن العشوائية والتخبط في الآراء والأفكار.

١١. تشجع المناقشة النشطة على المساهمة في حل العديد من المشكلات المطروحة للنقاش، وفي تحقيق العديد من الأهداف التربوية المنشودة.

١٢. تُكسب المناقشة النشطة التلاميذ العديد من الصفات المرغوب فيها مثل تحمل المسؤولية، ونبذ الخوف والخجل، والتعاون مع الآخرين واحترامهم، والعمل ضمن مجموعات، والبعد عن الأنانية، وتجنب العزلة، والقيام بأدوار نقاشية متعددة، وطرح الأسئلة والاستفسارات العديدة، والاستماع الإيجابي، والتفاعل النشط، والتعبير بحرية عن الآراء، والدفاع عن وجهات النظر، وعدم التسرع في إصدار الأحكام أو التعميمات أو القرارات، وعدم مقاطعة الآخرين خلال أحاديثهم أو مناقشاتهم.

دور المعلم والطالب في المناقشة النشطة:

تتعدد أدوار المعلم والطالب وتتنوع كثيراً إذا ما أردنا للمناقشة أن تكون نشطة وفاعلة. ومع ذلك، فإن هذه الأدوار مهما تعددت أو تنوعت بين المعلم والمتعلم، فإنها مكملة لبعضها بعضاً. وحتى يتم إعطاء هذا الموضوع حقه من التوضيح والاهتمام، فإنه لا بد من إبراز كل دورٍ على حده، ثم التعقيب عليهما معاً كالآتي:

أ. دور المعلم في المناقشة النشطة:

لا شك ان المعلم النشط يقوم منذ البداية بتحديد الأهداف التي يسعى مع الطلبة إلى تحقيقها من وراء استخدام المناقشة لموضوعٍ معين أو قضيةٍ محددة، ثم يعمل بعد ذلك على اختيار موضوع المناقشة، والأنشطة اللازمة لنجاحه، والمواد أو الأجهزة أو الوسائل التعليمية الضرورية لتحقيق أهدافه، وتحديد المكان المناسب للتطبيق، والتنسيق مع الطلبة في تنظيم أو ترتيب المقاعد، في ضوء ما يتطلبه الموقف التعليمي التعلمي والأنشطة المحددة من قبل.

وعلى المعلم خلال المناقشة النشطة، أن يتجنب الاستئثار بالحديث، وأن يقلل من مقدار مشاركته في النقاش، وأن لا يتدخل إلا عند الضرورة، وذلك بقصد تشجيع الطلبة على النقاش، وعدم السماح لبعضهم بالسيطرة على مجرياته، وتصويب آراء أو أفكار أو طروحات الطلبة إذا كانت غير صحيحة، واختيار أحد الطلبة غير المشاركين للقيام بدورٍ معين في المناقشة إذا وجده منعزلاً أو غير مشارك في جوانب المناقشة المختلفة. وقد يطلب المعلم من أحد التلاميذ أن يبادله المكان، حتى تتاح له فرصة أكبر للتحدث مع بعضهم، وتوجيه بعضهم الآخر، والسماح للطلبة في الوقت ذاته طرح المزيد من الاستفسارات والتعليقات والمقترحات.

ويرفض قسم من الطلبة بقاء المعلم مستمعاً أو مصغياً سواء بقصد أو بغير قصد، وذلك عن طريق توجيه أسئلة إليه بدلاً من توجيهها لزملائه الطلبة. وهنا فإن على المعلم أن يتفاعل مع هذا الموقف بحكمةٍ وفنيةٍ عاليتين، كأن يجيب باختصارٍ شديد عن السؤال أو على جزءٍ منه، طالباً من التلميذ التعاون مع زملائه في البحث عن الإجابة الكاملة، ضمن المناقشة المستمرة والفاعلة، أو أن

يقوم بإعادة طرح السؤال برمته على الطلبة خلال مناقشتهم، كي يبحثوا عن الجواب الشافي. أي أن يحاول المعلم دائماً إعطاء الطلبة اكبر فرصةٍ للحديث خلال المناقشة، وأن يقلل من الكلام أو التدخل إلا من أجل إثارة الحماسة لدى التلاميذ، أو تصويب المسار أو تصحيح معلومة معينة.

دور الطالب في المناقشة النشطة:

للطالب دورٌ مهمٌ وفاعلٌ في المناقشة النشطة لا يقل عن دور المعلم بل قد يزيد. فهو الشخص الذي يصغي جيداً لما يقوله رفاقه أو المعلم خلال المناقشة، وهو الذي يقوم بتحليل الأفكار أو الآراء التي يسمعها، وهو الذي يعقب على ما يقال، بحيث يعارض أحياناً، ويتفق مع غيره أحياناً أخرى. وهو القادر على تقدير الأمور، واقتراح الحلول الملائمة للموضوع المطروح للنقاش، و هو القادر على الدفاع عن وجهة نظره بالمعلومات الصحيحة والأفكار ذات الصلة بالقضية التي تتم مناقشتها، وهو القادر على تقبل نقد الآخرين واحترام وجهات نظرهم. أنه الطالب الذي يستجيب لتوجيهات معلمه خلال المناقشة، ويتفاعل مع زملائه، ويتعاون معهم في سبيل تحقيق الأهداف المرغوب فيها. إنه الشخص الذي يسعى مع معلمه ومع رفاقه لإنجاح المناقشة النشطة، وذلك عن طريق البحث عن أفضل الأفكار والآراء والحلول المناسبة للموقف التعليمي التعلمي. إنه الطالب القادر على استخدام أساليب التعلم ووسائله المختلفة، بالإضافة إلى التكنولوجيا الحديثة وعلى رأسها شبكة الإنترنت، فيما يساعد على رفع وتيرة التفاعل في المناقشة بالحصول على أحدث المعلومات والآراء التربوية والمعرفية فيما يفيده ويفيد رفاقه في النقاش. وهنا، فإن على الطالب أن يبتعد عن الأنانية والاستئثار بالنقاش، بحيث يسمح لزملائه بالحديث ومخالفته في الرأي بكل تقدير واحترام، دون هجوم أو تهكم أو انسحاب من موقع المناقشة.

التحضير الجيد للمناقشة النشطة:

على المعلم النشط أن يبذل جهداً مناسباً من أَجل التحضير للمناقشة الفاعلة والهادفة. فقد يعتبر نتائج المناقشة القصيرة التي تمت بين التلاميذ لعدة دقائق، بمثابة التحضير الجيد للمناقشة الطويلة أو المقدمة الملائمة لها. كما قد يجلب المعلم معه بعض المراجع أو الوسائل التعليمية أو مواقع

محددة على شبكة الإنترنت، كي تساعد في تنشيط الطلبة في المناقشة الناجحة، أو استخدام الواجب البيتي كقاعدة انطلاق للمناقشة.

وربما يحاول المعلم توزيع ورقة على الطلبة في بداية الحصة، تحتوي على مجموعة من الأسئلة أو الأنشطة التي تتطلب منهم الرجوع إلى مصادر المعرفة المتنوعة ،كي تكون أساساً قوياً لبداية مناقشةٍ طويلةٍ وهادفة. كما قد يطرح المعلم مجموعةً من الحقائق أو المعلومات الأولية ذات العلاقة بموضوع الدرس الجديد من أجل البدء بمناقشةٍ نشطةٍ من جانب التلاميذ. وربما يقوم المعلم بإعادة توزيع مقاعد الطلبة داخل الحجرة الدراسية، مع استخدام قصةٍ قصيرةٍ أو إحدى الصور أو مقالةٍ من صحيفةٍ كنقطة انطلاقٍ للمناقشة، أو توزيع بعض المهام على كل مجموعةٍ من المجموعات الصغيرة تمهيداً للمناقشة المطلوبة. وبقدر ما يكون التحضير للمناقشة دقيقاً، فإنه يحقق أكبر عدد من الأهداف التربوية المرغوب فيها.

سير المناقشة النشطة:

ما أن يتم التحضير الجيد للمناقشة، حتى يسمح المعلم للتلاميذ بالبدء بالمناقشة الفاعلة عن طريق ربط المعلومات التي توصلوا إليها، وإبداء وجهات نظرهم فيها، بعد نقدها وتحليلها ومقارنتها بما يملكونه من معلوماتٍ سابقة عن الموضوع المطروح للنقاش.

وكما ذكر سابقاً، فإن على المعلم أن يحرص على استمرار عنصر الحماسة لدى الطلبة في المناقشة الحيوية، مع إكسابهم للعديد من الصفات والاتجاهات الإيجابية مثل الإصغاء الإيجابي للآخرين، واحترام وجهات نظرهم، والتعاون بين الجميع لتحقيق الأهداف المنشودة للمناقشة، وعدم السيطرة على المناقشة من جانب طالبٍ أو مجموعةٍ قليلةٍ من الطلبة، وإتاحة الفرصة للجميع للتعبير عن آرائهم بحريةٍ كاملةٍ ضمن قواعد الأدب والنظام والقانون، والاستفادة من الآراء المطروحة في تكوين رأيٍ موحدٍ أو التوصل إلى حلٍ شاملٍ أو مجموعةٍ من الحلول المتفق عليـها بين التلاميذ لقضيةٍ من القضايا أو مشكلةٍ من ا لمشكلات، على أن يعمل المعلم في نـهاية المناقـشة ،على

تشجيع الطلبة للقيام بعملية تلخيص الأفكار التي توصلوا إليها وكتابتها على السبورة لاستفادة الجميع منها (عبد اللطيف فؤاد إبراهيم، 1999).

ويشرف المعلم بصورة اجمالية على عملية سير المناقشة دون تدخلات كثيرة من جانبه، إلا من اجل إثارة النقاش من جديد، أو حل مشكلة تنظيمية طارئة، أو الإجابة عن استفسار بسيط من جانب هذا الطالب أو ذاك، أو توجيه الطلبة نحو نشاط جديد يخدم المناقشة، أو تشجيع بعض الطلبة على المشاركة مع بقية زملائهم، أو التعقيب على شيء توصلت إليه إحدى مجموعات المناقشة دون غيرها.

الحكم على مدى نجاح المناقشة النشطة:

يشترك المعلم مع الطلبة، في الحكم على مدى نجاح المناقشة، وذلك في ضوء مجموعةٍ من الاعتبارات أو المتغيرات التي تتمثل في الآتي:

أ. عدد الأهداف التي تمّ تحقيقها بالفعل.

ب. عدد الطلبة الذين اشتركوا فعلياً في المناقشة.

ج. عدد الأفكار أو الآراء أو الحلول التي تمَّ التوصل إليها.

د. طول الفترة الحقيقية التي استغرقتها المناقشة بفاعلية تامة.

هـ. عدد الصفات المرغوب فيها من وراء المناقشة والتي تم اكتسابها من جانب التلاميذ.

و. مدى الفهم الحقيقي لجوانب الموضوع المطروح للنقاش أو القضية أو المشكلة التي تناولها الطلبة في مناقشاتهم.

ويمكن للمعلم كتابة مجموعة من الملاحظات حول المناقشة، وذلك فور الانتهاء منها، محدداً نقاط القوة وجوانب الضعف التي ظهرت في التحضير أو خلال سير المناقشة، وذلك من أجل التمسك بنقاط القوة في المناقشات القادمة، ومحاولة التخلص من جوانب الضعف المتعددة، أو التخفيف من حدتها على الأقل.

رابع عشر: أسلوب الحوار النشط، أحد الأساليب الفعالة للتعلم النشط

Active Dialogue Method:

يعود الفضل الأول في تطبيق هذا الأسلوب بشكل واسع والدفاع عن أهميته وفائدته التربوية إلى الفيلسوف اليوناني المعروف سقراط. فهو أول من أكد بقوة على أن عملية التعليم لا يُقصد منها حشو أذهان الطلبة بالمعلومات والحقائق المختلفة، بل تشجيعهم على استنباطها عن طريق الحوار النشط معهم. فكان أسلوبه في التعلم يتلخص في محاورته لطلابهِ عن طريق طرح الأسئلة عليهم، واستدراجهم للإجابة عن الأسئلة المتلاحقة، إلى النقطة التي تتضحُ لديه جهل طلابه أو غرورهم، من اجل دفعهم إلى البحث عن الحقيقة بأنفسهم، من خلال التأمل والتفكير والتقصي، لاستنتاج الأدلة والبراهين ذات العلاقة.

ويمكن تعريف أسلوب الحوار النشط على أنه ذلك الأسلوب الذي يعتمد على طرح المعلم السؤال على الطالب فيما يخص موضوعاً معيناً، والإجابة من جانب الطالب أولاً، والذي قد يطرح استفساراً توضيحياً بدوره على المعلم حول جانبٍ من جوانب السؤال، ثم يعقبه المعلم بطرح سؤالٍ أو أسئلةٍ أخرى يجيب الطالب عنها، على أن يعززه المعلم بالثناء أو المديح إذا ما أجاب بدقةٍ، ثم يطرح المعلم أسئلة أخرى حتى يعجز الطالب عن الإجابة، فينتقل المعلم إلى طالب آخر، في الوقت الذي يصغي الطلبة الآخرون إيجابياً لما يدور، ويسمح المعلم لمن يريد منهم الإضافة أو التعليق على ما دار من حوار بين المعلم وواحدٍ أو أكثر من الطلبة، على أن يتم استخدام الوسائل التعليمية المختلفة ذات العلاقة بموضوع الحوار.

خصائص الحوار النشط:

يمتاز الحوار النشط بالعديد من الخصائص أو الصفات، يتمثل أهمها في الآتي:

1. وضوح الهدف لدى كلٍ من المعلم والمتعلم فيما يقومان به من طرح أسئلة وتلقي إجابات.
2. عدم الاكتفاء بإجابة واحدة لسؤال واحد، بل طرح المزيد من الأسئلة التي تعتمد في الأساس على إجابات الأسئلة سابقاً، مما يثير التفكير بشكل مستمر لدى المتعلم ذاته.

3. عدم الاقتصار في طرح الأسئلة على المعلم، بل للطالب دورٌ مهمٌ في طرح بعض الأسئلة أو الاستفسارات على المعلم خلال قيامه بالإجابة عن أسئلة المعلم.
4. تشجيع المعلم للطالب على إجابة أكبر عددٍ من الأسئلة غير المتوقعة، والمعتمدة على إجابات أسئلةٍ سابقة.
5. التأكد من الفهم العميق للطالب لجوانب الموضوع الذي يدور حولهُ الحوار.
6. تشجيع الطالب على التأكد من بعض الأمور أو النقاط، وذلك عن طريق توجيه سؤالٍ أو أكثر للمعلم، وعدم الاكتفاء بدور المجيب عن الأسئلة.
7. اشتمال هذا الأسلوب على وسائل التشجيع المعنوية للطالب من جانب المعلم، وذلك عن طريق استخدام كلمات الثناء أو المديح لإجابات الطالب الصحيحة.
8. تعرف المعلم على نقاط القوة وجوانب الضعف لدى الطالب.
9. اكتساب الطلبة لمعارفَ ومعلوماتٍ أكثر عمقاً عن الموضوع الذي يدور حوله الحوار.
10. اكتساب الطلبة لاتجاهاتٍ ومهاراتٍ مرغوبٍ فيها مثل نمو الشخصية، والجرأة في الحديث، والإصغاء لأسئلة المعلم بشكل دقيق، والعمل على طرح أسئلةٍ ذات علاقة بموضوع الحوار.
11. تنمية مهارات التحليل لدى الطلبة، وذلك قبل الإجابة عن الاسئلة التي يطرحها المعلم عليهم.
12. مراعاة الحوار النشط للفروق الفردية بين التلاميذ، وذلك من خلال تعامل المعلم مع كل طالبٍ حسب مستواه وقدراته العقلية.
13. الابتعاد عن الأسئلة السطحية البسيطة من جانب المعلم والطالب، وذلك من خلال طرح الأسئلة المتعاقبة التي تهدف إلى التعمق في بعض الأمور أو النقاط أو الأفكار أو المعلومات.
14. ملاءمة هذا الأسلوب لجميع المواد الدراسية بلا استثناء، ولمعظم الموضوعات الفرعية أو الثانوية فيها.

15. سهولة تطبيق هذا الأسلوب في مختلف المدارس والبيئات التعليمية والتعلمية العامة أو الخاصة، وفي الصفوف المكتظة أو قليلة الطلبة، علماً بأن فائدتها تزداد في الصفوف ذات الأعداد القليلة.

16. لا يحتاج هذا الأسلوب إلى عملية معقدة لتدريب المعلمين عليها، رغم تفاوتهم في القدرة على النجاح فيه، لأنه يحتاج إلى عمقٍ أكثر لدى المعلم من الناحية المعرفية من جهة، وإلى مهارة عاليةٍ لديه في طرح الأسئلة من جهة ثانية.

المبادئ الواجب مراعاتها عند تطبيق الحوار النشط:

حتى يحقق الحوار السقراطي الفوائد التربوية المرجوة منه، فقد بادر عدد من المربين إلى إدخال تعديلاتٍ على طريقة سقراط في الحوار، كي تتمشى مع المنهج السائد في المدارس الحديثة، بحيث أصبح من الضروري مراعاة المبادئ الآتية أثناء عملية التطبيق:

أ. توخي البساطة في الحوار، بعيداً عن التعقيد والإجراءات الصعبة، وذلك لتشجيع الطلبة ليس على تقبل هذا الأسلوب كانطلاقة مناسبة فحسب، بل والعمل على تطبيقهِ بحماسةٍ واضحة وكبيرة.

ب. تقصير مدة الحوار مع الطالب، بحيث لا تزيد عن خمس دقائق، ومع عدد من الطلبة بحيث لا تتعدى العشرين دقيقة لهم جميعاً.

ج. اختيار التوقيت المناسب لتطبيق طريقة الحوار، كأن يلاحظ المعلم شعور الطلبة ،بالملل ويريد لهم التنويع في الأسلوب، أو رغبة منه في الكشف عن مدى التعمق لدى الطلبة في موضوع من الموضوعات أو قضية من القضايا أو أمر من الأمور.

د. عدم استهزاء المعلم أو استخفافه بطريقة الطالب في الحوار أو الحديث، إذا كانت غير دقيقة، بل اللجوء إلى عملية التصويب أو إصلاح الخطأ كي يستفيد الطلبة جميعاً من ذلك.

هـ. ضرورة إجراء المعلم للحوار مع أكبر عدد ممكن من الطلبة خلال الحوار النشط والمطول، بحيث لا يقتصر ذلك على طالبٍ واحدٍ أو عددٍ قليلٍ من الطلبة.

و. استخدام المعلم لأسلوب الدعابة أو المرح الهادف خلال عملية الحوار، وذلك من أجل إثارة جوٍ من المحبة والتآلف بين الطلبة، بدلاً من الرهبة والخوف.

ز. استخدام المعلم للوسائل التعليمية المتنوعة التي لا تثير الطلبة وتشجعهم على الحوار فحسب، بل وتساعدهم أيضاً على تحليل الأمور وطرح الأسئلة الأكثر عمقاً حول الموضوع المطروح للحوار.

ح. ضرورة ضبط النظام داخل الحجرة الدراسية خلال عملية الحوار، حتى يفهم الطالب كل سؤال يُطرح من جانب المعلم، وحتى يتابع المعلم إجابات الطالب ويستمع إلى أسئلته، وحتى يدرك بقية الطلبة ما يدور من حوارٍ ويعملوا على المشاركة فيه فيما بعد.

أسلوب الحوار النشط وإثارة التفكير:

يعتبر أسلوب الحوار من أساليب التعلم النشط التي تثير التفكير، وتساعد على تنمية المهارات العقلية لدى التلاميذ، بالإضافة إلى دوره في زيادة التحصيل الأكاديمي عندهم، والاحتفاظ بذلك التحصيل فترة أطول، وذلك من خلال استخدام الآتي:

1. استخدام الأسئلة مع الإلقاء في الحوار:

ويكون ذلك بطرح الأسئلة وتسلسلها وتتابعها والتدرج فيها. ومع ذلك، فقد يجد المعلم نفسه أحياناً أمام حالة تتمثل في وجود طالبٍ ليست لديه معلومات سابقة أو واضحة أو ذات علاقة بموضوع الحوار، مما يحتم عليه استخدام أسلوب الإلقاء أو المحاضرة، حتى يعمل على تقديم المعارف والمعلومات الضرورية لنجاح الحوار وإثارة التفكير لدى المتعلم.

وحتى يتمكن المعلم من التمييز بين ما يعرفه الطالب من الحقائق والمعلومات التي لم تتوافر لديه، فإنه عادة ما يقوم بالمقارنة بين الموقف الذي يقرر فيه استخدام السؤال، والموقف الذي يتطلب طرح معلوماتٍ جديدةٍ وضرورية. كما يقوم المعلم أيضاً بتنظيم المعلومات أو الخبرات بطريقةٍ متدرجة، يتم الانتقال فيها من السهل إلى الصعب. فإذا كانت المعلومات الأساسية يعرفها الطالب أو يلم بها، فإن على المعلم في مهمته التعليمية عدم القيام بطرح الأسئلة أو عرض المعلومات.

أما إذا كانت المعلومات الأساسية يعرف الطالب بعضها ولا يعرف بعضها الآخر، فإنه ينبغي على المعلم طرح العديد من الأسئلة للتأكد مما يعرفه الطلبة ومما لا يعرفونه. أما إذا كان الطلبة يجهلون

الموضوع الذي يدور حوله الحوار، فإن على المعلم أن يعرض المعلومات ، أما إذا كانت المعلومات صعبة على الطلبة، فيقوم المعلم بتبسيطها أو عرض ما يناسب الطلبة منها أو ما يحتاج إليه الموقف التعليمي التعلمي منها.

2. اختيار الموضوع الملائم للحوار النشط:

يحرص المعلم الناجح على اختيار أو تحديد موضوع الحوار الذي يثير التفكير الفعال لدى التلاميذ، من بين العديد من الموضوعات التي يشملها المنهج المدرسي.

وقد يلجأ المعلم إلى أسلوبين مختلفين عند اختيار موضوع الحوار الملائم هما: أسلوب الاستقرار الذي يتم فيه الانتقال من الجزء إلى الكل، إذا كانت معرفة الطلبة محدودةً بالنسبة لذلك الموضوع. أما إذا كانت معلوماتهم عنه جيدة، فإنه يلجأ إلى استخدام الأسلوب الاستنتاجي أو القياسي الذي يتم فيه الانتقال من الكل إلى الجزء، وذلك من اجل التوصل إلى المزيد من التفصيلات المهمة في أسلوب الحوار.

ويتحكم في عملية اختيار موضوع الحوار النشط إثنان من الاعتبارات المهمة، يتمثل أولهما في اعتبار أهمية الموضوع، وفيما إذا كانت ترتبط به موضوعات أخرى تالية يؤثر بها هذا الموضوع تأثيراً مباشراً. وقد تنبع هذه الأهمية من مدى فائدة موضوع الحوار للطلبة في بداية العام الدراسي، أو بداية الفصل الدراسي، أو بداية فصل الربيع، أو الشتاء، أو الخريف، أو لقربهِ زمنياً من حدوث مناسبةٍ دينيةٍ أو قوميةٍ أو وطنيةٍ أو إنسانيةٍ، أو أن الطلبة سوف يكتسبون من ورائه معلوماتٍ أو مهاراتٍ أو اتجاهاتٍ مرغوبةٍ في وقتٍ من الأوقات أو ظرفٍ من الظروف.

ويتمثل المعيار المهم الثاني لاختيار موضوع الحوار النشط في مدى الملاءمة للموقف التعليمي التعلمي. وتتحكم في هذا المعيار نوعية المعلومات التي يطرحها المعلم، والتي إذا اتفقت إجابات الطلبة فيها مع السؤال الذي طرحه المعلم، فإن الحوار يستمر كالمعتاد، أما إذا لم تتفق مع الإجابة الصحيحة، فإن ذلك يتطلب من المعلم أن يوجه الحوار عن طريق مناقشة الإجابات المطروحة، وذلك حتى يتم تصويب إجابة الطالب ومن ثم العودة من جديد إلى الموضوع الرئيس في الحوار.

أما الأمر الآخر الذي يتحكم في معيار الأهمية، فيتمثل في نوعية إجابات الطلبة المطروحة، وهي التي تحدد زمن الحوار وخطوات السير فيه، وذلك بهدف الوصول إلى معلوماتٍ صحيحة. وهي عبارة عن المعلومات التي رصدها المعلم من أجل تحقيقها عن طريق الحوار مع الطلبة. وكلما ازداد اتفاق الاجابات الصحيحة مع الإجابات المرصودة، ازدادت فرص طرح نقاطٍ جديدةٍ وازدادت عملية التشعب في موضوع الحوار، بما يعود بالفائدة الكبيرة على الطلبة من حيث التفاعل وإثارة التفكير لديهم (**البوسعيدي، 1998**).

3. استخدام الوسائل التعليمية:

تعمل الوسائل التعليمية على حث الذاكرة الخاصة بالمتعلم على استحضار المعلومات الضرورية المتعلقة بموضوع الحوار، كما أن استخدامها يعمل على تسهيل مهمة المعلم في مساعدة الطلبة على تذكر المعلومات والحقائق الضرورية. ويمكن تحديد أهمية استخدام الوسائل التعليمية في نجاح أسلوب الحوار النشط، في أنها تمثل قاعدة الحوار الناجح من جانب المعلم، والمنطلق الفكري السليم للطلبة، وتعمل على إثراء الحوار والعمل على إنجاحه في تحقيق مهمته التعليمية عموماً.

ويمكن تلخيص خطوات استخدام الوسائل التعليمية في الحوار النشط كالآتي:

أ. التهيئة لاستخدام الوسيلة التعليمية بشكل فعال.

ب. عرض الوسيلة التعليمية بشكلٍ واضحٍ على الطلبة من جانب المعلم.

ج. التركيز على ما إذا كان يوجد مفتاح أو دليل للوسيلة التعليمية، مما ينبغي على المعلم قراءته والسير بموجبه.

د. إعطاءُ لمحةٍ من جانب المعلم عن موضوع الوسيلة وعلاقة ذلك بموضوع الحوار.

هـ. ضرورة بدء المعلم للحوار من خلال الوسيلة التعليمية المعروضة، إذا كانت على شكل لوحةٍ أو صورةٍ أو شكلٍ أو خريطة . أما إذا كانت فيلماً أو شريطاً سمعياً، فيتم عرضهما أولاً، ثم يبدأ الحوار بعد ذلك، في ضوء ما تم طرحه من معلوماتٍ أو معارف أو آراءٍ أو أفكارٍ أو مشكلات.

أسلوب المناقشة وأسلوب الحوار

4. مراجعة مادة الحوار:

وتهدف هذه الاستراتيجية إلى التأكد من وجود الخلفية المعرفية لدى الطلبة حول موضوع الحوار النشط، حيث تمثل هذه الخلفية، القاعدة الضرورية للتحصيل الأكاديمي الجديد. وهنا، فإن من الضروري على المعلم أن يحصر استخدام الحوار النشط في الموضوعات التي لم يتمكن الطالب فيها من إعطاء إجاباتٍ كافيةٍ عن أسئلتها. ويمكن للمعلم استخدام أحد الأسلوبين الآتيين للمراجعة بطريقة الحوار، أو قد يمزج بينهما، وهما: استخدام حوارٍ عام يحاور المعلم فيه طلابه حول الموضوع المطروح بصورة عامة، أو استخدام حوارٍ متدرج لكل فقرةٍ على حدة، حتى ينتهي من الموضوع ذاته. ويعقب ذلك كله، قيام المعلم بمراجعة مادة الحوار فقرة فقرة، وفي كل منها يتم استعراض الفكرة العامة الرئيسة، وربطها بالموضوع العام للحوار من جديد.

5. تصويب الأخطاء:

تعتبر عملية تصويب أخطاء الطالب خلال عملية التعلم، مسؤوليةً تربويةً أساسيةً للمعلم، تؤدي إلى زيادة تحصيل الطالب، وإثارة تفكيره من جديد. وتتضمن استراتيجية تصويب الأخطاء، استعراض مدى فهم الطالب للمصطلح أو الموضوع الذي دار حوله الحوار ومن ثم تحديد نقاط الضعف التي لم يدركها الطلبة في هذا الجانب.وتظهر أهمية استراتيجية تصويب الأخطاء خلال الحوار النشط بصورة جلية، خلال تعليم الموضوعات المتسلسلة، والتي يعتمد فيها تعلم الموضوعات أو المفاهيم اللاحقة على الموضوعات أو المفاهيم السابقة لها، وذلك حتى يزيد تعمقهم لها كلما تقدموا في تعلم الموضوعات أو المفاهيم اللاحقة.

ويتم تصويب الأخطاء في أسلوب الحوار النشط بطريقتين، تتمثل الأولى في قيام المعلم بتصويب أخطاء طلابه خلال إجاباتهم للأسئلة التي طرحها عليهم المعلم أثناء حواره معهم، بحيث يزودهم بمعلوماتٍ صحيحة، أو إعادة الحوار في النقاط التي وقعوا فيها بأخطاءٍ واضحة. أما الطريقة الثانية، فتتمثل في قيام الطالب نفسه بتصويب أخطائه، وذلك عن طريق مناقشتهِ لذاته، بحيث يقوم بمحاورة نفسه بنفسه، منتقداً ذاته، وموضحاً الجوانب التي أَبدعَ أو التي أخفق فيها، خلال الأجوبة، وماذا كان عليه أن يجيب بصورة افضل (**قطامي، 1990**).

أسلوب المناقشة وأسلوب الحوار

11

الفصل الحادي عشر
أسلوب لعب الدور، وأسلوب العَصف الذهني،
من الأساليب الفعالة للتعلم النشط

- أسلوب لعب الدور.
- أسلوب العصف الذهني.

أسلوب لعب الدور وأسلوب العصف الذهني

خامس عشر: أسلوب لعب الدور، من الأساليب الفعالة للتعلم النشط Role Play Method

يعتبر أسلوب لعب الدور، من الأساليب الفعالة للتعلم النشط، ويمثل أبسط تعريف له ،على أنه عبارة عن إيجاد نظام محاكاةٍ معين يفترض فيه من الطلبة القيام بالأدوار المختلفة للأفراد أو الجماعات في موقف حياتي حقيقي (Fredrick,1987). إنه يمثل الطريقة التي يتم الكشف من خلالها عن القضايا المرتبطة بالمواقف الاجتماعية المعقدة، مثل عمليات الاستنساخ للحيوانات أو الإنسان، ودفن النفايات السامة، و افتتاح منشأة نووية جديدة.

ومن اجل التخطيط لأسلوب لعب الدور الفعال، فإن على المعلم توضيح المواقف، وتعريف الأدوار للمجموعات المهتمة بالمشاركة، ثم تحديد المهام التفصيلية لكل مجموعة على حدة، وذلك باقتراح موقفٍ معينٍ أو إجراءٍ محدد. ومن الطبيعي أن يحدث تعارض بين هذه المواقف، سواء من حيث الفكرة أو التكتيك أو من حيث المنطقة أو الأصول العرقية، أو لأي سبب آخر. وهنا فإن على الطلبة أن يعدوا أنفسهم جيداً لهذا النشاط ليس عن طريق دراسة موقفهم بعمق فقط، بل وأيضاً بتفهم مواقف الآخرين.

وعادة ما تبدأ الحصة الدراسية بمحاضرةٍ مصغرةٍ من جانب المعلم، يتم من خلالها وضع الأساس القوي للموضوع والموقف، على أن يتبعها قيام الطلبة بطرح مقترحاتهم وآرائهم حول القضية، وذلك ضمن المجموعات التي يلتحقون بها.

ويستمع المعلم جيداً لما يعرضه الطلبة من أفكار، ويعمل على إدخالها في المحاضرة، موضحاً كيف أنها تعكس بحق مواقف الناس الذين كانوا في قلب هذه الصراعات، وأنها توفر دلالات ضمنية عن المجتمع ، ومن أجل المجتمع.

ويمكن للمعلم بدلاً من ذلك، إجراء ترتيباتٍ لعقد اجتماعٍ طارئ، تقوم فيه المجموعات المختلفة بتطوير استراتيجيات وتحالفات معينة من أجل تحقيق أهدافها، وربما تكون هناك عدة طرق لإنهاء هذا النشاط، ولكن في كل حالة منها، فإن على المعلم أن يحدد الأشياء أو الأمور التي يجب أن يتعلمها الطلبة وبالتعاون مع الطلبة أنفسهم.

وبالرغم من أن جميع هذه الأنشطة قد استخدمت بنجاح في الصفوف الدراسية ذات الأعداد الكبيرة، إلا أن ترتيب الحجرات الدراسية من حيث المقاعد واللوازم وعدد الطلبة الكبير، يجعل من عقد هذه الأنشطة مهمة صعبة.

ومع ذلك، فإن العديد من المعلمين يؤكدون على أن الطلبة كثيراً ما يتوصلون إلى حلولٍ إبداعية من أجل التغلب على الصعوبات البيئة المادية، وذلك من اجل إعطاء أنفسهم الفرصة لتدريب عقولهم على العمل بفاعلية أكبر داخل الحجرة الدراسية.

وينبغي على المعلم أن يأخذ في الحسبان جيداً أن جميع هذه الأنشطة تحتاج إلى الكثير من التخطيط الدقيق من جانبه، وإلى التحضير الجيد من جانب الطلبة، كجزءٍ مكملٍ للخبرات التعلمية للتلاميذ.

أهمية أسلوب لعب الدور:

إذا ما تمَّ تطبيق أسلوب لعب الدور بشكلٍ سليم، فإن ذلك يؤدي إلى الآتي:

1. تشجيع الطلبة على التعلم من بعضهم والتواصل فيما بينهم، بصرف النظر عن التنوع في الخلفيات الثقافية أو الاجتماعية أو الاقتصادية أو العرقية.

2. تشجيع عمليات التحليل والمقارنة لدى الطلبة بالنسبة للمعلومات أو الحقائق أو المعارف التي يتداولونها فيما بينهم خلال عملية لعب الأدوار.

3. التركيز على القيم الاجتماعية المتعددة ذات التأثير الإيجابي في سلوك الطلبة، وذلك خلال قيامهم بلعب أدوارٍ متنوعة في القضايا والمشكلات الاجتماعية التي تتطلب الدفاع عن القيم والأنظمة والقوانين ،التي تحمي المجتمع وتعمل على نموه وازدهاره.

4. العمل على رفع درجة الحماسة لدى الطلبة في لعب آدوار الآخرين، الذين يخدمون مجتمعهم وأمتهم.

5. التطبيق الفعلي لمبدأ التعلم بالعمل الذي ركز عليه المربي العربي المسلم الإمام الغزالي قديماً، ونادى به الفيلسوف الأمريكي المعروف جون ديوي في بداية القرن العشرين. فالطلبة عندما يقومون بلعب دور السائق والقاضي والمعلم والشرطي والزوج والزوجة والتاجر والعامل والطبيب والمهندس والمزارع، فإنهم يتعلمون الكثير عن مهنة كل واحد منهم بطريقةٍ عمليةٍ، وهم يؤدون هذه الأدوار.

6. استطاعة المعلم عن طريق استخدامه لهذا الأسلوب، من التعامل مع الطلبة من مختلف القدرات العقلية، مما يراعي بحق مبدأ الفروق الفردية بين التلاميذ.

7. وقوف المعلم الذي يستخدم أسلوب لعب الأدوار على جوانب القوة ونقاط الضعف بين الطلبة، مما يمكن أن تتاح له الفرصة للتركيز على نقاط القوة ومعالجة جوانب الضعف.

8. تشجيع هذا الأسلوب للطلبة على فهم ما يقوم به الآخرون من أدوار في الحياة، وتقدير ما يقدمونه من خدمات للمجتمع، مهما اختلفت وظائف الناس وأدوارهم وأعمالهم.

9. قدرة الطلبة على التعامل الجماعي والتعاون مع الآخرين، حيث يدركون جيداً أن لكل إنسان في الحياة دور يقوم به أو وظيفة يمارسها، ومع ذلك فإن الحياة الاجتماعية تمثل

مجموع هذه الأدوار معاً، مما يؤكد نظرية ابن خلدون الاجتماعية القائلة (أن الإنسان مدني بالطبع) أي أنه لا يستطيع العيش بمفرده دون تعاونٍ وثيق مع الآخرين.

10. يُنمي هذا الأسلوب لدى الطلبة مهارة لعب أدوار الآخرين، وتقمص شخصيات الكثيرين، والتأقلم بل والتعايش مع مواقف الحياة المتعددة في أنماطها، والمتكاملة في نتائجها.
11. إمكانية استخدامها في مختلف المقررات الدراسية، ومختلف الفئات العمرية للتلاميذ.

الألعاب التعليمية والتمثيل في أسلوب لعب الدور:

يتعامل الأطفال في حياتهم اليومية مع العديد من الألعاب التي تطرحها الأسواق، وتكون في الغالب غير هادفة أو غير موجهة ما عدا الاهتمام بعملية الترفيه وإشغال وقت الفراغ لديهم، رغم أنها قد تؤدي إلى الكثير من المشكلات الجسمية والاجتماعية مثل ضعف البصر، وآلام الظهر جسمياً، والعزلة أحياناً، والعنف أحياناً أخرى من الناحية الاجتماعية، وذلك نتيجة مشاهدة ألعاب الحاسوب العنيفة لساعات طويلة.

أما الألعاب التعليمية، فتقوم على أساس تربوي هادف ضمن قوانين وأنظمةٍ وإجراءات تنفيذ، ووقت محدد، وأهداف تتناسب مع الفئات العمرية المختلفة ، ومجموعةٍ من الأنشطة التي يطبقها الطفل لاكتساب معارف ومهارات واتجاهات مرغوب فيها.

أما عن التمثيل، فيميل الأطفال بصورة عامة إلى تمثيل أدوار غيرهم منذ الصغر بتشجيع من أولياء أمورهم. وما أن يلتحقوا بالمدرسة، حتى يأتي دور المعلمين في الكشف عن مواهبهم ورغباتهم في الأدوار التي يميلون إلى تمثيلها على خشبة مسرح المدرسة أو داخل الحجرة الدراسية.

ويعتبر التمثيل من الأمور المهمة في أسلوب لعب الدور كأحد أساليب التعلم النشط، حيث يقوم الطلبة بتقسيم الأدوار فيما بينهم، مع إتاحة الفرصة لكل طالبٍ في اختيار الدور الذي يناسبه من النواحي الشخصية والنفسية والمعرفية والمهارية والخبراتية، وذلك عند قيامهم بتمثيل أي موقف تعلمي أو أية قصة أو رواية.

عناصر أسلوب لعب الدور:

تتوفر لأسلوب لعب الدور مجموعة من العناصر تتمثل في الطلبة والمعلم والموقف التعلمي. فالطلبة هم من سيقومون بلعب الأدوار التي تناسبهم، والمعلم هو من يعمل بكل جد واجتهاد على تهيئة المواقف التعلمية الملائمة للطلبة كي يقوموا بتمثيل الأدوار حسب رغباتهم وقدراتهم ومواهبهم وبإشرافٍ وتوجيهٍ من المعلم ذاته. والشكل الآتي (3) يوضح هذه العناصر المتكاملة لأسلوب لعب الدور بما فيها تحليل الموقف التعلمي الذي يقوم به في العادة الطلبة أنفسهم:

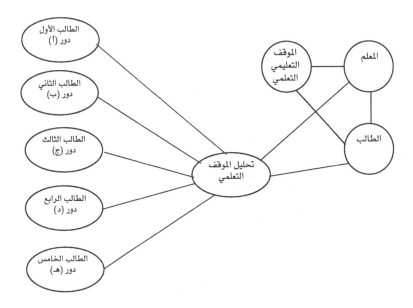

الشكل (3) عناصر أسلوب لعب الدور

تطبيق المعلم لأسلوب لعب الدور:

يمثل تطبيق أسلوب لعب الدور بالنسبة للمعلم الأمر غير اليسير، سواء من حيث الإعداد أو التحضير من جهة، أو من حيث التنفيذ أو التطبيق من جهة ثانية. ومع ذلك، فإن على المعلم النشط اتباع مجموعة من الخطوات إذا أراد الوصول إلى نتائج مرغوب فيها بالنسبة لتطبيق أسلوب لعب الدور. وتتمثل هذه الخطوات في الآتي:

1. تحديد الأهداف التي يريد تحقيقها:

وتشمل التفصيلات التي يحتاج إليها المعلم من أجل تبرير عملية تطبيق أسلوب لعب الدور، وتشمل الآتي:

< ما الموضوعات التي سوف تغطيها عملية تطبيق أسلوب لعب الدور؟

< ما مقدار الوقت الذي يحتاج إليه المعلم والطلبة لتنفيذ أسلوب لعب الدور؟

< ماذا يتوقع المعلم من طلابه أن يعملوه خلال عملية التطبيق من طرح معلوماتٍ وآراء وتقارير وأبحاث؟

- ما الطريقة التي سيتبعها المعلم عند تطبيق أسلوب لعب الدور؟ فهل الاعتماد سيكون على كل طالب بمفردهِ؟ أم استخدام أسلوب المجموعات؟
- هل سيعتمد المعلم على أسلوب التحدي أم أسلوب الصراع عند تنفيذه لأسلوب لعب الأدوار؟

2. اختيار الموضوع والقواعد الخاصة بالتطبيق:

حيث ينبغي على المعلم التحضير جيداً للنشاط الخاص بلعب الأدوار، وذلك عن طريق عمل الآتي:

أ. تحديد المشكلة ذات العلاقة بالموضوع الدراسي وكذلك المكان الذي سيجلس فيه لاعبو الأدوار. ومن الأفضل أن يكون المكان حقيقياً ولكن ليس بالضرورة أن يكون واقعياً.

ب. ضرورة الاستفادة من المواد التي قام معلمون آخرون بإعدادها، وذلك للاستفادة منها في عملية التطبيق.

ج. ضرورة تركيز المعلم على الأمثلة التي وضعها من أجل توزيع الأدوار المختلفة.

د. إذا كانت الشخصيات المستخدمة من جانب المعلم لتطبيق لعب الأدوار عبارة عن طلبة، فإن عليه تحديد أهداف كل واحد منهم، وماذا يمكن أن يحدث لو أن تلك الأهداف لم يتم تحقيقها.

هـ. ضرورة الحصول على الخلفية المعرفية لكل مشترك عن المشكلة المطروحة، والتي من الأفضل أن تتم عبر البحث والتقصي لكل واحد منهم. وهنا، فإن على المعلم أن يقوم بإعداد خرائط وجمع بيانات يستفيد منها الطلبة في تحليلاتهم وتفسيراتهم واتجاهات سير أنشطتهم، بدلاً من تركهم يقفزون إلى النتائج مباشرة وخاصة إذا كانت الأدوار تتم في القضايا أو الموضوعات العلمية.

3. تقديم نشاط لعب الدور:

وهنا فإنه يجب على المعلم مشاركة الطلبة في عملية العرض أو التقديم الخاصة بنشاط لعب الدور، وذلك عن طريق وصف المكان الذي يطبق فيه والمشكلة التي يدور حولها النشاط باستخدام الآتي :

أ. تزويد الطلبة بالمعلومات التي جمعها المعلم حول الشخصيات التي سيلعب هؤلاء الطلبة دورها، بحيث يصبح جلياً لدى كل طالب الشخصية الأصلية التي سيقوم بتمثيلها والمعلومات الدقيقة عنها.

ب. تحديد المعلم لعدد المرات التي قام بها الطلبة بلعب أدوار من قبل، وذلك للتأكد من خبراتهم التعلمية السابقة، وكيف يمكن أن يفيدهم ذلك في النشاط الجديد لعملية لعب الأدوار.

ج. تحديد ما يمكن للتلاميذ أن يقوموا به خلال هذا التمرين، وما يتوقع منهم أن يتعلموه عن طريقه.

د. إذا احتاج أي أمر من الأمور أثناء التطبيق إلى مزيد من البحث والتقصي، فإن من الضروري للمعلم أن يضع استراتيجية عامة من أجل إجراء الطلبة لبعض البحوث حسب قدراتهم ومستوياتهم، أو طرح مشكلاتٍ جديدةٍ لا بد من تطبيقٍ أسلوب لعب الدور عليها.

4. استعداد الطلبة وإجرائهم للبحوث:

حتى إذا لم يتم تحديد بحوث متقدمة كي يقوم بها الطلبة، فإنهم بحاجةٍ إلى بعض اللحظات لمراجعة شخصياتهم والقوانين أو الأنظمة ذات العلاقة بالنشاط الخاص بأسلوب لعب الدور. وهنا فإن أسئلة عديدة مهمة تطرح نفسها من بينها: (لماذا يقوم الطلبة بأداء دور شخصياتٍ معينة؟ ولماذا اختار المعلم أسلوب لعب الدور كنشاط تعليمي تعلمي؟

وقد تظهر لدى بعض الطلبة تحفظات أو تعليقات حول الشخصيات التي تمَّ تحديدها لهم للقيام بدورها أو حول وسائل التشجيع أو الإقناع التي استخدمها المعلم معهم. وعلى المعلم في هذه الحالة أن يعالج هذا الأمر قبل الشروع بعملية التطبيق الفعلي لأسلوب لعب الدور. فمن الصعب للغاية على الطالب أن يبدأ بالبحث عن قضيةٍ لها علاقةٍ بموضوع النشاط الذي يختلف كثيراً عن تصوره له، وذلك لأنه حتى البيانات الخاصة بالهدف الواضح تميل إلى إمكانية إعادة تفسيرها من أجل دعم عملية إيجاد وجهات نظر عالمية معينة.

ومع التقدير القائم عالمياً بالنسبة للقضايا البيئية، فإن العديد من المجموعات المدافعة عن البيئة قد كتبت بحوثاً ومقالاتٍ متميزة، وعملت على تصميم مواقع علمية على شبكة الإنترنت، بحيث تصبح مصدرَ معلوماتٍ ملائمة جداً للطلبة الذين سيلعبون دور حُماةٍ للبيئة ومدافعين أقوياء عنها.

كما توجد أبحاث ومقالاتَ ومواقع على شبكة الانترنت تحمل وجهات نظر العمال وأصحاب المزارع والمصانع والمؤسسات والشركات والمحامين والمدافعين عن حقوق الناس، بحيث تكون هي الأخرى مصدراً مهماً من مصادر المعرفة للطلبة الذين يرغبون في البحث من خلالها عن المعارف التي تفيدهم في تحسين الدور الذي سيلعبونه عن كل فئة من هذه الفئات.

وحتى إذا ما كان الأمر متعلقاً بعدد من الدول في الأمم المتحدة أو حتى متعلقاً بالمنظمة الدولية ذاتها، فإنه يمكن للطلبة الحصول على معلوماتٍ كثيرةٍ عن أي شعب من الشعوب أو عن منظمة الأمم

المتحدة، عن طريق الاتصال الهاتفي بسفارات تلك الدول أو بمكاتب الأمم المتحدة أو الرجوع إلى مواقع الانترنت للحصول على أفضل المعلومات، حتى يمكن أن يلعب الطلبة أدوار هذه الدول، في ضوء بحثهم وجمعهم لهذه المعلومات، وتقمص تلك الدول عند تمثيلها بواسطة أسلوب لعب الدور.

ويبقى للمعلم الدور الكبير في مساعدة الطلبة للوصول إلى مواقع الانترنت وزيارة المكتبة لتحديد المراجع والكتب والدوريات المفيدة لهم، من أجل جمع المعلومات أو القيام بالأبحاث عن القادة أو الحكام أو الشخصيات العلمية أو الأدبية أو الثقافية أو الاجتماعية أو العسكرية أو الفنية أو الرياضية، وذلك تمهيداً للقيام بعملية لعب الدور الخاص بها ضمن معلومات دقيقة، بحيث يكون لعب الدور أقرب إلى الواقع بناء على المعلومات التي تمَّ جمعها من قبل.

5. أداء الدور أمام الجميع:

يقوم الطلبة بعد كل ذلك بأداء الأدوار التي جمعوا عنها المعلومات أو كتبوا الأبحاث أو التقارير حولها أمام الجميع، وفي نُصبِ أعينهم تحقيق الأهداف التي وضعوها بالتعاون مع معلمهم من وراء ذلك الأداء الفعلي للأدوار، مع ضرورة مراقبة كل طالب لما يقوم به زميله من دور، ويكتب عنه الملاحظات الإيجابية أو السلبية تمهيداً للتفاعل النشط فيما بعد.

6. المناقشة الختامية:

كأي نشاط تعليمي تعلمي آخر، فإن تطبيق أسلوب لعب الدور بحاجة إلى قيام المعلم بإعطاء الطلبة ملخصاً لأهم ما تعلموه من هذا النشاط، وما الأمور التي هي بحاجة إلى تعزيزٍ أو توسعٍ في المستقبل. وقد يتم ذلك عن طريق كتابة مقالة تأملية قصيرة ،أو إضافة فقرةٍ أو صفحةٍ في نهاية واجبٍ بيتي، يتم فيها التأكيد على الأمور التي تمَّ تعلمها، أو أن يترك ذلك كله إلى مناقشة أخرى مستقلة. وهنا ينبغي أن يسأل المعلم طلابه عما إذا كانوا قد تعلموا الأشياء والدروس التي حددوها بالفعل قبل القيام بتطبيق أسلوب الحوار أم لا.

7. تقييم النشاط:

يقوم المعلمون في العادة بوضع الدرجات أو العلامات على مشاريع البحث الطلابية ذات العلاقة بتطبيق أسلوب لعب الدور. ومع ذلك، فإنه ينبغي عليهم الأخذ في الحسبان أيضاً المشاركة في التفاعل الصفي والمناقشات وتقديم المعلومات. كذلك فإن اعتبارات خاصة يجب أن تُحسب لكل دور لعبهُ الطالب، وفيما إذاكان قد حقق الأهداف المحددة لذلك الدور من قبل. وهنا، فإنه يجب على المعلم أن يكون دائماً إيجابي التوجه في عملية التقييم، ومراعياً للجهود التي قام بها المتعلم من أجل لعب دورٍ متميزٍ أو فعال.

8. **وضع بعض التوصيات:**

يمكن للمعلم في ضوء عملية التطبيق ووضع يده على نقاط القوة وجوانب الضعف، أن يطرح عدداً من التوصيات التي تفيده وتفيد طلابه في المرات القادمة لتطبيق أسلوب لعب الدور، مثل إمكانية تطبيق هذا الأسلوب في القضايا العلمية والأدبية البحتة ، مثل لعب دور البكتيريا والطحالب والأمراض والحرارة والبرودة والصقيع والتمدد والتقلص والنظريات الرياضية والحساب والجبر والهندسة والمبتدأ والخبر والنثر والشعر والمفعول به والفاعل والرياح والامطار والجبال والأودية والحرب والسلام والنصر والهزيمة والملعب وكرة القدم وكرة الطائرة وكرة المضرب والألوان والصورة والمنظر الطبيعي والزراعة والصناعة والتجارة والبريد والأسرة والطفل والأب والأم والمطبخ والغذاء والكساء والماء، وما فيها من موضوعات كثيرة لها علاقة وثيقة بالمنهج المدرسي المقرر، يمكن تطبيق الطلاب لأسلوب لعب الدور فيها.

مهام المعلم عند تطبيق أسلوب لعب الدور:

توجد مهام عديدة ينبغي على المعلم القيام بها إذا ما أراد تنفيذ أسلوب لعب الدور بشكل فعال، يتمثل أهمها في تقديم الموقف التعلمي المناسب أو المشكلة، ثم تحديد أدوار الطلبة والمواد الضرورية لتطبيق تلك الأدوار.

كما ينبغي على المعلم أيضاً أن يحدد أهداف النشاط والوقت اللازم لتنفيذه، والتركيز على الطلبة خلال عملية التطبيق ، وتدوين الملاحظات عن أنشطتهم وعن نقاط القوة وجوانب الضعف لديهم، ثم يأتي دوره في الإشراف على تنفيذ أدوارهم، وتشجيعه للجميع منهم حتى من لم يشتركوا بالمساهمة في عملية التفاعل وأداء الأدوار في الوقت المناسب، وضرورة مشاركة من لم تتح له الفرصة في هذا النشاط الاشتراك في نشاطٍ آخر.

ويمكن للمعلم القيام بتبديل أدوار الطلبة من موقفٍ تعلمي لآخر، وذلك حتى تعم الفائدة التربوية بدرجة أفضل بين أكبر عددٍ ممكن منهم، مما يساعد المعلم نفسه على اكتشاف قدرات الطلبة ومواهبهم ويعمل على دعمها أو تعزيزها.

ويجب على المعلم أيضاً توضيح الإجراءات التي سوف يقوم بها الطلبة المشاركون في النشاط قبل تنفيذهم للموقف التعلمي، ثم العمل على تفقد الجلوس الصحيح لهم وفي الأماكن الملائمة، وذلك حتى يشاهدهم الطلبة غير المشتركين حالياً في النشاط، والذين يعمل المعلم على تفعيل دورهم ،عن طريق تشجيعهم على المناقشة، بعد الانتهاء من عملية التطبيق، وطرح الآراء والأفكار والمداخلات، على أن يقوم في نهاية المطاف بتلخيص الموضوع ثم تمثيله، والخروج بتعميماتٍ مفيدةٍ وذات علاقةٍ بالموضوعات التي تتناولها أدوار اللعب.

مهام الطالب خلال تطبيق أسلوب لعب الدور:

لن يكون هناك نجاح لعملية تطبيق أسلوب لعب الدور، دون تعاونٍ وتفاعلٍ من الطلبة ،مهما بذل المعلم من جهودٍ مضنيةٍ في التخطيط والتنفيذ والتقييم. فالمتعلم هو المحور الحقيقي للعملية التعليمية التعلمية، ولا بد لضمان فاعلية أسلوب لعب الدور من توفر الرغبة الحقيقية لدى الطالب في التعلم، والحماسة الأكيدة للاستمرار في الحيوية والنشاط حتى انتهاء عملية تحقيق الأهداف المحددة لهذا الأسلوب.

كما أن من مهام الطالب الأخرى، اختياره الدقيق للدور الذي يريد أن يلعبه، والذي ينبغي أن يتلاءم مع شخصيته وخلفيته المعرفية والاجتماعية. وفي الوقت نفسه، فإن عليه أن يتفاعل مع الدور الذي اختاره، بل ويتعايش معه بشكل حقيقي، وأن يلتزم بالوقت المخصص له، وأن لا يعمل على الإفراط في دوره على حساب أدوار الطلبة الآخرين، وأن يلم جيداً بالموضوع أو الموقف التعلمي المحدد له لتنفيذه، وذلك من الناحية المعرفية ، قبل الشروع بعملية تنفيذه، وذلك حتى يضمن النجاح المطلوب لدوره.

عيوب أسلوب لعب الدور ، وكيفية التغلب عليها:

تواجه عملية استخدام أسلوب لعب الدور داخل الحجرة الدراسية أو على مسرح المدرسة ،بعض العيوب أو العقبات، التي ينبغي على المعلم التصدي لها بكل حيوية ونشاط، وذلك حتى يتغلب عليها أو يخفف من حدتها على الأقل. وتتمثل أهم هذه العقبات في ضعف الرغبة أو عدم توفر عنصر الحماس أو الدافعية في التعلم أو في لعب الأدوار المخصصة لدى بعض الطلبة من ناحية، وسيطرة الخجل والخوف على بعض الطلبة الآخرين من ناحية أخرى، مما يقلل من مشاركتهم في هذا الأسلوب. كما أن الجهد الكبير الذي يُبذل، والوقت الطويل الذي يُصرف في عمليتي التخطيط والتطبيق، يرى فيهما بعض المربين أنهما أكثر بكثير من الأهداف التي يمكن تحقيقها من وراء ذلك، وأن العملية برمتها سوف تكون على حساب أساليب التعليم والتعلم الأخرى. وفي الوقت ذاته، يرى بعض المهتمين بمتابعة تنفيذ أسلوب لعب الدور في التدريس، أن العديد من الطلبة يشعرون بالملل وبخاصةٍ غير المشاركين منهم، ولا سيما إذا أخذت عملية تنفيذ الأدوار وقتاً طويلاً.

ومقابل هذه العيوب كلها، والتي لا تقترن بأسلوب لعب الدور بقدر ما ترتبط بسوء استخدامه، فإن على المعلم مهام كبيرة ينبغي عليه القيام بها ،ويتمثل أولها في إثارة الدافعية بشكلٍ مستمر لدى الطلبة إلى التعلم داخل الحجرة الدراسية أو على مسرح المدرسة، وذلك عن طريق توضيح مزاياها وأهدافهاو الفوائد التي يمكن أن يجنيها الطلبة، إذا ما تحمسوا من أجل تنفيذ الأدوار المخصصة لهم.

وفي الوقت ذاته، فإن على المعلم أن يطلب من التلاميذ الذين يلاحظون زملاءهم خلال أداء الأدوار المحددة لهم بعدم الشرود الذهني، بل عليهم الإصغاء الجيد والإيجابي لما يقولون، ومتابعة الحركات والأدوار التي يؤدون، وكتابة الملاحظات عن الإيجابيات والسلبيات لما يفعلون، وتقديم تقرير خطي مكتوب للمعلم عن تقييم ما شاهدوه، على أن يتم وضع درجات أو علامات على هذا الجهد، حتى يشعر الطالب بالمسؤولية ،ويبقى منتبهاً لما يدور حوله، بعيداً عن الملل أو الشرود الذهني.

كما يجب على المعلم زيادة الاهتمام بالطلبة الخجولين، أو الذين يسيطر عليهم بعض الخوف من الفشل، وذلك عن طريق تحديد أدوارٍ تناسب طبيعتهم، وتشجيعهم بالحوافز المادية والمعنوية البسيطة من وقت لآخر، في حالِ إبداء بعض إشارات النجاح في الأداء مهما كانت متواضعة، وذلك من أجل تشجيعهم على العمل ثانية وثالثة ورابعة، والتخفيف من حدة الخوف والخجل لديهم.

أما عن مسألة الوقت الطويل والجهد الكبير اللّذين يبذلهما المعلم في عمليتي التخطيط والتنفيذ، فهذه ليست بالمعضلة الكبيرة، حيث تمثل عقبةً في الغالب تواجه المعلمين الذين يطبقون أسلوب لعب الدور للمرات الأولى. وهنا ينبغي التأكيد للمعلم بأنه كلما زادت خبرته في التطبيق امتلك مهاراتٍ عديدة تجعله يقلل من الجهد والوقت اللازمين لنجاح تنفيذ أسلوب لعب الدور، كما ويمكنه التعاون المستمر مع الطلبة، ومع المعلمين الآخرين في عمليتي التخطيط والتطبيق.

سادس عشر: أسلوب العصف الذهني، أحد الأساليب الفعالة للتعلم النشط Brainstorming

نظراً لأهمية هذا الأسلوب وتعدد موضوعاته الفرعية، فإنه لا بد من التعرض لتعريفات العصف الذهني، وأهدافه، ومتطلباته، والقواعد الأساسية له، وخطواته، والتحضير لعملية تطبيقه، ثم العمل على تقييمه. وفيما يأتي توضيح لكل ذلك:

تعريفات العصف الذهني:

لقد طرح المربون والمهتمون بالعصف الذهني، العديد من التعريفات لهذا المفهوم يتمثل أهمها في أنه عبارة عن إيجاد حالة مثالية للدماغ، يستطيع عن طريقها توليد أفكار جديدة. ويرى آخرون أنه يمثل جزءاً من أسلوب حل المشكلات، يتضمن إيجاد أفكارٍ جديدةٍ عن طريق تأجيل الحكم أو القرار. ويعتقد فريق ثالث بأن العصف الذهني يمثل الأسلوب الذي يزيد من القدرة على توليد الأفكار، في حين يؤكد فريق رابع على أنه عبارة عن الوقت الذي يتم تخصيصه لتوليد أكبر عدد من الأفكار بصرف النظر عن قيمة المبادرات الأولية لها.

وللعصف الذهني تعريف خامس، يرى فيه بعضهم أنه عبارة عن الأسلوب الذي تضع فيه مجموعة من الناس الموانع الاجتماعية والقانونية جانباً، من أجل توليد أفكارٍ وحلولٍ جديدة، بينما يذهب التعريف السادس إلى أنه يمثل تلك العملية التي تم تنظيمها من أجل الحصول على أكبر عدد من الأفكار ذات العلاقة بمجالاتٍ محددةٍ من الاهتمام، في حين يؤكد التعريف السابع على أنه عملية ربطٍ حرةٍ بين أفكار مختلفة من أجل تشكيل مجموعة من المفاهيم والأفكار الجديدة.

أما أوسبورن **Osborn** فيعتقد أن العصف الذهني ما هو إلا أحد أساليب المؤتمرات التي تحاول فيه إحدى المجموعات إيجاد حلٍ لمشكلةٍ محددةٍ عن طريق تجميع الأفكار بشكل عفوي بواسطة أفراد تلك المجموعة. أما قاموس التربية **Dictionary of Education** فله تعريف آخر للعصف الذهني على أنه يمثل فكرة لامعة، أو ابداع مفاجئ، أو تفجر إثارة معينة، نتيجة نشاط عقلي محدد.

ويعتقد مؤلفو هذا الكتاب في ضوء التعريفات العديدة التي تمَّ طرحها سابقاً، أن العصف الذهني عبارة عن (أسلوب من أساليب التفكير الإبداعي الذي يمكن للمعلم الفعال أو الإداري الناجح أن يستخدمه في اللقاء مع مجموعة من الطلبة أو المهتمين أو المتخصصين، وذلك من أجل توليد أفكار جديدة حول قضيةٍ من القضايا التي تهمهم، أو مشكلةٍ من المشكلات ذات الأهمية الاجتماعية أو الاقتصادية أو السياسية).

أهداف أسلوب العصف الذهني وفوائده:

يتمثل الهدف الأساس لأسلوب العصف الذهني، في تشجيع المعلمين والإداريين إلى العمل في مجموعاتٍ من أجل تحديد المشكلة وإيجاد أفضل الخطط أو القرارات الملائمة لحلها، وذلك من خلال المشاركة الفاعلة لتلك المجموعات. أما عن الفائدة المهمة والمتوخاة من تطبيقه فتتلخصُ في استطاعة كل فرد من أفراد المجموعة الحصول على فهمٍ أفضل لتلك المشكلة ،وتشكيل شعورٍ لديهم بأنهم يشتركون جميعاً في ملكيتهم للنتائج التي توصلوا إليها.

ومن جهة ثانية فإن أسلوب العصف الذهني يجعل من السهولة بمكان على الفرد المشترك بحيوية فيه ،أن يفكر بوضوحٍ أمام الحالات الصعبة، وأن يتعامل معها بروح الفرد أحياناً وبروح الجماعة أو الفريق أحياناً أخرى، تتكامل فيها أهداف الأفراد وأهداف المجموعة معاً للوصول إلى النتائج المنشودة أو المرغوب فيها. وفي الوقت ذاته فإن تطبيق العصف الذهني سيعمل على توليد أفكارٍ جديدةٍ لم تكن معروفة للمجموعة من قبل، والتي لم يتم التوصل إليها إلا في ضوء المناقشات وتبادل الخبرات وتلاقح الأفكار.

متطلبات أسلوب العصف الذهني:

يتطلب نجاح أسلوب العصف الذهني النشط توفر الأمور المهمة الآتية :

1. مشكلة محددة من أجل العمل على حلها.

2. مجموعة من الطلبة أو المهتمين من الذين لديهم الرغبة الحقيقية في العمل كفريق، بحيث يتراوح عدد أفرادها ما بين (5-10) أشخاص من التلاميذ أو العمال الزراعيين أو الصناعيين أو الموظفين. وقد يرتفع عدد الحضور كي يشمل عدة مئات في اجتماع قروي في إحدى القرى على سبيل المثال.

3. لوحة سبورية كبيرة أو لوحة الكترونية مناسبة يتم الكتابة عليها عن طريق الحاسوب، ومن السهولة بمكان رؤيتها وملاحظة ما يكتب عليها بخطٍ كبير من بعيد، هذا بالإضافة إلى أقلام خاصة للوحة السبورية بألوان مختلفة إذا لم تتوفر اللوحة الالكترونية.

4. معلم أو شخص له خبرة كافية في استخلاص الاقتراحات أو الآراء أو الأفكار أو الحلول من مناقشات المشتركين وتفاعلاتهم حول موضوع ما أو قضية محددة أو مشكلة معينة، دون ان يفرض آراءه أو أفكاره عليهم، في الوقت الذي يستخدم فيه بفاعلية كبيرة مهارات القيادة في إدارة النقاش، وذلك من أجل الوصول إلى الهدف أو الأهداف الرئيسة من إجراء عملية العصف الذهني .

القواعد الأساسية لأسلوب العصف الذهني:

ينبغي على المعلم الذي يريد لطلابه الحصول على التعلم النشط خلال تطبيقه، أن يراعي مجموعة من القواعد الأساسية التي تتمثل في الآتي:

أ. ضرورة إدارة المعلم لجميع حلقات النقاش الخاصة بتطبيق أسلوب العصف الذهني.

ب. ضرورة طلب المعلم من التلاميذ المشتركين في عمليات العصف الذهني تقديم المقترحات أو الأفكار أو الحلول، مع الأخذ في الحسبان ألا يفرض عليهم ما يعتقد هو بأنه الأصلح أو الأنسب.

ج. الإيمان بأنه لا يوجد جواب خاطئ خلال العصف الذهني .

د. تحديد وقت للنشاط من أجل التنظيم.

هـ ضرورة عدم رفض أي اقتراح من البداية على أنه غير ملائم، إلا بعد مناقشته والوصول إلى قرار جماعي بشأنه، وكأن الهدف هو الحصول على أكبر عدد من الأفكار في أقل وقت ممكن.

و. ضرورة تسجيل جميع المقترحات على السبورة العادية أو الالكترونية حتى الغريبة أو المضحكة منها، حتى تخضع للنقاش فيما بعد.

ز. ضرورة مشاركة أفراد المجموعات بشكل دوري، بحيث يتم طرح فكرة واحدة في كل دور.

خطوات العصف الذهني:

توجد مجموعة من الإجراءات أو الخطوات المهمة التي ينبغي على المعلم النشط القيام بها من أجل تحقيق الأهداف المنشودة للعصف الذهني، وتتضمن هذه الخطوات ما يأتي:

1. تحديد طريقة الجلوس وتوضيح القواعد المهمة والاهتمام بعملية الإحماء:

حيث يرى بعض المربين، أن أفضل خطوة للبدء بتطبيق العصف الذهني تتمثل في طريقة الجلوس، والتي يجب أن تكون على شكل دائرة، ثم توضيح المعلم للمجموعة أو المجموعات المشتركة الأسباب الموجبة لتنفيذ ذلك الأسلوب، مع طرح القواعد والقوانين المفروض احترامها والخطوات الواجب اتباعها. وقد يستخدم المعلم الناجح فترة قصيرة من الزمن لا تزيد عن خمس دقائق كعملية إحماءٍ للطلبة قبل الدخول في النقاش، بحيث يتم فيها طرح بعض المعيقات التي تحول أحياناً دون العصف الذهني الفعال. ومن الضروري أن يختار المعلم قائداً لكل مجموعة ،ومسجلاً لما يتم الاتفاق عليه من أفكارٍ أو آراءٍ أو مقترحاتٍ أو حلول، وقد يكون شخصاً واحداً يقوم بالوظيفتين ويسمى مقرراً عاماً للمجموعة.

2. تحديد المشكلة التي يدور حولها نشاط العصف الذهني:

ويكون ذلك عن طريق طلب المعلم الفعال من التلاميذ طرح مجموعة من المقترحات التي تشير إلى أكثر المشكلات أهمية بالنسبة لهم كي يتم حلها، مع مراعاة عدم السماح لأي طالب بانتقاد أو رفض أي مقترح لأية مشكلة من أي طالب في هذه المرحلة، على أن يقوم المعلم بكتابة جميع المشكلات المقترحة على السبورة أو على اللوحة الالكترونية.

ويعمل المعلم بعد ذلك على تجميع المشكلات المتشابهة أو المتقاربة أو ذات العلاقة ،ضمن مجموعةٍ صغيرةٍ واحدة أو حتى ضمن مشكلة واحدة، على أن يعقب ذلك إعادة ترتيب هذه المشكلات أو إعادة تنظيمها حسب مبدأ الأولويات، بحيث تأتي الأكثر أهمية من وجهة نظر الطلبة أولاً، ثم المهمة ثانياً، ثم الأقل أهمية ثالثاً وأخيراً.

3. العمل على توليد أو استنباط الهدف العام من حل المشكلة المحددة:

ويتم ذلك عن طريق الحديث عن حل المشكلة، باعتباره الهدف المهم لنشاط العصف الذهني، ثم كتابة هذا الهدف على السبورة، مع تذكير أفراد المجموعة أو المجموعات بأنهم هم الذين حددوا ذلك الهدف العام.

4. تحديد الأهداف الخاصة للنشاط من جانب المعلم:

حيث يبدأ المعلم بالتوضيح لأفراد المجموعات، الفرق بين الهدف العام لنشاط العصف الذهني الذي يقومون به، والأهداف الخاصة التي سيعمل هو معهم على تحقيقها داخل الحجرة الدراسية، وفي الوقت المخصص للنشاط ذاته. وهنا يطلب المعلم من أفراد المجموعات باقتراح أهدافٍ خاصةٍ مهما كانت، ودون استثناء أي منها أو التهكم على أي طالب اقترح أهدافاً غريبة.

ويقوم المعلم بعد ذلك بتجميع الأهداف الخاصة المتشابهة أو ذات العلاقة، في هدفٍ واحدٍ أو هدفين، ثم يعيد ترتيب الأهداف كلها حسب أولوية تحقيقها، مع تذكير أفراد المجموعات بأن الأهداف الخاصة جميعاً، هم الذين اقترحوها أو توصلوا إليها.

5. تحديد المصادر ذات العلاقة وصعوبات الحصول عليها:

ويكون ذلك بالطلب من أفراد المجموعات، باقتراح المصادر المهمة، والمعيقات التي تقف أحياناً أمام الحصول عليها، مع كتابة ذلك على السبورة من جانب المعلم، دون استبعادٍ لأي منها، ثم تجميع المصادر ذات العلاقة وإعادة ترتيبها حسب أهميتها، مع تذكير المجموعات بأن المعلم لم يقترح هذه القائمة، بل الطلبة أنفسهم قاموا بذلك، حتى يشعروا بالحماس والحيوية في العمل، وبأنهم أنتجوا أشياء عديدة حتى الآن ضمن خطوات تطبيق أسلوب العصف الذهني.

6. تحديد الاستراتيجية الخاصة بتنفيذ نشاط العصف الذهني:

وتتم هذه الخطوة أيضاً عن طريق الطلب من أفراد المجموعات، بتقديم اقتراحاتٍ حول الاستراتيجيات المناسبة لتطبيق النشاط، والوصول إلى حلولٍ للمشكلة المحددة، وكتابة جميع هذه المقترحات على السبورة دون أي استثناء، ثم تجميع تلك المتشابهة أو ذات العلاقة معاً، وترتيبها حسب أهميتها بالنسبة للطلبة، مع تذكيرهم بأن ذلك كله قد جاء بجهودهم. وفي النهاية، فإن على المعلم أن يختار الاستراتيجية التي أجمع الطلبة على أنها الأكثر أهمية والأكثر ملاءمة وجاءت في مقدمة الاستراتيجيات المقترحة من جانبهم.

7. تلخيص قرارات المجموعات على السبورة، وذلك من حيث:

> المشكلة التي اتفقوا على تحديدها.

> الهدف العام الذي أجمعوا عليه لنشاط العصف الذهني.

> الأهداف الخاصة التي اقترحوها للمعلم من اجل تحقيقها داخل الحجرة الدراسية.

> المصادر والمواد التعليمية التعلمية اللازمة لتحقيق الأهداف.

- المعيقات التي قد تحول دون الوصول إلى المصادر والمواد التعليمية أو تحقيق الأهداف المنشودة.
- الاستراتيجية المختارة لتنفيذ أسلوب العصف الذهني.

وعلى المعلم بعد ذلك، أن يخبر التلاميذ بأنهم قد أنتجوا بالفعل خطةً دقيقةً للعمل على تطبيق نشاط محدد في العصف الذهني وعلى شكل فريق، وأنهم يملكون هذه الخطة. إنها بلا شك خطةً بسيطة، ولكنها ليست بالضرورة أن تكون سهلة. إن مثل هذه الخطة تتحسن وتتطور مع الممارسة والتمرين من وقت لآخر.

التحضير لعملية تطبيق أسلوب العصف الذهني:

رغم توضيح الخطوات السابقة للشروع بأنشطة العصف الذهني، إلا أن هناك نماذج أخرى لكيفية الإعداد الناجح لهذا الأسلوب الفعال من أساليب التعلم النشط. ولا بد عند تطبيق العصف الذهني المرور بالمراحل الآتية :

أولاً: التعرف إلى الأسباب الموجبة لتطبيق نشاط العصف الذهني:

وهنا فإن على المعلم، التأكد من الحاجة لتطبيق العصف الذهني، والذي ينبغي أن يتم من أجل توليد الكثير من الأفكار والحلول، وليس من أجل تحليل الأمور أو صنع القرارات من البداية. صحيح أن المعلم بحاجة إلى القيام ببعض عمليات التحليل والحكم على الأفكار، ولكن ذلك يتم في مراحل لاحقةٍ دون أن يتم استخدام أساليب العصف الذهني .

ويجب أن يتم توجيه النشاط الخاص بالعصف الذهني نحو موضوع معين من الموضوعات ذات الاهتمام الخاص بالنسبة إلى المجموعة المشتركة فيه، بحيث تتحدد أولاً المشكلة التي سوف يتم توليد الأفكار حولها، ثم العمل على صياغة عبارة توضح بدقة ما ينوي المعلم تحقيقه بمشاركة الطلبة، مع الأخذ بالحسبان عدم إشارة تلك العبارة إلى نوعية الحل المطلوب للمشكلة، لأن ذلك سيمثل عائقاً أمام تدفق الأفكار بحرية كاملة.

ويتطلب التحضير الأمثل لتطبيق العصف الذهني، أن يقوم المعلم نفسه باقتراح نشاطٍ خيالي، يستطيع من خلاله الجلوس مع نفسه، والتحقق من الأمور التي يرغب في اكتشافها. ومع ذلك، فإنه ينبغي عليه عدم تشكيل تصورات محددة مسبقاً عن موضوع العصف الذهني، لأن هذا الأسلوب لا يتطلب السير ضمن مساراتٍ بعينها فيما يتعلق بنوعية الأفكار وعددها وكيفية تدفقها. فالمبدعون من الباحثين والمفكرين يقترحون دوماً، بأنه قبل إجراء أي بحثٍ في موضوعٍ محددٍ أو قضيةٍ ما، فإنه لا بد من طرح الأفكار الخاصة بكَ قبل ذلك، لأنه إذا اتبعتَ ما قام به الآخرون، فإنك ستتبع الخط العادي من التفكير، والوصول إلى إجابات أو نتائج مشابهة لما قاموا به أو فعلوه.

والواقع أنه ما أن يجد المعلم الفرصة لتحديد صياغة دقيقة للمشكلة، حتى ينبغي عليه أن يقرر ما إذا كان أسلوب العصف الذهني ملائماً لها أم لا، حيث يمكن توفير الجهد والمال والوقت أحياناً ،عن طريق تطبيق حل معروف للمشكلة، وتخصيص الوقت والجهد لمشكلات أكثر خطورة أو أهمية. فبعض المشكلات يمكن حلها بواسطة تطبيق معادلات رياضية أو حسابية أو استخدام أسلوب المحاكاة بواسطة الكمبيوتر، لأن المشكلة لا تحتاج في هذه الحالة إلى تغير في الفهم أو الإدراك العميق من جانب الأفراد.

وينصح العديد من الباحثين المعلم بعدم ضرورة التخطيط لتنفيذ نشاط العصف الذهني، إذا كانت لديه بالفعل مجموعة من الحلول للمشكلة، حيث ليس عليه في هذه الحالة إلا أن يقرر أفضل هذه الحلول كي يتم استخدامها.

ثانياً: تحديد الطريقة التي يدار بها أسلوب العصف الذهني وأدوار المشاركين فيه:

فإذا ما افترض المعلم أن لديه صياغة للمشكلة تصف بدقة ما ينبغي عليه تحقيقه أو البحث عنه، وأنه في ضوء ذلك قد قرر أن أسلوب العصف الذهني هو الأنسب للتعامل مع تلك المشكلة، فإن عليه أن يقرر كيفية إدارة النشاط وتوزيع الأدوار خلال عملية التطبيق. فمن الأهمية بمكان تحديد نمط التنظيم الإداري الذي سوف يستخدمه، وذلك في ضوء النشاط من جهة، ونوعية المشتركين وعددهم من جهة أخرى.

وعلى المعلم أن يقرر بعد ذلك من سيتحمل مسؤولية إدارة نشاط العصف الذهني، والذي سيوجه ذلك النشاط، ويراعي الوقت المحدد، ويطبق القواعد المطلوبة في هذا الصدد، ويعمل على تيسير أمور النقاش فيه بكل سلاسة ويسر، بحيث يشعر المشتركون فيه بالراحة والحماسة، وهم يتفاعلون معاً من أجل تحقيق الأهداف الخاصة به.

ومن الطبيعي أن يكون المعلم هو المشرف والميسر لنشاط العصف الذهني، ولكن دون أن يفرض نفسه على الطلبة للقيام بهذا الدور. وإذا ضمن المعلم شخصياً بأن الأمور سوف تسير على خير ما يرام، إذا ما ترك دور القيادة لأحد الطلبة من ذوي الخبرة ،وأن يكون هو مجرد مشترك عادي، فإن ذلك يكون أفضل للعملية التعلمية التعليمية، حتى يقلل من آثار التحيزات أو فرض الآراء والأفكار بطريقةٍ أو بأخرى على الطلبة، مع الأخذ في الحسبان أن تتاح لكل طالب الفرصة للمشاركة بفاعلية تامة وبحرية كاملة ليس كمشاركٍ فحسب، بل وأيضاً كمشرفٍ على نشاط العصف الذهني أو كإداريٍ له.

ومن المعروف أن العدد الطبيعي لأفراد كل مجموعة من المجموعات المشتركة في نشاط العصف الذهني تتراوح ما بين (4-30) شخصاً. اما في حال زيادة عدد الأفراد عن ذلك، فإن هذا يعني

إتاحة فرصة أكبر للاختلاف في الخبرات ،وفي الطروحات، وفي الآراء أو التعليقات. ومع ذلك، فإن هذا قد يؤدي إلى نوعٍ من الإحباط أو الانفعالات العصبية، إذا لم يتم إعطاءُ كل فرد الوقت الكافي الخاص به، كي يطرح الأفكار التي يريد، والذي غالباً ما يصعب تطبيقه في حالة الأعداد الكبيرة للمجموعة الواحدة، ولا سيما إذا كان الوقت العام لنشاط العصف الذهني محدداً.

ثالثاً: إعداد الحجرة الدراسية والمواد التعليمية:

يعتمد اختيار الحجرة الدراسية المناسبة لتطبيق أسلوب العصف الذهني، على ما هو متوفر فعلاً أمام المتعلم داخل المدرسة، والذي تقع عليه المهمة الأساسية في استخدام مهاراته الإبداعية لاختيار تلك الأكثر ملاءَمةً لعملية التطبيق إذا لم تتوفر الحجرة الدراسية المثالية لهذا الغرض.

وإذا كان نشاط العصف الذهني يشتمل مثلاً على مجموعة من الطلبة يصل عددهم إلى خمسة عشر فرداً، فعلى المعلم أن يطلب منهم الجلوس بشكل دائري، والأفضل أن يكون بيضاوياً حول طاولة بالشكل ذاته، وإذا لم توجد مثل هذه الطاولة، فيتم وضع الطاولات الصغيرة بالشكل البيضاوي، بحيث يرى كل طالبٍ زملاءه الآخرين بسهولة، وحتى يشعر كل فرد منهم بالمساواة مع غيره ،ليس في الجلوس فحسب، بل وفي إمكانية طرح الأفكار والآراء ،ولا سيما عندما تتدفق من الجميع، وبدون ضغط من أحدٍ، وحتى من المعلم نفسه.

وينبغي أن تحيط بمجموعة الطلبة عدداً من السبورات الموجودة على حوائط الحجرة الدراسية، وتكون إما سوداء أو بيضاء ، مع الكثير من الطباشير أو الاقلام الملونة التي ينبغي أن تكون في متناول الجميع. كما ينبغي أن تكون أمام كل طالب على الطاولة دفتر ملاحظات أو مجموعة أوراق بيضاء، مع قلمٍ من أجل تدوين الأفكار التي ترد إلى ذهنه في غمرة تدفقها من جانب زملائه، والتي من الأفضل كتابة بعضها أيضاً في مكان ما من دفتر الملاحظات، مع ضرورة الإلمام بمعظم الأفكار الأساسية المطروحة في جميع مراحل تطبيق نشاط العصف الذهني.

وإذا احتاج المعلم إلى استخدام أسلوب العصف الذهني الأكثر تعقيداً ،فإن عليه الاستعانة بمواد أخرى كالحاسوب، وبعض البرامج ذات العلاقة بهذا الأسلوب. كما قد يحتاج أيضاً إلى استخدام جهاز العرض العلوي Over Heand Projector ولا سيما إذا تطلب الأمر عرض وصف دقيق للمشكلة المختارة، أو معلوماتٍ أو صورٍ تزيد من وضوحها لدى الطلبة.

أما عن الحجرة الدراسية، فيجب أن تكون واسعة حول طاولة النشاط البيضاوية ، وذلك من أجل توفير فرصة حرية الحركة للطلبة. كما يفضل تخصيص أحد الطلبة أو اثنين ، تكون المهمة

لديهما محصورة في متابعة ما يجري من نقاش، وتدوين الأفكار المفيدة التي يتم طرحها، مما يخفف من الضغط على من يدير نشاط العصف الذهني، بحيث يكرس وقته للإشراف العام على الخطوط العريضة لتطبيق ذلك النشاط.

تقييم أسلوب العصف الذهني:

توجد مجموعة من الأسئلة التي ينبغي على المعلم أن يضعها في الحسبان، إذا ما أراد تقييم الأنشطة المختلفة التي يطبقها على أسلوب العصف الذهني، وتتمثل هذه الأسئلة في الآتي:

1. كيف تجنبَ أفراد مجموعة نشاط العصف الذهني عملية تقييم الأفكار المطروحة؟
2. كيف طرح أفراد المجموعة الأفكار الكثيرة والمختلفة أثناء النقاش؟
3. كيف عمل أفراد المجموعة على توسيع الأفكار المطروحة والبناء عليها؟
4. ما الدرجة التي شارك فيها أفراد مجموعة نشاط العصف الذهني؟
5. إلى أية درجة أصغى فيها أفراد المجموعة إلى بعضهم بعضاً؟
6. إلى أية درجة استنبط أفراد المجموعة الأفكار من بعضهم بعضاً؟
7. إلى اية درجة نجح أفراد المجموعة في تجنب نقدالأفكار المطروحة من غيرهم؟
8. هل يوجد للمجموعة وسيط؟ وكيف كان مستوى الأداء لديه؟
9. هل كان يوجد شخص واحد أو أكثر يسجل ما دار في نشاط العصف الذهني من أفكار؟ وما درجة الجودة التي قام بها خلال أدائه لذلك العمل؟

12

الفصل الثاني عشر
أسلوب دراسة الحالة،
كأحد الأساليب الفعالة للتعلم النشط

- تعريف دراسة الحالة.
- أنماط دراسة الحالة.
- الخصائص الفعالة لدراسة الحالة.
- تطبيقات على دراسة الحالة.
- فوائد دراسة الحالة.
- صعوبات تعلم دراسة الحالة.
- كتابة دراسة الحالة.

سابع عشر: أسلوب دراسة الحالة، أحد الأساليب الفعالة للتعلم النشط Case Study

من أجل إعطاء صورة دقيقة عن أسلوب دراسة الحالة، فإنه لا بد من توضيح عدد من الموضوعات المهمة ذات العلاقة بهذا الاسلوب، مثل تعريف دراسة الحالة، وتحديد أنماطها، والإلمام بخصائصها، وطرح مجموعةٍ من التطبيقات عليها، وبيان فوائدها، وتحديد صعوبات تعلمها، وكيفية كتابتها بدقة. وفيما يأتي توضيح لكل هذه النقاط المهمة:

تعريف دراسة الحالة:

يمكن تعريف دراسة الحالة على أنها عبارة عن أداة تعليم وتعلم فعالة تُعطي الشخص الذي يطبقها الفرصة للاستفادة من خبرات الآخرين وممارساتهم المتنوعة. إنها ليست اختيار طريقة، وإنما اختيار شيءٍ ما أو أمرٍ محدد، من أجل دراسته بعمق.

ويعرفها فريق آخر من المربين على أنها عبارة عن قصصٍ تعبر عن رسائل أو معاني أو أفكار، من أجل تربية التلاميذ وتعليمهم بشكل أفضل. إنها أداة تعلمٍ فعالة، تُعطي المعلم والمتعلم فرصة للاستفادة من خبرات الآخرين وممارساتهم الناجحة.

ويرى فريق ثالث، أن دراسة الحالة تمثل قصةً حقيقيةً مفتوحة النهاية، لم يتم تحديد خاتمتها، مما يؤدي إلى إثارة التفكير لدى التلاميذ، وتجعل التعلم داخل الحجرة الدراسية أكثر واقعية وحيوية. إنها تمثل مشكلة صعبة أو قضية دون حلٍ واضح لها.

أنماط دراسة الحالة:

لقد طرح ستيك (Stake, 2006) ثلاثة أنماط من دراسة الحالة تتمثل في الآتي:

1. دراسات الحالة الحقيقية Intrinsic Case Studies والتي لا تهدف إلى بناء إطار نظري، بل جعل الحالات ذاتها مجال الاهتمام والدراسة.

2. دراسات الحالة الوسيلية أو المساعدة Instrumental Case Studies والتي تمثل حالة معينة يتم فحصها من أجل التعمق في قضية أخرى أو لتطوير نظرية محددة.

3. دراسات الحالة التجميعية أو الجماعية Collective Case Studies: والتي يتم من خلالها التحقق من مجموعة من الحالات التي تم اختيارها، نظراً للاعتقاد بأن فهم العديد منها يؤدي إلى تنظيرٍ أفضل، وفهمٍ أعمق لأسلوب دراسة الحالة.

وطرحت جامعة ولاية كلورادو الأمريكية أربعة أنماط من دراسات الحالة تتمثل في الآتي:

أ. دراسات الحالة التوضيحية **Illustrative Case Studies**: وهي بالدرجة الأساس دراسات وصفية تستخدم في العادة حالة واحدة او اثنتين لحادثةٍ ما، من أجل توضيح موقف معين. ويعمل هذا النوع من دراسات الحالة، على جعل الشيء غير العادي معروفاً، مع تزويد القارئ بفكرةٍ عامة عن الموضوع المطروح للدراسة.

ب. دراسات الحالة الاستكشافية أو الاستطلاعية **Exploratory or Pilot Case Studies**: وهي في الواقع عبارة عن دراسات مكثفة تمّ القيام بها قبل عملية إجراء عدد كبير من الدراسات فيما بعد. ويتلخص الهدف الأساس لهذا النمط من دراسات الحالة في المساعدة على تحديد الأسئلة المطلوبة، واختيار أنماط القياس الملائمة قبل الدراسة المتعمقة. وتتمثل نقطة الضعف الأساسية في هذه الدراسات، بأن النتائج الأولية التي يتم التوصل إليها قد تبدو كافية ومقنعة لدى بعض الباحثين، على اعتبار أنها نتائج نهائية وأنه ليس بالضرورة الاستمرار في بقية الأنماط الأخرى من دراسات الحالة.

ج. دراسات الحالة التجميعية **Cumulative Case Studies**: ويعمل هذا النوع من الدراسات على تجميع المعلومات من مواقع الإنترنت المختلفة ذات العلاقة وفي أوقات مختلفة أيضاً. وتتمثل الفكرة الأساسية من وراء هذه الدراسات التجميعية في الحصول على أكبر عدد من الدراسات السابقة التي سوف تسمح بالوصول إلى تعميم أشمل وأفضل، دون تكاليف إضافية أو بذل وقتٍ زائد على دراسات جديدة وربما تكون متكررة في طابعها العام.

د. دراسات الحالة الناقدة **Critical Instance Case Studies**: ويركز هذا النوع من دراسات الحالة على فحص موقع أو أكثر من مواقع دراسات الحالة على شبكة الإنترنت، من أجل فحص موقفٍ له أهمية خاصة للباحث وليس للتعميم من ناحية، أو من أجل الاستفسار والتحدي، للوصول إلى تعميمٍ شامل من ناحية أخرى.

الخصائص الفعالة لدراسة الحالة:

حتى يتم الحكم بدقةٍ على دراسة الحالة بأنها فعالة أو ناجحة كأسلوب من اساليب التعلم النشط، فقد اقترح المربي هيريد (Herrreid, 2005) مجموعة مهمة من الخصائص التي ينبغي أن تتصف بها، والتي تتمثل في الآتي:

١. أن تُخبر الحالة عن قصة معينة: بحيث تكون محبوكةً بشكلٍ دقيق، وذات علاقةٍ قويةٍ بخبرات الطلبة أو من يسمعها، وأن تكون لها بداية ومجريات ونهاية، على أن يتم ترك

النهاية، كي يتوصل إليها الطلبة في ضوء المناقشات من جهة، وبناءً على تحليلهم لمجريات القصة واحداثها وشخصياتها من جهة ثانية.

2. أن تركز الحالة على قضية مهمة: فقد كتب ماكنير **McNair** يوماً ما قائلاً: " إذا كان لابد للحالة من أن تكون شيئاً حقيقياً ومُعايشاً، وإذا كان لا بد للطالب من أن ينسى أنها مصطنعة، فإنه يجب توفر كل من عنصر التشويق وعنصر التمثيل معاً فيها، وأن تكون الحالة قضية مهمة فعلاً.
3. أن تركز الحالة على السنوات الخمس الماضية : فحتى تكون الحالة حقيقية، فإنه ينبغي أن تتعامل مع مشكلة راهنة يحس بها الطلبة، حتى يشعروا بأهميتها وقيمتها، وخاصة إذا تم طرحها في وسائل الإعلام المختلفة، وأصبحت تشغل بال الطلبة وأولياء أمورهم، بحيث لا يتعدى عمرها خمس سنوات، كي يتذكروا ظهورها وأسبابها ونتائجها وردود الفعل المختلفة نحوها.
4. أن تعمل الحالة على إيجاد إحساس لدى الطلبة بالشخصيات الرئيسية للقصة: حيث ينبغي إيجاد نوع من الإحساس الحقيقي ليس لجعل القصة أكثر تشويقاً للطلبة وأكثر معايشة لهم فحسب، بل وأيضاً لأن خصائص شخصياتها سوف تؤثر على الطريقة التي سيتم بها صنع القرارات أو اتخاذها من جانبهم لوحدهم أو بالمشاركة مع معلمهم.
5. أن تتضمن الحالة اقتباسات مهمة: فليس هناك من طريقة لفهم موقف ما ثم الشعور بالإحساس الحقيقي لشخصيات القصة من أن تسمع لما يقولونه بأنفسهم. وهنا يصبح وجود الاقتباسات ضروريا ً، لأنها تضيف الحياة لدراسة الحالة، وتجعل من التمثيل عملية حيوية ومفيدة. كما ينبغي أيضاً أخذ الاقتباسات من الوثائق والمراجع والرسائل التاريخية أو الفنية أو السياسية، لأنها تدعم الواقعية عند دراسة الحالة.
6. أن تكون الحالة ذات علاقة بالطالب: حيث ينبغي اختيار الحالات التي تتضمن مواقف لدى التلاميذ خلفية عنها أو لديهم الرغبة في مواجهتها، لأن ذلك سوف يعمل على تنمية روح الإحساس بها، ويجعل الحالة أكثر وضوحاً وتستحق الدراسة فعلاً.
7. أن تكون للحالة تطبيقات تدريسية: وهنا فإن المربي وحدهُ هو الذي يستخدم الحالة كأسلوب تدريسي ناجح، مما يحتم على المعلم أن يفكر ملياً في الوظيفة أو المهمة التي تعمل الحالة على خدمتها، وما الذي يمكن أن تفيده للمادة الدراسية المطلوبة من التلاميذ؟. فالحالة الفاعلة أو الجيدة، هي التي تجد لها تطبيقات تربوية داخل الحجرة الدراسية.
8. أن تكون الحالة مثيرة للجدل: حيث يرى العديد من المربين، بأن معظم الحالات تدور أصلاً حول أمورٍ جدلية، ويعتقدون بأنه إذا لم تعالج تلك الأمور الخلافية فعن ماذا

تتحدث إذن؟ أليست الحالة عبارة عن قضية يختلف الناس العقلاء حولها، فإذا كان الأمر كذلك، فإننا نكون قد بدأنا فعلاً بحالة جيدة.

9. أن تشجع الحالة على صناعة القرارات أو اتخاذها: صحيح أنه ليست جميع الحالات عبارة عن قضايا تتطلب الحلول، إلا أنه لا بد من توفر حدٍ من الجدية والاستعمال عند التعامل معها. فليس المطلوب من التلاميذ عند تعاملهم مع الحالات مجرد المرور سريعاً عليها، بل يجب عليهم مواجهة العديد من المشكلات المترتبة عليها، وما تتطلبه من صناعة القرارات أو اتخاذها. فعندما يتم تشجيع الطلبة على اتخاذ موقفٍ ما أو مجموعةٍ من المواقف نحو الحالة المطروحة للنقاش، فإننا ندفعهم إلى العمل الجاد والحقيقي في التعامل مع تلك الحالة ،بما يفيدهم ويعمل على دراسة الحالة حسب الأصول العلمية الدقيقة.

10. أن تؤدي الحالة إلى حدوث عملية التعميم: فليس من الأهمية بمكان إذا كانت الحالة دقيقة للغاية ولا تفيد إلا صاحب الفضول فقط، بل من المستحسن أن تتناول الحالات مشكلاتٍ عامةٍ وليست فردية أو ضيقة، وأن تكون لها تطبيقات ميدانية. فإذا ركزت الحالة على موضوع التلوث المائي في منطقة ما، فإن النتائج التي يتم التوصل إليها ينبغي العمل على تطبيقها أوتعميمها على مناطق أخرى مجاورة، بل وعلى أنواع التلوث الأخرى كتلوث الهواء، وتلوث التربة، والضجيج، مع مراعاة بعض الخصوصيات لتلك المناطق أو أنواع التلوث الأخرى.

11. ينبغي أن تكون الحالة قصيرة: فالأمر يتعلق ببساطة بمدى شد انتباه الآخرين. فمن المعروف أنه من السهل العمل على شد انتباه شخصٍ ما لفترة وجيزة من الوقت حول موضوع معين أو قضية محددة، ولكن الحالات تقوم أصلاً على عرض حقائق عديدةٍ، بشرط ألا تصل الأمور إلى حد الملل بالنسبة إلى السامع أو القارئ. وهنا ينبغي أولاً عرض بعض المعلومات أو البيانات أو الحقائق أو المعارف، ثم طرح مجموعة من الأسئلة وربما قرارات تمهيدية قبل عرض معلومات أخرى جديدة، وهكذا بحيث يكون طرح الحالات لفتراتٍ زمنيةٍ محددةٍ حتى تكون الفعالية مرتفعة من جهة، وحتى يتم استعراض أكبر عدد من تلك الحالات التي تزخر الحياة بعددٍ لا محدودٍ منها من جهة ثانية.

تطبيقات على دراسة الحالة:

في ضوء الخصائص الواضحة للحالة الفعالة، فإنه بالإمكان اختيار موضوع تربوي ملائم تدور حوله دراسة الحالة، بحيث لا يتعلق الموضوع بتخصصٍ علمي أو أدبي أو مهني بعينه، بل بظاهرةٍ تحدث في تلك التخصصات جميعاً، ويشعر بها كثير من المعلمين، مهما اختلفت تخصصاتهم أو

اهتماماتهم. إنه موضوع أو ظاهرة (الغش) من جانب بعض الطلبة، سواء في الامتحانات، أو في الأنشطة الأكاديمية المختلفة، أو في عمل المجموعات التعاونية داخل الحجرة الدراسية أو خارجها.

الصيغة الأولى لحالة الغش:

لو افترضنا أن معلماً يقوم بتدريس مادة العلوم العامة لطلبة الصف السابع الأساسي في مدرسة حكومية أو خاصة بأحد الأقطار العربية، وانه يستخدم نمط التعلم النشط أو التعلم التعاوني، حيث يعمل الطلبة ضمن مجموعات صغيرة خلال تدريس تلك المادة طيلة الفصل الدراسي، وأنه يعطي الطلبة امتحانات قصيرة فردية وضمن مجموعات. وكان المعلم يحترم تلاميذه، وينظر إليهم نظرة أفراد يتحملون المسؤولية في الاعتماد على أنفسهم في الأنشطة الفردية والجماعية والاختبارات، إلا أنه علم من أحد تلاميذه المتفوقين بأن عدداً من زملائه قد لجأوا إلى الغش خلال عملية تقديم الامتحانات.

وفي ضوء هذه المعلومة الجديدة، قام المعلم بتصميم أداة قصيرة، كي يعمل كل تلميذ على تقييم زملائه الآخرين المشتركين معه في المجموعة وترتيبهم من حيث مدى مساهمتهم في الجهد الجماعي، ووزعها عليهم، حيث حصل على معلوماتٍ إضافيةٍ حول ظاهرة الغش، بعد أن منح التلاميذ الثقة بالسرية التامة للمعلومات التي يقدمونها عند إجابتهم على فقرات الأداة.

واكتشف المعلم بأن ثلاثة من بين (25) طالباً هم مجموعةطلبة الشعبة قد قاموا فعلاً بعملية الغش في الامتحانات، وأن أربعة آخرين قد حاولوا ذلك وحاول زملاؤهم في المجموعات أن يوقفوهم عن الغش، ولكنهم لم ينجحوا بالقدر الكافي.

وكان اكتشاف المعلم لهذه الحقيقة متأخراً وقبيل انتهاء العام الدراسي، ولم يبقَ من إجراء من الامتحانات سوى الامتحان النهائي، فماذا يمكن له أن يفعل؟

الصيغة الثانية لحالة الغش:

يتحدث الطالب (أحمد) مع نفسه قائلاً:" لا أستطيع البقاء صامتاً على ما دار في الامتحان من جانب بعض التلاميذ، ويجب أن أتحرك لعمل شيء ما، بعد أن قاموا بعملية الغش في الامتحان، في الوقت الذي درستُ فيه بشكلٍ ممتاز من أجل ذلك الامتحان، وقد تكون النتيجة حصول من بذل جهداً مضاعفاً في الاستعداد للامتحان مساوياً لنتيجة من بذل جهداً مضاعفاً في الغش، دون الاستعداد المطلوب لذلك الامتحان.

وينطلق الطالب (أحمد) إلى المعلم (أشرف) ناقلاً إليه مشاعرهُ المؤلمة لما حدث من غش في الامتحان، ومبدياً مخاوفة من حصول الطلبة الذين قاموا بعملية الغش على علامات أو درجات متساوية بل وربما اعلى من الطلبة الذين قاموا بالاستعداد الكبير والدقيق لذلك الامتحان.

ويندهش المعلم (أشرف) من الخبر الذي نقله إليه أكثر الطلاب حيوية ونشاطاً وتفوقاً، ويسأل المعلم نفسه قائلاً:" لماذا حصل هذا الغش في الامتحان رغم وجودي بين الطلبة؟" . وبينما المعلم يغطُ في التفكير محاسباً نفسه، يتدخل الطالب (أحمد) قائلاً:" في الوقت الذي كنتَ فيه يا أستاذي تنظر من شبابيك الحجرة الدراسية إلى الأشجار الجميلة المحيطة بالمدرسة وإلى العصافير المغردة فوقها لفترة ليست بالقصيرة، كان بعض الطلبة ينتهزون فرصة انشغالك بجمال الطبيعة ،وينظرون إلى زملائهم الذين يتعاونون معهم في فتح أوراقهم لهم لأخذ ما يريدون من إجابات.

وهنا يجيب المعلم (أشرف) قائلاً:" كم كنت أتمنى لو أنك أخبرتني يا (أحمد) في وقت مبكرٍ بدلاً من تأخير ذلك إلى أكثر من شهر، لأنه كان بالإمكان أن نفعل شيئاً مفيداً لمنع هذه الظاهرة وإزالة الأسباب التي تؤدي للقيام بعلمية الغش في الامتحان، لا سيما وأنه لم يبقَ سوى لقاء واحد مع الطلبة قبل الامتحان النهائي لمادة العلوم العامة، وأنه لحسن الحظ أن هذا اللقاء هو مخصص للتقييم الجماعي وليس الفردي، حيث يقوم كل طالب بترتيب زملائه في المجموعة في ضوء جهودهم الحقيقية، وأن عليك يا (أحمد) أن تكون متأكداً من تلك الشكوى . فردَ عليه الطالب قائلاً:" أنني على يقين بأن هناك مجموعة أخرى من الشكاوي سوف تصلك من طلبة آخرين.

وما إن انتهت حصة التقييم الجماعي وتسجيل الطلبة لملاحظاتهم وترتيبهم لبعضهم بعضاً في ضوء مجهوداتهم، حتى أصبحت شكوى الطالب (أحمد) حقيقةً واقعة أمام المعلم (أشرف). لقد أكد خمسةُ آخرون من الطلبة بأن عملية الغش قد حصلت من جانب أربعةٍ من الطلبة داخل الحجرة الدراسية أثناء الامتحان السابق.

واستخلص المعلم (أشرف) من هذه الحالة عبرة مفيدة ومهمة ،وهي ضرورة عدم الانشغال بأمور ثانوية مثل قراءة الصحف، أو النظر خارج الحجرة الدراسية، أو الاستغراق في التفكير، بينما يقوم الطلبة بتأدية الامتحان، لأن ذلك سيتيح الفرصة لبعض الطلبة للغش من زملائهم، والتأكد بأن إدارة المعلم للامتحان ليست على ما يرام، في الوقت الذي ستكثر فيه الشكاوي من الطلبة المتفوقين، مما يفسد على المعلم عمله، وعلى العملية التربوية تحقيق أهدافها التربوية المنشودة، التي تقوم أصلاً على التقويم الدقيق والفعال لما تعلمه التلاميذ من معارف وما اكتسبوه من مهارات واتجاهات مرغوب فيها.

التعليق على الحالتين الأولى والثانية من الغش:

من يقرأ الحالتين جيداً، يدرك بأن الحالة الثانية أقوى تأثيراً من الحالة الأولى، ولكن لماذا. فصحيحٌ أن كلتا الحالتين تنقلان القصة ذاتها، وتتطرقان إلى موضوعٍ مهمٍ ومتكرر، ويشجع على صناعة القرارات، وعلى إصدار التعميمات، وعلى الدفاع عن المبادئ والأسس والأخلاقيات،

ولكن الحالة الأولى كانت مجرد نقل معلومة معينة، في حين أعطت الحالة الثانية للقارئ إحساساً بشخصيات الحالة من خلال حواراتهم وتفكيرهم، بحيث تبدو كأنها واقعية، مما يجعلنا نهتم جيداً بالقرارات الملائمة بشأنها.

فلو قرأنا الحالة الثانية بتمعنٍ أكثر، فقد نشارك المعلم (أشرف) تعجبه مما حدث من غش، واكتشافهِ للثغرات في طريقة إدارة الامتحان من جانبه، وقد نطرح بعض الأسئلة إزاء ذلك الموقف. فهل توقعَ المعلم التزاماً أكثر من الطلاب في تطبيق أخلاقيات الامتحان؟ وهل كانت ثقته في بعضهم أكثر من المعقول؟ وهل ظاهرة الغش في الامتحان تمثل مشكلةً ثقافية أم اجتماعية؟ وهل كان الطلبة الذين قاموا بعملية الغش على علمٍ بقواعد النظام داخل الحجرة الدراسية وقت الشرح أو النشاط أو تقديم الامتحان؟ وماذا يمكن أن يفعل المعلم إزاء الطلبة الآخرين الذين اعتمدوا على انفسهم في ضوء ما قام به الطلاب الذين مارسوا عملية الغش؟

فوائد دراسة الحالة:

تتمثل أهم الفوائد التي يجنيها المعلم والطلبة والعملية التعليمية التعلمية من دراسة الحالة في الآتي:

1. التعامل مع العالم الحقيقي: حيث يستطيع التلاميذ عن طريق استخدام المعلم لأسلوب دراسة الحالة، التأكد من مدى تطبيق موضوعات المادة الدراسية في العالم الواقعي خارج الحجرة الدراسية، وأنه كم تبقى البيانات والمعلومات غير واضحة في المادة الدراسية دون استخدام هذا النمط من أنماط التعلم النشط.

2. الكشف عن وجهات النظر المتعددة: فالحالات التي تتطلب في العادة صنع القرارات، يمكن أن تستخدم لتوضيح وجهات النظر المتنوعة للطلبة التي استقوها من مصادر متعددة، ولإدراك السبب الذي يجعل الناس يرغبون في الوصول إلى نتائج مختلفة. كذلك فإن التلاميذ سوف يكتشفون عن طريق دراسة الحالة، كيف أن القرار يحتاج قبل الوصول إليه إلى مجموعة من المشاركين ذوي الآراء الإيجابية والسلبية نحو ما ورد من شخصياتٍ وأحداثٍ في دراسة الحالة.

3. استخدام مهارة التحليل ومهارات التفكير الناقد: حيث تتطلب الحالات قيام الطلبة بتحليل البيانات والمعلومات، من أجل الوصول إلى حلٍ أو قرارٍ مناسب. وبما أن معظم الأنشطة والواجبات في أسلوب دراسة الحالة تتصف بكونها مفتوحة النهاية، فإنه يمكن للطلبة ممارسة عملية اختيار أفضل تقنيات التحليل الملائمة لموضوع دراسة الحالة وتطبيق مهارات التفكير الناقد بفعالية كبيرة.

4. التعامل الفعال للطلبة مع محتوى المادة الدراسية: فالكثير من الحالات تتطلب من التلاميذ التعامل مع موضوعاتٍ مختلفة من المادة الدراسية للوصول إلى أفضل الحلول للمشكلة المطروحة، بل والبحث عن معلوماتٍ ومعارف من مصادر المعرفة العديدة والمتنوعة خارج الكتاب المدرسي المقرر، مما يعزز عملية توضيح المعلومات المطروحة في الكتاب المقرر ولها علاقة بالحالات المدروسة.

5. شد انتباه التلاميذ: فمن المعروف أن أهم مشكلةٍ تواجه المعلم خلال طرح المعلومات وتطبيق الأنشطة داخل الحجرة الدراسية، تتمثل في شد انتباه التلاميذ لأطول فترةٍ ممكنة، ونظراً لوجود العديد من الأساليب للاستمرار في زيادة اهتمامهم بالحصة، وانتباههم لها، مثل استخدام الوسائل التعليمية، وتنوع طرائق التدريس ،وطرح الأسئلة المتعددة، وتنوع نبرات الصوت من جانب المعلم، وتطبيق نظام المجموعات، إلا أن أسلوب دراسة الحالة وما فيه من سرد القصص يثير الطلبة بشكل واضح.

صعوبات تعلم دراسة الحالة:

يصعب على التلاميذ أحياناً التعلم عن طريق استخدام أسلوب دراسة الحالة، وذلك للأسباب الخمسة الآتية:

أ. قد لا يرتاح التلاميذ من التعامل مع المشكلات مفتوحة النهاية داخل الحجرة الدراسية، حيث تستغرق الوقت الطويل، وربما لا تؤدي إلى نتيجةٍ حاسمةٍ أو إلى قرارٍ سليمٍ أو إلى حلٍ متفق عليه.

ب. قد يفتقر التلاميذ إلى الخبرة في التعامل مع المشكلات مفتوحة النهاية داخل الحجرة الدراسية.

ج. قد تكون الحالة المطروحة معقدةً جداً، مما يؤدي إلى حدوث إحباط لدى التلاميذ، وانخفاض مستوى مهارات التفكير الناقد لديهم، مما يحتاج إلى وقتٍ طويلٍ لإعادة تدريبهم أو تأهيلهم عليها.

د. إذا كان التعامل مع دراسة الحالة داخل الحجرة الدراسية أو خارجها يتطلب تطبيق أسلوب الفريق أو العمل الجماعي، فإن التلاميذ بحاجةٍ إلى فهم ديناميكية عمل الفريق، من أجل النجاح الكامل في التعامل مع دراسة الحالة.

هـ قد يؤدي التعامل مع الحالة الجدلية المعقدة، إلى حدوث ردود فعلٍ طلابيةٍ عاطفيةٍ عنيفةٍ عند صياغتهم للعبارات المعرفية ذات العلاقة، أو عند تبادلهم للآراء والأفكار حول الحالة، مما يستوجب تدريبهم على إجراءات خفض التوترات خلال التفاعل الصفي حول دراسة الحالة.

كتابة دراسة الحالة :

تحتاج عملية كتابة دراسة الحالة إلى عدد من الخطوات تتمثل في الآتي:

أولاً: كتابة مشهد من المشاهد وتحديد مشكلة من المشكلات:

حيث توجد بعض الطرق الخاصة بذلك يتمثل أهمها في تطوير حالةٍ تعتمد على الأخبار، ثم البحث عن بياناتٍ واقعيةٍ، لمقارنة هذا كله بالأهداف الموضوعة للحالة المقترحة.

وفي كثير من الحالات، يكون من السهل إيجاد مشهدٍ من قائمة الأخبار والحوادث اليومية، بل ويكون من المفيد الرجوع أحياناً إلى بعض مواقع الانترنت التي تقوم بتصنيف الحوادث والأخبار ضمن المواد الدراسية المختلفة. ويبقى الشيء المهم هنا أن يعكس المشهد عالم الواقع كما هو، وأن يتصف بالتعقيد، وبوجود مشكلةٍ مفتوحة النهاية وذات حلولٍ متعددة، وأن تكون لها تأثيرات وجدانية وسلوكية مرغوب فيها.

وعلى المعلم أن يتأكد بعد ذلك من وجود مشكلة محددة، يتم اختيارها من قائمة الأخبار والأحداث اليومية، بحيث يختار الأكثر أهمية للتلاميذ، والتي لها صدىً واسعاً في المجتمع المحلي، بحيث تؤدي عملية مناقشتها والوصول إلى حلول لها، إلى فوائد جمة قد تعود على الطلبة أنفسهم وعلى البيئة المحلية. فمثلاً، لو كانت تركز قائمة الأخبار المحلية على مشكلات عديدة مثل : حوادث الطرق، وارتفاع الأسعار، وانتشار الجريمة المنظمة، وزيادة نسبة العاطلين عن العمل، والهجرة من الريف إلى المدن، واهتزاز القيم الاجتماعية في ضوء الاكتشافات والاختراعات، ولا سيما أمية الحاسوب والانترنت، فقد يختار المعلم بالاتفاق مع الطلبة مشكلة (ارتفاع الأسعار) لكونها أكثر المشكلات تأثيراً على الطلبة والمعلمين وأولياء الأمور والمسؤولين والاقتصاديين في وقتٍ واحد.

وهنا قد ينبثق من مشكلة ارتفاع الأسعار الرئيسية، مجموعة من المشكلات والموضوعات الفرعية الآتية:

- تأثير ارتفاع الأسعار على المستوى التعليمي للأسرة.
- تأثير ارتفاع الأسعار على المستوى الاقتصادي للأسرة.

- تأثير ارتفاع الأسعار على التجار أنفسهم.
- تأثير ارتفاع الأسعار على مستوى الفقر بين الناس.
- تأثير ارتفاع الأسعار على مستوى المرض بين الناس.
- تأثير ارتفاع الأسعار على الاستقرار والأمن في المجتمع المحلي.
- تصدي وسائل الإعلام لمشكلة ارتفاع الأسعار.
- تصدي المدارس لمشكلة ارتفاع الأسعار.
- تصدي الجامعة لمشكلة ارتفاع الأسعار.
- تصدي أبناء المجتمع المحلي لمشكلة ارتفاع الأسعار.

وهنا يصبح من الصعب على المعلم والتلاميذ، تناول مشكلة ارتفاع الأسعار بجميع فروعها دفعة واحدة، ويصبح تناول جوانب محدودة منها هو الأفضل، بل ويمكن أن يصبح كل موضوع فرعي بمثابة حالةٍ منفصلةٍ يمكن تناولها لمشكلةٍ مستقلة توزع على المجموعات أو الأفراد، ثم تناقش في نهاية الأمر في نشاط جماعي لإعطاء صورةٍ كاملةٍ عن مشكلة ارتفاع الأسعار والحلول المناسبة لها.

ثانياً: تحديد شخصيات الحالة، وعناصر لعب الدور فيها، والوقت اللازم لها:

ففي الحالات التي تقوم على أسلوب لعب الدور، يصبح من الضروري تحديد الشخصيات الخيالية ومواقعها في القصة وتنظيم أدوارها. وإذا كان المطلوب من التلاميذ لعب دور المحامي أو الطبيب أو المعلم أو السائق أو الضابط أو التاجر أو المزارع أو المهندس، فإنه من الضروري لهم الشعور الحقيقي بالدور المحدد وتقمص الطلبة له والتصرف في ضوء تعايشهم معه. كما ينبغي على المعلم أيضاً وضع حد من الوقت لإنهاء المهمة من جانب التلاميذ ،وعدم ترك الأمور بدون ضابط زمني دقيق.

ثالثاً: تحديد معايير خاصة بالحالة:

فحتى تكون الحالة فعالة، فإنه لا بد من تحديد مجموعةٍ من المعايير، يتمثل أهمها في ضرورة تحقيق الأهداف المنشودة من وراء استخدام تلك الحالة. فإذا كان الهدف الأساس هو تشجيع الطلبة على استيعاب المفاهيم، فإن استخدام أسلوب المحاكمة الجماعية أو استخدام أسلوب العرض مع الاستعانة بالوسائل التعليمية يصبح الأفضل. أما إذا أراد المعلم أن يركز التلاميذ على مهارة التحليل أو مهارات التفكير الناقد في الحالة، فإن الوضع يحتاج إلى مطالبة التلاميذ بإبداء الآراء، أو اقتراح الأفكار، أو طرح التوصيات، أو كتابة عبارة عن المشكلات التي تطرحها الحالة.

وإذا ما اهتم المعلم بردود افعال التلاميذ حول وجهات النظر المتعددة، فإنه يمكن استخدام

أسلوب المناظرة أو أسلوب المناقشة الصفية. أما إذا كان الهدف المحدد من المعلم تشجيع التلاميذ على استخلاص أفكار من الحالة، فإن من الأفضل عليه طرح مجموعة من الأسئلة ذات الإجابات القصيرة التي يتمكن الطلبة في ضوئها من استخلاص الإجابات من وثائق الحالة ومجرياتها.

رابعاً: تحديد نمط الحالة وطولها وتتابعها وشكلها:

حيث يفضل أن تأخذ الحالة هنا النمط القصصي، ولا سيما نمط القصة القصيرة، وذلك من أجل زيادة اهتمام التلاميذ. ومع ذلك، فإن هناك بعض الحالات تكون فيها الرغبة قوية لتحقيق أكثر من هدفٍ، مثل تقديم تقارير طبيةٍ أو وثائق رسمية. ومهما كان الأمر أولاً، ومهما كانت الحالة ثانياً، فإن من الضروري التركيز على زيادة اهتمام التلاميذ بها وتقديم المحتوى المناسب لها.

ومن جهة أخرى، فإن معيار التتابع في عرض البيانات والمعلومات والوثائق يجب أن يتحقق، وذلك في ضوء السرد القصصي للحالة، حيث توضع المقتطفات والجداول البيانية في الأماكن ذات العلاقة من الحالة، وقد يتم وضع الوثائق الخاصة بالحالة في ملاحق محددةٍ من أجل نجاح عملية التنظيم.

أما عن شكل الحالة، فإن بعضها قد يكون على شكل حقيبة تعلميةٍ مزودة بالأهداف، والمحتوى، والأنشطة المرجعية والتطبيقية والإثرائية، والتقييم القبلي والبعدي، إلا أن معظم الحالات تُطبع بشكل عادي بدون أشكال أو رسوم أو ألوان، وذلك تمهيداً للتخفيف من نفقات الطباعة والإخراج.

13

الفصل الثالث عشر
أسلوب طرح الأسئلة،
كأحد الأساليب الفعالة للتعلم النشط

- مقدمة.
- خطوات أسلوب طرح الأسئلة أو المساءلة.
- إجراءات أسلوب طرح الأسئلة أو المساءلة.
- ربط أسلوب طرح الأسئلة أو المساءلة بالمنهج المدرسي .
- خلفية معرفية عن أسلوب طرح الأسئلة أو المساءلة.
- خصائص الأسئلة الجيدة في أسلوب طرح الأسئلة .
- أمور واجب مراعاتها عند طرح الأسئلة .
- تصنيف الأسئلة المستخدمة في أسلوب المساءلة.

أسلوب طرح الأسئلة

ثامن عشر: أسلوب طرح الأسئلة أو المساءلة، أحد الأساليب الفعالة للتعلم النشط *Questioning Technique

مقدمة:

يمكن تعريف أسلوب طرح الأسئلة أو المساءلة Questioning Technique على أنه ذلك النمط من التعلم النشط الذي يستخدم لدعم نوعية المعلومات من خلال استقصاء طلابي يتطلب طرح الأسئلة الفاعلة أو صياغتها أو اختيار الأفضل منها.

أما عن أهمية استخدام هذا الأسلوب فيعود إلي أنه يزود التلاميذ بأداة أساسية لجمع المعلومات من كتاب أو من شخص، وإلى كونه يمثل استراتيجية تعليمية أكثر من كونه استراتيجية تدريسية، وأنه من المهم استخدامه وتدريب التلاميذ عليه من أجل تنشئة أو إعداد المتعلمين المعتمدين على أنفسهم.

ومن بين مجالات التطبيق العديدة لهذا الأسلوب المهم، أن يصبح التلميذ متعلماً طيلة الحياة، وعمل التقارير الاستقصائية، والمشاركة في فرص عديدة من التعلم الذاتي، واكتشاف العالم على طبيعته، وتشكيل مفاهيم جديدة، وتعلم مهارة جديدة أو فكرة جديدة عن طريق طرح الأسئلة، وإثارة التعجب عن بعض الأمور أو الأحداث أو القضايا أو الآراء أو الأفكار أو الأوضاع أو المشكلات أو الموضوعات.

أما عن أهداف أسلوب طرح الأسئلة أو المساءلة فيتمثل في أن يكون الطالب قادراً على أن يستخدم بفاعلية عالية مهارة طرح الأسئلة، وذلك من أجل اكتساب المزيد من المعارف والبيانات والمعلومات، وأن يتم فحص أو التأكد مما لدى التلاميذ من معرفة، وتحديد ما يرغبون في اكتشافه، وتحديد مقدار ما تعلموه بالفعل عبر الصفوف والمراحل التعليمية المختلفة، وأن يتم طرح أسئلة تساعدهم في توسيع معارفهم ومداركهم للمفاهيم المختلفة، وأن يتم الحكم على مدى فعالية استخدام هذه المهارة ميدانياً.

خطوات أسلوب طرح الأسئلة أو المساءلة

تتمثل أهم خطوات أسلوب طرح الأسئلة أو المساءلة التي ينبغي على المتعلمين والمعلمين مراعاتها في الآتي:

1- تحديد المجال أو الموضوع أو القضية أو الرأي أو الشخص المرشح للتقصي أو التساؤل.

2- حداثة نوعية المعارف والمعلومات والبيانات ذات العلاقة بالمجال أو الموضوع أو الرأي المطروح.

3- البدء بتطوير قائمة بالمجالات المعروفة للتلاميذ والتي تقع خارج المستوى الحالي لمجال معرفتهم.
4- صياغة الاسئلة وطرحها، بحيث تمثل الإجابات منها إطاراً من المعلومات والبيانات الإضافية عن المجالات غير المعروفة للتلاميذ ولا سيما طرح الأسئلة التشعيبية، والأسئلة مفتوحة النهائية، والاسئلة التي تركز على الأمور المجردة، والأسئلة التأملية، وغيرها من الأسئلة التي تشجع على انسياب المعلومات والأفكار وتوالدها.
5- عمل قائمة بأسئلة إضافية عن المجالات غير المعروفة للتلاميذ والتي تظهر من وقت لآخر.
6- صياغة أسئلة دقيقة من القائمة السابقة ذات علاقة قوية بالمجالات غير المعروفة لدى التلاميذ.
7- ضرورة استمرار المعلم بتطبيق هذه الخطوات حتى يتم الوصول إلى المستوى المقنع من المعلومات التي تمّ اكتسابها في ضوء مهارة طرح الأسئلة.
8- تقويم ما تمّ الوصول إليه من مستوى معرفي.
9- الحكم على ما تمّ تطبيقه من خطوات من حيث الفاعلية ، وذلك في ضوء ما تمّ فعله، وما لم يتم إنجازه، وكيف يمكن استكمال ما لم يتم عمله بطريقة مختلفة أو جديدة في المستقبل.

إجراءات استخدام أسلوب طرح الأسئلة أو المساءلة

يمكن تلخيص أهم إجراءات استخدام أسلوب الأسئلة أو المساءلة التي ينبغي على المعلم الناجح أخذها في الحسبان في الآتي:

أ- مراجعة القواعد الخاصة بمهارة العصف الذهني Brainstorming ، ولا سيما تلك المتعلقة بقبول كل ما يطرح من آراء وأفكار ووجهات نظر.
ب- طرح موضوع على التلاميذ يتم اشتقاقه من الأخبار أو الحوادث اليومية.
ج- مشاركة التلاميذ مع المعلم فيما تمّ التوصل إليه من معلومات حول الموضوع المحدد.
د- العمل على صياغة أسئلة تثير التفكير ، وتدور حول ما يرغب التلاميذ في تعلمه عن الخبر أو الحادث اليومي.
هـ- استخدام أسلوب التدريس التشاركي أو التعاوني من أجل تطبيق مهارة طرح الأسئلة أو المساءلة بشكل فعال.
و- العمل على صياغة أو توليد أسئلة من خلال استخدام المهارات البحثية أو من خلال اسئلة مطروحة على الأفراد.

ز- العمل على فحص البيانات والمعلومات التي تمّ الحصول عليها عن طريق الأسئلة الرئيسية والفرعية المطروحة من جانب التلاميذ.

ح- العمل على إعادة توضيح الخطوات الخاصة بأسلوب طرح الأسئلة أو المساءلة بشكل مختصر، مع طرح إمكانية التغييرات الممكنة لاستراتيجية المساءلة عند التلاميذ في التطبيقات المستقبلية.

ربط أسلوب طرح الأسئلة أو المساءلة بالمنهج المدرسي

تقع المسؤولية الكاملة على عاتق المعلم في العمل على ربط هذا الأسلوب المهم من أساليب التعلم بالمنهج المدرسي، ويكون ذلك عن طريق الآتي:

1- قيام المعلم بطرح عشرين سؤالاً يكون هو القائد لعملية المساءلة أولاً، ثم ينقل الدور بعد ذلك إلى التلاميذ، على أن يعقب ذلك كله عملية التحليل من أجل تحديد نقاط القوة وجوانب الضعف فيها حالياً، ومن أجل اختيار مجالات القوة وتجنب نقاط الضعف مستقبلاً.

2- تدريب التلاميذ على السرعة في طرح الأسئلة الملائمة ولا سيما بعد القراءة لموضوع معين.

3- تصميم أسئلة أخرى تطرح على طالب أو مجموعة من الطلاب حول قضية ما أو موضوع محدد.

4- ضرورة استخدام أسلوب المساءلة مع التلاميذ من أجل الوصول إلى تصميم أسئلة مقابلة دقيقة من جانبهم للحصول على معلومات شفوية أو كتابية.

خلفية معرفية عن أسلوب طرح الأسئلة أو المساءلة:

لقد ركز مرزانو ورفاقه (Marzano et. al., 1998) على أن مهارة أسلوب الأسئلة أو المساءلة غالباً ما تكون صعبة في تدريسها للتلاميذ الصغار، حيث أكدوا على حاجتهم إلى التدريس المباشر والنموذجي، في الوقت الذي ذهب فيه هنكنز (Hunkins, 1999) إلى خطوة أبعد من ذلك مشيراً إلى الحاجة لوجود جو إيجابي تعاوني يسمح للتلاميذ بالتعامل النشط مع المعلومات، مقترحاً بأن المساءلة أسلوب أو مهارة ضرورية إذا أردنا للتلميذ أن يساهم في تحمل مسؤولية التعلم بنفسه.

ومع أن العديد من الباحثين قد ركزوا على الدور المهم لأساليب وتقنيات طرح الأسئلة وتطبيقاتها في الحجرة الدراسية، فإن معظمهم يهتم باستراتيجيات المساءلة التي يمكن للمعلمين استخدامها من أجل إثارة التفكير لدى تلاميذهم. وعلى غير العادة، فقد تمّ ذكر تقنيات المساءلة، إلا أن معظمها مثل المهارات الدراسية قد تمّ استخدامها لتوليد الأسئلة قبل القراءة في سياقها الصحيح.

أما عن مساعدة التلاميذ على طرح الأسئلة، فإنه يتطلب قبولاً وتعزيزاً من المعلم، كما أن هذه المهارة ضرورية أيضاً لمساعدة بعض التلاميذ على أن يتعلموا كيف يطرحون أسئلتهم بأسلوب إيجابي ومؤدب، وأن يستخلصوا أسئلة من أقوال الآخرين وإجاباتهم وأسئلتهم أيضاً. كما أن على المعلمين أن يراعوا الاختلافات الثقافية بالطريقة التي يطرح فيها الطلبة أسئلتهم. وأخيراً، فإنه بما أن المعلمين يستخدمون التكتيكات المختلفة للمساءلة في أساليبهم التدريسية، فإنه من الضروري أن يخططوا جيداً لأسلوب مساءلة ملائم.

خصائص الأسئلة الجيدة في أسلوب المساءلة

حتى يكون مهارة طرح الأسئلة أو المساءلة فاعلاً، فلابد أن تتصف الأسئلة التي يتم طرحها شفوياً أو كتابياً بصفات أو خصائص معينة حتى يمكن القول عنها بأنها أسئلة فاعلة أو جيدة، والتي ينبغي أن تتصف بالآتي:

1- الوضوح في الصياغة اللغوية وعدم وجود أي نوع من الغموض أو أي مجال للتأويل أو التفسير البعيد عن المطلوب في ذلك السؤال، بحيث يتم اختيار الكلمات العربية سهلة الفهم للطالب، يستطيع بموجبها التعامل بدقة مع الإجابة المطلوبة في ضوء وضوح للسؤال لغةً ومعنىً.

2- الوضوح في الهدف، بحيث يكون السؤال الجيد هادفاً في طرحه، أي يعمل على تحقيق هدف أو أكثر من الأهداف التربوية المنشودة المخطط لها مسبقاً.

3- الإيجاز أو القصر في صياغة السؤال: حيث تعتبر الأسئلة الطويلة التي تتطلب من التلاميذ أن يذكروا كل شيء يعرفونه عن بعض الموضوعات أو القضايا أو الحوادث أو الأشخاص أو الأفكار أو الآراء، من الأسئلة الغامضة التي يصعب تقدير العلامات أو الدرجات عليها (سعادة و إبراهيم، 2004).

4- ملاءمة الأسئلة لقدرات التلاميذ ومستوياتهم العقلية وخبراتهم السابقة .

5- مراعاة الأسئلة لما بين التلاميذ من فروق فردية ليس في القدرات العقلية فحسب، بل وفي الاهتمامات والميول والرغبات كذلك.

6- تنوع الأسئلة من حيث السهولة والصعوبة كي تراعي ما بين التلاميذ من فروق فردية، بحيث يكون فيها ما يركز على الحفظ والفهم وبعضها الآخر يهتم بالتطبيق والتحليل وبعضها الثالث يتناول عمليتي التركيب والتقويم.

7- إشتمال السؤال على فكرة واحد فقط، لأن وجود أكثر من فكرة يؤدي إلى التشويش وتشابك الأمور في أذهان التلاميذ.

8- ضرورة ألا يوحي السؤال بالإجابة تصريحاً أو تلميحاً.

9- تجنب طرح الأسئلة الموجودة في الكتاب المدرسي بشكل حرفي، لأن مثل هذه الأسئلة هي للطالب يقوم بالإجابة عنها ضمن الواجبات البيتية.

10- ضرورة تناول الأسئلة لمعظم الموضوع الدراسي المطروح للنقاش، وليس لجزء بسيط منه.

11- ضرورة طرح الأسئلة السهلة أولاً، فمتوسط الصعوبة ثانياً، فالصعبة ثالثاً وأخيراً.

12- ضرورة أن يثير السؤال تفكير المتعلم ويعمل على تحدي العقل لديه بعد طرحه من جانب المعلم.

أمور واجب مراعاتها خلال استخدام أسلوب طرح الأسئلة

ينبغي على المعلم ألا يكتفي بمراعاة خصائص السؤال الجيد التي تمّ التطرق إليها، بل من الواجب عليه أيضاً مراعاة عدد من الأمور عند طرح الأسئلة وتلقي الإجابات من التلاميذ خلال استخدام أسلوب المساءلة والتي تتمثل في الاتي:

أ- ضرورة توجيه السؤال للصف بأجمعه وليس لطالب بعينه، إلا في حالات خاصة جداً يرغب المعلم من ورائها إثارة انتباه ذلك الطلب أو تشجيعه على المشاركة في الإجابة عن الأسئلة المطروحة. ولكن بصورة عامة يجب توجيه الأسئلة إلى عموم الصف حتى لا يهمل الطلبة عنصر الاستعداد للمشاركة في الاجابة.

ب- ضرورة طرح السؤال أولاً بشكل واضح ثم اختيار أحد التلاميذ للإجابة عنه فيما بعد، حيث ينبغي تجنب اختيار أحد التلاميذ أولاً ثم طرح السؤال عليه ثانياً، لأن هذا يربك ذلك التلميذ ويجعل بقية الصف يهملون ليس المشاركة في الإجابة فحسب، بل والمشاركة في الإصغاء أيضاً.

ج- الانتظار فترة قصيرة جداً من الوقت تتراوح ما بين (3-5) ثوان بعد طرح المعلم للسؤال قبل تحديد طالب للإجابة عنه، وذلك للسماح للطلبة بالتفكير في الإجابة الصحيحة أو الدقيقة من جهة، وحتى يتم إعطاء المعلم الفرصة لملاحظة جميع طلبة الصف واختيار واحد منهم لأهداف يحددها المعلم نفسه من جهة ثانية **(أبو لبده وزميلاه، 1996)**.

د- تشجيع جميع الطلبة على المشاركة في الإجابة عن الأسئلة وحتى الضعفاء منهم في التحصيل والتفاعل، وذلك من أجل الاستفادة من ناحية والتخلص من عناصر الخوف أو الخجل أو الفشل أو العقاب من ناحية ثانية. وهنا يأتي الدور المهم للمعلم الذي ينبغي التركيز على مثل هؤلاء الطلبة حتى يتخلصوا من مثل هذه المشكلات أو التخفيف من حدتها على الأقل.

هـ- اهتمام المعلم بما يطرحه التلاميذ من أسئلة أو استفسارات خلال استخدامه لأسلوب المساءلة، لأنه وبمنتهى البساطة يمثل مهارة مشتركة من الجانبين حتى يستمر التفاعل داخل الحجرة الدراسية، وحتى يتكشف لدى المعلم الثغرات أو نقاط الضعف أو جوانب سوء الفهم لدى بعض التلاميذ. وهنا ينبغي على المعلم توخي الحذر في حال طرح أسئلة من جانب التلاميذ لا يعرف الإجابة عن أحدها أو بعضها، حيث ينبغي الاجابة عن الأسئلة التي يثق تماماً بأنها صحيحة ولا يحاول مطلقاً أن يجيب إجابة خاطئة للتخلص من الموقف أو الإحراج من التلاميذ. فالمعلم الناجح يكون دائماً مجالاً لإثارة النقاش حول ما يطرحه التلاميذ من أسئلة بحيث يثني على التلميذ الذي طرح السؤال الصعب الذي لا يعرف إجابة عنه، ويحاول إعادة صياغته من جديد وطرحه على التلاميذ ثانية وإدارة النقاش. ففي هذه الحالة تتكون لديه خلفية من الردود العديدة من الطلبة ويقوم بتشكيل إجابة مناسبة للسؤال الذي قد يشترك الطالب الذي سأله في الإجابة عنه. وقد يطلب المعلم من التلاميذ الإجابة عن ذلك السؤال الصعب ضمن واجب بيتي يحدد لهم.

و- استخدام أشكال التعزيز المختلفة لتشجيع الطلبة على المشاركة في الإجابة عن الأسئلة المتنوعة التي يطرحها المعلم كاستخدام كلمات الثناء العديدة المعروفة مثل شكراً، وممتاز، وأحسنت، وجيد، ورائع، وبارك الله فيك، وأصبتَ بالفعل ... وغيرها، ولكن بشرط عدم المبالغة في استخدامها حتى لا تعطي تأثيراً سلبياً لدى من يستحقونها كالغرور واللامبالاة وغيرها.

ز- تجنب المعلم للاستهتار أو التهكم أو السخرية من إجابة بعض التلاميذ أو استفساراتهم، حتى لا يزيد ذلك من مشكلة عدم الثقة لديهم، وحتى لا يبعدهم عن المشاركة الفاعلة مع زملائهم. وهنا ينبغي على المعلم محاولة تعديل إجابة الطالب أو الاستفسار الخاص به، بحيث يكون مقبولاً ومشجعاً له على المشاركة في المرات القادمة.

ح- تشجيع التلاميذ على التمسك بآداب وأخلاق المساءلة والنقاش وعلى رأسها الإصغاء الجيد لما يقوله الزملاء وعدم مقاطعتهم أثناء الحديث، وعدم التعليق دون إذن المعلم، وعدم الاستهزاء بما يطرحونه من أسئلة أو إجابات.

تصنيف الأسئلة المستخدمة في أسلوب المساءلة

لقد تطرق المربون إلى أنواع عديدة من تصنيفات الأسئلة التي يتم طرحها من خلال استخدام أسلوب المساءلة من جانب المعلم أو من جانب التلاميذ، وذلك في ضوء الأهداف التي تسعى لتحقيقها، بحيث ظهرت التصنيفات الآتية:

أولاً: تصنيف الأسئلة حسب نوع الإجابة:

ومن أهم أنواع هذه الأسئلة ما يسمى بالأسئلة ذات الإجابة المحددة والأسئلة ذات الإجابة غير المحددة أو الأسئلة ذات الاجابة المفتوحة، وفيما يأتي توضيح لكل واحد منها:

(1) الأسئلة ذات الإجابة المحددة:

وهي عبارة عن ذلك النوع من الأسئلة التي تتطلب إجابة واحدة متفق عليها ولا جدال حولها ، وفيما يأتي أمثلة من مختلف ميادين المعرفة المدرسية:

التربية الإسلامية:

- ما أركان الإسلام؟
- كم كان عمر الرسول محمد صلى الله عليه وسلم عندما نزل عليه الوحي؟
- كم نصيب الأم من الميراث عندما يموت ولدها المتزوج؟

اللغة العربية:

- عدد أقسام الكلام.
- من هو واضع علم العروض؟
- أذكر أخوات إن.

اللغة الانجليزية:

- Name Parts of speech.
- Name three adverbs.
- Say four adjectives.

الرياضيات:

- أوجد حاصل ضرب 25 x 65.
- عرّف مفهوم المثلث.
- حدد معنى مصطلح «التناظر الدوراني».

العلوم:

- عدد الحالات التي تكون عليها المادة.
- ما المصطلح الكيميائي لحامض الكبريتيك.

- عرّف مفهوم الأنشطار النووي.
- عدد أجهزة جسم الإنسان.

الدراسات الاجتماعية:
- ما اسم قائد معركة اليرموك الخالدة؟.
- ما مساحة جمهورية مصر العربية؟
- متى إنتهت الحرب العالمية الثانية؟
- أين يصب نهر دجلة؟

الفلسفة:
- ما إسم الفيلسوف اليوناني الذي اعتمد أسلوب الحوار؟
- عرّف مفهوم الفلسفة؟
- ما عنوان الكتاب المشهور الذي قام أفلاطون بتأليفه؟
- من مؤسس الفلسفة الوجودية؟

التربية الرياضية:
- كم عدد لاعبي الكرة الطائرة؟
- كم يبلغ طول ملعب كرة السلة الدولي؟
- ما مقدار زمن كل شوط من أشواط المباراة الدولية لكرة القدم؟
- عرّف مفهوم "الرياضة العلاجية".

التربية الفنية:
- عرّف مفهوم "فن الخزف"
- كم عدد الألوان الرئيسية؟
- عرّف مفهوم "التضاد اللوني"؟
- متى ظهرت المدرسة الفنية التكعيبية؟

التربية الموسيقية:
- أين عاش أبو يوسف بن أسحق الكندي الموسيقي؟
- متى توفي الموسيقار العربي محمد عبد الوهاب؟

- ما جنسية الموسيقار المشهور موتزارت؟
- ما العاهة الجسدية التي كان يعاني منها الموسيقار العالمي بتهوفن؟

التربية الأسرية:

- عرّف مفهوم "اقتصاديات الأسرة".
- ما التطعيمات اللازمة للطفل؟
- أذكر ثلاثاً من مزايا التخطيط لميزانية الأسرة؟
- عرّف مفهوم "ترشيد الاستهلاك الأسري".

التربية الحرفية أو المهنية:

- حدد معنى مفهوم "الرسم الهندسي".
- متى يتم رش المحصول الزراعي بالمبيدات الحشرية؟
- ما معنى مفهوم "كفاءة الآلة الصناعية".
- حدد معنى مفهوم "الحسابات البنكية الجارية"؟

(2) الأسئلة ذات الإجابة المفتوحة:

وهي عبارة عن ذلك النوع من الأسئلة الذي يفتح فيه المجال للتلميذ لطرح رأي ما أو وجهة نظر معينة أو التعليق على أشياء أو أقوال أو أحداث أو قضايا أو مشكلات بطريقةٍ أكثر عمقاً واتساعاً من الإجابة عن الأسئلة المحددة، وغالباً ما تكون هنا أكثر من إجابة صحيحة للسؤال، بل يستطيع المعلم الحصول على إجابات متعددة لو تمّ طرح مثل هذه الأسئلة على طلابه. وهنا يأتي دور المعلم في تقييم مثل هذه الإجابات في ضوء قناعاته بمقدار ما بذله الطالب من جهد وأدلة لتوضيح أفكاره أو وجهات نظره التي غالباً ما يكون فيها اختلاف من هنا وهناك عن آراء ووجهات نظر زملائه الذين يجيبون على السؤال ذاته. وفيما يأتي أمثلة تطبيقية على الأسئلة ذات الإجابات المفتوحة من جميع ميادين المعرفة المدرسية:

التربية الإسلامية:

- ماذا تتوقع من أمور لو أنتصر المسلمون في معركة مؤته التي انسحب منها القائد الكبير خالد بن الوليد؟
- ماذا سيحدث لو وقف الخليفة أبو بكر الصديق موقف المتفرج من حركة المرتدين عن الإسلام؟
- ماذا سيحدث لو رفض القائد خالد بن الوليد أوامر الخليفة عمر بن الخطاب بالتنحي عن قيادة جيوش المسلمين في بلاد الشام بعد معركة اليرموك؟

- ما رأيك في معاملة المسلمين للطوائف غير الإسلامية خلال عهد الخلافة الراشدية؟

اللغة العربية:

- كيف ترد على القائلين بأن اللغة العربية لا تواكب التقدم العلمي والتكنولوجي الحالي؟
- كيف يمكن لك حل مشكلة ضعف الطلاب في قواعد اللغة العربية؟
- ما رأيك في قصيدة أبي القاسم الشابي "إذا الشعب يوماً أراد الحياة"؟
- تصور ولو للحظة أن اللغة العربية بدون بلاغة؟

اللغة الانجليزية:

-What do you expect if the Arab countries decided to stop teaching English Language in their schools?

- How can you make English lessons more easy for your colleagues who are suffering from the difficulty of this specialty area?.

- Make a plan to minimize grammar mistakes between students in your school.

- Express your opinion on your English text book .

الرياضيات :

- كيف تتصور لو تمّ إلغاء استخدام الحاسوب والانترنت من المدارس والمؤسسات والوزارات ؟
- ما رأيك في تدريس الرياضيات عن طريق الانترنت وليس عن طريق المعلم ؟
- كيف يمكنك معالجة ضعف الكثير من الطلبة في مادة الرياضيات؟
- تصور لو تمّ إلغاء مادة الرياضيات من المدارس.

العلوم:

- كيف يمكنك الدفاع عن التوازن البيئي؟
- كيف تتصور أن مادة الكيمياء في مدرستك يتم تدريسها بدون وجود مختبر؟
- ما رأيك لو تمّ إلغاء مادة الفيزياء النووية من الجامعات؟
- دافع عن ضرورة تجنب المزارعين لاستخدام الهرمونات في تغذية محاصيلهم الزراعية..
- كيف تحكم على طريقة تدريس معلمك لمادة العلوم؟

الدراسات الاجتماعية:

- تخيل ماذا كان سيحدث لو انتصر هتلر على الحلفاء في الحرب العالمية الثانية؟

- ما رأيك في العولمة وسياسة القطب الواحد التي ظهرت بقوة في بداية القرن الحادي والعشرين؟

- تصور ماذا يمكن أن يحدث لو أصبحت أمطار بلاد الشام والعراق ومصر والمغرب العربي في الصيف بدلاً من الشتاء؟

- ما رأيك فيما قامت به الجامعة العربية حتى الآن من جهود لتحقيق الوحدة بين الأقطار العربية؟

- تصور لو قامت سوق عربية مشتركة، فماذا يمكن أن تتخيل نتائجها؟

الفلسفة:

- كيف تعمل على تقييم أفكار الفلسفة الوجودية؟

- هل أنت مع أم ضد أفكار الفلسفة المثالية مع كتابة المبررات؟

- ما رأيك في الأفكار الفلسفية للمعتزلة؟

- كيف تعمل على تشجيع الآخرين لدراسة الفلسفة أو التخصص فيها؟

التربية الرياضية:

- تخيل ماذا سيحدث من ردود فعل لو تمّ إلغاء الألعاب الأولمبية العالمية؟

- ما المقترحات التي تقدمها لوزارة الشباب والرياضة في بلدك لتطوير الأنشطة الرياضية فيها؟

- ما رأيك لو قامت وزارة التربية والتعليم في القطر العربي الذي تعيش فيه على إلغاء مادة التربية الرياضية من الجدول المدرسي الأسبوعي؟

- كيف تشجع الناس على ممارسة الألعاب والتمارين الرياضية باستمرار؟

التربية الفنية:

- ما رأيك في المعارض الفنية التي تقام من وقت لآخر في القطر العربي الذي تعيش فيه؟

- هل أنت مع زيادة الاهتمام بالتربية الفنية في المدارس أم ضد ذلك؟ مع كتابة المبررات الضرورية لذلك.

- دافع عن الأعمال الفنية للمدرسة الفنية السريالية.

- تخيل ماذا سيكون رد فعل الناس لو تمّ إلغاء مادة التربية الفنية من المدرسة؟

التربية الموسيقية:

- كيف تحكم على أعمال الموسيقار محمد عبد الوهاب؟

- هل أنت مع إنشاء فرقة موسيقية في الحي الذي تعيش فيه أم لا؟ مع كتابة الأسباب لموقفك.
- دافع عن أهمية التربية الموسيقية في حياة الشعوب.
- ضع خطة لتطوير التربية الموسيقية في مدرستك.

التربية الأسرية:

- كيف يمكن لك أن تدافع عن أهمية التربية الأسرية في حياة الفتيات بخاصة والأسرة العربية بعامة؟
- هل أنت مع المأكولات الأجنبية السريعة أم ضدها؟ ولماذا؟
- هل أنت مع شراء الملابس الجاهزة من الأسواق أم صنعها في البيت؟ ولماذا؟
- كيف تعمل على تطوير تدريس مادة التربية الأسرية في المدارس؟

التربية الحرفية أو المهنية:

- تخيل ماذا سيحدث لو تمّ إلغاء التعليم الزراعي والصناعي والتجاري والفندقي والبريدي من مراحل التعليم العام في الوطن العربي؟
- كيف يمكنك العمل على تطوير التجارة في القطر العربي الذي تعيش فيه؟
- كيف تعمل على تحسين نظرة الناس إلى التعليم المهني أو الحرفي؟
- تصور لو لم تكن هناك وسائل مواصلات حديثة كالسيارات والقطارات والطائرات؟

ثانياً: تصنيف الأسئلة حسب نوعية العمق أو السبر الذي تهدف إليه

تمثل الأسئلة المتعمقة أو الأسئلة السابرة Probing Questions إحدى أنماط الأسئلة التي لا تقف عند الطرح السطحي أو البسيط للأسئلة بل تتطلب تفكيراً أعمق من التلاميذ وإجابة اشمل وأكثر صعوبة. ويقال سبر الشيء عرفه أو خبره بعمق، ويقال سبر الجرح أي قاس غوره بالمسبار، وسبر فلاناً أي خبره وتعرف جيداً عليه وعلى ما عنده.

وطرح عدد من المربين تعريفات عديدة للسؤال السابر ، ففي حين رأى بعضهم أنه عبارة عن إرشاد الطلبة لتوسيع إجاباتهم الأولية وتطويرها، نجد أن باير (Beyer, 1997) يعتقد أنه عبارة عن أسلوب يستخدم خلال المناقشات داخل الحجرة الدراسية لسبر تفكير الطلاب والعمل على تحقيق عدة أهداف يتلخص أهمها في تركيز انتباه المتعلمين نحو القضايا الأخلاقية التي ربما كان يرفضها أو يتجاهلها ، وقيام المتعلمين بإجراء البحوث وتقصي قضايا عديدة ومتنوعة، ومساعدة المتعلمين على تطوير وجهات نظرهم بشكل واسع، في حين أكد مكنايت ورفاقه .Mc Knight et) (al. 2000) على أنه ذلك السؤال الذي يأخذ بيد المتعلم إلى أبعد من الأمور البديهية البسيطة أو قبول الجواب السطحي أو البدائي وتنقله إلى جوانب أكثر عمقاً وصعوبة.

وتوجد عدة أنماط للسؤال السابر تتمثل في السؤال السابر التوضيحي، والسؤال السابر التشجيعي، والسؤال السابر التبريري، والسؤال السابر التركيزي، والسؤال السابر المحول. وفيما يأتي توضيح لكل نوع منها، مع طرح أمثلة تطبيقية عليها من مختلف ميادين المنهج المدرسي العربي:

(1) **السؤال السابر التوضيحي** Clarification Probe Question:

وهو ذلك النوع من الأسئلة الذي يطرح من جانب المعلم في ضوء إجابة الطالب الأولية بغرض صقل تلك الإجابة وتوضيحها عن طريق إضافة معلومات جديدة إليها لتصبح أكثر فهماً أو وضوحاً للسامع، ومن الأمثلة على هذا النوع من الأسئلة:

مثال من ميدان اللغة العربية على السبر التوضيحي:

- ماذا تقصد بما قلته عن الأدب الأندلسي؟

- هل يمكن لك توضيح ما ذكرته لنا؟

- هل من إضافة إلى ما طرحته من إجابة؟

- ماذا تقصد بالمصطلح الذي أشرت إليه (أدب عباسي)؟

- هل يمكنك إعادة النظر في رأيك هذا؟

- هل لك أن تعيد النظر في جوابك السابق من جديد؟

مثال من ميدان العلوم على السبر التوضيحي:

- المعلم: ما أنماط التلوث في البيئة؟

الطالب: تلوث الماء، تلوث الهواء ، تلوث التربة.

- المعلم: ولكن ماذا تقصد بتلوث الهواء؟

الطالب: دخول عناصر ومركبات أخرى في الهواء يغير من النسبة الطبيعية له.

- المعلم: هل لك أن تطرح أمثلة على هذه العناصر والمركبات؟

الطالب: أبخرة المصانع، وعوادم السيارات.

- المعلم: هل لك أن تضيف عناصر أخرى؟

الطالب: الأتربة والرمال، ودخان الحرائق.

- المعلم: أحسنت.

مثال من ميدان الدراسات الاجتماعية على السبر التوضيحي:
- المعلم: ما المقصود بأن البترول العربي يمثل نعمة في زي نقمة؟
الطالب: أي أن البترول العربي قد جلب الكثير من الفوائد والمصائب للأمة العربية في وقت واحد.
- المعلم: ماذا تقصد بالمصائب التي جلبها البترول للوطن العربي؟
الطالب: لقد أدى إلى تنافس الدول الإستعمارية للسيطرة عليه.
- المعلم: هل لك أن تطرح أمثلة توضيحية على هذا النوع من التنافس؟
الطالب: لقد تنافست الشركات الأمريكية والفرنسية والبريطانية والهولندية والإيطالية للحصول على مزايا التنقيب عن النفط في المنطقة العربية.
- المعلم: وما الضرر أو الخطر من ذلك ما دامت شركات تجارية؟
الطالب: أخذت الدول التي تتبع لها هذه الشركات في بناء الأساطيل البحرية والجوية وأقامة القواعد العسكرية في المنطقة العربية أو حولها.
- المعلم: هل لديك أمثلة على ذلك؟
الطالب: الأسطول السادس الأمريكي، الأسول البريطاني، الأسطول الفرنسي، القواعد العسكرية حول الوطن العربي في تركيا وإيطاليا وإسبانيا، بل وفي عدد من أقطار شبه الجزيرة العربية منذ أوائل التسعينيات من القرن العشرين.
- المعلم: أحسنت.
مثال من ميدان التربية الرياضية على السبر التوضيحي:
- المعلم: ما أسباب ظاهرة شغب الملاعب؟
الطالب: التعصب الشديد للنادي، والجهل بأصول روح التربية الرياضية التي تركز على الاعتراف بالهزيمة أمام الخصم وتهنئته بذلك.
- المعلم: ولكن ماذا تقصد بالتعصب للنادي؟
الطالب: هو التحيز التام للنادي سواء كان على صواب أم خطأ؟
- المعلم: هل لك أن تعطينا أمثلة على ذلك؟
الطالب: رمي لاعبي الفريق المنافس بالمواد الصلبة المختلفة ، وشتمهم ، وتكسير مقاعد وممتلكات الملعب (الستاد) الرياضي في حال هزيمة النادي، بل وتخريب الممتلكات العامة من سيارات وأشياء خارج مسرح الملعب الذي تمت فيه المباراة.
- المعلم: أشكرك على ذلك.

(2) السؤال السابر التشجيعي Prombting Probe Question:

وهو عبارة عن ذلك النوع من الأسئلة الذي يقوم المعلم بطرحه عندما لا يستطيع الطالب الإجابة أو عندما يجيب إجابة غير صحيحة، ويكون الهدف من ورائه العمل على تصحيح إجابة الطالب أو إرشاده نحو الإجابة المرغوب فيها وذلك من خلال مجموعة من الأسئلة المتتابعة والمتدرجة من جانب المعلم (العمر، 1986) وفيما يأتي أمثلة من بعض ميادين المعرفة المدرسية:

مثال من التربية الإسلامية على السبر التشجيعي:

- المعلم: ما قيمة التعاون في الإسلام؟

الطالب: لا أعرف.

- المعلم: هل لتعايش المسلمين مع بعضهم أثر إيجابي على حياتهم؟ (يعطي المعلم هنا تلميحاً للإجابة).

الطالب: نعم بلا شك.

- المعلم: كيف؟

الطالب: لأن التعايش معاً يؤدي إلى مزيد من البناء والاستقرار.

- المعلم: ولكن ماذا عن التعاون في ظروف البناء والاستقرار.

الطالب: لا شك أنه يزداد.

- المعلم: وماذا يؤدي ازدياد التعاون بين المسلمين؟

الطالب: يزيد من إنتاجيتهم الاقتصادية.

- المعلم: هل فقط من الناحية الاقتصادية؟ فماذا عن الناحية السياسية والعسكرية؟

الطالب: لا شك أنه يزيد من قوتهم السياسية ومنعتهم العسكرية .

- المعلم: ماذا يعني كل هذا؟

الطالب: احترام الأصدقاء وترهيب الأعداء.

- المعلم: ممتاز.

مثال من ميدان الرياضيات والحاسوب على السبر التشجيعي:

- المعلم: ما علاقة الرياضيات بالحاسوب والانترنت؟

الطالب: لا أعرف.

- المعلم:ألم تستخدم الحاسوب أو شاهدت أحداً يستخدمه؟

الطالب: بلا فقد استخدمته.

- المعلم: ألا تستطيع إجراء عمليات حسابية معقدة باستخدام الحاسوب؟

الطالب: أجل ، قمت بذلك عدة مرات.

- المعلم:ألا تستطيع الإطلاع على بحوث ومقالات كثيرة عن الرياضيات من خلال شبكة الانترنت؟.

الطالب: نعم، بل لقد حصلت فعلاً على عدد منها الأسبوع الماضي.

- المعلم: هل لك أن تعطيني أمثلة على ذلك؟

الطالب: حصلتُ على ثلاث دراسات حول التفاضل ودراستين حول التكامل وواحدة حول القطوع المخروطية.

- المعلم: أحسنت بلا شك في عملك هذا.

مثال من ميدان التربية الأسرية على السبر التشجيعي:

- المعلم: هل تعرف أهم المبادئ التي تقوم عليها الحياة الأسرية في عصر الغلاء المعيشي؟

الطالب: لا أعرف.

- المعلم: هل سمعت بمفهوم "ترشيد الاستهلاك" كأحد هذه المبادئ.

الطالب: نعم .

- المعلم: هل يمكنك تعريف هذا المفهوم؟

الطالب: هو عبارة عن محاولة الموازنة بين دخل الأسرة ومصروفاتها من جهة والاعتدال في شراء الحاجيات مع استغلال الفرص التجارية المطروحة من جهة ثانية.

- المعلم: ولكن هل هناك من عوامل تؤثر في عملية ترشيد الاستهلاك.

الطالب: أجل دخل الأسرة، والفرص المطروحة من السوق المحلي كما ذكرت.

- المعلم: وماذا أيضاً؟.

الطالب: ربما تكون أذواق أفراد الأسرة واحتياجاتها.

- المعلم: أشكرك على ذلك.

(3) السؤال السابر التركيزي Refocusing Prob Question:

وهو ذلك النوع من الأسئلة الذي يقوم المعلم فيها بطرح سؤال أو مجموعة من الأسئلة وذلك كرد فعل على إجابة صحيحة من جانب الطالب من أجل ربطها بالموضوع المطروح أو بدرس سابق أو من أجل التأكيد على تلك الإجابة أو ربط الجزئيات مع بعضها للخروج بتعميم معين. وفيما يأتي مجموعة من الأمثلة ذات العلاقة ببعض ميادين المعرفة المدرسية:

مثال من ميدان اللغة العربية على السبر التركيزي:

- المعلم: لماذا يركز معظم معلمي اللغة العربية على موضوع التعبير الكتابي لدى الطلبة؟

الطالب: لأنه يشجعهم على تكوين شخصيتهم الكتابية المستقلة ويزيد من رصيدهم اللغوي.

- المعلم: دعنا نحلل سويةً زيادة الرصيد اللغوي.

الطالب: أجل، فإن الرصيد اللغوي يزيد نتيجة استخدام أكبر عدد من الكلمات في مواقف تعبيرية كثيرة.

- المعلم: ولكن ما تلك المواقف التي تقصدها؟ فهل لك أن تطرح بعضها؟

الطالب: الحديث عن الربيع، والحرب، والسلام، والحق، والديمقراطية، والحرية، والتعاون، والعلم، والتكنولوجيا، والنصر، والآلام.

- المعلم: أجل هذه مواقف عديدة يمكن فيها استخدام التعبير الكتابي بسهولة ويسر وتزيد فعلاً من الرصيد اللغوي للطالب، ولكن هل لك الوصول إلى تعميم بهذا الصدد؟

الطالب: كلما كثرت المواقف التعلمية التعليمية التي يطرحها المعلم على طلابه في موضوعات التعبير الكتابي، زاد الرصيد اللغوي لديهم.

- المعلم: ممتاز.

مثال من ميدان التربية الحرفية أو المهنية على السبر التركيزي:

- المعلم: ما أهمية التعليم المهني في خدمة الاقتصاد الوطني؟

الطالب: يساعد التعليم المهني في إعداد العمال المهرة والكوادر الفنية التي تعمل على متابعة القطاعات الزراعية والصناعية والتجارية والفندقية والبريدية والتمريضية من أجل تحقيق أهدافها في إنعاش الاقتصاد الوطني.

- المعلم: دعنا نحلل كل هذه النقاط التي ذكرتها، فكيف تتم عملية المتابعة لهذه النقاط.

الطالب: من يتسلح بالمعارف والاتجاهات المرغوب فيها لكل هذه القطاعات فإنه يستطيع تحديد نقاط الضعف أو المشكلات التي تواجهها ويعمل على حلها أو إصلاحها ويتعرف على مواطن القوة فيحافظ عليها ويدعمها.

- المعلم: ولكن ماذا عن دعم المجتمع العربي للمهنيين الحرفيين؟ أما زالت توجد بعض آثار النظرة الدونية من بعض شرائح المجتمع العربي للعمال المهنيين؟

الطالب: لا شك أن مثل هذه النظرة الدونية كانت قبل عدة عقود زمنية مسيطرة بشكل كبير، إلا أنها أخذت تقل وازداد تفهم المجتمع لدورها في خدمة الاقتصاد الوطني من إصلاح ودعم وتطوير.

- المعلم: وما العوامل التي أدت إلى هذا التغيير الايجابي في نظرة المجتمع العربي للتعليم المهني؟

الطالب: ارتفاع نسبة المثقفين، وكثرة المشاريع التنموية الزراعية والصناعية والتجارية والصحية والسياحية، ونجاح الخريجين المهنيين في أداء واجباتهم.

- المعلم: هل لك أن تصيغ لنا تعميماً يربط بين معظم هذه الجزئيات.

الطالب: كلما ارتفع المستوى الثقافي بين أفراد والمجتمع وزادت فيه المشاريع التنموية والاقتصادية المختلفة، زاد دور المهنيين أو الحرفيين وارتفعت نظرة الناس الايجابية إليهم.

- المعلم: لقد أحسنت بحق عزيزي الطالب.

مثال من ميدان اللغة الانجليزية على السبر التركيزي:

Teacher: Would you tell us about the importance of English language in our daily life?

Student: In the last few decades, the importance of English Language in our daily life increased many times, especially during the age of knowledge and technology explosion.

Teacher: Let us concentrate on the major elements you mentioned, and try to give us some examples about them.

Student: Every body knows that almost every manufacturing production had English instructions for use and repaire, and the internet usage and contents are in English, in addition to the library references and many television space channels.

Teacher: Can you make us a generalization to conclude all these elements.

Student: With more information technology , industry and knowledge explosion, English language usage will be increased and its effect in our daily life will also increase.

Teacher: Thank you my student.

(4) السؤال السابر المحول Switch Probe Question:

وهو يمثل ذلك النوع من الأسئلة الذي يطرح المعلم فيه سؤالاً على طالب آخر غير صاحب الإجابة أو صاحب الفكرة الأولية، وذلك لعدة أسباب من أهمها مساعدته على تعميق إجابة زميله

أو توسيعها أو إثرائها، والتعرف إلى وجهات نظر الآخرين من الطلاب المهتمين بالسؤال المطروح أو القضية المعروضة للنقاش.

فمثلاً من الممكن التعرف إلى وجهة نظر الزوجة الثانية في الإسلام عما ينبغي أن يعمل الزوج لزوجته من واجبات، والتعرف إلى وجهة نظر الزوجات المسيحيات في إمكانية تشريع تعدد الزوجات في ضوء زيادة عدد العوانس في مجتمعات اليوم.كما يمكن في السبر المحول طرح بعض الأسئلة مثل: هل توافق يا أحمد زميلك سعيد على إجابته؟ وهل بإمكانك إضافة شيء إلى ما ذكره في إجابته؟٠

وفيما يأتي أمثلة تطبيقية على السؤال السابر المحول من بعض ميادين المعرفة المدرسية:

مثال من ميدان الدراسات الاجتماعية على السبر المحول:

- المعلم: ما أسباب انتصار المسلمين في معركة اليرموك يا إبراهيم؟

الطالب إبراهيم: الإيمان بالله ونشر الدين الإسلامي بين الشعوب والأمم.

- المعلم: بماذا يحض الإيمان بالله يا إبراهيم؟

الطالب إبراهيم: يحض على الجهاد في سبيله يا أستاذي العزيز.

- المعلم: وهل الجهاد يدفع إلى الانتصار في المعارك يا هيثم؟

الطالب هيثم: أجل فالجهاد من جانب إيماني عميق يدفع المجاهدين إلى التضحية بأرواحهم ضد أعدائهم حتى لو كانوا أكثر منهم عدداً وعُدة.

- المعلم: وهل لك تطبيق ذلك على ما حصل في معركة اليرموك؟

الطالب هيثم: نعم، فقد كان عدد الروم أضعاف عدد المسلمين وأكثر منهم سلاحاً وعتاداً، ولكن قوة الإيمان والعقيدة والقتال ببسالة نادرة كانت كلها أقوى لدى المسلمين.

- المعلم: وهل هذا كل شيء عن عوامل الانتصار يا أشرف؟

الطالب أشرف: اعتقد أن وجود قيادة عسكرية ماهرة لجيش المسلمين يتربع على رأسها القائد الكبير خالد بن الوليد كانت أيضاً من العوامل التي ساهمت في انتصار المسلمين في معركة اليرموك.

- المعلم: أشكركم جميعاً على الإجابات الكاملة.

مثال من ميدان التربية الموسيقية على السبر المحول:

- المعلم: كيف تُشجع الناس على تذوق الموسيقى يا جمال؟

الطالب جمال: بالقراءة عن أهميتها وفوائدها.

- المعلم: وماذا بعد يا سمير؟

الطالب سمير: اعتقد أن مجرد القراءة عن الموسيقى لا يكفي، بل لابد من الاستماع إليها مرات عديدة اسبوعياً.

- المعلم: هل تتفق يا حسين مع سمير في هذا الصدد؟

الطالب حسين: إلى حد ما، ولكن اعتقد أن تذوق الإنسان للموسيقى يزداد بدرجة كبيرة إذا ما مارس العزف الموسيقى بنفسه.

- المعلم: ولكن أي نوع من العزف يا حسين؟

الطالب حسين: يحاول العزف على الأداة أو الأدوات التي يتقن العزف عليها ووقتها سوف ينسجم مع ذلك ويزداد تذوقه للموسيقى.

- المعلم: أحسنتم يا جمال وسمير وحسين.

مثال من ميدان الفلسفة على السبر المحول:

- المعلم: هل للحضارة اليونانية القديمة فضل في تقدم علم الفلسفة يا وائل؟

الطالب وائل: أجل يا معلمي العزيز.

- المعلم: ولكن ما أوجه هذا الفضل أو ما مظاهره؟

الطالب وائل: لقد أفرزت عمالقة من الفلاسفة على رأسهم أفلاطون.

- المعلم: ماذا قدم أفلاطون من إنجازات لميدان الفلسفة؟

الطالب وائل: لقد اقترح جمهورية مثالية يعيش فيها الناس بنعيم مقيم.

- المعلم: ولكن هل أفلاطون وحده هو من عمالقة الفلسفة يا فوزي؟

الطالب فوزي: هناك فلاسفة كبار مثل سقراط وأرسطو.

- المعلم: بماذا أبدع سقراط يا فوزي؟

الطالب فوزي: لقد أبدع بطريقة الحوار المفيدة التي سميت باسمه (طريقة الحوار السقراطي).

- المعلم: كيف كان يتعامل مع تلاميذه في الحوار السقراطي يا أسامة؟

الطالب أسامة: كان بلا شك يتبع أسلوباً في منتهى الذكاء، حيث كان يسأل الطالب ويتلقى منه الإجابة ، فيطرح سؤالاً على الإجابة الأخيرة ويتلقى إجابة أخرى، ويطرح سؤالاً ثالثاً على الإجابة الثانية وهكذا حتى يعجز الطالب عن الإجابة فينقل السؤال إلى تلميذ آخر وهكذا.

- المعلم: أشكركم يا أبنائي الطلبة وائل وفوزي وأسامة على إجاباتكم.

(5) السؤال السابر التبريري أو الناقد **Best Reason or Critical Probe Question**:

وهو ذلك النوع من الأسئلة السابرة الذي يطرح فيه المعلم الأسئلة التي تؤدي بالطلاب لمناقشة السبب الأكثر منطقية، أو تحديد السبب الأكثر فاعلية، وزيادة الوعي الناقد لديهم لتبرير الإجابة، وإبراز أفضل الحلول أو البدائل المطروحة للإجابة أو المناقشة (العمر، 1986).

ومن أفضل الأسئلة التي يمكن طرحها من هذا الصدد ومن مختلف ميادين المعرفة المدرسية ما يأتي:

مثال من ميدان الفلسفة والمنطق على السبر التبريري:

- ماذا يمكنك أن تفترض؟

- ما المبررات التي تطرحها لتأييد وجهة نظرك؟

- هل هذا كل شيء بالنسبة للأمر المذكور؟

- كيف يمكنك أن تعمل على إقناع شخص ما يناقض الفكرة التي تطرحها؟

- ما السبب الأكثر منطقية أو الأقل منطقية وراء ذلك (Allen, 1999).

مثال من ميدان التربية الإسلامية على السبر التبريري:

- المعلم: ما أركان الإسلام الخمسة؟

الطالب: شهادة أن لا إله إلا الله وأن محمداً رسول الله، وإقامة الصلاة، وإيتاء الزكاة، وصوم رمضان، وحج البيت من استطاع إليه سبيلاً.

- المعلم: أحسنت، ولكن ما المبرر وراء أداء فريضة الحج لمن استطاع إليه سبيلاً فقط.

الطالب: لأن كثيراً من الناس لا يستطيعون جمع تكاليف الحج أو تحمل مشاق السفر والقيام بما يتطلبه الحج من أعمال وجهود وأركان ومشاعر.

- المعلم: أحسنت.

مثال من ميدان العلوم على السبر التبريري:

- المعلم: ما أهم فروع العلوم لحياة الناس من وجهة نظرك؟

- الطالب: الكيمياء بلا شك.

- المعلم: وما المبررات وراء اعتبارك الكيمياء على أنها أهم هذه الفروع؟

٢٦٩

- الطالب: تقوم عليها بالدرجة الأساس صناعة المواد الكيمياوية الكثيرة مثل الأدوية ومواد التنظيف والبلاستيك وغيرها.
- المعلم: أشكرك على هذا التبرير.

مثال من ميدان اللغة العربية على السبر التبريري:

- المعلم: ما فروع اللغة العربية العديدة؟
- الطالب: النحو والصرف، والأدب، والبلاغة، والنصوص، والتعبير، والقصة، والعروض.
- المعلم: ما رأيك في أكثرها أهمية للمتحدثين باللغة العربية؟
- الطالب: اعتقد أن النحو والصرف يمثل أهمها على الإطلاق.
- المعلم: ولكن ما الأسباب الموجبة وراء اعتقادك هذا؟
- الطالب: إن إتقان قواعد النحو والصرف يجعل العربي أصح لساناً وكأبعد ما يكون عن لحن القول أو الخطأ فيه.
- المعلم: ممتاز

مقارنة بين أسئلة السبر المختلفة

بعد الانتهاء من الحديث عن أنواع الأسئلة السابرة الخمسة، فإنه يمكن القيام بعملية المقارنة بينها جميعاً موضحاً أوجه الشبه ونقاط الاختلاف كالآتي:

(أ) أوجه الشبه بين أسئلة السبر المختلفة وتتمثل في الآتي:

1- إنها جميعاً تثير التفكير لدى الطلاب.

2- إنها تشجع على المشاركة الفاعلة من جانب الطلبة.

3- يكون دور المعلم فيها موجهاً ومرشداً ومثيراً للتفكير في آن واحد.

4- تعمل على تعديل إجابة الطالب إلى الأفضل أو إلى الصواب أو إلى الأمر الأدق، وذلك دون اللجوء إلى العقوبة الجسدية أو التوبيخية أو التأثير على النتيجة التحصيلية الاكاديمية بخصم العلامات أو الدرجات للطلاب.

5- تستخدم جميعها أسلوب الحوار الإيجابي والمثمر بين المعلم وطالب أو أكثر من أجل تطوير الإجابات الأولية كي تحقق الأهداف التربوية المنشودة التي وضعها المعلم نصب عينيه.

6- تعمل هذه الأسئلة جميعاً على تحليل المادة الدراسية إلى عناصرها المتعددة من حقائق ومفاهيم وتعميمات ومبادئ أو نظريات، مع إدراك العلاقات المتداخلة أو المتشابكة بينها.

7- عند استخدام أسئلة السبر المختلفة بحيوية ونشاط من جانب المعلم الفعال، فإنها تعمل

على مشاركة معظم الطلبة إن لم يكن جميعهم، وذلك في ضوء طرح الكثير من الأسئلة السابرة من جانب المعلم.

8- تشجع الأسئلة السابرة على التعمق في الموضوع المطروح أو القضية التي تتم مناقشتها، مما يؤدي إلى فهم الطلاب لذلك بشكل أفضل نتيجة المشاركة والتفاعل.

9- تعتبر الأسئلة السابرة جميعاً من بين أكثر أنماط الأسئلة الناجحة التي يمكن للمعلم استخدامها في مهارة طرح الأسئلة أو مهارة المساءلة.

10- تكشف الأسئلة السابرة للمعلم وللطلاب في آن واحد نقاط الضعف وجوانب القوة لدى المتعلمين من الناحيتين المعرفية والتشاركية، حيث يتعرف المعلم على نقاط القوة لدى بعض الطلبة ويعمل على دعمها أو تقويتها، في الوقت الذي يكشف عن جوانب الضعف المعرفي لدى بعضهم الآخر ويقوم بعلاجها أو التخفيف من حدتها على الأقل، كما يشجع الجميع على المشاركة في المناقشة والتفاعل داخل الحجرة الدراسية.

أما عن نقـــاط الاختلاف بين أنواع أسئلة السبرالمتعددة، فيمكن توضيحها في اللوحـــة الآتية (3):

اللوحة (3)

نقاط الاختلاف بين أسئلة السبر المختلفة

السبر التشجيعي - يستخدم عندما	السبر التوضيحي	السبر التركيزي	السبر المحول	السبر التبريري
تكون الإجابة ضعيفة أو خاطئة أو عندما لا يستجيب الطالب للسؤال.	- يستخدم عندما تكون الإجابة غير مناسبة أو غير ملائمة لمعايير الجواب الصحيح.	- يستعمل عندما تكون ا لإجابة صحيحة ومقبولة حيث يطلب من الطالب ربط الإجابة بما تعلمه سابقاً أو تحليل إجابته أو ربط الجزئيات معاً من أجل تأكيد هذه الإجابة عن طريق تطبيقها أو من أجل الخروج بتعميم يوضح عناصر الإجابة جميعاً.	- يستخدم من أجل الإطلاع على وجهات نظر أخرى من الطلاب حول القضية المطروحة أو الموضوع المناقش وعدم الاكتفاء بوجهة نظر طالب واحد، أو يستخدم عند الرغبة في توسيع الإجابة.	- يستخدم لزيادة الوعي أو الإدراك لدى الطالب بإجابته أو إجابة زملائه، وذلك عن طريق إبراز أفضل الإجابات فكرياً ومنطقياً.
- يشترط في طرح الأسئلة أن تكون منظمة ومتدرجة تنتقل بالطالب خطوة خطوة نحو الاجابة الصحيحة مع وجود تلميحات عنها.	- يبدأ من خلال إجابة الطالب الأولية دون وجود للاشارات أو التلميحات مثل السبر التشجيعي.	- قائمة المشاركين فيه واسعة ، حيث يشارك في الإجابة أكثر من طالب.	- قاعدة المشاركين فيه واسعة أيضاً، مما يزيد من درجة التفاعل الصفي.	- يساعد الطالب على محاكمة منطقية عقلية للخروج بأفضل صورة لها، مما يجعل الطالب فيه صانعاً للقرار*

* (العمر، ١٩٨٦).

ثالثاً: تصنيف الأسئلة حسب مستوى التفكير الذي تثيره

وهنا يمثل تصنيف بلوم للأهداف التربوية والتعليمية ولا سيما المجال المعرفي منه النموذج الأفضل لتصنيف الأسئلة حسب مستوى التفكير الذي يثيره، حيث تتفاوت هذه المستويات من المنخفض إلى العالي في ستة مستويات معروفة كالآتي (*):

(1) أسئلة الحفظ أو التذكر أو المعرفة Knowledge Questions:

وتمثل أدنى مستويات الأسئلة، حيث أن المطلوب من التلميذ فيها هو مجرد تذكر المعلومات أو المعارف أو الحقائق أو المفاهيم أو التعميمات أو النظريات أو المبادئ أو القوانين التي تعلمها سابقاً. ومن بين أهم الأفعال التي يمكن أن يستخدمها المعلم في طرح مثل هذه الأسئلة ما يأتي:

أذكر، إقرأ غيباً، حدد، عرّف، أكمل، إسترجع، عدّد، سَمّ، إتلُ غيباً، وفيما يأتي أمثلة كثيرة عن أسئلة الحفظ من جميع المواد الدراسية.

التربية الإسلامية:
- إتلُ غيباً سورة الضُحى.
- أذكر أنواع التكافل الاجتماعي في الإسلام.
- عَرّف مفهوم الربا في الإسلام.
- عدد حقوق العامل في الإسلام.

اللغة العربية:
- أذكر شروط بناء الفعل المضارع.
- عدد الأسماء الخمسة كما وردت في الكتاب المقرر.
- حدد خصائص الأدب العباسي.
- أكمل بيت الشعر الآتي:
السيف أصدق أنباء من الكتب ....

---

*

الرياضيات:

- عدد خصائص اللوغاريتمات.
- حَدّد معنى مصطلح (مطلق العدد الصحيح).
- سَمِّ الصور القياسية والعامة لمعادلات القطوع المخروطية الثلاثة.
- أذكر الحالات المتعلقة بتعيين مستوى في الفضاء .

اللغة الانجليزية:

- Define the meaning of the word "Tulip".
- Name three poems for Sheckspeare.
- Remember at least seven prepositions we use in our daily life.
- List three types of tenses.

العلوم :

- عدد خصائص الانزيمات .
- أذكر عيوب الباروميتر الزئبقي.
- عَرِّف مفهوم "النظام البيئي".
- حدد أنواع الإخصاب في الحيوانات.
- أذكر أنواع الروافع.

الدراسات الاجتماعية:

- أذكر إسم الخليفة الأموي الذي وصلت الفتوحات الإسلامية في زمنه إلى اقصى اتساعها.
- عدد الفوائد التي جنتها مصر من بناء السد العالي بعد عام 1968.
- حدد العوامل المؤثرة في تشكيل سطح الأرض.
- أذكر عوامل سقوط الدولة العثمانية.
- عرّف مفهوم (العصور الوسطى).

الفلسفة:

- أذكر مصادر الالزام الخلقي الفلسفي.
- عَدّد أنواع الجدل عند أفلاطون.

- حدد وظائف الفلسفة.
- عرف مفهوم الفلسفة المثالية.

التربية الرياضية:
- أذكر أنواع التمريرات في لعبة كرة السلة.
- عَرّف مفهوم " الرياضة العلاجية".
- حدد الأسباب التي تواجه نشر مبدأ "الرياضة للجميع".
- إعمل على تسمية أنواع المعسكرات التي يمكن أن يقوم بها المتخصصون في التربية الرياضية.

التربية الفنية :
- عَرّف مفهوم "التضاد اللوني" من وجهة نظر المتخصصين في التربية الفنية.
- إعمل على تسمية عدد من الرسامين العالميين منذ عهد بيكاسو حتى الان.
- أذكر خصائص الفن الإسلامي في العصر الأموي.
- عدد المبادئ الأساسية لفن النحت.

التربية الموسيقية:
- عدّد الآلات الموسيقية ذات الطابع العربي.
- عرّف مفهوم " المقامات " في التربية الموسيقية.
- أذكر أربعة من أعلام الموسيقى العالمية.
- حدد مفهوم "القراءة الصولفائية الموسيقية".

التربية الأسرية:
- أذكر مزايا الملابس المصنعة في المنزل.
- عّدد خطوات تخطيط ميزانية الأسرة.
- أذكر خطوات عمل فطير التفاح (باي التفاح).
- عرّف مفهوم "الرضاعة الطبيعية".

التربية الحرفية أو المهنية:
- أذكر الأنواع المختلفة للوصلات الكهربائية.
- حدد قواعد التمديدات الكهربائية الداخلية.

- عدد أقسام البنوك التجارية.

- إعمل على تسمية أنواعه الجذور النباتية.

(2) أسئلة الفهم أو الاستيعاب Comprehension Questions:

وتعتبر هذه الأسئلة أيضاً من المستويات الدنيا للأسئلة ، حيث يطلب من التلميذ من خلالها القدرة على إدراك المعاني الخاصة بالمواد التعليمية التي يعمل على قراءتها أو سماع أو مشاهدة مضمونها وفهم معناها الحقيقي والتعبير عنها بلغته الخاصة ومحاولة توظيفها أو استخدامها داخل الحجرة الدراسية (سعادة، 2005).

أما عن الأفعال السلوكية التي يمكن للمعلم استخدامها خلال طرح الأسئلة المختلفة في مستوى الفهم أو الاستيعاب فتتمثل في الآتي: علل، فسر، ترجم، لخص، استخلص، استنتج، استنبط، اشتق، اكتب بلغتك الخاصة، ضع عنواناً جديداً، وفيما يأتي أمثلة كثيرة على أسئلة الفهم أو الاستيعاب من جميع المواد الدراسية.

التربية الاسلامية:

- علل مشروعية قصر الصلاة للمسافر.

- فسر لجوء الرسول محمد صلى الله عليه وسلم إلى الحرب الاقتصادية ضد قريش قبل معركة بدر.

- استنتج الحكمة من مشروعية صلاة الاستسقاء.

- لخص أثر العقيدة الإسلامية في النفس والمجتمع.

اللغة العربية:

- علل اختلاف الأساليب في النصوص الأدبية.

- لخص أنماط الرسائل الديوانية.

- فسر استخدام الفاعل كثيراً في اللغة العربية.

- استخلص الأفكار الأساسية في قصيدة "فتح الفتوح" لأبي تمام.

اللغة الانجليزية:

-Summarize your lesson in one page.

- Translate a short story from English to Arabic of no more than (150) words.

- Extract the main ideas of the topic "peace and war ".
- Infer notes from your friend composition .

الرياضيات:

- علل عدم وجود مشتقات عند نقاط الانفصال لأي اقتران.
- استنبط خصائص الدالة اللوغاريتمية من بيانها الديكارتي.
- فسر كثرة استخدام المتوسط الحسابي في العمليات الاحصائية .
- استخلص قانون الحد العام للمتتالية إذا ما عرف بعض حدودها.

العلوم :

- علل وجود المركبات الكيماوية التساهمية في الحالات الصلبة والسائلة والغازية.
- فسر حدوث تكاثف البخار على جدران وعاء فيه ماء بعد إخراجه من الثلاجة.
- استخلص أثر الحرارة على كل من الذوبان الطارد للحرارة والذوبان الماص للحرارة.
- استنتج الاساس الذي بنيت عليه السلسلة الدافعة الكهربائية.
- فسر كون الفيروسات طفيليات إجبارية.

الدراسات الاجتماعية:

- علل اختلاف الخرائط الجغرافية في العالم.
- لخص الجهود العربية في مجال تحسين أوضاع السكان في الوطن العربي.
- فسر توجه الاسكندر المكدوني إلى الشرق في فتوحاته.
- اشتق خصائص الحضارة الفرعونية في مصر.
- استنتج العلاقة بين الضغط الجوي والحرارة والرياح والأمطار.

الفلسفة:

- فسر تركيز الفيلسوف الفرنسي ديكارت على مبدأ الشك في أفكاره.
- استنبط الاثار الايجابية للفيلسوف اليوناني سقراط على الفكر الإنساني.
- فسر ظهور علم الكلام.
- لخص أفكار المعتزلة الفلسفية.

التربية الرياضية:

- علل أهمية التفوق العددي في أثناء عملية الهجوم بكرة اليد.
- استخلص الفوائد الايجابية لممارسة المرأة للألعاب والتمرينات الرياضية .
- فسر قيام اللاعب بعملية الإحماء قبل نزوله إلى الملعب.
- اكتب بلغتك الخاصة وصفاً مختصراً لظاهرة شغب الملاعب وفي صفحتين على الأكثر.

التربية الفنية:

- فسر ضرورة توفر عنصري الفراغ والشكل في العمل الفني.
- استنتج خصائص العمل الفني الناجح.
- علل لجوء الرسامين الفنيين الناشئين إلى تقليد الآخرين.

التربية الموسيقية:

- فسر شيوع استعمال الآلات الوترية في الأعمال الموسيقية.
- أكتب بلغتك الخاصة وصفاً لعملية التدوين الموسيقي.
- علل سر بقاء أعمال موتزارت الموسيقية المعروفة رغم قدمها.
- استنتج خصائص الموسيقى الشرقية العربية.

التربية الأسرية:

- لخص الخطوات اللازمة لأخذ المقاسات المطلوبة لعمل البلوزة.
- استنتج الأسس الواجب مراعاتها عند شراء ماكينة الخياطة.
- علل ضرورة أخذ المقادير الصحيحة عند عمل المعجنات.
- فسر ضرورة تقديم المعلبات مع السائل الموجود داخل العلبة.

التربية الحرفية أو المهنية:

- أكتب بلغتك الخاصة وصفاً مختصراً لخطوات فك التركيبات الميكانيكية البسيطة.
- استنتج مزايا المشروعات التجارية الفردية.
- علل ضرورة التخلص من الأعشاب المحيطة بجذوع الأشجار المثمرة.
- فسر أهمية صيانة نظام حقن الوقود الالكتروني.

(3) أسئلة التطبيق Application Questions:

تعتبر أسئلة التطبيق من المستويات الثلاثة الدنيا، حيث يتطلب الأمر من المتعلم فيها العمل على تطبيق الحقائق والمفاهيم والتعميات والنظريات والقوانين والطرق والأساليب والأفكار والآراء والمعلومات التي درسها وفهمها، في مواقف تعلمية جديدة (سعادة، 2005).

أما عن أهم الأفعال التي ينبغي على المعلم استخدامها عند طرح الأسئلة فتتمثل في الآتي: أثبت، أوجد ناتج، إجمع، إطرح، أضرب، إقسم، طبق، إحسب، استعمل، برهن، أعرب جملة، إطرح مثالاً، وظف. وفيما يأتي الكثير من الأمثلة على مستوى التطبيق من جميع المواد الدراسية:

التربية الإسلامية:

- دلل على الآية الكريمة التي تؤكد على قوامة الرجال على النساء.
- طبق قاعدة حساب الميراث عند وفاة رب الأسرة وتركه لثلاثة أولاد وزوجة وبنتان، إذا كان مجموع قيمة ما ترك يصل إلى خمسين ألف دولار أمريكي.
- برهن على عظمة الخالق عز وجل وقدرته.
- إطرح أمثلة على تسامح الإسلام مع أصحاب الأديان الأخرى والتعايش المشترك معهم لفترة طويلة من الزمن.

اللغة العربية:

- إطرح خمسة أمثلة توضح الاسماء الخمسة.
- استخدم المعجم لاستخراج معاني الكلمات الآتية: (تترى، مقبول، متيم).
- دلل على أهمية دراسة البلاغة في اللغة العربية.
- أعرب الآيات الكريمة { إنا أعطيناك الكوثر، فصلِ لربك وأنحر، إن شانئك هو الأبتر}.

اللغة الانجليزية:

-Apply the rules for using direct and indirect speech.
- Give three examples about present perfect tense.
- Give four clues that Charles Dickens was a good English writer.
- Use the dictionary in order to get the real meaning of the following words: values, gambling, standards.

الرياضيات:

- برهن على أن العمود النازل من مركز الدائرة على أي وتر فيها ينصف ذلك الوتر.
- إطرح أمثلة على صحة خاصية الإبدال لعملية التقاطع.
- أثبت على أن نظير العنصر في الزمرة عنصر وحيد.
- برهن على أن الزوايا المحيطة المشتركة في قوس واحد متطابقة.

العلوم :

- أثبت أن محاليل المركبات الأيونية ومصاهيرها موصلة جيدة للتيار الكهربائي.
- برهن على أن حجم الوزن الجزئي لأي غاز في الظروف المعيارية يساوي 22,4 لتراً.
- إطرح ثلاثة أمثلة لاستخدامات الميثان والأيثين والاسيتلين.
- إطرح مثالين على كل من الأنسجة النباتية المرسيتمية والأنسجة النباتية المستديمة.

الدراسات الاجتماعية:

- استخدم الساعة اليدوية في تحديد جهة الشمال الحقيقي أو الجغرافي .
- احسب الساعة في مدينة طوكيو اليابانية الواقعة على خط طول (140) شرقاً إذا كانت الساعة في مدينة طرابلس الليبية الواقعة على خط طول (20) شرقاً هي العاشرة صباحاً.
- طبق طريقة حل المشكلات لحل مشكلة التصحر التي تعاني منها جميع الاقطار العربية.
- إطرح أمثلة على انتصارات المسلمين ونجاحاتهم في نشر الإسلام أيام الخلافة الأموية.

الفلسفة:

- دلل على المبادئ التي تقوم عليها نظرية ترابط الأفكار للفيلسوف البريطاني هيوم.
- اطرح أمثلة على فشل الفلسفة الماركسية في التطبيق.
- طبق طريقة الفيلسوف اليوناني سقراط في الحوار على موضوع التلوث البيئي.
- دلل على اهتمام الفلاسفة العرب والمسلمين المحدثين بقضية الأصالة والمعاصرة.

التربية الرياضية:

- اطرح أمثلة ثلاثة على شغب الملاعب.
- دلل على اهتمام الأمم والشعوب بالتربية الرياضية.
- طبق القواعد الأساسية للعبة تنس الطاولة.
- برهن على أن التمريرة الصدرية بكرة السلة من أسرع التمريرات.

التربية الفنية:

- إطرح أمثلة من الفن الزخرفي الإسلامي.
- طبق أفكار المدرسة الفنية السريالية في إحدى رسوماتك الفنية.
- إعمل على توظيف الألوان المتنوعة في رسم بعض جوانب الحياة اليومية.
- أعمل على توظيف الألوان المتنوعة في رسم بعض جوانب الحياة اليومية.
- طبق الطريقة الفنية التكعيبية البسيطة لتشكيل الأخشاب وتشطيبها.

التربية الموسيقية:

- استخدم آلة العود الموسيقية لعزف قطعة موسيقية عربية معروفة.
- استخدم علامات الاختصار والاعادة في القراءة الموسيقية.
- إطرح أمثلة على أشهر الموسيقيين العرب منذ بداية القرن العشرين .
- طبق دور قائد الفرقة الموسيقية (المايسترو).

التربية الأسرية:

- إطرح أمثلة لبعض الأمصال التي تُعطى للأطفال حسب مواعيدها الملائمة.
- طبق الخطوات اللازمة لعمل البسكويت.
- اطرح أمثلة للحلويات المناسبة للأفراح.
- طبق الأسس الواجب مراعاتها عند اختيار ملابس الرحلات.

التربية المهنية أو الحرفية:

- طبق قواعد السلامة في المصنع.
- استخدم آلات الخراطة الميكانيكية.
- أطرح أمثلة على أشغال المعادن في الحياة العملية.
- احسب عدد أشجار الزيتون اللازمة لزراعة قطعة كبيرة من الأرض مساحتها (22) فداناً
  (حوالي 100 دونم) في ضوء القياسات الدولية للأبعاد بين أشجار الزيتون.

(4) أسئلة التحليل Analysing Questions:

تعتبر أسئلة التحليل من المستويات الثلاثة العليا حسب تصنيف بلوم للمجال المعرفي، حيث المطلوب في نوعية هذه الأسئلة أن يقوم المتعلم بتجزئة المادة التعليمية إلى عناصر ثانوية أو فرعية وإدراك ما بينها من علاقات أو روابط، مما يساعد على فهم بنيتها والعمل على تنظيمها في مرحلة

لاحقة. ويشمل ذلك قيام المتعلم بتحديد الأجزاء وتحليل العلاقات بينها وإدراك الأسس التنظيمية المتبعة. وتمثل نواتج التعلم في أسئلة التحليل مستويات عقلية أعلى مما هو عليه الحال في مستوى التطبيق أو مستوى الفهم، لأنها تتطلب إدراكاً أكثر عمقاً لكل من محتوى المواد التعليمية وبنيتها **(سعادة، 2005)**.

أما عن أهم الأفعال المستخدمة في أسئلة التحليل فهي كالآتي: حلل، قارن، فرق، وازن، إعمل على تقسيم، إعمل على تجزئة، وفيما يأتي أمثلة كثيرة لأسئلة مطبقة على جميع المواد الدراسية:

التربية الإسلامية:

- قارن بين حالة المسلمين في مكة قبل الهجرة النبوية الشريفة وحالتهم في المدينة المنورة بعد الهجرة إليها.
- فرق بين الحديث القدسي والقرآن الكريم.
- حلل سورة الضحى مبيناً الدروس والعبر من ورائها.
- قارن بين المد المنفصل والمد المتصل في علم التجويد.

لغة عربية:

- قارن بين أسلوب العقاد وأسلوب طه حسين في كتابة القصة.
- حلل درس «بطولة نادرة» الموجود في كتاب المطالعة إلى أفكاره الثانوية.
- فرق بين دور المرفوعات ودور المنصوبات في قواعد اللغة العبرية.
- قارن بين أسلوب المدح عند المتنبي وأسلوب المدح عند أبي تمام.

اللغة الانجليزية:

- Analyse one of Shakespear's poems into many secondary ideas.
- Compare between direct and indirect speech.
- Differentiate between short stories and plays.
- Analyse the elements of a story according to theme, setting, characterestics, structure and ending.

الرياضيات :

- قارن بين القياس الستيني والقياس الدائري.

- فرق بين الدالة العكسية والدالة المركبة.
- حلل الدور المهم الذي لعبة عالم الرياضيات الخوارزمي في تقدم هذا العلم.
- قارن بين المصفوفات والمحدودات.

العلوم :
- قارن بين نظرية (أرينوس) ونظرية (برونستد) في نظرتهما للحوامض والقواعد.
- فرق بين التفاعلات الطاردة للحراة والتفاعلات الماصة للحرارة.
- قارن بين المولد الكهربائي والمحول الكهربائي.
- فرق بين الخلية النباتية والخلية الحيوانية من حيث التركيب والوظيفة.

الدراسات الاجتماعية:
- حلل أهمية موقع الوطن العربي تجارياً واستراتيجياً.
- فرق بين الطقس والمناخ.
- قارن بين أنهار بلاد الشام وأنهار المغرب العربي من حيث الاتجاه العام والأهمية.
- حلل فقرات من وعد بلفور المشؤوم لإقامة وطن قومي لليهود في فلسطين من أجل تحديد الأفكار الظاهرة والباطنة فيه.

الفلسفة:
- قارن بين الفلسفة المثالية والفلسفة الواقعية من حيث نظرتهما للمعرفة.
- حلل فلسفة الواجب عند الفيلسوف الفرنسي كانط Kant لرؤية ما فيها من أفكار ثانوية.
- حلل أفكار المعتزلة الفلسفية إلى أفكار ثانوية.
- قارن بين المذهب الواقعي والمذهب العقلي.

التربية الرياضية:
- فرق بين أسلوب اللعب في كرة اليد وأسلوب اللعب في كرة القدم.
- حلل دور المعسكرات الطلابية في التربية الرياضية إلى أفكارها الثانوية.
- قارن بين الألعاب الأولمبية الصيفية والألعاب الأولمبية الشتوية.
- فرق بين إصابات العظام، وإصابات العضلات في الملاعب الرياضية.

التربية الفنية:

- حلل عناصر التكوين في العمل الفني.
- قارن بين الفن الروماني والفن اليوناني من حيث السمات أو الصفات.
- قارن بين المدرستين الرومانسية والوحشية من حيث الخصائص.
- فرق بين النمط الساذج والنمط التأثيري للتعبيرات الفنية.

التربية الموسيقية:

- قارن بين الموسيقى الشرقية والموسيقى الغربية من حيث الصفات .
- فرق بين دائرة الخامسات ودائرة الرابعات الموسيقية.
- حلل المقامات الغنائية الشرقية من حيث سماتها ودورها في الغناء العربي.
- قارن بين الأداء الموسيقي الفردي والأداء الموسيقي الجماعي.

التربية الأسرية:

- قارن بين الوجبات التجارية السريعة التي تباع في المطاعم، وبين الوجبات التي يتم اعدادها في المنزل.
- قارن بين مشكلات المرأة العاملة ومشكلات ربة البيت.
- حلل الدور الذي تعلبه عملية ممارسة الفتاة للألعاب الرياضية على صحتها ورشاقتها .
- فرق بين الفطائر الحلوة والفطائر المالحة من حيث المكونات والقيمة الغذائية.

التربية الحرفية أو المهنية:

- حلل الدور الذي تلعبه الكهرباء في حياة الناس.
- فرق بين مفاتيح القطع ومفاتيح التلامس في دوائر الإضاءة الكهربائية.
- قارن بين عمليتي السحب والإيداع من البنوك.
- قارن بين الفواكه والخضار من حيث القيمة الغذائية.

(5) أسئلة التركيب **Synthesis Questions**:

تمثل أسئلة التركيب أقرب أسئلة المجال المعرفي إلى القمة بعد أسئلة التقويم، حيث المطلوب من المتعلم في هذه الأسئلة وضع أجزاء المادة التعليمية مع بعضها في قالب واحد أو مضمون جديد من بنات أفكاره. وهذه الأسئلة على العكس تماماً من أسئلة التحليل السابقة، فبينما يعمل الطالب في أسئلة التحليل على تجزئة المادة التعليمية إلى عناصرها وأقسامها الدقيقة وإدراك ما بينها من

علاقات، فإن أسئلة التركيب تعمل على تجميعها في ثوب جديد من صنعه هو وليس تقليداً لغيره .
وتركز نواتج التعلم في هذه الأسئلة على السلوك الإبداعي المعرفي للمتعلم (سعادة، 2005) .

ومن أهم الأفعال التي يمكن للمعلم أن يستخدمها في أسئلة التركيب ما يأتي: أربط، ركّب، اقترح، خطّط ، ضع خطة، عَدّل، حوّل، شكّل، أكتب، صمّم، أعد كتابة، أنتج. وفيما يأتي أمثلة كثيرة على هذا النوع من الأسئلة مطبقة على جميع ميادين المعرفة المدرسية.

التربية الإسلامية:
- إقترح خطة لتحسين أوضاع الأقليات الإسلامية في الصين والفلبين.
- إعمل على تأليف قصة قصيرة تدور حول الدفاع عن حمى الإسلام في ضوء الهجوم عليه.
- أكتب قصة شيقة للأطفال الصغار تدور حول مزايا القران الكريم..
- اربط بين الإيمان والفتوحات الإسلامية الكبيرة خلال العصر الأموي.

اللغة العربية:
- إقترح حلولاً واقعية لمشكلة ضعف الطلاب في النحو.
- أكتب موضوعاً تعبيرياً يدور حول إيجابيات وسلبيات استخدام الانترنت.
- أكتب قصة عن لعب الأطفال أيام الربيع.
- إقترح عنواناً جديداً وملائماً لقصة قصيرة تقوم بقراءتها بعمق.

اللغة الإنجليزية:
-Suggest at least three ideas to be discussed about Hamlet character, after reading the play.

- write a short essay about the modern life.

- Write a formal letter to be sended to the minister of education about the general high school examination .

- Write a three page composition describing a holiday trip .

الرياضيات :
- اربط بين مفاهيم الهندسة الفضائية وتعميماتها من جهة وبين الأشكال المحسوسة في البيئة المحلية من جهة ثانية.
- اقترح خطة من ثلاث صفحات لتدريس زملائك وحدة العلاقات والاقترانات .

- اربط بين التعميمات المتعلقة بالتوافيق والتباديل.

- أربط بين حجم الكرة وحجم المخروط الذي قاعدته دائرة عظمى فيها وارتفاعه يساوي طول نصف قطرها.

العلوم :

- ضع خطة مكتوبة تتضمن حلولاً ملائمة لمشكلة انتشار الأمراض المعدية في المنطقة المحلية التي تعيش فيها.

- أكتب تقريراً في حدود أربع صفحات عن دور العلماء العرب والمسلمين في تطوير علم الكيمياء.

- اربط بين المركبات الأيونية والمركبات القطبية.

- اربط بين انكسار الضوء ونوع العدسات .

- أكتب بحثاً في حدود خمس صفحات عن الثدييات.

الدراسات الاجتماعية:

- اقترح حلولاً واقعية لمنع تسرب العديد من القطع الأثرية التاريخية العربية إلى الخارج.

- اربط بين نوع المسقط الذي يتم بموجبه رسم الخريطة الجغرافية وبين نسبة التحريف أو التشويه الذي يحصل عليها.

- اربط بين وجود الأودية النهرية الخصبة وقيام حضارات عريقة.

- اربط بين البترول العربي كمصدر مهم للثروة والنمو والتقدم من جهة وكونه مصدراً للصراع الدولي على المنطقة العربية من جهة ثانية.

الفلسفة:

- اقترح حلولاً لعزوف الشباب عن دراسة الفلسفة على المستوى الجامعي.

- اربط بين خصائص التفكير الفلسفي وخصائص التفكير العلمي.

- اكتب مقالة قصيرة لا تزيد عن خمس صفحات تدور حول حياة الفيلسوف الإسلامي ابن رُشد وأفكاره الفلسفية.

- اقترح خطة جديدة لتدريس موضوع الأخلاق والمنفعة.

التربية الرياضية:

- ضع خطة لتشكيل عرض رياضي مدرسي.

- اقترح خطة فردية للتمويه في الضربة الساحقة بالكرة الطائرة تقود إلى الهجوم المعاكس.
- اربط بين عمليات الاستعداد المطلوبة لمباراة كرة السلة وتلك المطلوبة لمباراة كرة القدم.
- اكتب تقريراً لا يتجاوز الصفحات الأربع عن أهمية مباريات ألعاب القوى.

التربية الفنية:
- اكتب مقالة مختصرة وفي حدود ثلاث صفحات عن المدرسة الفنية التجريدية.
- اربط بين الطباعة الرخامية والطباعة بالكي في الأعمال الفنية.
- ضع خطة واقعية لرفع مستوى الثقافة الفنية في المجتمع المحلي.
- اقترح خطة لإقامة معرض فني في المدرسة يزوره أبناء المجتمع المحلي.

التربية الموسيقية:
- أكتب بحثاً مختصراً لا يزيد عن سبع صفحات حول أهمية الأناشيد الوطنية والدينية في حياة الأطفال.
- أربط بين التطور التكنولوجي والتطور في صنع الأدوات الموسيقية.
- اقترح خطة مكتوبة لزيادة فاعلية قراءة المدونات الموسيقية وغنائها.
- اقترح خطة لتشكيل فرقة موسيقية في الحي الذي تعيش فيه.

التربية الأسرية:
- اقترح طريقة لزيادة موارد الأسرة العربية.
- اربط بين نوعية الملابس والعادات السائدة في المنطقة التي تعيش فيها.
- أكتب مقالة مختصرة في حدود أربع صفحات عن أهمية ترشيد الاستهلاك في الأسرة.
- اقترح حلولاً لمشكلات سوء التغذية في المجتمع المحلي.
- أكتب بحثاً قصيراً عن العناية بالطفل في عامهِ الأول.

التربية الحرفية:
- أكتب مقالة مختصرة عن أهمية شركات التأمين في الاقتصاد الوطني.
- اقترح خطة لتطوير الزراعة في المنطقة المحلية أو المجاورة لمكان إقامتك.
- اربط بين مهنة السباكة والتركيبات الصحية وأعمال القسارة والتبليط.
- اقترح حلولاً عملية لمشكلة ضعف الطلبة في الرسم الصناعي.
- ضع خطة لتطوير العمل الفندقي في إحدى العواصم العربية.

(6) أسئلة التقويم Evaluating Questions:

تتربع أسئلة التقويم على قمة الأسئلة في المجال المعرفي حسب تصنيف بلوم، حيث المطلوب من التلميذ في هذه الأسئلة الحكم على قيمة المواد التعليمية وعلى الأشياء والحوادث والأشخاص والمؤسسات والمشاريع والأنظمة والقوانين والتعليمات، وذلك في ضوء معايير داخلية خاصة بالتنظيم ومعايير خارجية تتعلق بالهدف من التقويم.

وتمثل نواتج التعلم في أسئلة هذا المستوى أعلى درجة في التنظيم الهيكلي المعرفي، لأنها تتضمن في الغالب عناصر من جميع المستويات الخمسة السابقة للمجال المعرفي ، بالإضافة إلى أحكام بالقيمة معتمدة على معايير واضحة ومحددة (**سعادة، 2005**).

وتتمثل أهم الأفعال التي يمكن أن يستخدمها المعلم الناجح في أسئلة التقويم ما يأتي: أحكم على، اختر موضحاً الأسباب، فنّد، إبدِ رأيك في، إعرب عن رأيك في، فندّ الادعاء، قرّر، إدحض، دافع، رتّب أو اعط رتبة، جادلْ، ناظرْ. وفيما يأتي أمثلة كثيرة على أسئلة التقويم مطبقة على جميع المواد الدراسية:

التربية الإسلامية:

- فند ادعاءات الملحدين والمشككين بالإسلام بأن الفتوحات الإسلامية جاءت نتيجة دوافع مادية أو اقتصادية.
- دافع عن مكانة العامل في الإسلام.
- أُحكم على تلاوة خمسة من زملائك لآياتٍ من الذكر الحكيم، في ضوء أحكام التجويد.
- اختر تفسيراً واحداً من بين ثلاثة تفسيرات لسورة الفجر لثلاثة من المفسرين، موضحاً الأسباب وراء هذا الاختيار.

اللغة العربية:

- إعمل على إبداء رأيك في أبيات قصيدة «فتح عمورية» من حيث الجمال والبلاغة والحماسة.
- دافع عن دور اللغة العربية في توحيد المشاعر والاحاسيس بين أبناء الأمة العربية.
- احكم على القيمة الأدبية لكتاب «المفصل» لابن يعيش.
- فند الادعاءات التي تقول بأن اللغة العربية لا تستطيع مجاراة التطور العلمي والتكنولوجي العالمي.
- احكم على القاء زميلك لإحدى قصائد الشاعر أحمد شوقي.

اللغة الانجليزية:

Evaluate a short story within no more than (200) words. -

- Judge the language accuracy of your friend.

- criticize you colleague's point of view about the importance of English language in our daily life.

- Comment on the style of a certain poem.

الرياضيات :

- دافع عن أهمية المشتقة الأولى في التفاضل والتكامل.
- احكم على الجهود التي بذلها علماء الرياضيات المسلمون في تطوير هذا الميدان.
- دافع عن ضرورة استخدام الأدوات الهندسية العديدة عند حل المسائل الهندسية العديدة.
- فند ادعاءات بعض الناس الذين يعتقدون بأن ظهور الحاسوب والحاسبات الالكترونية تغني عن تعليم التلاميذ للعمليات الحسابية والرياضية المختلفة.

العلوم :

- دافع عن أهمية الكيمياء في حياة الناس اليومية.
- احكم على التجربة الكيميائية التي قام بها زميلك.
- دافع عن أهمية الضوء في حياة الإنسان والحيوان والنبات.
- دافع عن دور المغناطيس في الصناعات المعدنية والآلية المختلفة.

الدراسات الاجتماعية:

- دافع عن خطة القائد خالد بن الوليد بالانسحاب من أمام جيوش الروم في معركة موتة.
- اعمل على إبداء وجهة نظرك في رفض الخليفة عمر بن الخطاب الصلاة في كنيسة القيامة عند زيارته للقدس.
- انتقد نظرية مالثوس للنمو السكاني والغذائي التي ركزت على زيادة السكان بمتوالية هندسية (5 x 5) في حين يزداد الغذاء بمتوالية عدية (5 + 5) .
- أحكم على الاكتشافات الجغرافية للعالم الجديد خلال القرنين الخامس عشر والسادس عشر الميلاديين.
- دافع عن أهمية الممرات المائية العربية من الناحيتين التجارية والعسكرية .

الفلسفة:

- اختر إحدى المدارس الفلسفية الكبيرة على أنها أكثر الفلسفات تأثيراً في ميدان التربية والتعليم.
- دافع عن أفكار أفلاطون في الجمهورية المثالية.
- حاور أحد زملائك في مشكلة وحدة الوجود كإحدى المشكلات الفلسفية.
- اختر إحدى الأيديولوجيات الاشتراكية أو الرأسمالية كأفضل واحدة بالنسبة لحل قضايا الحياة اليومية، مع بيان الأسباب وراء ذلك الاختيار.

التربية الرياضية:

- أنقد طريقة التحكيم في مباراة لكرة القدم في ملعب المدرسة.
- اختر نوع الارسال الأفضل في مباراة كرة الطائرة، مع بيان المبررات لذلك.
- دافع عن أهمية اللعب الزوجي لريشة الطائرة.
- احكم على سباحة زميلك على الظهر، في ضوء الأسس الصحيحة لها.

التربية الفنية:

- اختر لوحة فنية من بين اربع لوحات معروضة على أنها الأفضل، مع بيان المبررات لذلك.
- احكم على تمثال صنعه زميلك خلال حصة التربية الفنية.
- دافع عن الفن التشكيلي الحديث.
- احكم على الدمى والعرائس التي صنعها زملاؤك.

التربية الموسيقية:

- حاور أحد زملائك في الموازين الموسيقية وأيهما أكثر أهمية من وجهة نظرك.
- دافع عن ضرورة العناية بالأغنية الشعبية العربية.
- اختر واحدة من الآلات الثلاث الآتية: الكمنجة، العود، الاكورديون، على أساس أنها الآلة الأفضل من وجهة نظرك، مع بيان الأسباب وراء ذلك.
- رتب الآلات الموسيقية من حيث أهميتها واستخدامها.

التربية الأسرية:

- احكم على المخللات التي تمّ عملها من جانب أحد الأصدقاء.
- انقد تناول الناس لكثير من الحلويات أيام الأعياد، مما ينعكس سلباً على صحة بعضهم.

- احكم على صينية الكنافة التي صنعها أحد زملائك.
- دافع عن ضرورة تحصين الأطفال ضد الأمراض المختلفة.

التربية الحرفية أو المهنية:

- احكم على طريقة الري الزراعي بالتنقيط في ضوء الايجابيات والسلبيات.
- دافع عن أهمية التعليم الفندقي في انعاش السياحة المحلية.
- دافع عن الدور الطبي الانساني لمهنة التمريض.
- احكم على دور زميلك في الطباعة على الحاسوب .

3

الباب الثالث

تطبيقات التعلم النشط
والمعيقات التي تحول دون ذلك

- الفصل الرابع عشر : تطبيق التعلم النشط في المدرسة.

- الفصل الخامس عشر: تطبيق التعلم النشط في الجامعة.

- الفصل السادس عشر: التعلم النشط في المكتبات الجامعية والمدرسية.

- الفصل السابع عشر: تصميم التدريس والتعلم النشط.

- الفصل الثامن عشر: التعلم النشط والتفكير الفعال.

- الفصل التاسع عشر: نقاط الضعف في التعلم النشط أو معوقات عملية تطبيقهِ.

- الفصل العشرون: مقارنة بين التعلم النشط والتعلم التقليدي.

- الفصل الحادي والعشرون: التعلم النشط في البحوث التربوية.

14

الفصل الرابع عشر

تطبيق التعلم النشط في المدرسة

- مقدمة.
- لماذا الاهتمام بتطبيق التعلم النشط؟
- تطبيق التعلم النشط مع الطلبة داخل الحجرة الدراسية.
- تطبيقات على التعلم النشط في المواد الدراسية المختلفة. وبأساليب التعلم النشط المتنوعة.

تطبيق التعلم النشط في المدرسة:

مقدمة

ما المقصود بالتعلم النشط؟ فربما لم تسمع بهذا المصطلح من قبل، ولكن ربما تكون أنتَ كمعلمٍ قد قمتَ بتطبيقه أو ممارسته مرات لا تحصى داخل الحجرة الدراسية. فالتعلم النشط عبارة عن طريقة للتدريس، بل وطريقة للتعلم، حيث ينهمك الطالب في الأنشطة الصفية المختلفة بدلاً من أن يكون فرداً سلبياً يتلقى المعلومات. فالتعلم النشط يشجع على مشاركة التلاميذ في التفاعل من خلال عمل المجموعات، وطرح الاسئلة المتنوعة، والاشتراك في المشاريع الجماعية والتدريبات القائمة على حل المشكلات.

فإسهام الطلبة في المشاريع الجماعية مثلاً يتيح لهم الفرصة لاستخدام مهارات التفكير الناقد، وأن التحليل العميق للأمور والأشياء، يؤدي إلى اكتسابهم لمهارات التفكير الابداعي والاستقصاء وحل المشكلات، وأن تفسير النتائج التي تم تحليلها وطرح التوصيات بشأنها يشجع على عملية صنع القرارات.

باختصار، فإن الجانب المهم من التعلم النشط، يتمثل في مرور الطلبة بالخبرات الحقيقة للأنشطة الصفية المختلفة. وهنا فإنه لا يتم استبعاد طريقة المحاضرة من الصورة، وإنما يتم تشجيع الطلبة على إثارة الانتباه والمتابعة والتفكير. كما يتم تشجيع الطلبة كذلك على مناقشة الموضوعات مع زملائهم وطرح الأفكار المختلفة في ضوء تلك المناقشة.

ومن الطرق الأخرى للتعلم النشط، المحاضرة لفترة زمنية تتراوح ما بين (15-20) دقيقة أولاً، ثم طرح سؤالٍ يتطلب منهم تطبيق المعلومات التي اكتسبوها. كذلك فإن العمل الجماعي مطلوب مع الأقران أو المعلمين أو أفراد المجتمع المحلي، بحيث يمكن تقسيم الطلبة إلى مجموعاتٍ مختلفة، والطلب منهم إبلاغ بقية زملائهم بما توصلوا إليه من معلومات وقرارات. ومن بين الاحتمالات الأخرى أيضاً، الطلب من التلاميذ مراجعة ما تمّ في المحاضرة عن طريق كتابة ثلاثة أشياء تعلموها، وشيء ما زال غامضاً، وشيء يحتاج إلى المزيد من المعلومات.

لماذا الاهتمام بتطبيق التعلم النشط في المدرسة؟

يتساءل الكثيرون، لماذا التعلم النشط مهمٌ بالنسبة للطلبة هذه الأيام؟ وتوجد إجابات عدة لهذا السؤال يتمثل أولها في أن طلبة اليوم يختلفون عن أسلافهم من الطلبة السابقين، وأن طلبة اليوم لديهم توجه أكبر نحو التكنولوجيا ونحو البيئة التعلمية التي تعتمد على التعامل السريع مع الأجهزة والأدوات الملائمة للتعلم النشط. وهذا ما جعل الكثير من الراشدين وكبار السن يلتحقون بالمقررات

الدراسية الجامعية للإلمام بالتكنولوجيا المعاصرة. ونظراً لخبرتهم الطويلة وانشغالهم في الحياة، فإنهم يتوقعون المزيد من الفائدة والتوسع، ويعملون على المشاركة في الأنشطة الصفية والإعلان عن مدى الإحباطات لديهم إذا لم يحصلوا من المقرر الدراسي على العائد المادي والمعنوي المطلوب من وراء ذلك. كما أن أعداد الصفوف الدراسية ومستوياتها مرتبطة كثيراً بالاختلافات الموجودة لدى الطلبة المشتركين في العملية التعلمية الفاعلة.

وهنا، فإن القضية تنحصر في أمرين أو نقطتين هما: أن الناس المختلفين يتعلمون أيضاً بطرق مختلفة، وإذا أردنا أن نقوم بتدريس أكبر عدد ممكن من الطلبة، فإنه لا بد لنا من استخدام طرقٍ واستراتيجياتٍ تعليمية وتعلمية مختلفة داخل الحجرة الدراسية، وأن التعلم بطبيعته يمثل عملاً نشطاً. وقد أشار كل من (Meyers & Jones,1993) بأنه عندما نشجع الطلبة على المشاركة في الأنشطة التي تؤدي بهم إلى المناقشة وطرح الأسئلة والتوضيحات الخاصة بمحتوى المساق، فإننا لا نعمل فقط على الاحتفاظ الأفضل للمعلومات الخاصة بالمادة الدراسية، بل والمساعدة على توسيع قدرات التفكير لديهم.

ويعرف المعلمون عن طريق ممارسة والخبرة الميدانية، أن الطلبة لا يتعلمون فقط عن طريق الإصغاء وتدوين الملاحظات والدراسة الذاتية لعدة ساعات، بل يتعلمون أكثر عندما يقوم المعلمون بفحص المعلومات وتحليلها ومناقشتها وتطبيقها معهم. فعندما يساعد المعلم الطالب على تطبيق المعلومات وحل المشكلات، فإنه يعمل في الحقيقة على توسيع قدرات التفكير لدى الطالب، التي تجعل منه متعلماً ناجحاً على المدى الطويل من الحياة.

وقد قام سيلبرمان (Silberman,1996) بتلخيص التعلم النشط كالآتي:

ما اسمعه أنساه .

وما أسمعه وأراه، أتذكر منه القليل .

وما أسمعه وأراه وأطرح أسئلةًعنه أو أناقشه مع شخص آخر، أبدأ في فهمه.

وما أسمعه وأراه وأناقشه وأطبقه، أكتسب المعرفة والمهارة معاً.

وما أقوم بتدريسه للآخرين، أتقنه جيداً.

تطبيق التعلم النشط مع الطلبة داخل الحجرة الدراسية :

لقد أكد سيلبرمان (Silberman, 1996) بأنه عندما يكون التعلم نشطاً، فإن الطلبة يقوموا بغالبية العمل الأكاديمي. فهم يستخدمون عقولهم بفاعلية، ويدرسون الأفكار المطروحة بدقة، ويعملون على حل المشكلات العديدة، ويطبقون ما قد تعلموه. فالتعلم النشط يقوم على أساس

قدرات الطلبة وسرعتهم في اكتساب الأمور. إنه يمثل عمليةً مسليةً وداعمةً لمعلومات الطلبة ومهاراتهم، ومشجعةً على المشاركة الشخصية من جانب كل طالب، بحيث غالباً ما يكونوا خارج مقاعدهم الدراسية ويفكروا بصوت مرتفع.

ويتضح من ذلك، أن سيلبرمان قد جعل من التعلم النشط مجالاً واسعاً للتسلية، وأن تغيير مقرر دراسي حالي وجعله يركز على التعلم النشط، أو اقتراح مقررٍ جديد يقوم عليه، يتطلب التخطيط المسبق والعميق له. بالإضافة إلى ذلك، فإن تطبيق التعلم النشط يتطلب من المعلم في المدرسة أو الاستاذ في الجامعة، أن يكون مستعداً للمباشرة في العمل والطلب من التلاميذ تحمل مسؤولية تعليم أنفهسم بأنفسهم تحت إشرافه.

فاستخدام تقنيات التعلم النشط واستراتيجياته مثل أسلوب مجموعات العمل الصغيرة، وأسلوب المشاريع الجماعية، وأسلوب المحاكاة، وأسلوب لعب الدور، وأسلوب دراسة الحالة، تصبح في الغالب ضرورية، حتى يتم وضع الطلبة في مواقف تعلمية تحتم عليهم التفكير، والعمل لصالح تعلمهم وتعلم غيرهم. وهنا فإنه ينبغي عدم تصديق أي شخص يقول بأن تطبيق التعلم النشط داخل الحجرة الدراسية يمثل عملية بسيطة، ولكن عليك كمعلم أو كمفكر تصديقهُ عندما يقول بأن الطلبة يستجيبون لذلك النوع من التعلم ويستمتعون به، وأنهم سوف يتعلمون أكثر وأكثر بواسطته.

وكان مايرز وجونز (Meyers&Jones,1993) أول من تعرض لمسألة تطبيق أسلوب التعلم النشط في المقررات الدراسية المدرسية والجامعية. وقد اشار كل منهما إلى وجود أربعة عناصر ضرورية للبيئة التعلمية الصالحة للتعلم النشط، وتشمل الآتي:

1. تحديد عناوين المقررات الدراسية ومحتوياتها.
2. إيجاد جو إيجابي للتعلم النشط داخل الحجرة الدراسية.
3. التأقلم الجيد مع مكان التدريس.
4. التعرف أكثر على الطلبة.

ويتمثل أول شيء ينبغي القيام به من جانب المعلم، بعد التعهد باستخدام التعْلم النشط مع الطلبة داخل الحجرة الدراسية، العمل على تحديد أهدافه وتوضيحها للطلبة ،مع سؤال نفسه الأسئلة الآتية: ما الذي أرغب من تلاميذي معرفته قبيل انتهاء الفصل الدراسي؟ وما الذي أرغب من تلاميذي القيام به قبيل انتهاء الفصل الدراسي؟ ثم أعمل بعد ذلك على تدوين الردود على هذين السؤالين، والتي تمثل في الواقع مجموعة من المخرجات المرجوة التي يتم العمل على تحقيقها. وينبغي التركيز على المعرفة التي نرغب من التلاميذ اكتسابها، مما يتطلب تحديد قائمة بالمحتويات والموضوعات المعرفية التي تساعد في تحقيق الأهداف الموضوعة مسبقاً.

ويتطلب تطبيق التعلم النشط على الطلبة داخل الحجرة الدراسية إعطاء معلومات أقل، مع تزويدهم بمواد تعليمية تشجعهم على البحث والتعمق. ومع ذلك، فإن إعطاء معلومات أقل لا يعني تحديد محتوى معرفي قليل للطلبة، وإنما تحميل هؤلاء الطلبة مسؤولية أكبر، حيث يحتاج التعلم النشط إلى مشاركة أكثر في المواد التعليمية التعلمية من خلال دراساتهم الذاتية، وبحثهم المتواصل عن المعلومات والمعارف المطلوبة، والاستفادة منها في الأنشطة الأكاديمية المختلفة.

والآن، فإن على المعلم تفحص أهداف المقرر الدراسي من جديد، والتمعن في قائمة المطالب التي نريد من التلاميذ القيام بها، من أجل وضع المحتوى التفصيلي لذلك المقرر.

وبالإضافة إلى المعلومات الأساسية مثل عنوان المقرر ومكانه ومعلومات عن مدرس المقرر وقائمة المراجع، فإن مايرز وجونز (Meyers & Jones,1993) قد اقترحوا ضرورة اشتمال المحتوى على الآتي:

1. مقدمة مختصرة تحدد أهداف المقرر الدراسي.
2. خطة المقرر والأساليب والتقنيات المطلوبة للتعلم النشط وكيف يمكن للمعلم استغلال الوقت لتطبيق ذلك المقرر.
3. فقرة توضح مسؤوليات الطلبة الواجب عليهم القيام بها مثل المشاركة الصفية، والحضور المنتظم، والوقت المحدد لإنهاء الواجبات الأكاديمية المطلوبة.
4. وصف أساليب التقييم الواجب اتباعها، للحكم على أداء الطلبة ونظام العلامات أو الدرجات المراد استخدامه أو تطبيقه.
5. مخطط عام للمقرر الدراسي، يتم فيه توضيح الموضوعات المطلوب من التلاميذ دراستها والبحث فيها، مع قائمة بالقرارات والواجبات المطلوبة.
6. التواريخ المحددة لتسليم الواجبات والأعمال الفردية والجماعية، والسياسة المتبعة من جانبه بشأن الواجبات التي يتم تأخير تسليمها بعد الأوقات المحددة.
7. السياسة الأكاديمية العامة المتبعة والإجراءات المطلوبة التي تدعمها .

وينبغي على المعلم بعد ذلك، أن يعمل على تهيئة البيئة التربوية والتعليمية الصفية الملائمة للطلبة، والذي قد يعني عمل ديكورات لحوائط الحجرة الدراسية ،مثل تعليق اللوحات والخرائط والرسوم والأشكال وإعلانات الشركات على حوائط ذلك الصف لفترة محددة، مع ربطها قدر الإمكان بالموضوعات الدراسية المختلفة.

ومن المجالات الأخرى لجعل الحجرة الدراسية بيئة تربوية ملائمة، العمل على تطبيق الفكرة القائلة بنقل الطلبة من العالم الخارجي إلى داخل غرفة الصف بما يساعد من تعلمهم. ومن بين

الخيارات الأخرى أن تبدأ الحصة الدراسية بالسماح للتلاميذ بكتابة أسئلة يرغبون في طرحها خلال الدرس وتدور حول مقالةٍ معينةٍ أو لعبةٍ تعليميةٍ محددة. كما يوجد خيارٌ آخر يتمثل في السماح للطلبة بلعب دور الاسترخاء وسماع الموسيقى وقت دخولهم الحجرة الدراسية وقبل أن تبدأ الحصة رسمياً، حيث أكد بعض الباحثين على أن سماع الطلبة لموسيقى موتزارت وبيتهوفن يزيد من قدرتهم على التعلم.

وهنا يأتي الدور الثالث من جانب المعلم في المدرسة أو الاستاذ في الجامعة، الذي ينبغي أن يعمل كل منهما على جعل الطلبة في حالة من الراحة الجسدية والنفسية داخل الحجرة الدراسية عن طريق أن يكونا منفتحين أو متقبلين للأسئلة أو الاستفسارات التي يطرحونها، والملاحظات أو التعليقات التي يشيرون إليها، والاضافات التي يؤكدون عليها، مع إمكانية الوصول مبكراً إلى الحصة، ليؤكد المعلم أو الأستاذ الجامعي بأنه يحب أو يميل إلى إعطاء الحصة ويستمتع بلقاء الطلبة، فمثل هذه الأمور تؤدي إلى تكوين اتجاهات إيجابية لبيئة تربويةٍ ملائمة.

ويتمثل الأمر الثالث المهم لإعداد المقرر الدراسي من أجل فعاليات التعلم النشط، في التركيز على المكان الذي يتم فيه التدريس. ومع أن الكثيرين يعانون من صعوبة ضبط عملية التدريس ضمن الحيز المكاني المتاح، إلا أنه من الضروري عمل الترتيبات اللازمة للاستفادة من هذا الحيز وبطريقة فيها مرونة من جهة، وفيها نوعٌ من التحدي والتشجيع من ناحية ثانية، بحيث يشعر الطلبة فيها بالراحة وتشجعهم على المناقشات الجماعية التي تحتاج إلى نوع من المقاعد والطاولات سهلة الحركة، لتشكيل مجموعات مختلفة الأعداد والأغراض والأشكال، وقد يشمل ذلك الآتي:

- ترتيب الطاولات والكراسي على شكل حذوة الفرس أو شكل حرف U باللغة الإنجليزية.
- ترتيب الفريق الذي يجلس مع الآخرين وجهاً لوجه.
- الترتيب حسب نمط المؤتمرات.
- الترتيب على شكل دائرة.
- الترتيب على شكل الرقم (٧) باللغة العربية أو حرف (V) باللغة الإنجليزية.
- الترتيب بوضع كل مقعدين بجانب بعضهما بعضاً ويقابلهما مقعدين آخرين.

ويؤكد المعلم دائماً على أن الفكرة من وراء كل هذه الترتيبات هو أن يشعر الطلبة بالراحة ويشجعهم على المشاركة النشطة والفاعلة سواء شمل هذا النشاط الصف كله كمجموعة واحدة على شكل حرف U باللغة الإنجليزية أو على شكل مجموعات صغيرة أو متوسطة العدد على طاولة مستديرة.

وما ينبغي على المعلم في المدرسة أو الأستاذ في الجامعة القيام به بعد ذلك، هو التعرف جيداً إلى طلابه، وأن يتعرفوا هم بدورهم عليه. فيمكن أن يوزع المعلم على كل طالب ورقة بيضاء منذ

بداية الحصة الأولى للقائه بهم، ثم يكتب على السبورة المعلومات التي يريدها من كل طالب، ثم يأخذ وقتاً كافياً في استعراض أسماء طلاب الصف كله. وبهذه الطريقة يمكن للطلبة أن يتعرفوا على بعضهم بعضاً وأن يتعرف المعلم عليهم، بل وأين يجلس كل واحدٍ منهم داخل الحجرة الدراسية.

ومن الأفكار الأخرى التي يمكن تطبيقها منذ اليوم الأول، توزيع استبانة قصيرة تحوي مجموعة من الأسئلة، تدور حول خلفيتهم المعرفية في الموضوع أو المقرر المطروح، وتشمل مجموعة من الأسئلة، على الطلبة الاجابة عنها بدقة، وتتمثل في الآتي:

1. ما المهارات التي ترغب في تعلمها من هذا المقرر داخل الحجرة الدراسية.
2. ما نوعية المشاريع التي ترغب المشاركة فيها.
3. ما الوظيفة المطلوبة التي ترغب العمل بها بعد التخرج.
4. ما المهارات المطلوبة للوظيفة التي تريد العمل من خلالها.
5. ما المهارات المطلوبة للوظيفة التي ترغب العمل بها ولكنها تميزك عن غيرك عند الدخول في المنافسات الوظيفية.
6. ما الوظيفة المطلوبة التي ترغب العمل بها بعد التخرج.
7. كيف يمكن لهذا المقرر الدراسي الذي تلتحق به الآن أن يعمل على إعدادك للوظيفة المرغوبة؟

ويمكن للمعلم أن يطلب من التلاميذ استخدام الإنترنت للدخول إلى الموقع الخاص بالمساق الدراسي، والنظر إلى الأسئلة التي تشملها الاستبانة المختصرة سابقة الذكر، والإجابة عنها بهدوء، وإرسالها بالبريد الإلكتروني إلى المعلم، مما يتطلب مهارات متنوعة كاستخدام الحاسوب والإنترنت. ومن الخيارات الأخرى المتاحة للمعلم، تشجيع الطلبة على أن يختار كل واحد منهم زميلاً له يتعرف عليه ويتبادل معه أطراف الحديث لمدة خمس دقائق، حتى يمكن لهما التعرف إلى بعضهما بشكل أفضل، على أن تتاح الفرصة لكل منهما لتقديم الآخر أمام طلبة الصف كله. وإذا تعرف الطالب على عدد من الزملاء، فإن عليه أن يبحث عن زميلٍ آخر لم يتعرف عليه بعد حتى يتعرف عليه، وأن يعرف أشياء جديدة عن الذين تعرف عليهم من قبل.

وأخيراً وليس آخراً، فإن على المعلم أن يمضي وقتاً آخر، يسمح فيه للطلبة بأن يتعرفوا عليه من الناحيتين الشخصية والمهنية، وعليه أن يقدم نفسه من جديد للطلبة في بداية تدريسه لأي مقرر دراسي حتى لو كان يعرفهم أو كانوا يعرفونه من قبل، وذلك عن طريق مقررات سابقة قام بتدريسها لهم. ويشمل هذا التقديم التاريخ المهني، ومجالات البحث، والاهتمامات المتعددة، وما الذي

يرغبه لتدريس الطلبة من موضوعات رئيسية وفرعية حسب الخطة المرسومة من قبل، ثم توضيح لماذا اختار هذه المدرسة للتدريس فيها إذا كان معلماً، ولماذا اختار تلك الجامعة إذا كان استاذاً جامعياً، وسوف يفتح ذلك أمامه جواً من الأريحية مع الطلبة وبيئة تعلمية تعليمية ملائمة.

وباختصار، فإن الأساس الذي يقوم عليه التعلم النشط القابل للتطبيق، هو أن يتذكر المعلم في المدرسة أو الاستاذ في الجامعة بأن كل فرد عليه أن يسمح للطلبة بتحمل مسؤولية تعليم أنفسهم بأنفسهم تحت إشراف معلمهم، ومن أجل تقدمهم إلى الأمام. فالتطبيق الناجح للتعلم النشط داخل الحجرة الدراسية يقوم على أربع خطوات مهمة هي :

1. تحديد أهداف المقرر الدراسي والعمل على تنقيحها.
2. إيجاد بيئة عملٍ إيجابيةٍ وداعمةٍ للتعلم النشط.
3. ترتيب المكان الذي يتم فيه التدريس والعمل على ضبطه.
4. التعرف جيداً على الطلبة.

فتطبيق الخطوات الأربع السابقة يزيد من مستوى الراحة لدى المعلم بهذا النمط من أنماط التعلم، كما تشجع على المشاركة الفاعلة من جانب الطلبة داخل الحجرة الدراسية.

ونظراً لأهمية الأنشطة التطبيقية لطلبة المدارس من مختلف المستويات، فقد قرر مؤلفو هذا الكتاب طرح مجموعة كبيرة من هذه الأنشطة تبلغ خمسة وعشرين نشاطاً، تساعد في ترسيخ مفهوم التعلم النشط بين هؤلاء الطلبة، وتزيد من التفاعل داخل الحجرة الدراسية، وترفع من مستوى نجاح المعلم في إشرافهِ على الطلبة خلال تطبيق الأنشطة التعلمية المفيدة. وتتمثل هذه الأنشطة في الآتي:

أنشطة تطبيقية على التعلم النشط

فيما يأتي مجموعة من الأنشطة التي تمثل تطبيقات حقيقية على التعلم النشط.

1. نشاط (الكتب الموسيقية) :

ويتم في هذا النشاط وضع الكراسي ظهراً لظهر في خطٍ مستقيم، ويضع المعلم كتاباً تحت كل كرسي. ثم يجلس كل طفل على كرسي. يمشي الأطفال حول الكراسي عندما يعمل المعلم على تشغيل صوت الموسيقى. وعندما تتوقف الموسيقى يجلس الأطفال ويبدءون بقراءة الكتب الموجودة تحت الكراسي. بعد بضع دقائق يشغل المعلم الموسيقى مرة ثانية. بعد انتهاء اللعبة يضع المعلم الكتب في صندوق خاص مكتوب عليه" كتب موسيقية" بحيث يتمكن الأطفال فيما بعد من قراءة بقية القصص.

2. نشاط (الكتاب الواحد):

يقسم المعلم طلبة الصف في هذه اللعبة أو هذا النشاط إلى مجموعات، ويعطي كل مجموعة نسخةً من الكتاب نفسه، ويطلب منهم أن يجدوا أرقام الصفحات لأشخاصٍ أو حوادث أو أشياء معينة في الكتاب، ويعطي مكافأةً للفرقة الفائزة.

3. نشاط (تحديد اسم الكتاب):

يوضح المعلم لتلاميذه الصغار مدى أهمية غلاف القصة وعنوانها، ثم يقرأُ قصةً أو كتاباً لهم دون تعريفهم بالعنوان أو إطلاعهم على الغلاف. وبعد قراءة القصة أو الكتاب، يتم إعطاء التلاميذ قصاصاتٍ من الورق ليرسموا عليها ما يرون أنه غلافُ الكتاب المناسب وعنوانه الملائم أو القصة وعنوانها. يعرض المعلم بعد ذلك الكتاب أو القصة، بحيث يكون محاطاً بالأغلفة التي أعدها الأطفال.

4. نشاط (قُراء الغد):

يمكن إيجادُ أناسٍ جدد يُسمون بِقُرَّاء الغد، من خلال شراء مجموعةٍ من الكتب وإهدائها إلى المواليد الجدد في المستشفى المحلي، مع تضمين هذه الكتب رسائل إلى الآباء، نخبرهم فيها بأهمية القراءة لأطفالهم الصغار من أجل غرسِ محبةِ الكتب في نفوسهم في وقت مبكر. وهذه الكتب عبارة عن قصص كتبها الطلبة برسومٍ ملونةٍ لجذب اهتمام الأطفال الصغار.

5. نشاط (القارئ المجهول):

في كل سنةٍ يختارُ المعلم النشط أو يخصص، أسبوعين أو ثلاثة لتنفيذ مشروع القارئ المجهول، بحيث يرسل إشعاراً سرياً إلى الأهالي لمعرفة إن كانوا يرغبون في الحضور والقراءة للطلاب خلال

الوقت المخصص للقصص. ويمكن أن يكون هؤلاء من الآباء والأجداد أو الأعمام أو العمات أو الأخوة أو الأخوات، ويختارون قصصهم الخاصة (القصص المحببة لأطفالهم في العادة) ويعينون للمعلم موعدين مناسبين، الذي يضع بدوره جدولاً زمنياً بعد حصولهِ على عناوين القصص وأسماء من يرغبون في قراءتها من الأهالي، ويستغرق هذا أسبوعاً في العادة، يرسل بعدها إشعاراً سرياً آخر لمن استجابوا، يعلمهم فيه بمواعيدهم. والأطفال بلا شك سيحبون هذا الأسلوب وسيدهشون به، على أن يقوم المعلم بالتقاط صورة تذكارية لكل قارئ مجهول ويرسلها إلى البيت مع الطفل ضمن رسالة شكر.

6. نشاط (أين في هذا العالم) :

أعطِ كل طفل من الأطفال خريطة للعالم العربي وللقطر العربي الذي يعيش فيه. (دع الأطفال يختارون ما يفضلون منها) وكلما قرأ طفل كتاباً ذا صلة بقطر أو مدينة أو بلدة أو قرية على نحو ما، فإن بوسعه أن يلون تلك المدينة أو ذلك البلد على الخريطة. وتستند العلاقة إلى ما يأتي:

- إن المؤلف ولد هناك.
- و بدأت القصة هناك.
- وإن الكتاب يتحدث عن تلك الدولة أو ذلك البلد أو المدينة أو البلدة أو القرية.

إن الطالب الذي يلون أكبر عدد من الأقطار أو المدن أو القرى، يكون هو الفائز، و يحصل على مكافأةٍ قد تكون أطلساً صغيراً رخيص الثمن، أو خريطةً ملونة، أو كتاباً، أو قصة.

7. نشاط (شبكات القصص):

كل ما تحتاجه في هذه اللعبة أو النشاط هو كرة من الخيطان وقصة تتم المشاركة فيها. دع طلبتك يجلسون على هيئة دائرة على الأرض. يذكر أحد الطلبة الجملة الأولى في قصة مشهورة. ثم يمسك الطالب طرف كرة الخيطان، ويدحرجها نحو طالب آخر، يقوم بذكر القسم الآخر من القصة على هيئة جملة. ويتكرر هذا العمل، إلى أن يتم سرد القصة كاملةً، وستجد حالاً أن لديك شبكةً من المعلومات يمتلكها الطلبة. كما يمكن استعمال أية قصة أخرى من أجل التغيير، وبالإمكان أيضاً إنشاء قصص جديدة يضيف كل طالبٍ فيها فكرة جديدة من عنده إليها.

8. نشاط (لقاء شخصيتين):

اختر شخصية محبوبة من كتابين، واكتب قصةً جديدةً أو مسرحيةً بحيث يتلاقيان فيها. دع طلبتك يمثلون القصة الجديدة.

9. نشاط (تكوين الكلمات):

استحضر بالعصف الذهني(25-30) كلمة تتعلق بالكتب واكتبها على السبورة. أعطِ طلبتكَ ورقة مقاس (12x9) بوصة أو (24-30) سنتمتراً، ودعهم يقوموا بطيها لتكوين (9) مربعات.

اطلب منهم كتابة (9) من الكلمات المكتوبة على اللوح في المربعات التسعة. أعطهم قِطعاً من الحلوى الصغيرة كتشجيع، أو بعض العلامات أو الدرجات. أقرأ عدداً من الكلمات عشوائياً عن السبورة. وعندما يملأ الطالب خطاً رأسياً أو أفقياً أو قُطرياً من الكلمات ذات العلاقة، يتم إعطاء الفائز كتاباً كهديةٍ له. ومن أجل التغيير، يمكن أن يمارس المعلم هذا النشاط للتعريف بالكلمات التي توصل إليها التلاميذ أو التي عملوا على تكوينها.

10. نشاط (البحث عن كلمة الكتاب):

يحب الأطفال في العادة الأُحجية. وللمساعدة في إحداث متعةٍ عن تقارير الكتب، يصنع التلاميذ أُحجية البحث عن كلمة على ورقٍ بياني، بحيث يكتب عليه الكلمات، وعنوان الكتاب، واسم المؤلف، والشخصيات الرئيسة في الكتاب، وأية كلمات رئيسة لحوادث تضمنها الكتاب. ويتم رسم الأحاجي على الورق الهندسي، وتوضع العلامات ومخططات للتوضيح باستخدام قلم الرصاص. ويمكن لأفراد الصف من تبادلها فيما بينهم، إذا كانت الأحاجي عبارة عن " بحث عن كلمة". ويمكن استبدالها عدة مرات واستخدامها لسنوات متعددة. وتعتبر هذه الفكرة من الأنشطة الثابتة(لا يتحرك فيها الطلاب من مقاعدهم) لفحص عدة كتب متنوعة.

11. نشاط (قف من فضلك):

ويكون ذلك بابتداع لعبةٍ مرحة ألا وهي " فليقف من قرأ الكتاب فعلاً أمام زملائه كي يتعرفوا إليه، بحيث نختار قاضياً ومحامياً و (3) آخرين على هيئة محلفين، و (3) متهمين في كل مرة، ويقوم واحد منهم بدوره، ويتقدم إلى منصة الشهادة، بينما يكون المتهمان الآخران ينتظران خارج الصف، أوفي مكانٍ لا يستطيعان فيه سماع شهادة المتهم الأول. ويسأل المحامي أسئلةً من استبانةٍ كان قد عبأها أحد المتهمين بخصوص كتابٍ قرأه. وبعد استجواب كل متهم، تصوت هيئة المحلفين المكونة من ثلاثة أشخاص لصالح من يشعرون بأنه قرأ الكتاب فعلاً، ويعطون نتيجة التصويت للقاضي، ثم يحضر المتهمون ويجلسون. ويقوم القاضي بحساب عدد أصوات هيئة المحلفين ويقرأ الحكم بصوت عال، ويسأل بعدها" فليقف من قرأ الكتاب فعلاً إذا سمح؟" كل هذا يمثل حافزاً كبيراً للتلاميذ داخل الحجرة الدراسية من أجل لعب الأدوار بشكلٍ ناجح.

12. نشاط (اختبار الفتية الصغار):

إسمح للأطفال بالتناوب بقراءة واحدة من مجموعات القصص أو الكتب القصيرة شفوياً لبقية زملائهم في غرفة الصف. وقبل هذه القراءة الشفوية، أطلب من القارئ تحضير سؤالين شاملين أو ثلاثة عن الكتاب. وبعد القراءة الشفوية يُعطي القارئ اختباراً بسيطاً لطلبة الصف كله، ثم يتحمل

القارئ المسؤولية بشأن تصحيح الأوراق ووضع العلامات أو الدرجات عليها. (يحب الأطفال لعب دور المعلم وتصحيح الأوراق) بحيث يمكن تصحيح الأوراق داخل الحجرة الدراسية بدلاً من واجبٍ آخر أو تصحيحها في البيت.

13. نشاط (إقرأ للمدير):

ويبدأ هذا النشاط عن طريق ملاحظة المعلم لما ينجزه التلاميذ في القراءة، والقيام باختيار طفل أو اثنين يومياً ليذهبا إلى مكتب المدير للقراءة أمامه. وقبل البدء في البرنامج، اصنع ترويسةً أو عنواناًعلى الكمبيوتر ينص على: " أنا أقرأ للمدير". ويستطيع الطفل بعدها تلوين الأحرف، على أن يتم تعليق الترويسة في غرفة المدير، واطلب من الأطفال توقيع الترويسة بعلاماتٍ ذات ألوان مختلفة بعد قراءة مقطوعاتهم. وقد يعطي الطفل دليلاً على أنه قد قام بمهمة القراءة له، عن طريق توقيعهِ على تلك الترويسة وكتابة التلميذ بجانبها عبارة (قرأتُ للمدير).

14. نشاط (التلفاز بدلاً من القراءة):

ويبدأ هذا النشاط بتحضير المعلم لوحة للقراءة والتلفاز، وتوزيع نسخةٍ منها لكل تلميذ. وقد تكون هذه اللوحة أسبوعية لتسجيل الوقت المنقضي في القراءة والوقت المنقضي بمشاهدة التلفاز في البيت. فإذا كان مجموع وقت القراءة أكثر من مجموع وقت مشاهدة التلفاز، يفوز الطفل بدعوةٍ إلى طعامٍ أو شرابٍ، والصف الذي يشتمل على أكبر عدد من الفائزين، سيحظى بحفلةٍ خاصة من المدرسة بدعمٍ من المعلم نفسه.

15. نشاط (قراءة الزمن):

من الممكن تحقيق النمو المتكامل للشخصية والإحساس بالإنجاز لدى القُراء المتوسطين، من خلال تكوين خط سير شخصي للقراءة. وهنا يُطلب من التلاميذ إعداد خط سيرٍ لحياتهم من خلال تسمية الكتب المفضلة لهم عبر السنين. وفي وسع الطلبة تضمين ذلك صوراً شخصيةً وكتباً وأغلفة كُتب وصوراً توضيحية، وما إلى ذلك. ومن أجل تبيان تاريخ قراءاتهم المفضلة، فإن السِّير الزمنية المعروضة، تقدم في الغالب إعلانات ممتازة عن الكتب، وتصنع تقارير إرتجالية عن الكتب، ومناقشات مع الزملاء داخل الحجرة الدراسية، كما أنها تساعد الطلبة على فهم السِّيْر الزمنية، وتساعد كل طفل على توضيح كيفية نضج القراءة لديهم خلال السنين.

16. نشاط (أنت موقوف أو معتقل):

يقوم تلاميذ في الصف الخامس الأساسي مثلاً باختطاف أو إيقاف أحد المعلمين، ممن قاموا بتدريسهم سابقاً، ويحكمون عليه بالقراءة عدة دقائق قبل عودته إلى صفه، على أن يبلغ المعلم

النشط زملاءه من أعضاء هيئة التدريس الآخرين بأنهم سيتعرضون هم أيضاً للإيقاف أو الاعتقال، في الوقت الذي لا يعلم فيه الطلبة بذلك. وهنا يقوم المعلم الموقوف بالقراءة لتلاميذ الصف.

17. نشاط (القراءة قطعة من الفطيرة أو الكعكة):

من الأنشطة الجيدة التي يمكن القيام بها خلال (أسبوع أنشطة الأطفال) صنع ما يسمى " بالفطيرة أو الكعكة الصغيرة"، بحيث يتم إظهار قائمة المواد الداخلة في صنعها، مع ترك الطلبة يساعدونك في تجميع المكونات، ثم الطلب من كل تلميذ الكتابة على قصاصة صغيرة من الورق عنوان كتابهِ المفضل. يتم بعد ذلك طي القصاصات الصغيرة عدة مرات ووضعها في خليط الكعكة، والعمل على خبزها. وهنا، سوف يستمتع كل طالب بمحاولة تخمين من هو صاحب عنوان الكتاب المفضل الموجود في قطعة الكعكة.

18. نشاط (الكتب تفتح الأبواب):

يختار طلبة كل صف كتاباً مفضلاً لديهم، ثم يزينون الأبواب على هيئة أغلفة كتب عملاقة. وينفتح الباب الذي له غلاف كتاب عملاق على غرفة مزينة لمشهد من الكتاب. وفي يوم من أيام أسبوع كتاب الأطفال، يأتي الأطفال إلى المدرسة بألبسة تمثل شخصيات من كتابهم المنتخب. ويقوم الحكام بانتخاب الفائز من شُعَبِ الصفِ الواحدِ أو من شُعَبِ الصفوف المشتركة في رواق واحد. وتقدم كعكة كتاب عملاقة عند تقديم وجبه الغذاء مكافأة للجهد الذي بذله كل تلميذ.

19. نشاط (اليوم المفتوح للقراءة):

تحدد إدارة المدرسة يوماً كاملاً لنشاط اليوم المفتوح للقراءة، بحيث يقوم مكتب الإدارة بجدولة عدد الكتب أو الصفحات التي تمت قراءتها في المدرسة جميعها، ويشتمل ذلك على قراءة الطلبة والمعلمين والأمناء، وتلصق النتائج كل ساعة على لوحة كبيرة يشاهدها الجميع.

20. نشاط (كتب على شريط):

يختار الأطفال خمسة كتب مطالعة بسيطة، لتسجيلها على أشرطةٍ للأطفال الذين في المستشفى ممن لا يقدرون على القراءة، لصغر سنهم أو لشدة مرضهم أو لشدة تعبهم. ويتم الحصول على الكتب من مكتبة مستشفى الأطفال، بحيث يمكنهم الاستماع إلى الشريط وتتبع ما في الكتب. وتقوم إدارة المدرسة مع المعلمين بتقديم الأشرطة خلال أسبوع كتاب الأطفال.

21. نشاط (كتب الأصدقاء):

يعين لكل طالب من الصف السادس الأساسي طفلٌ من تلاميذ الصف الأول الأساسي للمقابلة،وذلك للتعرف إلى عائلته، ويوم ميلاده، وأصدقائه، وحيواناته الأليفة، والأشياء المفضلة

لديه. وبالاعتماد على هذه المعلومات، يقوم طلبة الصف السادس الأساسي بكتابة قصص يكون فيها طالب الصف الأول الشخصية الرئيسة في القصة، والمعلومات المأخوذة من المقابلة أساساً للقصة. ينشر طلبة الصف السادس الأساسي القصص على هيئة كتاب بغلافٍ واضحٍ ومناسب. وفي أثناء أسبوع كتاب الأطفال يهدي طلبة الصف السادس الأساسي الكتب إلى أهل شركائهم من تلاميذ الصف الأول الأساسي، ويشاطرونهم القراءة بعض الوقت.

22. نشاط (شماعات أو عَلاّقات الخرز):

يعطي المعلم كل طالب خرزة ملونة لكل تقرير عن كتاب عمل على قراءته، ويعطيهم أيضاً شريطاً ينظمون فيه هذا الخرز. وعند فراغهم من قراءة عشر كتبٍ، يعطيهم سواراً لامعاً يضعونه بين الخرزتين العاشرة والحادية عشرة. ثم يعطيهم سواراً آخر يضعونه بين الخرزتين العشرين والحادية والعشرين، وكذلك بين الثلاثين والحادية والثلاثين، وهكذا تعلق هذه الأشرطة على النافذة ،مما يضيف جواً من البهجة إلى الحجرة الدراسية، ثم يأخذ الطلبة تلك الأشرطة إلى بيوتهم في نهاية السنة.

23. نشاط (انطلق مع الضوء الأخضر):

يقرأ الطلبة كتباً بتوصية من زملائهم. ولتشجيع ذلك ينبغي توفير بطاقات فهرسة خضراء وصفراء وحمراء في غرفة الصف. وتشبه هذه البطاقات ألوان أضواء إشارات المرور. ويقوم الطالب بتعبئة ورقةٍ خضراء ليقول للآخرين انطلقوا إلى هذا الكتاب، في حين يعني اللون الأصفر أخذ الحذر، أي أن الكتاب وسط أو ما بين بين. أما البطاقة الحمراء فتعني توقفوا لا تقرأوا هذا الكتاب. وتشمل الجهة الأمامية من البطاقة على المعلومات الآتية والتي ينبغي تعبئتها بحسب بطاقة اللون المختارة: البطاقة الخضراء مكتوب فيها أحببت هذا الكتاب بسبب ..... أما البطاقة الصفراء فمكتوب فيها هذا الكتاب بين بين وذلك بسبب....، في حين نجد أن البطاقة الحمراء مكتوب فيها لا أحب هذا الكتاب بسبب ..." وهنا يعلق المعلم في غرفة الصف مجموعة من لوحات الإعلانات أو لوحات الجيوب، بحيث توضع فيها هذه البطاقات، على أن يقوم الطلبة بالإطلاع على ما يرغبون منها، فيستفيدون من المعلومات الموجودة عليها سواء كان الكتاب مرغوباً أو غير مرغوب فيه، مع بيان الأسباب التفصيلية وراء ذلك.

24. نشاط (الكتب في صور):

خذ صورة لكل طالب وهو ممسك بكتابه المفضل وألصق بها خلاصةً يعبر فيها الطالب بكلماته الخاصة عن خصائص الكتاب والفكرة أو الأفكار التي يدور عليها ذلك الكتاب. أَعرض على الطلبة ما كُتِبَ عن الكتاب، بحيث يمكن للطلبة قراءة خيارات زملائهم، وتوسيع معلوماتهم بخصوص كتب عديدة ممتعة للقراءة.

25. نشاط (إذا وجدتَ القصة قيمة):

يقوم هذا النشاط على معرفة المعلم أو التلاميذ بأية قصة جديدة قيمة تمتْ قراءتها من جانبهم من على صفحات شبكة المعلومات الدولية (الانترنت). وهنا يتم إبلاغ الآخرين عنها. ويطلب المعلم بعد ذلك من مدير المدرسة، التحدث عن القصة في نشرتهِ الأسبوعية. وبهذه الطريقة يستطيع جميع المعلمين والتلاميذ تفحص القصة على شبكة الانترنت في أوقات فراغهم.

وبعد طرح هذه الأنشطة المتنوعة المفيدة في إثارة التفكير لدى التلاميذ، فإن من المفيد أيضاً تدريب المعلمين النشطين على كيفية تحضير الدروس في مختلف موضوعات المنهج المدرسي، وذلك باستخدام أساليب التعلم النشط وتقنياته المتنوعة، وهو ما توضحه تحضيرات الدروس الآتية في ميادين العلوم، والتربية الوطنية، والرياضيات، والتربية الاجتماعية، والتربية المدنية، والجغرافيا، واللغة الانجليزية:

تطبيق التعلم النشط على الموضوعات المدرسية المختلفة

تحضير درس (التكيف) في العلوم حسب نموذج التعلم النشط

الصف: الثالث الأساسي	المادة: العلوم	الوحدة: الخامسة
الدرس الثاني:	اليوم والتاريخ:	المدرسة:

أولاً: يقوم المعلم بالتمهيد للدرس، باتباع عدة طرق، ومنها طرح الأسئلة كالآتي:

< ماذا نسمي المكان الذي حولنا؟

< أين يعيش السمك؟

< أين يعيش البقر؟

< أين يعيش الإنسان؟

< لماذا لا تطير الماعز؟

< هل الحيوانات جميعها تعيش في الماء؟

< وهل جميعها تعيش على الأرض؟

< ولماذا تختلف معيشتها من بيئةٍ إلى أخرى؟

وهنا يشجع المعلم التلاميذ على تحديد عنوان موضوع الدرس في ضوء الإجابة عن الأسئلة المطروحة، حيث يكون موضوع التكيف.

ثانياً: تحديد أهداف الدرس:

يقوم المعلم بإجراء الحوار مع التلاميذ، وذلك من أجل تحديد أهداف الدرس، وأن تكون على شكل عباراتٍ سهلة القراءة وواضحة. وتتمثل هذه الأهداف في الآتي :

< أن يحدد التلميذ معنى مفهوم التكيف.

< أن يحدد التلميذ وسائل تكيف الأنواع المختلفة من الطيور في العيش.

< أن يميز التلميذ بين أشكال الطيور.

< أن يقارن التلميذ بين أساليب تكيف الأغنام ووسائل تكيف الاسماك مع البيئة المحيطة بها.

< أن يعدد التلميذ بعض أنواع الطيور.

٣١١

ثالثاً: يطلب المعلم من التلاميذ الانتباه، ويبدأ بعرض مجموعة الصور عن الحيوانات والطيور والأسماك وإجراء الحوار والنقاش حولها، مع ترك المجال أمامهم للتعبير عنها بالشكل الذي يراه كل تلميذ مناسباً، على أن يبقى دور المعلم موجهاً لهم في التعبير عن الصور التي تمثل محتوى الموضوع. وفي هذا الدرس يقوم المعلم بعرض صورٍ لبعض الطيور والحيوانات، وإجراء النقاش حولها:

> عرض صورةٍ لمنقار الصقر.

> عرض صورةٍ لمنقار العصفور.

> عرض صورةٍ لمنقار الأوزة.

> عرض صورةٍ لمنقار نقار الخشب.

> عرض صورةٍ للسمك في الماء.

> عرض صورٍ أخرى لبعض الطيور كالحمام والدجاج والنعام.

> عرض صورٍ للأبقار والاغنام والغزلان.

ومن ثم إجراء النقاش حولها من جانب التلاميذ، من أجل التوصل إلى أن:

1- الحيوانات تختلف بأشكالها وطريقة معيشتها باختلاف بيئاتها. فبعض الحيوانات تعيش في بيئة معينة، ولا تستطيع العيش في بيئة أخرى.

2- الطيور بمختلف أنواعها لها صفات خاصة في أجسامها، تساعدها على الطيران والقيام بوظائفها المختلفة.

3- الطيور تختلف في أشكال مناقيرها، وذلك تبعاً لنوع الغذاء الذي تتناوله.

4- الاسماك متنوعة في ألوانها وأشكالها وأحجامها تبعاً لنمط البيئة المحيطة بها.

5- الحيوانات الأليفة والبرية المفترسة تختلف في وسائل معيشتها، بسبب الاختلاف في الأجواء التي تعيش فيها.

رابعاً: فتح الكتاب المقرر:

يطلب المعلم من التلاميذ فتح الكتاب المقرر (العلوم) ويبدأ معهم بالقراءة لعبارات الدرس والتعليق على الصور، ومن ثم حل الأسئلة.

خامساً: تلخيص الدرس:

يقوم المعلم بتلخيص الدرس من خلال كتابة الجمل الخمس سالفة الذكر على السبورة وبخط النسخ، وقراءتها أمام التلاميذ، ومن ثم يطلب من بعض التلاميذ قراءتها وكتابتها في دفاترهم.

سادساً: التقويم:

لكي يتأكد المعلم من أن أهداف الدرس قد تحققت فعلاً لدى الطلبة، فعليهِ إجراء عملية التقويم. وهناك عدة طرق لإجراء هذه العملية، ومنها طرح الأسئلة الآتية:

< ماذا نعني بالتكيف؟

< تموت السمكة إذا أخرجناها من الماء، علل؟

< كيف يعيش نقار الخشب، والعصفور، والنسر؟

< ماذا استفدنا من الدرس؟

< لماذا تختلف الحيوانات البرية المفترسة عن الحيوانات الأليفة؟

٣١٣

تحضير درس (السهل) في التربية الوطنية حسب نموذج التعلم النشط

الصف: الرابع الأساسي		المادة: التربية الوطنية والمجتمع العربي
الوحدة: الخامسة	الدرس الأول	الموضوع: الفواكه
اليوم والتاريخ:		المدرسة:

المادة: التربية الوطنية والمجتمع العربي

أولاً: يقوم المعلم بالتمهيد للدرس، وذلك من خلال طرح الأسئلة الآتية:

< من يعدد لي بعض أنواع الفواكه التي نأكلها؟

< من يعدد لي بعض أنواع الخضروات التي نأكلها؟

< كيف نحصل على هذه الفواكه والخضروات؟

< من أين يأتي بها البائع؟

< ماذا نسمي المنطقة التي نقطف منها الثمار؟

بعد ذلك، يقوم المعلم بعرض صورٍ لمنطقةٍ سهليةٍ فيها الكثير من المزروعات، ويطلب من التلاميذ ذكر اسم المنطقة؟

ثم يوضح المعلم بالتعاون مع التلاميذ بعد ذلك بأن عنوان درسنا لهذه الحصة هو (السهل).

ثانياً: تحديد أهداف الدرس:

يطلب المعلم من التلاميذ تحديد الأهداف التي نريد أن نحققها معاً خلال هذه الحصة، ومن ثم كتابتها أمام التلاميذ على السبورة، أو على لوحةٍ خاصةٍ وبلغةٍ بسيطةٍ تناسب مستوى التلاميذ العمري، والتي تتمثل في الآتي:

- أن يحدد التلميذ معنى مفهوم السهل.

- أن يذكر التلميذ بعض المزروعات التي تزرع في السهل.

- أن يحدد التلميذ بعض النباتات البرية التي توجد في السهل.

- أن يسمي التلميذ بعض الحيوانات والطيور التي تعيش في منطقة السهل.

- أن يذكر التلميذ أسماء بعض المواقع أو المدن أو القرى التي توجد في السهول.

ثالثاً: يقسم المعلم التلاميذ في الصف إلى عدة مجموعات بحيث تأخذ كل مجموعة موضوعاً تتم مناقشته ، ومن هذه الموضوعات:

- شكل السهل.

- المزروعات التي تزرع في السهول.
- النباتات البرية التي توجد في السهول.
- الحيوانات والطيور التي تعيش في السهول.
- بعض المواقع أو القرى أو المدن التي توجد في السهول.

رابعاً: تقوم كل مجموعة بالحديث أمام المجموعات عن النتائج التي تم الحصول عليها، ومناقشة التلاميذ للتلميذ المرشح من جانب المجموعة في الإلقاء.

- شكل السهل:

> يكون شكل السهل عبارة عن أرض مستوية، وتسهل فيها الحركة والانتقال.

- المزروعات التي تزرع في السهول:

> يزرع العديد من المزروعات في السهول ومنها: القمح والشعير والعدس والفول وأنواع أخرى من الخضروات والباذنجان والبندورة (الطماطم) والخيار والفواكه مثل التفاح، والتوت والعنب، والبطيخ، والحمضيات مثل البرتقال والليمون.

- النباتات البرية التي توجد في السهول:

> توجد في السهول نباتات برية مثل الخبيزة والخردل والشومر.

- الحيوانات والطيور التي تعيش في السهول:

> تعيش في السهول حيوانات برية مثل الأرنب البري والثعلب والذئب، كما تعيش فيها الطيور مثل الدوري والهدهد والقبرة والبلبل.

- بعض المواقع التي توجد في السهل:

هناك العديد من المدن والقرى التي توجد في السهول مثل المدينة المنورة والقاهرة ودمشق والجزائر وبيروت وبغداد والكويت والرباط وتونس وإربد ومعان والمفرق وأريحا وجنين وغزة وطرابلس والخرطوم وأبو ظبي وصحار والمكلا.

ملاحظة: يكون دور المعلم كموجهٍ للحديث، مع ترك المجال أمام التلاميذ للتعبير عما يجول في خاطرهم حول موضوع السهول.

خامساً: فتح الكتاب المقرر:

يطلب المعلم من التلاميذ فتح الكتاب (التربية الوطنية والمجتمع العربي) المقرر ويبدأ معهم بالتعليق على الصور وقراءة الكلمات والجُمَل المتعلقة بالدرس، ومن ثم حل الأسئلة المختلفة.

سادساً: تلخيص الدرس:

يلخص المعلم على السبورة أهم النقاط التي تشمل الدرس وتحقق أهدافه وهي كالآتي:

1- يكون شكل السهل عبارة عن أرض مستوية، وتسهل فيه الحركة والانتقال.

2- يزرع فيه العديد من المزروعات ومنها: القمح والشعير والعدس والفول، وأنواع أخرى من الخضروات والفواكه.

3- توجد في السهل نباتات برية مثل الخبيزة والخردل.

4- يعيش في السهول حيوانات برية مثل الأرنب البري والثعلب والذئب وفيها الطيور مثل الدوري والهدهد والبلبل والقبرة.

5- هناك العديد من المدن والقرى التي تعيش في السهول مثل مدن القاهرة ودمشق وبغداد وجنين والكويت والرباط والخرطوم، ثم يطلب من التلاميذ قراءة الجمل سابقة الذكر والمكتوبة بخط النسخ الواضح. وبعد ذلك يقارنها مع الأهداف الموضوعة على اللوحة مع التلاميذ، والاتفاق على أن الأهداف التي قد تمَّ وضعها قد تمَّ تحقيقها بالفعل.

سابعاً: التقويم:

يطرح المعلم بعض الأسئلة التي تبين مدى تحقق الأهداف التي تمَّ رصدها من قبل. فقد يطرح الأسئلة الآتية:

- أذكر حيوانات أو طيور تعرفها في بيتك؟

- ما المميزات التي يحبها الناس في السهل؟

- كيف يكون شكل السهل؟

- أذكر أهم المزروعات التي تنمو في السهل؟

- قارن بين السهل والجبل.

- أذكر بعض النباتات البرية التي تنتشر في السهل.

تطبيق التعلم النشط في المدرسة

تحضير درس (ضرب العشرات) في الرياضيات حسب نموذج التعلم النشط

الصف: الثالث الأساسي المادة: الرياضيات الوحدة: السابعة

الدرس: الثاني اليوم والتاريخ: المدرسة:

أولاً يبدأ المعلم كالعادة بالتمهيد للدرس، ويكون من خلال الآتي:

- من يعد لي من العدد (1) إلى العدد (20) ؟.
- من يعد لي من العدد (10) إلى العدد (90) بالعشرات؟
- من يخرج إلى السبورة ويؤلف لي عشرة من عيدان الكبريت؟

يعرض المعلم بعد ذلك بطاقات للإشارات الحسابية الأربعة ويطلب منهم قراءتها مثل : إشارة الجمع، إشارة القسمة، إشارةالضرب، إشارة الطرح؟

يعرض المعلم بعد ذلك بطاقة مكتوب عليها : (2) في (2) ويساوي (...) وبطاقة أخرى (3) في (9) يساوي (.....).

يطلب المعلم بعد ذلك من التلاميذ تكوين الأعداد التي يطلبها المعلم من خلال أشكال دينز أو عيدان الكبريت.

- ثانياً: تحديد أهداف الدرس:

من أجل أن يكون التلاميذ على علمٍ بالذي سيحدث خلال الحصة، ولإشعارهم بالأهمية والمشاركة الفاعلة لهم في الحصة بشكل نشط، يطلب منهم تحديد الأهداف من الدرس ومن ثم تسجيلها على السبورة أو على لوحة تبقى أمامهم. والتي تتمثل في الآتي:

- أن يحدد التلميذ معنى مفهوم ضرب العشرات.
- أن يعدد التلميذ كيفية إجراء عملية ضرب العشرات.
- أن يوظف التلميذ مفهوم ضرب العشرات في العمليات الحسابية المختلفة حسب مستواه.

ثالثاً: يطبق المعلم عملياً عملية ضرب العشرات، وذلك من خلال قيام الطلبة بإجراء ذلك بأنفسهم ومن خلال تزويدهم بأشكال دينز أو بعيدان الكبريت. وفي البداية يقوم المعلم بتطبيق العملية أمامهم حتى يتمكنوا من فهم ذلك. وأثناء قيامهم بالتطبيق، يتحول دور المعلم إلى المرشد ويقدم المساعدات من خلال التجول بينهم، ومن ثم يطلب من بعض التلاميذ تطبيق ذلك أمام بقية الزملاء. وهكذا، دواليك، على أن يحرص المعلم على تعزيز التلاميذ وتنشيطهم من خلال اتباع أشكال التعزيز المختلفة دون اتباع تعزيز معين فقط لجميع التلاميذ.

رابعاً: يعرض المعلم لوحةً مرسومٌ عليها أشكال دينز، ويطلب من بعض التلاميذ حلها، مثل: لوحة تحتوي على مستطيلان، بحيث يشتمل المستطيل الأول على (4) واحدات، والمستطيل الثاني لعشرتان وبينهم إشارة الضرب وبجانبهما إشارة اليساوي، ثم يطلب من بعض التلاميذ حلها .. وهكذا.

خامساً: التدريبات السبورية:

من الطبيعي أن يلجأ المعلم إلى تطبيق تدريبات سبورية، وذلك حتى يعمل التلميذ نفسه على تقديم الإجابة الصحيحة، مثل:

3 في 20 يساوي (.....) أي 6 عشرات (10+ 10+ 10+ 10 + 10 + 10) .

وتدريبات بصورة عمودية أيضاً.

ثم يترك لبعض التلاميذ فرصة وضع تدريبات سبورية حول الدرس، ويُطلب من الآخرين حلها وهكذا. فبذلك يكون المعلم قد أثار دافعيتهم وشاركهم في الدرس بصورة نشطة.

سادساً: فتح الكتاب المقرر:

بعد كل ذلك، يطلب المعلم من التلاميذ فتح الكتاب المقرر من أجل حل التدريبات الموجودة فيه، على أن يترك المجال أمامهم في الحل، وأن يكون دوره ميسراً ومساعداً للتلاميذ إذا تعذر عليهم ذلك، ويفضل أن يتجول المعلم بينهم للتأكد من أن الجميع قد أنهوا الحل وبشكل صحيح.

سابعاً: التقويم:

- عرض لوحةٍ فيها صورةٍ لأربع حبات تفاح في المستطيل الأول، و20 حبة في المستطيل الثاني وتتوسطهم إشارة الضرب، وبجانب المستطيل الثاني إشارة اليساوي، والطلب منهم حلها.

- طرح مسائل تدور حول موضوع الدرس ويطلب من التلاميذ الإجابة عنها أو العمل على حلها.

- ترك المجال أمامهم في طرح المسائل والإجابة عنها، وممكن أن يقسم تلاميذ الصف إلى مجموعاتٍ وإجراء مسابقة بينهم.

تطبيق التعلم النشط باستخدام أسلوب المناقشة

الموضوع: الزراعة المرورية والزراعة البعلية   الحصة: الخامسة

المادة: التربية الاجتماعية   الصف: الرابع الاساسي

اليوم والتاريخ: المدرسة:

لكي يقوم المعلم باثارة النقاش داخل حجرة الصف، يقوم بتنفيذ العديد من الأنشطة ، وهي كالآتي:

1-تحديد الموقف التعليمي التعلمي للطلبة ، والاتفاق عليه معهم وهو:

(الزراعة المرورية والزرعة البعلية)

2- يحدد المعلم مع الطلبة الأهداف التي يراد تحقيقها، وهي كالآتي:

- أن يحدد التلميذ أنواع الزراعة حسب طريقة ريها.
-أن يذكر التلميذ الطرق التي يتم من خلالها ري المزروعات المروية والبعلية.
- أن يستنتج التلميذ أهمية ري المزروعات المروية بطريقتي التنقيط والرش.
- أن يحدد التلميذ أهم المزروعات المروية والبعلية.

3- يتفق المعلم والطلبة على الطريقة المناسبة في تناول هذا الموضوع، وهي هنا طريقة المناقشة.

4- يعرض المعلم الأسئلة أو الاستفسارات على السبورة أو على لوحة قلابة كالآتي:

1- إلى كم قسم تقسم المزروعات؟

2- أذكر الطرق التي يتم من خلالها ري المزروعات المروية؟

3- وضح أهمية ري المزروعات المروية بطريقتي التنقيط والرش؟

4- حدد الطريقة التي يتم من خلالها ري المزروعات البعلية؟

5- علل: يزداد انتاج المزروعات البعلية عندما تسقط أمطار كافية، ويقل انتاجها عندما يقل المطر؟

6- يتيح المعلم للطلبة وقتاً كافياً من أجل قراءة الأسئلة، والتفكير في الاجابات.

7- يتم تشكيل مجموعات صغيرة من الطلبة، وذلك من أجل مناقشة الأسئلة مع بعضهم بعضاً.

8- يستمع المعلم إلى إجابات المجموعات، ويكون النقاش بينهم وبين المعلم بعد أن تم النقاش في المجموعات.

9- يتم إجمال النقاش من جانب المعلم والخروج بإجابات نهائية لكل سؤال.

تطبيق التعلم النشط باستخدام أسلوب لعب الدور

الموضوع: قضية الفقر   الحصة:

الصف: السابع الأساسي   اليوم والتاريخ:

المادة: التربية المدنية   المدرسة:

لتطبيق هذا النشاط، يقوم المعلم بتنفيذ مجموعة من المهمات والتي تمر بالمراحل الآتية:

1- تهيئة المجموعة:

يقوم المعلم بتحديد الموضوع أو المشكلة، وذلك بالتعاون مع الطلبة، ومن ثم تقديمها لهم من أجل التعرف إليها وتحليلها، وهي هنا موضوع الفقر.

2- اختيار الأدوار ثم اللاعبين:

بعد عرض الموضوع، والتعرف إلى المشكلة، وتحديد الأدوار، يتم اختيار الأدوار أولاً، ثم اللاعبين ثانياً كالآتي:

- اختيار الأدوار:

الأول: يمثل دور الرجل الفقير.

الثاني: يمثل دور وزارة العمل.

الثالث: يمثل دور التجار.

- اختيار اللاعبين:

الأول: هيثم، ويمثل دور الرجل الفقير.

الثاني: أحمد، ويمثل دور وزارة العمل.

الثالث: حسام، ويمثل دور التجار.

3- تهيئة المسرح:

إذا توفر المسرح، فهذا أفضل، وإذا لم يتوفر، يتم التنفيذ في غرفة الصف وبشكل بسيط، ويقوم المعلم بالتعاون مع الطلبة اللاعبين بتحديد خط سير عملهم والأدوات اللازمة لذلك مثل أشرطة التسجيل المسموعة والمرئية.

4- التمثيل / اللعب:

في هذه المرحلة يقوم كل طالب أو لاعب بلعب دوره المطلوب منه.

(هيثم) ممثل دور الرجل الفقير:

الأوضاع التي نعيشها صعبة، ونحن لا نستطيع توفير المتطلبات الأساسية لحياتنا، وذلك بسبب عدم توفر العمل لنا من ناحية، وارتفاع أسعار المواد الغذائية وغيرها من ناحية ثانية.

(أحمد) ممثل دور وزارة العمل:

لا نستطيع مساعدتكم، فالبطالة متفشية في مجتمعنا، كما أننا كحكومة نلتزم بمصاريف كثيرة خاصة بالدولة وبالمجتمع في مجالات كثيرة كتقديم الخدمات الصحية والتعليمية، وفتح طرق مواصلات، وبناء مراكز ومستشفيات ومؤسسات جديدة سنوياً.

(حسام) ممثل دور التجار:

لا نستطيع تخفيض أسعار السلع التي لدينا، لأننا اشتريناها بسعرٍ مرتفع فإذا قمنا ببيعها بسعر أقل مما اشتريناها فسوف يتسبب ذلك بخسارةٍ كبيرة لنا.

6- المناقشة والتقويم:

يقوم المعلم باشراك الطلبة اللاعبين في مناقشة وتقويم الأدوار التي تمّ تنفيذها، وذلك من اجل الاستفادة من أخطائهم عند تمثيلهم لأدوار قادمة.

7- إذا لم يكن أداء الأدوار ناجحاً، فإن الأمر يتطلب من التلاميذ إعادة لعب الأدوار مرة ثانية.

8- المناقشة والتقويم:

يتم في هذه المرحلة مناقشة المراحل السابقة، والتأكد فيما إذا كانت النتاجات واقعية أم لا.

تطبيق التعلم النشط باستخدام أسلوب الحوار *

المادة : علوم أو جغرافيا   الحصة:

الموضوع: الحرارة   اليوم والتاريخ:

الصف: الثامن الأساسي (الثاني الإعدادي)   المدرسة:

أولاً: الأهداف التعليمية:

يتوقع من الطالب قبيل الانتهاء من اللقاء الأول والقيام بالأنشطة المطلوبة، أن يكون قادراً على أن:

1- يعدد أهم مصادر الحرارة في النظام الأرضي، بعد الإطلاع على الوسيلة الخاصة بذلك، وفي حدود خطأ واحد على الأكثر.

2- يوزع جغرافياً مناطق الحرارة على خريطة العالم، بالرجوع إلى خريطة العالم، وفي مدة لا تزيد عن دقيقتين.

3- يفسر أهمية دوائر العرض في تقسيم العالم إلى مناطق حرارية، بعد حواره مع المعلم، وبنسبة خطا لا تزيد عن 15%.

4- يلخص عملية تسخين الهواء، بعد حواره مع المعلم، وفي مدة لا تزيد عن ثلاث دقائق.

5- يستنتج العوامل التي يتوقف عليها تأثير أشعة الشمس، بعد قراءة النص الخاص بذلك، وفي حدود خطأ واحد على الأكثر.

ثانياً: الوسائل التعليمية:

1- شكل يوضح مصادر الحرارة.

2- خريطة العالم.

3- شكل يوضح المناطق الحرارية في العالم.

4- الكتاب المدرسي المقرر والسبورة.

ثالثاً: خط سير الدرس:

المعلم: تطرقنا في الدرس السابق إلى مفهوم كلٍ من الطقس والمناخ والعوامل المؤثرة فيهما، راجياً أن تكونوا قد قمتم بقراءةٍ أوليةٍ لهذا الموضوع استعداداً للحوار معاً فيه. وفي هذا الدرس سنتناول أول عنصر من عناصر المناخ وأهمها على الإطلاق، فما هو هذا العنصر؟

---

* محمد البوسعيدي (1998) اثر استخدام طريقة الاكتشاف الموجه والحوار لتدريس الجغرافيا في تنمية مهارة التفكير الاستنتاجي لدى طلاب الثاني الإعدادي) أطروحة ماجستير غير منشورة، جامعة السلطان قابوس مسقط/ سلطنة عمان (تحت اشراف أ.د.جودت أحمد سعادة)

أحمد: أهم عناصر المناخ هو عنصر الحرارة. ولكن لا أدري لماذا يعتبر كذلك يا أستاذ؟.

المعلم: لأن له تأثير مباشر على بقية العناصر الأخرى، فالحرارة تؤثر في عملية ارتفاع الضغط الجوي أو انخفاضه، وهذا بدوره يؤثر في اتجاه الرياح التي ربما تؤدي إلى سقوط أمطار على بعض المناطق. ولكن قل لي يا أحمد ما أهم مصدر للحرارة على سطح الأرض؟

أحمد: المصدر الدائم للحرارة على سطح الأرض هو الشمس يا أستاذي الفاضل.

المعلم : احسنت، ولكن هل درجة الحرارة تصل بنسبة واحدة إلى جميع الأماكن على سطح الأرض؟

أحمد: نعم درجة الحرارة واحدة في كل الأماكن على سطح الأرض.

المعلم: عفواً يا بني هل درجة الحرارة في بلاد الأسكيمو بالقرب من القطب الشمالي تشابه درجة الحرارة في وسط أفريقيا حول دائرة الاستواء؟

أحمد: عفواً يا أستاذي، درجة الحرارة فعلاً تختلف من مكان إلى آخر على سطح الأرض. ولكن ما الذي يدلنا على تباين درجات الحرارة من مكان لآخر على سطح الأرض يا أستاذي الفاضل؟.

المعلم: يتمثل الدليل في اختلاف المحاصيل الزراعية والثروة الحيوانية والنشاط البشري وحدوث الفصول الأربعة . والآن انظر إلى الشكل الآتي (4) واذكر مصادر الحرارة الأخرى على سطح الأرض؟

يعرض المعلم شكلاً توضيحياً لمصادر الحرارة على سطح الأرض.

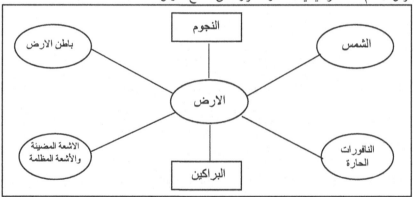

الشكل (4) مصادر الحرارة في النظام الأرضي

أحمد: نعم، الحرارة المنبعثة من البراكين والنافورات الحارة والنجوم. ولكن كيف تكون مساهمة هذه المصادر في إمداد الأرض بالحرارة يا أستاذي الكريم؟

المعلم: يكون مساهمتها في المناطق الموجودة فيها حيث أن البراكين والنافورات الحارة تساعد على رفع درجة الحرارة في تلك المناطق. ولكن يا بني لماذا يعتبر باطن الأرض من مصادر الحرارة؟

أحمد: لأن باطن الأرض منصهر تماماً، وذلك نظراً لشدة درجة الحرارة فيه.

المعلم: أحسنت يا أحمد، ثم يحول المعلم الحوار إلى الطالب زاهر قائلاً: افتح الكتاب المدرسي يا زاهر ص (22) وانظر إلى الشكل الآتي (5) الذي يوضح توزيع أشعة الشمس غير المتساوي على سطح الأرض، ولكن ما نوعيّ الأشعة الموجودة في الشكل؟

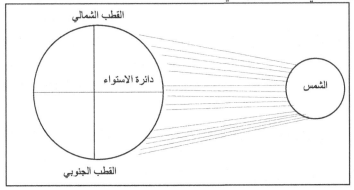

الشكل (5)

توزيع أشعة الشمس بشكل غير متساوٍ على سطح الأرض

زاهر: يوجد نوعان من الأشعة هما: أشعة عمودية وأشعة مائلة.

المعلم: أي النوعين أكثر انتشاراً وأكبر مساحة؟

زاهر: الأشعة المائلة اكثر انتشاراً ومساحة؟

المعلم: شكراً، ولكن من أكثرهما تأثيراً في درجة الحرارة؟

زاهر: الأشعة المائلة.

المعلم: لا يا بني. ويحول الحوار إلى الطالب بدر قائلاً: انظر جيداً إلى الشكل وحدد أيهما أكثر تأثيراً في درجة الحرارة؟ ولماذا؟

بدر: الأشعة العمودية، لأنها مركزة في مساحة أقل مما هو عليه الحال بالنسبة للأشعة المائلة.

المعلم: أحسنت، ويعود إلى محاورة الطالب زاهر قائلاً: على أي مكان من سطح الأرض تكون أشعة الشمس عمودية أو شبه عمودية؟

زاهر: في المنطقة المدارية، فأشعة الشمس تكون عمودية أو شبه عمودية في هذه المنطقة، ولكن عفواً يا أستاذي: هل يمكن أن نعتبر زاوية سقوط أشعة الشمس من العوامل المؤثرة في درجة الحرارة على سطح الأرض؟.

المعلم: نعم يا بني إن زاوية سقوط أشعة الشمس من العوامل المؤثرة في درجة الحرارة، ولكن هناك عوامل أخرى تؤثر في درجة الحرارة، فما هي؟

زاهر: تتمثل هذه العوامل في درجة عرض المكان والتي تحدد زاوية سقوط أشعة الشمس وطول النهار والليل وخلو السماء من الغيوم.

المعلم: أحسنت، ويحول الحوار إلى الطالب جمال قائلاً: افتح الكتاب ص(23)وانظر الشكل الآتي (6) ثم حدد دائرة العرض الرئيسة على نموذج الكرة الأرضية؟

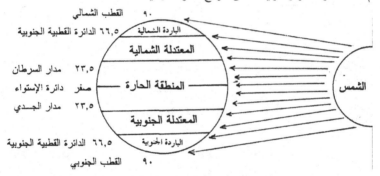

الشكل (6) المناطق الحرارية في العالم

جمال: دائرة الاستواء هي دائرة العرض الرئيسة على الكرة الأرضية.

المعلم: ما اسم المناطق الحرارية التي تحيط بدائرة الاستواء؟ حددها على خريطة العالم التي أمامك.

جمال: المنطقة الحارة، هي التي تمتد بين مداري السرطان والجدي، ولكنني لا أعرف لماذا سميت بذلك يا أستاذ؟

المعلم: لأن درجة الحرارة فيها مرتفعة طوال العالم تقريباً ومعدلها الحراري لا يقل عن 20 م. والآن قل لي ما المنطقة الحرارية المحصورة بين دائرة السرطان والدائرة القطبية الشمالية؟.

جمال: المنطقة المعتدلة الشمالية.

المعلم: أحسنت، ولكن هل المناطق الحرارية متناظرة في نصفي الكرة الأرضية الشمالي والجنوبي أم مختلفة، ولماذا؟

جمال: طبعاً متناظرة لأن الشمس تنتقل في حركتها الظاهرية من الشمال إلى الجنوب والعكس في مدة معينة.

المعلم: أخرج الآن يا جمال إلى السبورة وارسم شكلاً يوضح المناطق الحرارية التي تحدثنا عنها قبل قليل.

جمال: (بعد أن يخرج إلى السبورة) ويرسم دائرة يوضح عليها المناطق الحرارية وهي المنطقة الحارة والمنطقة المعتدلة الشمالية والمنطقة المعتدلة الجنوبية والمنطقة الباردة الشمالية والمنطقة الباردة الجنوبية.

المعلم: يشكر الطالب جمال، ويحول الحوار إلى الطالب (سالم) قائلاً: لقد عرفنا سابقاً أن الشمس المصدر الرئيس للحرارة، فهل يسخن الهواء مباشرة بمجرد مرور الشمس من خلاله؟

سالم: نعم يا أستاذ، الهواء يسخن مباشرة.

المعلم: لأ يا بني (ويقرب له الإجابة بمثال) عندما نشعل المدفأة في المنزل، فما الذي يسخن أولاً الهواء؟ أم أجزاء المدفأة؟

سالم: الذي يسخن أولاً أجزاء المدفئة، ثم يسخن بعد ذلك الهواء المجاور.

المعلم: أحسنت ، إذن من الذي يسخن أولاً: سطح الأرض أم الهواء؟

سالم: سطح الأرض يسخن أولاً ثم يسخن الهواء الملامس له طبقة بعد أخرى. ولكن كيف يحدث ذلك يا أستاذي الفاضل ؟

المعلم: يحدث ذلك كالتالي: بعد أن يكتسب سطح الأرض الحرارة بواسطة الإشعاع الشمسي فإنه يعكسها إلى الهواء الملامس له.

سالم: إذن هل نستطيع القول يا أستاذي العزيز بأن الإشعاع الأرضي هو العامل الرئيس المسؤول عن تسخين الهواء؟

المعلم: نعم يا بني،الإشعاع الأرضي المسمى بالإشعاع المظلم هو المسؤول عن تسخين الهواء، ولذلك تتناقص درجة الهواء بالارتفاع نتيجة ابتعاده عن المصدر الرئيس لتسخين الهواء.

سالم: ولماذا أطلق عليه الإشعاع المظلم؟

المعلم: لأنه إشعاع حراريّ وليس ضوئي، فهو يتسبب في تسخين الهواء وليس في الإضاءة. ولكن يسخن الهواء أيضاً عند ملامسته سطح الأرض الساخن، فماذا نسمي هذه الطريقة في التسخين؟

سالم: إنها طريقة الالتماس. ولكن هل هناك طرق أخرى يسخن بواسطتها الهواء يا أستاذ؟

المعلم: نعم يا بني، فالشوائب العالقة بالهواء تمتص جزءاً من الإشعاع الشمسي أثناء مروره في الغلاف الغازي.

والآن شكراً لكم جميعاً أيها الأبناء الأعزاء، ونأتي إلى ختام درسنا لهذا اليوم.

رابعاً: التقويم:

يقوم المعلم بطرح عدد من الأسئلة على الطلاب كالتالي:

1. ما أهم المصادر الدائمة والثانوية للحرارة على سطح الأرض؟
2. علل ارتفاع درجة حرارة الأشعة العمودية؟
3. ارسم شكلاً يوضح أهم المناطق الحرارية في العالم؟
4. كيف يسخن الهواء؟
5. لماذا ترتفع درجة الحرارة في المناطق المدارية في العالم؟
6. أمامك أربعة بدائل تسبقها مقدمة، استنتج أي بديل من تلك البدائل يتفق مع المقدمة:

(تقل درجة حرارة الهواء الجاف بالارتفاع بمعدل درجة مئوية واحدة لكل (150) متر فإذا علمت أن (سيف) من سكان منطقة جبلية ترتفع بمقدار (3000) متر عن مستوى سطح البحر، وأن (سعود) من سكان منطقة مجاورة ترتفع بمقدار (400متر) عن سطح البحر، فأي عبارة من العبارات الآتية صحيحة:

أ- قال سيف إن درجة الحرارة عندهم مرتفعة خلال فصل الشتاء.

ب- قال سعود إن درجة الحرارة عندهم أقل من درجة الحرارة في بلاد سيف خلال فصل الشتاء.

ج- قال سيف أن درجة الحرارة عندهم أقل من درجة الحرارة من بلاد سعود خلال فصل الصيف.

د- قال سعود أن درجة الحرارة عندهم أقل من درجة الحرارة في بلاد سيف خلال فصل الصيف.

تطبيق التعلم النشط باستخدام
أسلوب العصف الذهني في مادة اللغة الانجليزية

الصف السابع الاساسي المدرسة:

EXERCIE 1: BRAINSTORMING WORKSHEET

One of the best methods of brainstorming is to begin with a grand list of potential topics, and slowly let the best rise to the top .In order to generate a laundry list of important people , events, accomplishments and activities in your life , fill in the worksheet below . As you go through this lesson, you will begin to separate the good ideas from the bad ones.

1 .If you were writing your autobiography, right now what would be five to ten events or things that would have to be included? It will be easiest to think over your life.

1. 6.
2. 7.
3. 8.
4. 9.
5. 10.

2 .Ask a few friends or family members to pick five adjectives or personality traits that characterize you .List them here:

Friend or family member # 1 3.

1. 4.
2. 5.
3. **Friend of family Member #3**
4. 1.
5. 2.

Friend of family Member #2 3.

1. 4.
2. 5.

3 .List five accomplishments you have made over the last five years. Do not limit yourself to accomplishments for which you have been formally recognized, since the most interesting essays are often based on accomplishments that may have seemed insignificant at the time but become crucial when placed in the context of your life.

1.   4.
2.   5.
3.

4 .List three to five things on which you consider yourself very knowledgeable:

1.   4.
2.   5.
3.

5 .What are your most important extracurricular or community activities?

1.   4.
2.   5.
3.

6 .List (5) people whom you respect and admire they can be real or fictional, dead or alive.

1.   4.
2.   5.
3.

7 .what is your favorite movie or book?

  Who is your favorite musician?

8 .List two times in life when you failed miserably and two times when you were a fantastic success

  Miserable failures   Fantastic successes
1.   1.
2.   2.

9 .Ask your parents for five events in your life that they will always remember:

1.   4.

2.   5.

3.

10 .List four of your favorite things and four of your least favorite. These can include activities, places ,objects ,virtues, etc.

Favorites   **Least favorites**

1.   4.

2.   5.

3.

تطبيق التعلم النشط باستخدام أسلوب التعلم التعاوني

الصف السادس الأساسي منهاج التربية الوطنية الدرس التسامح

الحصة: الثانية المدرسة: التاريخ:

التهيئة : يطرح المعلم عدداً من الأمثلة التي تشجع على العفو والتسامح من الحياة اليومية، ويطلب منهم أن يفكروا في العنوان الصحيح الذي ينطبق على تلك الأمثلة، حتى يتوصلوا بأنفسهم إلى عنوان التسامح.

يقوم المعلم بالتعاون مع التلاميذ بتحديد أهداف الدرس، كأن يقول لهم بأنكم استطعتم استنتاج عنوان درس اليوم بأنفسكم وهو التسامح، ولكن نريد معاً وضع أهدافٍ للدرس من أجل أن نحققها في نهاية الحصة مثل الآتي:

- أن يحدد التلميذ معنى مفهوم التسامح.
- أن يستنتج التلميذ أهمية التسامح بين أفراد المجتمع.
- أن يحدد التلميذ موقف الديانتين الإسلامية والمسيحية من التسامح.
- أن يستخلص التلميذ قيمة التسامح واثرها في العلاقات بين الناس.

عرض الدرس

في البداية يقدم المعلم موضوع الدرس (التسامح) للطلبة، ويجعل الحوار لهم في الحديث عنه مع إبقاء دوره كموجهٍ ومرشدٍ في غرفة الصف.

بعد ذلك يقوم بتقسيم تلاميذ الصف إلى مجموعات، بحيث يكون عدد التلاميذ في كل مجموعةٍ خمسةُ تلاميذ، على أن يراعي تنوع الفروق الفردية بين أفراد المجموعة الواحدة.

(ملاحظة : يتم تقسيم تلاميذ الصف إلى مجموعاتٍ حسب عدد التلاميذ في الصف)

وعند تقسيم المجموعات، يتم تعيينُ قائدٍ للمجموعة، وتوزيع الأدوار فيما بينهم وبإشرافٍ دقيق من جانب معلم الصف، وذلك حتى لا تحدث فوضى بينهم. كما لا بد من تحديد القضايا التي ستبحث من جانب كل مجموعة بشكل واضح، حتى تسير الأمور داخل المجموعة بالشكل المطلوب.

فعلى سبيل المثال:

المجموعة الأولى تركز على مفهوم التسامح:

تقوم هذه المجموعة بتحديد مفهوم التسامح، من خلال النقاش والحوار الذي يدور بينهم. ومن ثم يتم تدوين ذلك بكتابة مفهوم التسامح على لوحةٍ أو ورقةٍ كبيرةٍ من أجل عرضها على بقية تلاميذ الصف.

المجموعة الثانية: تركز على أهمية التسامح:

يدور عمل المجموعة الثانية حول تحديد أهمية التسامح والمناقشة فيما بينهم، وذلك من أجل الخروج بنقاطٍ محددةٍ حول أهمية قيم التسامح وتوثيقها على ورقةٍ أو لوحةٍ كبيرة نسبياً.

المجموعة الثالثة: تركز على موقف الديانتين الإسلامية والمسيحية من التسامح:

وهنا يتحاور أفراد هذه المجموعة فيما بينهم من أجل التوصل إلى موقف الديانتين الإسلامية والمسيحية من قيمة التسامح، وأن تتم كتابة النقاط التي يتوصل إليها التلاميذ على لوحة كبيرة نسبياً.

المجموعة الرابعة: تركز على قيمة التسامح على العلاقات ما بين الناس:

أما عن هذه المجموعة وبعد توضيح دورهم، فإن أفرادها يتناقشون في الأثر الذي يعود من وراء قيمة التسامح على العلاقات بين الناس، وفي نهاية النقاش بين أفراد المجموعة يقوموا بتوثيق أهم النقاط على لوحةٍ أو ورقةٍ كبيرةٍ نسبياً.

عرض نتائج العمل التعاوني ومناقشته:

بعد انتهاء المجموعات من عملها، يقوم أحد أفراد المجموعة المرشح من جانب جميع أفرادها بعرض النقاط التي تم التوصل إليها بينهم، ومناقشتها مع بقية تلاميذ الصف. ولا ننسى بأن المعلم يكون عبارة عن الموجه لهذه المجموعات، على أن يتدخل في النقاش عندما يتطلب الأمر ذلك، ومن ثم يتم تدوين الإجابات الأساسية لعناصر الدرس.

ربط الأفكار:

يقوم المعلم بعد عرض المجموعات من جانب التلاميذ، بربط الأفكار وتلخيصها بنقاطٍ محددة، وبمشاركة التلاميذ الحيوية في كل مراحلها.

تقويم العمل:

يتم تقويم العمل التعاوني من خلال التقويم التكويني أو المرحلي الذي يكون أثناء عملية التنفيذ، وذلك عند اشراف المعلم على عمل المجموعات، حيث يستطيع من خلالها رصد علاماتٍ لكل تلميذ. وقد يتجه المعلم إلى رصد العلامات لكل مجموعةٍ من خلال عرضهم للمفاهيم والقضايا التي تم الخروج بها، أو من خلال ورقة عملٍ أو سؤالٍ مفتوح، تتم الإجابه عنه من جانب أفراد المجموعة.

ويتجه المعلم إلى قياس مدى تحقق العمل التعاوني الذي تم ما بين المجموعات، ويتأكد بأن الأهداف التي تم الاتفاق عليها مع التلاميذ قد تحققت. ومن الطرق الأخرى التي يستطيع المعلم تقويم ذلك، القيام بعملية المقارنة الدقيقة ما بين النقاط التي تم تدوينها بالشكل النهائي بعد عرض المجموعات، والرجوع إلى الأهداف التي تم رصدها على اللوحة في بداية الدرس. وقد يكلفهم المعلم بواجبات منزلية، كأن يكتب كل تلاميذ الصف ملخص حول الدرس، على أن يتم القاؤه من جانب بعض التلاميذ.

15

الفصل الخامس عشر
تطبيق التعلم النشط في الجامعة

- نموذج للتعلم النشط في الجامعة.
- تطبيق نموذج التعلم النشط في الجامعة.
- دور الأستاذ الجامعي في الأسابيع الأربعة الأولى لتدريس الطلبة باستخدام التعلم النشط.
- خطوط عريضة للتعلم النشط في الجامعة.
- تطبيقات على التعلم النشط في الصفوف الجامعية.

تطبيق التعلم النشط في الجامعة

سيتم في هذا الفصل طرح نموذج للتعلم النشط في الجامعة أولاً، وتوضيح خطوات تطبيق هذا النموذج ثانياً، وبيان دور الاستاذ الجامعي في الأسابيع الأربعة الأولى من تدريسه للطلبة باستخدام استراتيجيات التعلم النشط ثالثاً، والحديث عن الخطوط العريضة للتعلم النشط في الجامعة رابعاً، ثم طرح تطبيقات على التعلم النشط في الصفوف الجامعية خامساً، وأخيرا. وفيما يأتي توضيح لكل ذلك:

نموذج للتعلم النشط في الجامعة:

يود كثير من مدرسي الجامعات التخلص من التعلم السلبي والتحول إلى التعلم النشط، وذلك من أجل الحصول على طرقٍ أفضل لمشاركة الطلبة ودمجهم في العملية التعليمية التعلمية. ولكن الكثير من هؤلاء المدرسين يسعون للحصول على مساعدة من أجل تحقيق ذلك النوع من التعلم وحتى يصلوا الى مستوىً متفاعل من التعليم الذي يتضمن أنشطة حيوية مرغوب فيها.

ويقدم النموذج الآتي طريقة في فهم أو إدراك العملية التعليمية التعلمية بشكل أفضل، كي يتمكن المدرسون من تحديد صيغ مفهومة وواضحة للتعلم النشط، كما في الشكل الآتي(7):

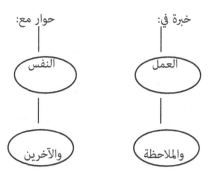

الشكل (7) نموذج للتعلم النشط في الجامعة

ويفترض الشكل السابق (7) أن جميع الأنشطة التعليمية التعلمية تتضمن بعض أنواع الخبرة والحوار، حيث يكون للحوار شكلان هما: الحوار مع الذات، والحوار مع الآخرين. وأما أنواع الخبرة المنشودة فهي: الملاحظة والعمل.

وبالنسبة للحوار مع الذات، فهذا ما يحدث فعلاً عندما يتأمل بعض الأشخاص فكرةً أو موضوعاً معيناً، حيث يسألوا أنفسهم ماذا عليهم أن يفكروا به بخصوص الموضوع المطروح؟ وكيف يرونه؟. حيث يسعى هذا النمط من التفكير الى تشجيع الطالب الجامعي على ما يسمى بـ

(التفكير في التفكير) وهو يتعرض لمدىً واسعٍ من الاستفسارات أكثر من المجال الذهني واهتماماته. فالأستاذ الجامعي مثلاً قد يطلب من أحد الطلبة أن يحتفظ بسجلٍ للمقرر الدراسي على مدىً ضيق، أو أن يطور ملفاً تعليميا لذلك المقرر. وفي كلتا الحالتين، فإن على الطالب أن يدرك جيداً ما يتعلمه من المقرر الدراسي، وكيف تعلمه، وماذا ستلعب هذه المعلومات في حياته المستقبلية، وكيف تؤثر في شعوره حاضراً ومستقبلاً.

أما الحوار مع الآخرين، فله صيغٌ وأشكالٌ مختلفة. ففي التعليم التقليدي، وعندما يصغي الطلبة لمحاضرٍ ما أو عندما يقومون بقراءة كتب معينة، فإنهم يصغون لشخص آخر هو «الأستاذ الجامعي، والمؤلف». وهذا في الحقيقة يعتبر حواراً جزئياً محدوداً، لأنه لا يستدعي الرد والايجاب وتبادل الآراء والأفكار. أما النوع الآخر والديناميكي من الحوار النشط فيحدث عندما يوفر المدرس الجامعي نقاشاً حيويا على مستوى المجموعة الصغيرة حول موضوع معين. وأحيانا أخرى قد يجد ذلك المدرس طرقاً أخرى لانخراط الطلبة في حوارٍ جادٍ مع أشخاصٍ آخرين من خارج الحجرة الدراسية، سواء تم ذلك في داخل غرفة الصف أو خارجها، وبصرف النظر عن الطرف الثاني في الحوار، إلا أنه يجب أن يتم بحيويةٍ ونشاطٍ، سواء بالكتابة أو حتى من خلال شبكة المعلومات الدولية (الانترنت).

وبالنسبة الى عنصر الملاحظة، فيتم ذلك بصورةٍ جليةٍ عندما يشاهد الطلبة شخصا آخر يؤدي نشاطاً مشابهاً ومرتبطاً بما يقوم به في مقررٍ دراسي، مثل مشاهدة الأستاذ الجامعي يقوم بعملٍ معينٍ كانتقاد روايةٍ ما أو الاصغاء لأداء شخصٍ محترفٍ مثل عازفٍ أو موسيقار، أو ملاحظة ظاهرة معينة تمت دراستها، مثل ظاهرةٍ طبيعيةٍ أو اجتماعيةٍ أو ثقافية. وقد تكون هذه الملاحظة مباشرة مثل مشاهدة الفقر من خلال زيارة الطالب لبعض الاحياء الفقيرة، ومشاهدة أنماط حياة الناس وأنشطتهم على أرض الواقع وكيف يعيشون فعلاً. أما الملاحظة غير المباشرة فهي من خلال مشاهدة فيلمٍ وثائقي عنهم، أو قراءة ما كتب عن حياتهم وأحوالهم.

أما العنصر الرابع المتعلق بالعمل، فيشير الى أي فعل يتم تعلمه من خلال القيام به مباشرةً، مثل إنشاءُ فرقةٍ جامعيةٍ موسيقية، أو تنفيذ مشروعٍ نباتي أو زراعي محدد، أو إجراءُ تجربةٍ معينةٍ، أو انتقاد حوارٍ معين، أو الحكم على نصٍ مكتوب، أو تقصي المصادر التاريخية المحلية، أو تقديم عرضٍ شفهي معين.

وقد يكون العمل أيضاً مباشراً أو غير مباشر. فالعمل المباشر يتم من خلال الممارسة الحقيقية والواقعية للعمل. فمثلا، إذا كان القصد إنشاء فرقة موسيقية جامعية في جامعةٍ ما، فالعمل الحقيقي هو زيارة هذه الجامعة ومقابله الطلبة والشروع في إنشاء الفرقة. أما العمل غير المباشر لنفس الهدف فيتم من خلال تقمص الحاجة لتلك الجامعة وتمثيل دور الفرقة ،دون أن تكون هناك حاجة حقيقية لانشاء مثل هذه الفرقة الموسيقية في الجامعة.

تطبيق نموذج التعلم النشط في الجامعة

ماذا على الأستاذ الجامعي القيام به وفعله من أجل ادخال التعلم النشط في عمله الجامعي؟. من أجل ذلك يمكن طرح المقترحات الآتية للوصول الى التعلم النشط المرغوب فيه:

أ- توسيع أنواع الخبرات التعلمية التي يعمل المدرس الجامعي على توفيرها:

فالتعليم التقليدي، يقتصر على قراءة الطلبة لنصٍ معين واصغائهم لعضو هيئة التدريس، مع توفر مستوىً محدودٍ جداً من محاورة الآخرين. لذلك كان لا بد من الأخذ بالحسبان محاورة الآخرين من جهة، والانماط المتنوعة الأخرى في التعليم من جهة ثانية. فعلى سبيل المثال، ينبغي العمل على تشكيل مجموعاتٍ من الطلبة، مع منحهم الفرصة لاتخاذ قراراتهم الخاصة او الاجابة عن سؤال رئيسي بين فترة وأخرى، ثم إتاحة المجال أمامهم لمحاورة أشخاصٍ آخرين من غير زملائهم في موضوع حقيقي وله صلة بموضوعات دراستهم، ثم إفساح المجال للطلبة لأن يحتفظوا بملفاتٍ خاصة تحتوي على استفساراتهم وآرائهم وأحاسيسهم وما توصلوا إليه، ثم محاولة ايجاد طريقةٍ يشاهد فيها الطلبة بشكل مباشر أو غير مباشر الموضوع الذي يتعلمونه، وأخيراً إعطاءُ المجال لهم أن يعملوا فعلاً ما هم بحاجةٍ للقيام به.

ب. استثمار مزايا قوة التفاعل بين الطلبة:

فلكل صيغة من الصيغ السابقة قيمتها الخاصة، واستعمال أكثر من صيغةٍ يضيف التنوع،وبالتالي يجعل التعليم ممتعاً أكثر. لذا، فإنه إذا ربط الأستاذ الجامعي هذه الانشطة بعضها بعضا فسوف يكون لها مردودٌ أكبر من كونها نوعاً من التعلم التراكمي أو الاضافي، وستتفاعل معاً ليكون لها مردودٌ مضاعف.

فمثلا، إذا قام الطالب بتدوين أفكاره الذاتية حول موضوع معين «حوار مع الذات» قبل أن يشارك في نقاش مع المجموعة «حوار مع الآخرين» فإن نقاشه سيكون حيوياً وإثرائياً أكثر. وكذلك الأمر اذا استطاع الطالب تنفيذ كلتا الخطوتين قبل الملاحظة، واذا تمت المراحل الثلاث قبل أن ينفذ النشاط بنفسه عمليا، فسيكون لديه تصورٌ واضحٌ حول ما ينبغي عليه فعله، والخطوات اللازمة لذلك، وبالتالي ستكون فائدته أكبر من النشاط.

وأخيراً، إذا ما ختمت هذه الخطوات بكتابة الطالب عن النشاط السابق، فإن الاستيعاب سيزداد سواء من خلال «الحوار مع الذات» أو بمناقشته مع الآخرين «الحوار مع الآخرين» وخلال هذه الاجراءات سيقوم الطلبة بانتقاء خيارات تعليمية تعلمية متعددة، بما فيها الحوار مع الذات والآخرين.

ج. إيجاد حالة جدلية بين الخبرة والحوار:

يمكن تنشيط قانون التفاعل الذي تمَّ وصفه سابقا من خلال إيجاد حالة من التفاعل بين عنصري مبدأ «نموذج التعلم النشط» وهما الخبرة والحوار. فالخبرات الجديدة سواء من خلال العمل أو الملاحظة، لديها القدرة على تزويد المتعلم بمنظور جديد حول ما هو معتقد أو مبدأ صائب أو ما هو قيمة صحيحة في العالم. كما أن الحوار الذي يتم سواء مع الذات أو مع الآخرين لديه القدرة على أن يساعد المتعلمين في معرفة المعاني المختلفة للخبرة والرؤيا الناجمة عنها. إن الأستاذ الجامعي القادر على ايجاد أنشطة حوارية يشارك الطلبة من خلالها مشاركة فاعلة، لا شك أنها ستؤدي إلى تعميق فهم الطلبة للأمور المطروحة وحصولهم على تعلم أفضل وأكثر فائدة.

ثالثاً: دور الاستاذ الجامعي في الاسابيع الأربعة الأولى لتدريس الطلبة باستخدام التعلم النشط

تمهيد:

لا شك أن البدايات الأولى لتطبيق التعلم النشط مهمة جداً، سواء كان الاستاذ الجامعي يقوم بتدريس طلبة مبتدئين أم يقوم بتدريس أحد المقررات الدراسية التخصصية المتقدمة لطلبة قدامي، فلا بد من بداية المساق أو المقرر الدراسي بصورةٍ قويةٍ ودقيقة. فالطلبة يشكلون انطباعهم الأول عن المساق والمحتوى والمدرس الجامعي وكذلك عن زملائهم الطلبة منذ الوهلة الأولى، أو المحاضرات الأولى لذلك المقرر الدراسي. لذا، فإن تقديم العديد من الافكار البناءة يصبح ضرورياً من أجل المساعدة على ايجاد بيئةٍ تربويةٍ مميزة منذ البداية، لأن الاسابيع الأربعة الأولى -كما يقول الطلبة- مهمة جداً في المحافظة على قدراتهم وانطباعاتهم، ولا بد أن يتذكر المدرس الجامعي بأنه حتى بعد البدء بالمساق الدراسي، فإنه يمكن القيام ببعض التعديلات الضرورية.

وهذه الافكار قد تساعد الطلبة على الانتقال من المدرسة الثانوية أو من الأنشطة الصفية الى الجامعة، كما أنها قد توجه اهتمام الطلبة إلى المواقف التعلمية المختلفة، وربما توقد الشعور لديهم بحب الاستطلاع، وتساعدهم على تعلم المظاهر الخاصة بسلوك المدرس الجامعي وأساليبه التدريسية، وتشجع على اندماج الطلبة بفعاليةٍ كبيرةٍ في أنماط التعلم، وبناء روح الجماعة داخل الحجرة الدراسية.

وفيما يأتي طرح نقاط رئيسية محدودة ونقاط فرعية كثيرة لنجاح التعلم النشط على المستوى الجامعي كما اقترحها المربي المعروف بوفاك (Povac, 2006):

(1): مساعدة الطلبة على تفهم التحاقهم بالدراسة الجامعية:

ويكون ذلك بالقيام بالآتي:

- توجه للطلبة وأنت تحمل في جعبتك محتوىً تعليميٍ مفيدٍ لهم عن المساق أو المقرر الدراسي الذي تريد تعليمهم إياه.
- اعمل على تدوين أسماء الحضور من الطلاب أولاً بأول بشكل منتظم.
- اعمل على تقديم نفسك للطلبة، وتعريفهم بخطة المقرر الدراسي والقراءات والمراجع المطلوبة.
- زود الطلبة بتفصيلات محتوى المادة الدراسية المطلوبة خلال الفصل الدراسي كله.
- حدد واجباً بيتياً، على أن يقوم الطلبة باعداده في اللقاء القادم.
- إبدأ بعمل التجارب في أول يوم من أيام المختبر، إذا كانت طبيعة المقرر الدراسي يتطلب ذلك.
- عرّف الطلبة على الممارسات الصحيحة في المختبر مثل الصيانة، والنظافة، والأمان، والدقة في العمل، وغير ذلك من أمور مهمة.
- قدم لهم أسلوباً تعليمياً اكتشافياً لمساعدة الطلبة في التعرف إلى أنفسهم وقدراتهم ومواطن القوة والضعف لديهم.
- أرشد الطلبة للتعرف الى الخدمات الملائمة اذا ما احتاجوا الى المساعدة في بعض المهارات الأساسية.
- افسح المجال لطالب قد درس المساق سابقاً وتفوق فيه، بأن يتحدث للطلبة الحاليين عن خبراتهِ فيه.
- وضح للطلبة، الزمن اللازم من أجل التحضير الدقيق للمساق بشكل منتظم.
- حدد بعض الوسائل التعليمية اللازمة للدراسة مثل استخدام المكتبة، وارشاداتٍ للدراسة، وقراءاتٍ معينة، و بعض الانشطة والتمارين المختلفة الضرورية لفهم جوانب المقرر الدراسي.
- وضح للطلبة كيفية الاستعداد للامتحانات الخاصة بالمقرر الدراسي.
- بيّن لهم التعليمات الخاصة بالحضور، والغياب، والتأخر، والتصحيح، والتعليمات الأخرى الضرورية.
- اعلن عن ساعات المكتب التي ستقابل من خلالها الطلبة لتوجيههم وارشادهم.
- بيّن للطلبة طريقة أخذ الملاحظات وكيفية التعلم الفعال في الصفوف الجامعية المزدحمة.
- قدم للطلبة بعض نماذج الأسئلة عن المادة الدراسية والإجابات عنها.
- وضح للطلبة الفرق بين التعاون وعدم التعاون أو الغش، ووضح كذلك عندما يُسمح بالتعاون وعندما لا يُسمح به.

- تعرف كل يوم على طالبٍ جديد،واكتشف أشياء جديدة عنه.
- أعط مجالاً للطلبة ان يكتبوا عن أشياء تهمهم في حياتهم اليومية.
- تعرف على وظائف الطلبة أو المهن التي ينتمون إليها إن كانوا يعملون في وظائف، مثل عدد ساعات عملهم الأسبوعية وطبيعة عملهم.

(2): توجيه اهتمام الطلبة:

ويكون ذلك بالآتي:

- رحب بالطلبة أثناء دخولهم غرفة الصف.
- إبدأ بالدرس في الوقت المحدد.
- إبدأ بمقدمة اجمالية لفرض الهدوء وجذب الانتباه.
- أَعطِ اختباراً قبلياً قصيراً يدور حول الموضوع الذي تريد طرحه اليوم.
- إبدأ بوسيلةٍ تعيلمية مفيدة ،مثل صورةٍ أو شكلٍ أو عينةٍ أو نموذجٍ أو فيلمٍ ملونٍ قصير، وذلك للتركيز على موضوع اليوم.
- سجل أسئلة الطلبة عن الموضوع على السبورة، وذلك للتأكد من أنه قد أجيبَ عنها مع نهاية الحصة.
- شجع الطلبة على تسجيل ما يتوقعون من قضايا مهمة أو نقاطٍ رئيسةٍ تتمحور حول ما سيكون عليه موضوع اليوم.
- إسأل طالباً يقرأ إحدى الصحف اليومية باستمرار عن أهم أخبار ذلك اليوم.

(3): تحدي الطلبة:

ويكون ذلك كالآتي:

- دع الطلبة يسجلون توقعاتهم والأهداف التعليمية التي يسعون لتحقيقها من خلال هذا المقرر الدراسي.
- اعمل على تغيير أسلوب تقديم المعلومات في كل لقاء مع الطلبة.
- أَعطِ فسحةً من الوقت بمقدار (20) دقيقة من المحاضرة وحدثهم فيها عن واقعةٍ محددةٍ أو حدثٍ معين، بعد أن يضعوا أوراقهم جانباً.
- - إدمج مصادر المجتمع أو حوادثهُ المختلفة في الدرس مثل مراجعة مسرحيةٍ، أو تذكر احتفالٍ معين، أو فيلمٍ وثائقي محدد ... الخ.

- اعرض فيلماً بطريقةٍ روائيةٍ، ثم توقف وافسح المجال للطلبة كي يقوموا بالنقد، وأن يلعبوا أدواراً مختلفة.
- أشرك الطلبة في عرض فلسفتك التعليمية والتعليق عليها.
- إعقد حلقات نقاشٍ لتقديم وجهات نظر مختلفة حول المفهوم الواحد الذي يتم طرحه.
- حدد مواعيد مناقشاتٍ لتغيير وجهات النظر بمشاركة الطلبة ،واطلب من هؤلاء تسجيل ملاحظاتهم حول تغيير وجهات النظر والقناعات الجديدة التي حدثت.
- قم بمسحٍ ديموغرافي حول قضايا مثل الريف والمدينة، وما يفضله المستهلكون...إلخ.
- أخبر الطلبة أولاً بأول عن فرصة لعب الأدوار لتوضيح نقطة تعليمية أو لعرض مسائل وقضايا محددة.
- دع الطلبة يتقمصون دوراً مهنياً معيناً مثل فيلسوف، ناقد أدبي، عالم أحياء، مهندس، طيار، معلم، تاجر، طبيب ... الخ.
- قدم حصصاً تتمحور حول العصف الذهني وتوالد الأفكار، من أجل توسيع آفاق الطلبة.
- قدم للطلبة وجهات نظر بديلة وافسح المجال للطلبة للمقارنة والمقابلة.
- قدم للطلبة مجموعة من القضايا والمشكلات واطلب منهم تبني مشكلة منها، مع العمل على بحثها.
- إسأل الطلبة عن الكتب التي عملوا على قراءتها خلال العطلة الصيفية أو إجازة منتصف العام الدراسي.
- إسأل الطلبة عن موضوع في المقرر الدراسي قد يؤثر على حياتهم في المستقبل.
- اجعل الطلبة يدركون ويشعرون بحماسك وحبك للموضوع وحبك للتعلم.
- إذهب مع الطلبة الى بعض الحلقات والندوات التي يقدمها ضيف من خارج الجامعة أو إلى برنامج خاص يُعرض في حرم الجامعة.
- خطط لأنشطةٍ معينة مثل حصصٍ تظهر للطلبة مدى الاثارة الناتجة عن التعلم بالاكتشاف كأسلوب من أساليبك المتنوعة.

(4): تقديم الدعم:

ويتم ذلك كالآتي:

- اجمع أرقام هواتف الطلبة لأنك قد تحتاجها للحديث اليهم.
- تأكد من الحضور والغياب بالنسبة للطلبة، واعمل على تدوين ملاحظاتك الشخصية.

- إعمل على تشخيص الحاجات الأساسية في التعلم باستخدام امتحانٍ قبلي وقدم لهم تغذيةً راجعةً سريعة.
- قدم للطلبة أسئلة حول المادة الدراسية وإرشادات للدراسة.
- كن مسهباً في حديثك وشرحك، فالطلبة يتعلمون بشكلٍ أفضل إذا تكرر الشيء ثلاث مرات على الأقل، من خلال سماعهم وقراءاتهم وفهمهم للمادة الدراسية.
- أعطِ مجالا للطلبة ليظهروا تقدمهم في التعلم من خلال تقديمهم ملخصات للأعمال اليومية وتقديمهم تقريراً مكتوباً عنها.
- استخدم التغذية الراجعة التي لا ترتكز على إعطاء العلامات أو الدرجات أو التقارير مثل إعطاء الإجابات لاختبارات لم تصحح بعد، وبعض التمارين الصفية، والتغذية الراجعة الشفوية.
- عزز السلوك السليم والاجابات الصحيحة لدى الطلبة، مثل تقديم المديح، وتدوين الملاحظات الخاصة حول أداء بعض الطلبة.
- استخدم بعض اللمسات الخفيفة المرحة مثل الابتسامة، أو تقديم دعابة أو نكتة خفيفة، أو العمل على تخفيف توتر الامتحان بتعليقٍ مضحك.
- كن منظماً في عملك وقدم أعمال اليوم بوضوح، واجعل الطلبة يعرفون المطلوب منهم بصورة جليةٍ ودقيقة.
- استخدم وسائل تعليمية ووسائل اتصال مختلفة مثل جهاز العرض الرأسي، والشرائح، وجهاز الفيديو، والمسجل، واللوحات، والنماذج، والخرائط، والاشكال، والحاسوب، والرسوم، والبوار بوينت Power Point.
- استخدم أمثلة متنوعة بوسائل اتصال متعددة لتوضيح نقاط رئيسة ومفاهيم مهمة.
- رتب مواعيد مع جميع الطلبة بشكلٍ فردي أو على شكل مجموعات.
- وزع على الطلبة بطاقات بحجم المحفظة مسجل عليها أهم أرقام الهواتف للمكتب والقسم والكلية والجامعة ومراكز المصادر والمعامل ومساعدي البحث والتدريس.
- قدم التواريخ المهمة في المساق الدراسي للطلبة مطبوعة، ليتمكن الطلبة من الرجوع إليها وقت الحاجة.
- استمع لتعليقات الطلبة حول المساق الدراسي، وشاركهم في النقاش حول ذلك.
- اقتني سجلا مفتوحاً يظهر مدى تقدم الطلبة كي يرجعوا إليه للاطلاع على مدى تقدمهم.

- أخبر الطلبة عن الجهد المطلوب القيام به للحصول على تقدير (ممتاز) في المساق.
- حاول ان تتعرف إلى مشاعر طلبتك وأحاسيسهم وأعمالهم أو أنشطتهم اليومية.

(5): تشجيع التعلم النشط:

ويكون ذلك باتباع الآتي:

- أعطِ الطلبة مجالًا كي يكتبوا شيئا معيناً.
- أطلب من الطلبة أن يكتبوا عن شيء قاموا به في غرفة الصف.
- أطلب من الطلبة الاطلاع على دوريات أو مجلات علمية كل ثلاثة أسابيع، على أن يقوموا بتدوين تعليقاتهم وانطباعاته وأسئلتهم واجاباتهم ذات العلاقة بموضوعات المقرر الدراسي.
- أعطِ الطلبة الفرصة كي ينتقدوا كتابات الآخرين وإجاباتهم فيما يتعلق بمحتوى المقرر الدراسي.
- أطلب من الطلبة أن يسألوا وأن ينتظروا ردود الفعل من الآخرين.
- إعمل على سبر أغوار ردود فعل الطلبة حول أسئلتهم وتعليقاتهم.
- إعمل على تقسيم الطلبة إلى أزواجٍ أو خلايا تعليمية، كي يختبروا بعضهم بعضاً في المادة التي تعلموها ذلك اليوم.
- أعطِ الطلبة الفرصة كي يسمعوا آراءهم حول المواضيع المطروحة.
- إفسح المجال للطلبة لتطبيق ما تعلموه في الموضوعات المطروحة في حل مشكلات حقيقية يواجهونها أو يواجهها مجتمعهم المحلي.
- زود الطلبة ببطاقات ملونة حمراء وصفراء وخضراء، وذلك للتصويت حول موضوع ما وبشكل فوري، ثم سجل آراءهم حوله.
- تجول بين صفوف المقاعد في الغرف المزدحمة، وشجع استمرار المناقشات بين الطلبة حول مشكلات المقرر الدراسي وموضوعاته المتنوعة.
- وجه سؤالاً لطالب محدد وانتظر الاجابة منه.
- إعمل على تثبيت صندوق اقتراحات في إحدى زوايا الغرفة واطلب من الطلبة تدوين تعليقاتهم كلما التقوا معاً.
- اجعل الطلبة يقدمون اختباراتٍ شفويةٍ أو كتابيةٍ موضوعية، من إجل تلخيص أو مراجعة موضوع معين، أو للحصول على تغذيةٍ راجعةٍ سريعة بشأن مادة دراسية محددة.

- استخدم مجموعات عمل لتحقيق أهدافٍ تربويةٍ وتعليميةٍ وتعلميةٍ محددةٍ من قبل.
- صحح الاختبارات والتمارين في غرفة الصف لاستثمارها كأداة تعليمية وكتغذية راجعة للطلبة.
- أعطِ الطلبة فرصاً كافيةً للمارسة قبل الاختبار الرئيسي.
- أعطِ الاختبار مبكراً في بداية الفصل، وقم باعادته للطلبة مصححاً في اللقاء التالي.
- شجع الطلبة على كتابة أو صياغة أسئلة على بطاقات مفهرسة، على أن يتم جمعها ثم الاجابة عنها في الحصة التالية.
- عيّن واجباتٍ تتطلب تعاون مجموعةٍ من الطلبة للعمل معاً.
- عيّن بعض الواجبات التي تتطلب ملخصات مكتوبة لنصوص صعبة.
- أعطِ الطلبة واجباً بيتياً حول قضيةٍ ما، من أجل حلها في المنزل تتمحور حول أحد موضوعات المحاضرة.
- شجع الطلبة على إحضار بعض الاخبار ذات العلاقة بالأنشطة الصفية، واطلب منهم تعليقها على لوحة الصف.

(6): بناء المجموعات:

ويكون ذلك كالآتي:

- إعمل على حفظ أسماء الطلبة الملتحقين بالمساق الجامعي الذي تقوم بتدريسه.
- إعمل على تطبيق نظام الزمالة والتعاون بين الطلبة، حتى يتمكنوا من الاتصال ببعضهم حول أَنشطة المساق الدراسي وواجباته.
- تعرّف على مستوى طلبتك من خلال تسجيل أسئلةٍ على بطاقات خاصة توجه إليهم.
- إحصل على صورٍ فرديةٍ أو جماعيةٍ لطلبتك، وعلقها في الغرفة الصفية أو في مكتبك.
- اعمل على تقسيم الطلبة الى مجموعات ثلاثية ليساعد بعضهم بعضاً في التعلم.
- اعمل على تشكيل مجموعات صغيرة من الطلبة ليتعارفوا جيداً على بعضهم، ومن ثم أعد تشكيل وخلط هذه المجموعات من وقت لآخر.
- حدد (مشاريع فرق جماعية) في بداية الفصل الدراسي، وافسح المجال أمام اعضاء الفريق للاجتماع.

- ساعد الطلبة من مجموعات الدراسة على العمل خارج الغرفة الدراسية.
- شجع الطلبة على تقديم اقتراحات للاستعانة بمصادر خارجية واحضار ضيوف من خارج المدرسة.

خطوط عريضة لتطوير التعلم في الجامعة

لكي ينجح التعلم النشط بشكل فعال في التعليم الجامعي، فإنه لا بد من مراعاة عدد من الخطوط العريضة المهمة، الواجب أخذها في الحسبان من جانب اساتذة الجامعات خلال تدريسهم للمقررات المتنوعة. وتتمثل هذه الخطوط العريضة في الآتي:

1- ضرورة أن يكون الاستاذ الجامعي موجهاً لخدمة الطلبة.
2- ضرورة مشاركة الطلبة في وضع الاهداف التعليمية التعلمية للمقرر الدراسي.
3- ضرورة اتصاف المناخ الصفي داخل الحجرة الدراسية بالتعاون بين الطلبة والمعلم.
4- ضرورة تركيز الأنشطة على المشكلات التي يعمل الطلبة على التعامل معها.
5-ضرورة أن يكون التقويم مستمراً ويسانده الجميع.
6- ضرورة أن يؤدي التعليم الى التطوير وليس إلى تقديم المعلومات.
7- ضرورة أن تكون مخرجات التعلم متنوعة ومتعددة.

ويتبع هذه الخطوط العريضة العديد من الخطوط الفرعية التي تعمل على تسهيل تنفيذها أو تطبيقها في الميدان، مما يتطلب طرح هذين النوعين من الخطوط ذات العلاقة بتطبيق التعلم النشط في الجامعة كالآتي:

أولاً: الأستاذ الجامعي موجه لخدمة الطلبة:

وهنا، فإن على الاستاذ الجامعي مراعاة الآتي:

- ضرورة أن يبدأ بالمقرر الدراسي من حيث مستوى الطلبة الملتحقين به، لا من حيث امتلاكه للمعارف والمعلومات.
- ضرورة تحمل الاستاذ الجامعي مسؤولية تشجيع الطلبة وحفزهم على التعلم، وأن يعتمد أنماطاً تعليمية واضحة وعلاجية ومحققة للأهداف المنشودة.
- ضرورة معاملة الاستاذ الجامعي للطلبة بالمستوى والقدر نفسه الذي يرغب منهم أن يعاملوه.
- تشجيع الاستاذ الجامعي للفروق الفردية المتوقعة بين الطلبة في الأنشطة والاجابات والفعاليات المختلفة.

ثانياً: مشاركة الطلبة في وضع الأهداف:

وهنا، فإنه لا بد من الأخذ بالحسبان ما يأتي:

> ضرورة وضع بعض أهداف المساق الدراسي من جانب الاستاذ الجامعي نفسه.

> ضرورة قيام الطلبة بصياغة أو اختيار أهداف اضافية أخرى لذلك المساق.

> ضرورة وضع الأهداف التي تأخذ طابع التعلم الفردي، بحيث يطرح الأستاذ الجامعي أهدافاً لبعض الطلبة تختلف عن أهداف أخرى يخصصها لمجموعةٍ ثانية من الطلبة، في ضوء الفروق الفردية بينهم.

ثالثاً: اتصاف المناخ الصفي بالتعاون والمشاركة:

حيث ينبغي مراعاة الآتي:

> ضرورة أن يعرف كل طالب أسماء زملائه الطلبة، ويستخدمها في الأنشطة المختلفة داخل الحجرة الدراسية وخارجها.

> ضرورة إلمام كل طالب باهتمامات زملائه الطلبة وأوضاعهم وأهدافهم، ويعمل على احترامها وتقديرها.

> ضرورة عدم قيام الاستاذ الجامعي بأكثر من 50% من الحديث أو الشرح، ولا بأكثر من 75% من عمليات صنع القرارات أو اتخاذها خلال العملية التعليمية التعلمية.

> ضرورة تشجيع الاستاذ الجامعي للنقاش بين الطلبة وعمل المجموعات منهم، وحفزهم على المشاركة الفاعلة من جانبهم، مع توقع الحماسة والفعالية من جانب الطلبة أنفسهم.

رابعاً: تركيز الأنشطة على المشكلات التي يتصدى لها الطلبة:

ويتفرع من هذا الخط العريض، مجموعة من الخطوط الفرعية الأخرى تتمثل في الآتي:

> ضرورة بناء المقرر الدراسي الجامعي على مشكلاتٍ حقيقية ترتبط ارتباطاً وثيقاً بالطلبة وأهدافهم واهتماماتهم وميولهم.

> ضرورة إتاحة الفرصة الحقيقية والمرنة للطلبة لاختيار القضايا والمشكلات الملائمة لهم كي يعملوا على مناقشتها بعمق.

> ضرورة عدم الانشغال بأمورها هامشية، أو غير مهمة، أو اللجوء إلى التكرار الممل للأشياء أو التصرفات أو المناقشات لأمور غير محددة.

> ضرورة مراعاة مستويات الطلبة وقدراتهم وطاقاتهم في الأنشطة والواجبات والفعاليات المختلفة للتعلم النشط.

< ضرورة تشجيع الطلبة على العمل معاً في مجموعات، يقوموا من خلالها بتقديم مقترحاتٍ والحصول على تغذية راجعة ودعماً لبعضهم بعضاً.

خامساً: التقويم عملية مستمرة ومدعومة من الجميع:

وينبثق عن هذا الخط العريض مجموعة من الخطوط الفرعية التي تتمثل في الآتي:

< تفضيل التغذية الراجعة التطويرية أو النمائية على التقويم الختامي أو النهائي.

< ضرورة تركيز تعليقات الاستاذ الجامعي على نقاط النجاح وعلى مقترحات التطوير أو التحسين وليس على جوانب الفشل والأخطاء للطلبة بالدرجة الأساس.

< السماح للطلبة بمراجعة أعمالهم الكتابية أو مشاريعهم البحثية، بعد تصويبها من الاستاذ الجامعي والعمل على تنقيحها من طرفهم، واعادة تسليمها من جديد، بحيث تلبي المعايير المطلوبة.

< إبقاء الدور الأساس للأستاذ الجامعي متمثلا في مساعدة الطلبة على النجاح والتفوق وليس الاشارة الى الأخطاء. فالطلبة غالباً ما يفتخرون بالانجازات التي يحققونها وبقدراتهم الكبيرة على العمل والنجاح.

< ضرورة إعتماد وارتقاء عملية التقييم على النوع محكي المرجع، أكثر من كونها عملية معيارية.

< اشتمال عملية التقييم على الحقائق والمفاهيم والتطبيقات.

< اعتبار عملية التقييم عملية جديرة بالثقة وحقيقية في الغالب.

سادساً: التعليم يؤدي الى التطوير أكثر من مجرد تقديم المعلومات:

ويتفرع من هذا الخط العريض مجموعة من الخطوط الفرعية الآتية:

< الطلبة مشاركون فاعلون في إنتاج المعرفة،وليسوا عبارة عن مستقبلين سلبيين للمعلومات.

< الاجابات المتعددة تبقى أكثر قبولاً من الاجابة الوحيدة الصحيحة في ميدان التعلم النشط.

< التركيز يظل معتمداً بشكل أكبر على الفهم والتطبيق للأمور، أكثر من مجرد الحفظ والتكرار للمعارف والمعلومات.

< ضرورة تدريس الاستاذ الجامعي للمادة الدراسية عن طريق توفير الاساليب والوسائل للطلبة، وذلك للوصول بسهولة الى المعلومات، وتشجيعهم على جمعها وتنظيمها واستخدامها في مواقف تعلمية وحياتية متنوعة.

< ضرورة مساعدة الاستاذ الجامعي للطلبة على فهم انماط التعلم وأساليبه المختلفة وإعانتهم في تحديد المشكلات الشخصية والتعلمية التي يعانون منها، والعمل على حلها أو التخفيف من حدتها على الأقل.

- اعتبار طرق التعامل مع المادة الدراسية مهمة للطلبة أكثر من محتوى تلك المادة.
- ضرورة قيام الاستاذ الجامعي بارشاد الطلبة وتوجيههم، لتحديد الواجبات والأنشطة التعلمية والاعمال الفردية والجماعية، وليس القيام بفرضها عليهم دون رغباتهم أو قناعاتهم أو قدراتهم.
- ضرورة التركيز على التكنولوجيا الأكثر حداثة ووسائل التعليم الفعالة، والمحتوى المرن والمفيد، واساليب التعلم النشط التي تحقق المزيد من الاهداف التربوية المرغوب فيها.
- إعطاء الطلبة هامشاً كبيراً من المرونة الواسعة والتشجيع على توجيه الذات.
- تركيز الاستاذ الجامعي وتدريسه لموضوعات ما فوق المعرفة.

سابعاً: تنوع مخرجات التعلم وتعددها:

ويشتمل هذا الخط العريض على الخطوط الفرعية الآتية:

- ضرورة التركيز على ربط الحقائق بالمعلومات.
- الاهتمام بربط المفاهيم بالاستيعاب أو الادراك.
- ضرورة ربط الاساليب بالتطبيقات.
- الاهتمام بالعلاقة بين ما فوق المعرفة والتفكير التأملي العميق.

تطبيقات وتمارين على التعلم النشط في الصفوف الجامعية

مقدمة:

لقد شهد مطلع القرن الحادي والعشرين اهتماماً متزايداً من أساتذة الجامعات بالأساليب الفعالة لكل من التعليم والتعلم في الصفوف الجامعية على مستوى البكالوريوس من جهة، وعلى مستوى الدراسات العليا من جهة ثانية. وكان من بين تلك الأساليب الحديثة التي لاقت رواجاً في الجامعات كلاً من التعلم النشط والتعلم التعاوني.

ورغم كل هذا الاهتمام بهذين الاسلوبين من أساليب التعلم، إلا أن هناك سوء فهم بين بعض اعضاء هيئة التدريس من أساتذة الجامعات بهما، ووجود عدم ثقة بالاساليب الحديثة إذا ما قورنت بطريقة المحاضرة في التدريس التي مضى عليها قروناً طويلة من النجاح حسب اعتقادهم.

ويرى قسم لا يستهان به من أساتذة الجامعات بأنه يمكن الاستفادة من أساليب التعليم والتعلم الحديثة، على اعتبار أنها مكملة لطريقة المحاضرة في التدريس وليست بديلا عنها، لأنه ثبت فعالية هذه الطريقة لعرض المعلومات الكثيرة والمطلوبة في الوقت والزمن المناسبين. ومع ذلك، فإنه لا مانع

من الاستفادة بالذات من التعلم النشط وفعالياته واساليبه وتقنياتِه المتنوعة، بعد أن أثبتت البحوث التربوية الميدانية والتجريبية، الجوانب الايجابية التي يتركها على الطلبة بصورة عامة، وعلى طلبة الجامعة منهم على وجه الخصوص.

وباختصار، فإن التعلم النشط في الجامعة، هو كل ما يفعله الطلبة من أنشطة تعلمية داخل الحجرة الدراسية باستثناء الاصغاء السلبي لما يقوله عضو هيئة التدريس. وهذه الانشطة تشمل الاصغاء الايجابي، الذي يساعد الطلبة على فهم ما يسمعونه، وكتابة تمارين تشمل ردود فعل الطلاب لمحتوى المحاضرة، الى تمارين جماعية معقدة يقوم الطلاب من خلالها بالتطبيق في مواقف تعلمية جديدة لكلٍ من الافكار، أو الآراء، أو القوانين، أو المفاهيم، أو التعميمات، أو النظريات، التي تعلموها من محتوى المادة الدراسية.

كما تشمل هذه الأنشطة أيضاً التعلم التعاوني، الذي تتم تغطيته بفعاليات التعلم النشط التي يمارسها الطلبة على شكل مجموعاتٍ مؤلفة من ثلاثة أفراد أو أكثر، بدلا من العمل الفردي أو الزوجي الاقل فاعلية.

تمارين عديدة من التعلم النشط في الجامعة

من أجل جعل المادة الدراسية أيسر فهماً لطلبة الجامعة عند استخدام تقنيات التعلم النشط المختلفة، فلا بد من طرح مجموعةٍ من التطبيقات التي هي عبارة عن تمارين متنوعة ذات أهداف تربوية محددة، وهي كالآتي:

1- تمرين الدقيقة الواحدة:

هو تمرين فعال للتحقق من مدى تقدم الطلبة في مجال فهم المعلومات، وكيفية رد فعلهم على مستوى المادة الدراسية ككل. وفيه يطلب الاستاذ الجامعي من كل طالب فتح ورقة بيضاء، ويطرح عليهم سؤالاً محدداً أو سؤالا مفتوحاً، مع اعطائهم دقيقة واحدة أو دقيقتين على الأكثر للاجابة عنه مثل: ماذا تعني لديك ما يسمى بالواقعية العلمية؟ وماذا يعني لديك مصطلح الإرادة الحرة؟ وقد يطرح المدرس الجامعي أيضاً سؤالاً آخر مثل: ما الفكرة الرئيسة التي دارت حولها مناقشات اليوم بين الطلبة؟

ويوضح هذا التمرين القصير بشكل دقيق مدى فهم الطلبة للمادة الدراسية، أو للموضوع الدراسي المطروح للنقاش، بالطريقة أو الأسلوب الذي يحقق الاهداف المرسومة له من قبل.

2- تمرين النقطة المشوشة والنقطة الواضحة:

يتقارب هذا التمرين الى حد ما مع التمرين الاول، إلا أنه يختلف عنه في الوقت الأطول الذي يُعطى للطالب من أجل الاجابة عن السؤال المطروح. فقد يسأل الأستاذ الجامعي طلبته قبيل نهاية

الحصة الدراسية عن أكثر النقاط وضوحاً في مناقشة اليوم، أو أكثر النقاط غموضاً وتشويشاً في تلك الحصة.

ويفيد هذا التمرين في مدى الاتفاق بين العديد من الطلبة حول النقطة أو النقاط الاكثر وضوحاً، والنقطة أو النقاط الاكثر غموضاً، في الوقت الذي يسهل على الاستاذ الجامعي والطلبة جعل النقطة او النقاط الغامضة على شكل مادة دسمة للمناقشة في الحصة الدراسية القادمة، بعد الاستعداد لها كواجبٍ منزلي قبل بداية الحصة الجديدة، مما يرفع من وتيرة المناقشة حول ذلك الغموض وأسبابه وكيفية التخلص منه.

3- تمرين الاجابة الواجدانية:

هذا التمرين فيه أيضاً شبه من التمرينين السابقين، ولكن يعمل الاستاذ الجامعي هناعلى طرح سؤال للطلبة عن وجهة نظرهم في جانبٍ من جوانب المادة الدراسية، بحيث يتم إبراز الجانب التقييمي والعاطفي نحو ذلك الجانب.. ومع ذلك، فإن هذا ينحصر في الموضوعات الدراسية التي يصلح لها هذا النوع من الأسئلة المرتبطة بأمورٍ عاطفية أو وجدانية.

ومن الأمثلة على ذلك، أنه يمكن توجيه السؤال الآتي الى الطلبة: ما رأيك في قضية الاستنساخ كموضوعٍ من موضوعات مادة الأحياء؟ أو ما رأيك في المواقع الجنسية الكثيرة جداً على شبكة الانترنت العالمية؟ وما علاقتها بالتربية الجنسية من جهة؟ وبالتربية الاخلاقية من جهة ثانية؟ وبحاجات الفرد من جهة ثالثة؟.

والاجابة عن مثل هذه الأسئلة، تعكس معتقدات الطلبة ووجهات نظرهم الداخلية، ومشاعرهم وأحاسيسهم واتجاهاتهم الحقيقية، فيما تمثل في الوقت نفسه مجالاً خصباً للاستاذ الجامعي لتصويب الاتجاهات الخاطئة ،ودعم الاخلاقيات في التعلم والتعليم، وربط ذلك بموضوعات دراسية عديدة في مختلف المقررات، ودعم نظريات علمية صحيحة وظواهر اجتماعية ونفسية ايجابية، والتصدي للكثير من أنماط السلوك غير المرغوب فيها.

4- تمرين المجلة اليومية أو المذكرات اليومية:

يجمع هذا التمرين فوائد التمارين الثلاثة السابقة، ويفسح المجال لمناقشةٍ أكثرُ عمقاً أو لردود فعلٍ وآراء أكثرُ تعقيداً نحو موضوعات المادة الدراسية. وهنا، فقد يخصص الاستاذ الجامعي جزءاً من الحصة لاستكمال العناوين الرئيسة لموضوعات المجلة اليومية واعتبار الكتابة عنها واجباً بيتياً.

وتتمثل نقطة الضعف الوحيدة لهذا التمرين المهم من تمرينات التعلم النشط، في أن التغذية الراجعة لن تكون فورية مثل تمرين الدقيقة الواحدة أو تمرين النقطة الغامضة أو تمرين الاجابة

الوجدانية. ومع ذلك، فإنه عن طريق تطبيق هذا التمرين، يستطيع الاستاذ الجامعي طرح أسئلةٍ أكثر تعقيداً مثل: هل تعتقد بأن مبدأ الحتمية للأمور مبدأ صحيح؟ وهل صحيح أن البشر أحرار فعلاً في إرادتهم؟ ومن هي الجهات أو المؤسسات أو الدول المسؤولة عن ثقب طبقة الاوزون؟ ومن الذي ساهم في ارتفاع درجة حرارة الكون في العقود القليلة الماضية؟

5- تمرين القراءة السريعة:

فالتعلم النشط يعتمد بالدرجة الاساس على ما يقوم الطلاب بالاستعداد المسبق له أو تحضيره من فعاليات بداية الحصة الدراسية. وأن القيام بتمرين قراءةٍ سريع، يعتبر أُسلوباً فعالاً لقياس مدى فهم الطلبة للمادة المقروءة. كذلك يمكن إعطاء ارشادات للطلبة عما يجب عليهم البحث عنه خلال القراءة السريعة للنص أو القصة أو القضية، مع تحديد الافكار المهمة في ذلك النص والافكار الاقل أهمية، مع دعم ذلك بالادلة من واقع النص ذاته.

6. تمرين الوقفة القصيرة للتوضيح:

وهو تمرين بسيط من تمرينات التعلم النشط في المستوى الجامعي من خلال المحاضرة، ولا سيما عند ذكر نقطةٍ مهمةٍ أو تعريف مفهومٍ رئيس، حيث ينبغي على الاستاذ الجامعي أن يتوقف قليلاً ثم يسأل الطلبة، عما إذا كانوا يريدون أي توضيحٍ إضافيٍ عن تلك النقطة المهمة أو الفكرة الرئيسة أو المفهوم الأساس.

وهنا، فإنه من الأفضل قيام الأستاذ الجامعي بالتجول بين مقاعد الطلبة لجس نبض من يريد منهم زيادةً في التوضيح، وربما لا يمتلكون الجرأة الكافية للاعلان عن ذلك، بحيث يعمل على تشجيعهم على الاعلان عن ذلك، والاصغاء الايجابي للتوضيح من جانب مدرس المساق وربما طرح أسئلةٍ جديدةٍ في ضوء ما ورد في ذلك التوضيح، مما يساعد على تحقيق أهدافٍ تربويةٍ اضافيةٍ تتمثل في مشاركة الطلبة الذين يعانون من الخوف أو الخجل، وتصويب المعلومات أو الأفكار الخاطئة أو توظيفها في مواقف تعلميةٍ جديدة.

٠7 تمرين الاستجابة للانشطة المتمركزة حول الاستاذ الجامعي:

حيث يشجع الاستاذ الجامعي في هذا التمرين طلبة المقرر الدراسي الذي يقوم بتعليمه ،على كتابة فقراتٍ تعكس ما حصلوا عليه فعلاً من أفكارٍ ومعلوماتٍ وآراءٍ من محاضرة مدرس المساق أو مداخلاته أو تعليقاته أو آرائه التي طرحها، على أن تبدأ تلك الفقرات بالآتي: (أنا استغرب مما قاله المدرس حول ......) و (لقد تعلمت من هذه المحاضرة أو التقديم أو المداخلة أن ....) و (اعتقد أن ما دار في هذه المحاضرة يؤكد على .... أو يدل على أن ....).

إن مثل هذا التمرين يؤكد للطلبة، بأن الاصغاء من جانبهم لمدرس المساق اذا تطلب الامر ذلك يجب أن يكون ايجابياً، بحيث لا يتم فيه مجرد فهم ما يقال وتحليلهِ فحسب، بل وابداء الرأي كذلك في طبيعة المعلومات ودقتها ومدى الاستفادة الحقيقية منها.

8. تمرين الانتظار بعد طرح السؤال:

المطلوب من الاستاذ الجامعي في هذا التمرين طرح سؤالٍ معين من جانبهِ ثم الانتظار لبرهةٍ من الوقت تصل الى (15) ثانية، قبل أن يختار أحد الطلبة للاجابة عنه. ومن الضروري هنا ألا يسمح المدرس الجامعي للطلبة برفع الايدي أو الاجابة عن السؤال قبل موافقته.

وتشجع هذه الفترة القصيرة جدًا من الوقت الطلبة أو حتى تجبرهم على التفكير في الاجابة للسؤال المطروح، بدلاً من السماح في بعض الحالات للطلبة ذوي الاستجابة السريعة جداً بأن يقدموا إجابةً خاطئة، لأنهم لم يعطوا الوقت الكافي لانفسهم للتفكير في الاجابة الصحيحة.

ومن إيجابيات هذا التمرين، إعطاءُ الاستاذ الجامعي الفرصة المناسبة لمشاركة أكبر عدد ممكن من الطلبة في رفع أيديهم في ضوء برهة الوقت المسموح بها، وعدم تشجيع الطلبة سريعي الاستجابة من السيطرة على عملية إجابة الاسئلة التي يطرحها، والحصول على اجاباتٍ أكثر دقةً من جانب الطلبة بصورةٍ عامة.

9. تمرين إعطاء الطالب ملخصاً لإجابة زميله أو التعليق عليها:

يركز هذا التمرين على تفعيل ما يسمى بالاصغاء النشط Active listening. فبعد أن يقوم أحد الطلبة بالاجابة عن سؤالٍ طرحه الأستاذ الجامعي، عليه أن يختار طالباً آخر كي يقوم بتلخيص إجابة زميله بلغته الخاصة،وفي ضوء فهمه لها.

وقد يطلب مدرس المساق بدلاً من تلخيص إجابة زميله، أن يقوم بالتعليق عليها واظهار موافقته لها أو معارضته لما ورد فيها من معلوماتٍ أو أفكارٍ أو آراء. وهنا تظهر أهمية هذا التمرين التطبيقي من فعاليات التعلم النشط، حيث المشاركة الايجابية ليس لأكثر من طالبٍ فحسب، بل وأيضاً لأكثر من رأي أو لأكثر من وجهة نظرٍ حول موضوعٍ معين أو قضيةٍ محددة، مما يشجع الطلبة على الإصغاء الايجابي وفهم ما يُطرح.

10. تمرين أسئلة الاختبار:

يطلب الاستاذ الجامعي من تلاميذه في هذا التمرين، صياغة أسئلة اختبارٍ لموضوع من موضوعات المساق الدراسي أو لنشاطٍ من أنشطته المختلفة، بل ويمكن أن يكون ذلك على هيئة واجبٍ بيتي لهم بشكلٍ فردي أو على هيئة مجموعات عمل.

ويشجع هذا التمرين الطلبة على التفكير بعمق في جوانب المادة التعليمية، والعمل على تحليلها، والربط بين أجزائها المختلفة، ومحاولة تطبيق الأفكار أو النظريات أو المفاهيم التي تركز عليها في مواقف تعلمية جديدة.

كذلك يفيد هذا التمرين الطلبة في مراجعة الموضوعات الدراسية من ناحية، ويفيد المدرس في معرفة مدى إلمام هؤلاء الطلبة لأجزاء المادة التعليمية، مما يضمن عملية نجاح التقويم التكويني أو التشكيلي، الذي يتم على مراحل متعاقبة. ومع ذلك، فإن هذه الاختبارات لا تدخل في الدرجة النهائية للطلاب، لأنها تدربهم على نمط الاسئلة التي قد تغطي معظم المادة الدراسية، مما يشجع المدرس على اعطاء الطلبة اختباراتٍ تشتمل على بعض الأسئلة من وضع الطلبة، وبعضها الآخر من المدرس ذاته، وذلك للحكم على مدى فهم الطلبة لها.

11. تمرين إشارة الاصبع:

يتلخص هذا التمرين بطرح الأستاذ الجامعي سؤالاً على الطلبة وارشادهم برفع أصبع واحد اذا كان الجواب (نعم) ورفع الأصبعين إذا كان الجواب (لا).

وقد يستخدم المدرس أيضاً أسلوب أسئلة الباور بوينت Power Point وذلك بترقيم الاجابات من (1-5) ثم يرفع الطلبة أصابعهم للدلالة على رقم الاجابة الصحيحة في هذا النوع من الأسئلة.

ويهدف المدرس الجامعي من هذا التمرين المهم من تمارين التعلم النشط، إلى تشجيع الطلبة على الاجابة السريعة للأسئلة التي يطرحها، وذلك باستخدام نظامٍ جديدٍ لاستخدام أصابع اليد في التفاعل الصفي.

12. تمرين البطاقات الجاهزة:

يقيس هذا التمرين مدى فهم الطلبة للمادة الدراسية، من خلال استجاباتهم لعرض الأستاذ الجامعي للعديد من البطاقات الجاهزة التي تركز على صورةٍ أو شكلٍ أو رسمٍ أو خريطة. فقد يعرض المدرس شكلاً يوضح نظرية فيثاغورس على بطاقة منفصلة دون كتابة إسم النظرية عليها، ويطلب منهم تحديدها. وقد يعرض بطاقة أخرى تحمل خريطة لدولة آسيوية أو أفريقية دون كتابة الاسم عليها، والمطلوب تحديد هذه الدولة، كما قد يعرض بطاقةً عليها معادلة كيميائية ويطلب من الطلبة معرفة نمط هذه المعادلة، أو قد يعرض صورةً لنوعٍ من أنواع الطحالب ويطلب منهم تحديد ذلك النوع، أو قد يعرض معادلة من المعادلات الرياضية ويطلب منهم تصنيف تلك المعادلة تحت عنوان معين أو فئة محددة في الرياضيات المتقدمة.

ويمتاز هذا التمرين بأنه يمكن مراجعة موضوعات كثيرة، بسرعة كبيرة، وبنوع من الإثارة أو الدافعية للمشاركة من جانب الطلبة، مع حدوث تغذيةٍ راجعةٍ سريعةٍ ومتنوعةٍ من جانب المدرس الجامعي.

13. تمرين الاقتباس:

يدور هذا التمرين المهم من تمرينات التعلم النشط، حول اختيار الاستاذ الجامعي لاقتباسات كثيرة من المادة الدراسية، تدور حول نظرياتٍ أو قوانينَ أو مفاهيم أو تعميماتٍ أو حقائق، على أن يتم عرضها أمام الطلاب باستخدام جهاز العرض العلوي أو عن طريق الباور بوينت **Power Point** لكل نصٍ على حدة، والطلب من الطلاب إبداء وجهات نظرهم في هذه الاقتباسات أو تحديد أصحابها أو النظريات التابعة لها، وهل يتفقون معها أو يعارضونها ولماذا؟

14. تمرين الاختبار المعتمد على التخمين أو الحدس:

فعادةً ما يقوم الطلبة في التدريس الإلقائي بكتابة ما يقوله الاستاذ الجامعي في المحاضرة ويطرحون بعض الأسئلة في نهايتها، إن كانت لديهم بعض الاستفسارات. ومن هنا جاء هذا التمرين المهم من تمارين التعلم النشط،لتشجيع الطلبة على الاهتمام بموضوع المحاضرة قبل بدايتها، وذلك عن طريق توزيع استبانةٍ مؤلفةٍ من مجموعة من الأسئلة ذات إجابة الصواب والخطأ، والتي تدور حول قضية من القضايا أو مسألة من المسائل أو مشكلة من المشكلات، دون تحديد عنوان تلك القضية أو المشكلة أو المسألة.

وبعد جمع الاجابات عن أسئلة الاستبانة، يقوم بتوزيعها على الطلبة، كي يقارنوها ببعضهم بعضاً، حتى يتوصلوا الى تخمينٍ بعنوان المشكلة أو الموضوع أو القضية، بعد تشكيل مجموعاتٍ صغيرة يتم من خلالها الاتفاق على تسمية الموضوع أو القضية.

15. تمرين الأُحجيات:

من بين تمارين التعلم النشط الأخرى المستخدمة في الصفوف الجامعية، مواجهة الطلبة بأُحجيةٍ تدور حول نظريةٍ ما أو مفهومٍ معين أو موضوعٍ محدد، والطلب منهم إيجاد ُحلٍ لهذه الأُحجية دون أي تدخلٍ من الاستاذ الجامعي. وهنا، فإن التعلم الزوجي يبقى مفيداً للغاية، من أجل عرض وجهات النظر نحو الأحجية من طرفٍ والاصغاء الايجابي من الطرف الثاني، حتى تكتمل الصورة عن موضوع الأحجية بتوافق وجهتي النظر عليه.

16. تمرين تقييم عمل طالب آخر:

يقوم هذا التمرين على أساس تكليف الاستاذ الجامعي الطلبة بواجباتٍ منزليةٍ فرديةٍ وليست جماعية، وعند تسليمهم لهذه الواجبات، يقوم كل واحد منهم بتسليم نسخةٍ منه الى المعلم ونسخةٍ ثانية إلى زميل له.

ويطلب المدرس من كل طالبٍ حصل على واجب زميله، أن يعمل على تقييمه وأن يقدم عنه تغذيةً نقدية راجعةً مثل تصويب الاخطاء الإملائية والقواعد النحوية، وذلك حتى يؤدي الى تحسين مستوى الكتابة لديهم. ثم ينتقل كل طالب إلى تقييم واجب زميله من الناحية العلمية من أجل أن يزيد إلمامه بالمادة الدراسية ويزداد تعمقاً في موضوعاتها.

وما أن ينتهي كل طالب من تقييم نشاط زميله، حتى يعمل المدرس على تشكيل مجموعات صغيرة من الطلبة الذين قاموا بالحكم على واجباتٍ متقاربة لزملائهم، من أجل مناقشة ما بينها من نقاط التقاء، وعرضها على طلبة الصف كله للاستفادة مما توصلوا إليه.

17. تمرين المراجعة النشطة:

ففي طرق التدريس التقليدية، يقوم الطلبة بطرح سؤال على الأستاذ الجامعي، الذي يعمل بدوره على الإجابة عنه، في الوقت الذي يشغل الطالب نفسه في تدوين الاجابة حتى لا ينسى، تمهيداً لاستخدامها في الامتحان إذا ورد سؤال حولها أو قريب منها.

أما في التعلم النشط، فإن السؤال الذي يطرحه أحد الطلبة على الاستاذ الجامعي، يقوم بتحويله الى الطلبة أنفسهم، بعد تشكيل مجموعاتٍ صغيرةٍ من طلبة الصف كله، على أن يتم عرض ما توصلت إليه كل مجموعة من إجابة على المجموعات الأخرى، مع مناقشة الاختلافات في الاجابات، والعمل على طرح الآراء من الجميع، مما يولد تفاعلاً إيجابياً يحقق العديد من الأهداف التربوية المنشودة.

18. تمرين المجموعات التعاونية:

يدور هذا التمرين المهم من تمارين التعلم النشط حول سؤالٍ يطرحه الأستاذ الجامعي على الطلبة ضمن مجموعاتٍ تعاونيةٍ داخل الحجرة الدراسية، على أن يعمل المدرس على التجول بين تلك المجموعات للرد على بعض استفساراتهم والاطلاع على ما توصلوا اليه من حلول أو إجابات، وتشجيعهم على الاستمرار في النقاش والفعالية، ثم عرض ما توصلت إليه الجماعات على الصف كله.

19. تمرين خريطة المفاهيم:

فخريطة المفهوم عبارة عن الطريقة التي توضح العلاقات الموجودة بين المصطلحات أو المفاهيم التي يغطيها المساق الدراسي الجامعي. ويقوم الطالب هنا ببناء خريطة المفهوم عن طريق ربط المصطلحات بخطوطٍ تشير الى العلاقة بين كل مجموعة من المصطلحات المترابطة. فمعظم المصطلحات في خريطة المفاهيم ارتباطات متعددة، وإن تطوير الطلبة لخريطة المفاهيم، يتطلب تحديد المعلومات وتنظيمها، ثم تأسيس علاقاتٍ ذات معنى بين أجزاء المعلومات ذاتها.

20. تمرين العمل الفعلي بجوار السبورة:

يميل العديد من أساتذة الجامعات الذين يقومون بتعليم مساقات يطبقون فيا اسلوب حل المشكلات، الى مراجعة واجبات الطلبة المنزلية، أو تدريس تقنيات حل المشكلات عن طريق حل تلك المشكلات. ونظراً لأن الطلبة يتعلمون بشكلٍ أفضل عن طريق العمل وليس عن طريق المشاهدة أو الاستماع، فإن من الأفضل أن يطلب الأستاذ الجامعي من الطلبة، التعامل مع المشكلات بأنفسهم، وذلك عن طريق الخروج إلى السبورة في مجموعاتٍ صغيرةٍ لحل تلك المشكلات، وكتابة ما توصلوا إليه على أجزاء السبورة. أما إذا لم يكن حجم السبورة كافياً، فيمكنهم الاستمرار في التمرين باستخدام القلم والورقة أو الحاسوب لتحقيق الأغراض المرغوب فيها.

16

الفصل السادس عشر

تطبيق التعلم النشط في الجامعة

- التعلم النشط والتعليم المكتبي.
- علاقة التعلم النشط بالمكتبة والتعليم المكتبي.
- اعتبارات تؤخذ في الحسبان خلال التعليم المكتبي.
- التعلم النشط والتعليم المكتبي لمجموعاتٍ خاصة.

●

التعلم النشط في المكتبات

التعلم النشط والتعليم المكتبي

مع بدايات التعليم المكتبي الأكاديمي في العالم، لوحظ أن المحاضرة ليست الطريق الأكثر فعالية في تعليم الطلبة عن الأمور المكتبية المختلفة. ففي عام 1886 كتب ديفز Davis عن احباطاته في تعليمه للطلبة عن المكتبة، حيث لم يتعلم الطلبة شيئاً من محاضراته. وقد سُجلت من قبل، الكثير من الملاحظات من جانب القائمين على المكتبات حول العقبات التي تواجه التدريس المكتبي. فالافتراض أن التعليم المكتبي يجب أن يرتكز على المحاضرة، أدى إلى ظهور الكثير من المعارضة للتعليم المكتبي من جانب القائمين على المكتبات، وإذا لم يفد أسلوب المحاضرات الطلبة شيئاً، فلا بد من الاستفسار عن الأسباب وراء ذلك. إن التعلم النشط ومعه أيضاً التعلم التعاوني هما أنموذج التعلم الذي اتجه إليه العديد من المتخصصين في علم المكتبات، لمساعدة الطلبة في التعلم عن المكتبة داخل غرفة الصف.

علاقة التعلم النشط بالمكتبة والتعليم المكتبي

يمثل التعلم النشط طريقةً لتعليم الطلبة، بحيث يساعدهم على المشاركة في غرفة الصف، ويأخذهم بعيداً عن الاصغاء السلبي وتدوين الملاحظات، ويسمح للطالب بأخذ زمام المبادرة والحيوية في غرفة الصف. فدور المعلم في هذه الطريقة هو إعطاء الطالب فرصاً أكبر للاكتشاف، من خلال تعاونه ومشاركته للطلبة الآخرين. إن التعلم النشط يستدعي استخدام أساليب عدة، مثل النقاش ضمن مجموعة صغيرة ،وتطبيق أسلوب لعب الأدوار، والقيام بالمشاريع البحثية المختلفة، وطرح الأسئلة الموجهة من جانب المعلم. فالهدف هو نقل الطالب إلى مرحلةٍ يقوم فيها بتعليم نفسه بنفسه تحت إشراف معلمه.

ومن بين أهم الرواد في هذا المضمار من خلال العقود السابقة ديفيد جونسون David Johnson وروجر جونسون Roger Johnson، وكارل سميث Karl Smith في نهاية القرن العشرين، بالرغم من أنه ليس من بينهم من يعمل في المكتبات، إلا إنهم كانوا من ضمن أعضاء الهيئة التدريسية وساهموا في رفع مستوى التعلم والتعليم بشكلٍ ملحوظ. فالعديد ممن يعملون في المكتبات، استمعوا إليهم جيداً وانغمسوا أكثر في الأدبيات التربوية التي تتطرق للتعلم النشط.

ولقد دافع العلماء الثلاثة السابق ذكرهم عن التعلم النشط، لأنهم شعروا بالإفراط في استخدام أسلوب المحاضرات من جانب أعضاء الهيئة التدريسية، بالرغم من القيود العديدة لهذا الأسلوب من ناحية، والعيوب المعروفة الناجمة عن سوء استخدامه من ناحية ثانية. لذا، فقد كتبوا عام 1991 أن الطلبة يواجهون مشكلة ضعف التركيز أثناء المحاضرة، وأن انتباههم يتلاشى مع مرور زمن الحصة.

إضافة لذلك، فإن أسلوب المحاضرات يسهم في اكتساب الحقائق دون المساهمة في تطور مهارات ذهنية متقدمة مثل التحليل والتركيب والتقويم، وأخيراً فقد نوه هؤلاء العلماء إلى أن الطلبة يجدون أسلوب المحاضرات أسلوباً يثير الملل ويبعدهم عن المشاركة والحيوية داخل الحجرة الدراسية.

وفي عام 1991 كتب كل من بونويل وإيسون (Bonwell & Eison, 1991) أن الاستراتيجيات التي تساهم في التعلم النشط لها خمس ميزات مشتركة. فالطلبة يشاركون في أنشطةٍ تتعدى الاستماع فقط، كذلك لا يتم إعطاء مهارة نقل المعلومات جل الاهتمام، بل إن الاهتمام الأكبر يُعطى لتطوير مهارات الطلبة. فالطلبة ينخرطون في أنشطةٍ تتطلب مستوياتٍ عقليةٍ متقدمةٍ مثل التحليل والتركيب والتقويم، كذلك يشارك الطلبة في أنشطة أخرى مثل القراءة،و المناقشة، والكتابة. وأخيراً فإن اهتماماً كبيراً يُعطى لاكتشاف آراء الطلبة وقيمهم واتجاهاتهم وميولهم.

ويتغلب التعلم النشط أيضاًعلى الطبيعة الفردية التنافسية للتعلم التقليدي، فقد كتب كل من جونسون وجونسون وسميث عام 1991، بأنه عند المشاركة في أنشطة تنافسية، فإن الطلبة يبحثون عن نتائج مفيدة لهم ولأعضاء المجموعة. فالتعلم النشط هو الاستخدام التعلمي للمجموعات الصغيرة، حيث يعمل الطلبة معاً لزيادة مدى تعلمهم وتعلم الآخرين ليصل إلى الحد الأعلى.

وهناك سبب آخر لاستخدام التعلم النشط من جانب الكثيرين، وهوأن المتعلمين الذين تتراوح أعمارهم ما بين (18-24) سنة، يفضلون التعلم النشط على أسلوب المحاضرات. كما أشار سلافن (Slavin,1991) أن الطلبة السابقين قد تم تلقينهم بالمحاضرات طيلة فترة تعلمهم وتقبلوا ذلك الوضع. أماعن الطلبة الأكبر سناً، فقد اتيحت لهم فرصة أفضل ليدركوا أن بإمكانهم أن يتعلموا أشياء كثيرة من تلقاء أنفسهم، وأن باستطاعتهم المشاركة والتفاعل مع الآخرين من طلبةٍ ومعلمين. وفي الوقت نفسهِ أكد كوك ورفاقه (Cook et.al.,1995) أن هذا الافتراض صحيح مع الطلبة غير التقليديين من طلبة المكتبات في التعليم المكتبي، أثناء تعاملهم مع مختلف طلبة الجامعات.

وبالرغم من أن العديد من آليات التعلم النشط لا تُلاحظ بسهولةٍ ولا تُدرك جيداً من جانب الأكاديميين في المكتبات، إلا أن العديد من هؤلاء الأكاديميين يستخدمون أسلوب التعلم النشط دون أن يعملوا على تعريفهِ باسمه. فهم يقومون بتوزيع مصادر معرفةٍ مختلفةٍ في غرفة الصف، ويطلبون من الطلبة الإطلاع عليها في نشاطٍ من أنشطة التعلم النشط، حيث يتم إعطاء الطلبة فرصةً لمعرفة سبب أهمية وفائدة مصادر المعرفة، وذلك من خلال استخلاص بعض المعلومات، حيث يضيف ذلك الحيوية للنشاط، كما يعمل على إتاحة الفرصة للطلبة، باستخدام أجهزة الحاسوب والأبحاث كإحدى تقنيات التعلم النشط. ورغم أن هذا الأسلوب يبدو صعب التطبيق لمن يعمل في المكتبات، فمع القليل من التغيير، فإنهم يستطيعون أن يبنوا عليه أساليب تعليميةٍ جيدة، وبذلك يجعلون أساليبهم في التعلم مؤثرة وفاعلة.

نبذة تاريخية عن التعلم النشط وعلاقته بالتعليم المكتبي:

ملخص تاريخي للتعلم النشط:

إن استخدام التعلم النشط في التعليم ليست فكرة مستحدثة ، فقد كان هذا الأسلوب من بين أوائل الأساليب استخداماً في التعليم من جانب الجنس البشري، لأنه كان من أكثر الأساليب سرعةً في تعليم الأطفال الصغار في المجتمعات التي تعتمد على الصيد مثلاً، لأن مبدأ البقاء يتطلب صراعاً شديداً، وهو أن تعطي الصغار فرصة المراقبة وتقليد أنماط سلوك الكبار. وهنا، فإن المحاضرة ليست أسلوباً عملياً، لا سيما وأن المجتمعات الإنسانية الأولى هي مجتمعات اعتمدت على الصيد، مما يدل على أن التعلم بالعمل كان الطريقة التي بدأ فيها التعليم عند الإنسانية. فالمحاضرة عبارة عن أسلوب تأخر في الظهور، وذلك بعد تطور المدن وبناء المؤسسات الرسمية في التعليم.

وقد جاءت المخطوطات الأولى التي وثقت التعلم النشط من قدماء الإغريق، وبخاصة أساليب سقراط التعليمية. فأسلوب سقراط يرتكز على تفاعل الطالب مع زملائه ومع معلمه. فيقدم سقراط مشكلةً ما ويسأل الطالب عنها ويقوم الطلبة بمناقشة هذه المشكلة فيما بينهم، ثم يعود سقراط مرة أخرى ليوجه النقاش من خلال تصحيح مساره للهدف الذي يرسمه له، وأخيراً، وباستخدام الأفكار التي أثارها الطلبة، يقدم سقراط أو يكشف عن الإجابة للطلبة. فسقراط لم يحاضر للطلبة، لقد عمل معهم لمساعدتهم على اكتشاف المنهاج بأنفسهم.

وخلال القرون الماضية، نادى فلاسفةٌ آخرون بضرورة استخدام أسلوب التعلم النشط. فالمفكر الفرنسي المعروف روسو **Rosseau** نشر كتابه (إميل**Emile**) عام 1762 وجادل بإمكانية التعلم من خلال الحواس.أماجون ديوي **John Deway** فيعتقد أن الخبرة العملية الميدانية تعطي الطلبة المادة الخام اللازمة للوصول إلى مهارات التفكير المجرد ولتطوير بُنىً عقليةً معقدة ومتقدمة في موضوع ما. ويرى بياجيه **Piaget** إن التفكير المنطقي يتطور نتيجة للتعلم النشط من خلال اكتشاف البيئة، في حين أشار كولب **(Kolb,1984)** إلى أن الخبرة المادية الصلبة هي متطلب أساسي لاكتساب المهارات الفيزيقية، والملاحظة التأملية، والمفاهيم المجردة، والتجارب العملية النشطة.

ولقد لاحظ أكاديميو المكتبات، الحاجة لبديلٍ عن أسلوب المحاضرات، حيث أراد روبنسون **(Robinson,1980)** من تلاميذه أن يكونوا طلاب علمٍ حقيقيين، يستطيعون تعليم أنفسهم بأنفسهم دون الحاجة إلى مدرسين أو متخصصين في علم المكتبات. فالاستقصاء الشخصي الذي يطوره أسلوب التعلم النشط هو ما شعر بأهميته روبنسون للطلبة للوصول إلى التعليم العالي. وكان ديفز **Davis** عام **1886** قد شعر بالإحباط قديماً بسبب المحاضرات الصفية، حيث لاحظ أن الطلبة لا يكسبون المعرفة من خلال العديد من المحاضرات في المهارات المكتبية، وكان رده أن قام بتطوير مساقٍ كاملٍ، يستطيع من خلاله عرض المادة التعليمية بشكل مختلف.

وقد طالب من قبل كل من وينسور (Winsor,1880) وشورز (Shores,1935) وبرانكومب (Brancomb,1940) بضرورة ترسيخ مفهوم المكتبة الجامعية. فجميع هؤلاء اعتقدوا أن المحاضرة على الطلبة في قاعة واسعة، تدمر تعليم هؤلاء الطلبة للأمور المكتبية المختلفة. وبدلاً من ذلك، فقد نادوا بتعليم الطلبة في المكتبات من جانب موظفٍ من المكتبة بالتعاون مع الاستاذ الجامعي. فبدلا من المحاضرة المباشرة للطلبة، يقوم الفريق المكون من موظف المكتبة وعضو هيئة التدريس بتقديم قضايا للطلبة، على أن يطلبوا منهم إيجاد حلول لها بأنفسهم في داخل المكتبة. إن هذا يمثل بشكلٍ جلي استخدام أسلوب التعلم النشط من جانب موظف المكتبة الذي لا يقوم بتعليم مهارات استخدام المكتبة فقط، وإنما يجعل المكتبة ضمن مركز اهتمام الطلبة للتعليم في الجامعة والمدرسة الثانوية.

اعتبارات تؤخذ في الحسبان خلال التعليم المكتبي

إن ترجمة التعلم النشط إلى واقعٍ في الحصص المكتبية يمثل أمراً ليس سهلاً. فمعظم الأكاديميين في المكتبات يمتلكون القليل من المعلومات حول هذا المفهوم. فالقائمون على المكتبات ممن لديهم خلفيات معرفية بسيطة في أساليب التدريس، يحاولون تقليد الطريقة التي تعلموا بها ألا وهي طريقة المحاضرة. زيادة على ذلك، فإن طبيعة حصص المكتبة التي غالباً ما تكون واحدة أسبوعياً ويتم تدريسها من جانب مدرس آخر، يجعل من الصعب استخدام العديد من أساليب التعلم النشط الذي يعمل بصورة أفضل في نطاق المساقات التي تستمر طيلة الفصل الدراسي.

وقد لاحظ درويك (Drueke,1992) أربعة حواجز لا يعاني منها المعلمون وأساتذة الجامعات الذين يستخدمون أسلوب التعلم النشط. فالمتخصصون في علم المكتبات يرون الطلبة بصورة متشابهة في كل مرة يطبقون فيها طريقة المحاضرة في التدريس. وهذا يعني أن أسلوب التعلم النشط يجب استخدامه بشكل كامل في كل حصة. إضافة لذلك، فإن الطلبة معتادون على أعضاء هيئة التدريس الذين يقومون بتعليمهم عن طريق المحاضرة باستمرار. وهذا يعني التعامل مع طلبة لا يتم تشجيعهم على المشاركة، بل ويروا بأنها ليست ضرورية داخل غرفة الصف. كما يواجه موظفو المكتبات مشكلة تعليم الطلبة في وقت قصير جداً، في حين نجد أن التعلم النشط يحتاج إلى وقت طويل لتغطية المادة الدراسية، وأخيراً فإن المتخصصين في علم المكتبات لديهم كباقي زملائهم المدرسين، الحرية في الأمور الأكاديمية داخل الحجرة الدراسية بأن يقوموا بالتدريس بالطريقة التي يرونها مناسبة، إلا أن العمل مع هيئةٍ تدريسيةٍ أخرى بطريقة تشاركية تعني أخذ دور هامشي، وهذا يتطلب من المتخصص في علم المكتبات أن يبني أسلوبه في التعليم بطريقة تلائم حاجات أعضاء الهيئة التدريسية الأخرى المشاركة معه ورغباتهم واهتماماتهم.

ويعتقد الطلبة، وغالباً ما يكون ذلك صحيحاً، إنهم لن يقدموا امتحاناتٍ فيما يتعلمون خلال الحصص المكتبية. زيادة على ذلك، فالكثير من الطلبة يعتقدون أن لا حاجة للتعاون والمشاركة مع المتخصص في علم المكتبات في تمارين التعلم النشط، وذلك لأن موظف المكتبة لا يستطيع أن يعمل على تقييم الطالب.

وقد كتب كل من كونكيل وويفر (Kunkel & Weaver, 1995) أن الطلبة ليسوا مدانين للمتخصصين في علم المكتبات فيما تعلموه في مرحلة البكالوريوس، بل إنهم مدانون بشكل غير مباشر للمعلمين في المدارس سابقاً، ولأعضاء هيئة التدريس في الجامعات لاحقاً. فمعظم أعضاء الهيئة التدريسية لا يتوقعون من الطلبة وصف كيفية استخدام المصادر المرجعية المحددة، وبدلاً من ذلك، يتوقعون منهم أعمالاً تعكس استخدامها.

ويوجد معوق آخر يواجه التعلم النشط في الحصص المكتبية يتمثل في تردد المتخصصين في علم المكتبات التخلي عن أسلوب المحاضرة، فقد كتب مابري (Mabry,1995) قائلاً: وجدت أَن الخطوة الأولى للمعلم أو لأستاذ الجامعة في تطبيق أساليب التعلم النشط، تتطلب إعادة التفكير في دوره خلال الحصة الدراسية، وأنه ليس من السهل التخلي عن أسلوب المحاضرة في حصة مدتها خمسون دقيقة، إلا أن إحدى الاتجاهات في التعلم النشط والتعلم التعاوني هو أن المعلمين وأساتذة الجامعات مستعدون للتخلي عن بعض السُلطات لديهم، وأن الطلبة سيتعلمون أكثر ويحتفظون بالمعرفة لوقتٍ أطول إذا ما قاموا بتعليم أنفسهم بأنفسهم تحت إشراف معلمهم.

وأضاف مابري **Mabry** أيضاً أن المتخصصين التقليديين في علم المكتبات يجدون من الصعوبة تطبيق التعلم النشط في غرفة الصف، وأن التعلم النشط يتطلب متخصص في علم المكتبات من نوعٍ آخر ليعمل على تطبيقه، وأن الخطوة الأكثر صعوبة بالنسبة لعضو هيئة التدريس هي الخطوة الأولى المتمثلة في أن يتقبل دوراً جديداً في الصف يتطلب التخلي عن بعض الصلاحيات. إن المتخصصين في علم المكتبات الذين يتمتعون بسلطاتٍ عاليةٍ سوف يقاومون الطبيعة السهلة لهذا الأسلوب الجديد، إلا أن بعضهم ممن يحاولون تجريب بعض الأنماط الجديدة في التعليم، سيجدون لهم ملاذاً آمناً في مبادئ التعلم النشط والتعلم التعاوني.

إن استخدام اسلوب التعلم النشط في حصةٍ مكتبيةٍ واحدةٍ يستدعي إجراء بعض التعديلات في آليات التنفيذ. وقد لخص درويك (Drueke,1992) مجموعة من الاستراتيجيات التي تعمل على تسهيل استخدام اسلوب التعلم النشط في المكتبات، وتتضمن الآتي:

1. التحدث بصورة غير رسمية للطلبة عند وصولهم غرفة الصف.
2. توقع مشاركة التلاميذ، والتصرف على هذا الأساس.
3. ترتيب الغرفة الصفية لتشجيع المشاركة الطلابية، ويتضمن ذلك ترتيب المقاعد بشكل دائري.
4. استخدام مجموعات النقاش الصغيرة، وطرح الأسئلة تارة والكتابة تارة أخرى، وذلك لإيجاد جوٍ آمن ومشجع لمشاركة الطلبة.
5. إعطاء الطلبة فرصة ًكافيةً للإجابة عن الأسئلة المطروحة وعدم الضغط عليهم.
6. تعزيز الطلبة المشاركين بالثناء عليهم أو تلخيص أفكارهم.
7. كشف الغموض لدى الطلبة بتقديم عضو هيئة التدريس نفسه لهم والتعرف إلى أسمائهم، مع الطلب منهم ربط خبراتهم المكتبية السابقة بما يتعلموه لاحقاً.
8. نقل الطلبة للنقاش من خلال إظهار أهمية المكتبة في دراستهم.
9. إعطاء الطلبة الوقت الكافي لتوجيه الأسئلة في نهاية الحصة الصفية.

ويتضح مما سبق، أن معظم الأساليب أو التقنيات التي ذكرها درويك **Drueke** تشبه إلى حد بعيد ما يقوله مؤيدو طريقة التعلم النشط، وهذا يوضح أن الحصة المكتبية قد تتحول وبجهدٍ بسيط إلى خبرةٍ هادفة من خبرات التعلم النشط.

ومن بين إحدى آليات التعلم النشط المبدعة ما يسمى بالأحجية جيكساو **Jigsaw** التي يشترك الطلبة عن طريقهافي مجموعات لدراسة قضية ما، حيث تعمل كل مجموعة على جزء صغير من قضية ما، بعد تجمع أجزاء الأحجية معاً، عند الانتهاء من العمل وتقديم كل مجموعة لما توصلت إليه، مما يجعل من الممكن التعامل مع جميع القضية في حصةٍ صفيةٍ واحدة ، مما يعطي فرصة لكل طالب للمشاركة في العمل. وقد تحدث راجينز (Ragains, 1995) عن استخدامه لأسلوب الأحجية في الحصص المكتبية في جامعة مونتانا الأمريكية، حيث تمكن بنجاح من استخدام أسلوب هذه الأحجية لتعليم الطلبة المهارات المكتبية في أبحاث مواد التسويق، والهندسة الميكانيكية، والطرق التاريخية، وعلوم الأرض.

ومع ذلك، فإن إحدى الانتقادات الموجهة لأسلوب التعلم النشط في التعليم المكتبي، هو أن هذا الأسلوب لا يتمكن من التعامل مع إعداد الطلبة الكبيرة في قاعات المحاضرات. فالمتخصصون في علم المكتبات يقومون بالتدريس أحياناً في قاعة محاضرات واسعة. أما جيديون (Gedeon,1997) فقد كتب عن خبراته وهو يحاول استخدام أسلوب التعلم النشط في حصةٍ مكتبيةٍ

داخل قاعة محاضرات كبيرة، حيث طلب من تلاميذه إجراء عصفٍ ذهني، ومن ثم تنفيذ إجراءاتٍ استراتيجيةٍللبحث تكون على شكل أزواج، حيث خلص إلى القول أن أسلوبه قد نجح والحصة قد حققت أهدافها، إلا أن العدد الكبير للطلبة حال دون النجاح الأفضل الذي من الممكن تحقيقه لو كان عدد الطلبة أقل. وبالرغم من أن دراسة جيدوين **Gedeon** قد خلصت إلى ضرورة عدم تجنب أسلوب التعلم النشط في الصفوف ذات الأعداد الكبيرة في الحصص المكتبية، إلا أنها أشارت إلى أن ذلك يشكل نوعاً من التحدي، وأن أسلوب المحاضرات قد يكون مناسباً أكثر في هذا الصدد.

صحيح أن التعلم النشط يبدو طريقةً عظيمةً في التعلم عند المتخصصين في علم المكتبات، إلا أنه علينا أن لا نعتبرها الطريقة الوحيدة في التعليم. وكما أشارت الدراسة السابقة، فإن أسلوب المحاضرة يفيد في المواقف التعليمية الذي يزدحم فيها عدد الطلبة، وبالتالي يتم استخدم أسلوب المحاضرة في تعلم المهارات المكتبية. وفي هذا المجال كتب درويك (Drueke,1992) قائلاً " أن اهتمامنا لا يركز على إضافة أدلة جديدة تثبت قيمة التعلم النشط، بل على استخدام تقنيات تعليمية نشطة ودمجها بشكل فاعل في التعليم المكتبي، بحيث يكون أسلوب المحاضرات مناسباً لحصصٍ تعليمية جامعية في مجال التعلم المكتبي في بعض الأوقات،وأن البحث والممارسة يشيران إلى أن الطلبة قد يستفيدون كثيراً من التقنيات التعليمية، التي تتضمن فرصاً متنوعة من التعلم النشط.

باختصار، فإن التعلم النشط يتطلب الكثير من العمل وأهدافاً واضحة لكي يحقق أغراضه بصورة فاعلة. إن استخدام التعلم النشط في التعليم المكتبي لذات التعلم النشط قد يؤدي إلى نتائج عكسية، فقد ذكر ألين (Allen,1995) أن استخدام آليات التعلم النشط يجب أن تكون هادفة من أجل تنفيذ أهدافٍ مهمةٍ ومحددة، ويتطلب من الطلبة عند زيارتهم للمكتبات أو استخدامهم لمصادرها الكثيرة والمتنوعة، استخدام المهارات المتقدمة مثل التحليل والتركيب والتقويم، وإلا فإنهم سيعتبرون مثل هذه الآليات تافهة ولا قيمة لها.

التعلم النشط والتعليم المكتبي لمجموعات خاصة

يطالب المتخصصون الأكاديميون في علم المكتبات بين الفينة والأخرى، بالاهتمام بالتعليم المكتبي كمساقٍ دراسي ضمن مجموعة مختلفة من المساقات الجامعية للتخصصات العلمية والإنسانية المختلفة، حيث يتم تعيين متخصص في علم المكتبات لكل قسم أكاديمي جامعي يُطلب منه اختيار المادة التعليمية الملائمة لذلك التخصص، على أن يتم التعاون بينه وبين عضو الهيئة التدريسية لذلك التخصص الأكاديمي لتنفيذ هذه المادة التعليمية وتعليم الطلبة كيفية استخدام المواد المكتبية، وأنه كلما كانت المكتبة الأكاديمية صغيرة نسبياً، زادت فعالية تدريس علم المكتبات،

وزادت فرص نجاح المتخصص في علم المكتبات لربط ذلك بالموضوعات الأكاديمية المختلفة، التي تتطلب طرقاً متنوعة من التعلم من بينها استخدام التعلم النشط. وكما تمت الاشارة سابقاً فقد قام راجينز Ragains باستخدام طريقة الأُحجية جيكساو Jigsaw في التعلم النشط لتعليم الطلاب المهارات المكتبية في أبحاث التسويق، والهندسة الميكانيكية، والموضوعات التاريخية، وعلوم الأرض. فبالرغم من قلة أدبيات التعلم المكتبي، فقد قام بعض المتخصصين في علم المكتبات بالكتابة حول كيفية استخدام التعلم النشط في نظم معينة فيما يتعلق بالتعلم المكتبي.

ولا شك أن شبكة المعلومات الدولية (الانترنت) قد اثبتت قدرتها على قبول التحدي الذي واجهه المتخصصون في علم المكتبات لتدريس هذا المجال، حيث شجعت التربويين والمتخصصين في علم المكتبات في وقت واحد على الكتابة عن طرق تدريس علم المكتبات، وذلك في ضوء تزايد عدد المواقع الالكترونية التي تساهم في تشجيع المؤلفين على النشر على صفحات تلك المواقع، وتشجيع الطلبة على الدخول إليها والعمل بشكلٍ فردي أو عن طريق مجموعات صغيرة، والبحث عن معلومات محددة ومن ثم إعلام الطلبة بما وجدوه فيها. فهذه الطريقة يتضح الفرق بين إعطاء المحاضرات، وبين استخدام شبكة المعلومات الدولية لأغراض تدريس علم المكتبات. وقد استخدم كل من كوهات وستيرنبرج،(Kohut and Sternbery,1995) استراتيجية مشابهة في تعليم الطلبة عن موضوع الاتصالات باستخدام شبكة المعلومات الدولية (الانترنت)، حيث طلبوا من تلاميذهم أن يستخدموا شبكة الإنترنت للحصول على معلومات في مجال تكنولوجيا المعلومات.

ويبدو أن العلوم الصحية ستكون أحد المجالات الرئيسية التي يستخدم فيها التعلم النشط، وهذا ما زاد من تأثر تعلم المكتبات بهذه الطريقة، حيث تم تبني التعلم النشط في التدريس الفعلي للعلوم الصحية، وقام كل من فرانسيس وكيلي (Francis&Kelley,1997) بذكر العديد من المكتبات الخاصة بالعلوم الصحية التي تستخدم طريقة التعلم النشط في تعليم المهارات المكتبية.

وبالرغم من عدم تفصيل خطوات هذه الدروس كما هو مرغوب، إلا أن البرامج التعليمية الموجودة، أوضحت أن المتخصصين في علم المكتبات الصحية هم رواد التعلم النشط في المكتبات الأكاديمية الحديثة.

وكثيراً ما يتم استدعاء المتخصصين في علم المكتبات لتعليم طلبة السنة الأولى الجامعية موضوع الحلقات الدراسية كمدرس أصيل أو مدرس بديل. ومثل هذه المساقات تعطي هؤلاء المدرسين الفرصة لتجريب أساليب تدريس جديدة. وقد اعطيت هذه الفرصة للعديد من

المتخصصين مثل المربية المعروفة دابور (Dabbour,1997) في جامعة كاليفورنيا، التي قامت باستخدام مجموعة من التمارين الموجهة للطلبة في المساق الذي تقوم بتدريسه، وذلك بالتركيز على نظام استخدام المكتبة. ففي المقدمة, قام الطلبة بمناقشة أهمية قراءة المعلومات، وتبين من التقييم المميز الذي قدمه الطلبة، الفرق الكبير بين استخدام أسلوب التعلم النشط والأساليب الأخرى، ولصالح أسلوب التعلم النشط.

وفي مجال العلوم، يعتبر التعاون بين الطلبة أنفسهم والاعتماد على الأبحاث، من الأمور بالغة الأهمية في المشاريع البحثية العلمية. ولهذا السبب، فإن التعلم النشط يعمل بشكلٍ فعال على تعليم المهارات المكتبية الضرورية، للوصول إلى المصادر العلمية المطلوبة. وكانت المتخصصة في علم المكتبات سارة بنهيل الأمريكية، (Sara Penhale,1997) موظفة مكتبة في مجال العلوم وأستاذة للأحياء في كلية إيرلهام Earlham الأمريكية عندما كتبت مقالاً في هذا المجال. فباستخدام وظيفتها المزدوجة هذه، كانت قادرة على تقديم التعليم المكتبي في مساقات الكيمياء ، حيث كلفت الطلبة بالعمل في مجموعات صغيرة للبحث عن مقالات في الكيمياء في دوريات مختلفة، وقد كتبت عام 1997 قائلةً (أن متعة التعلم النشط والتعلم التعاوني وتقديم أدبيات في الكيمياء للطلبة، أظهرت جدالاً حول تطوير الفعاليات والواجبات في ضوء انخراط طلبة الكيمياء بشكل أكبر في الأنشطة المختلفة، حيث تعلموا بفعالية أكثر وتحدوا الأنشطة التي تقدم لهم بثقة أعظم).

وباختصار، فإن التعلم النشط هو عبارة أسلوب لتعليم الطلبة، يتيح لهم فرصة المشاركة داخل الحجرة الدراسية، بل يتعدى فيه الطلبة مرحلة الاستماع السلبي وتدوين الملاحظات، وتتاح لهم فرصة أخذ زمام الأمور في التعليم والتعلم، وتقديم بعض المبادرات والأنشطة والفعاليات مثل لعب الأدوار، والأسئلة الموجهة من المعلم، وذلك بهدف نقل الطلبة إلى العملية التعليمية الذاتية في مجال تدريس علم المكتبات والأنشطة المكتبية الضرورية لكل طالب ومدرس وباحث في وقت واحد.

17

الفصل السابع عشر

تصميم التدريس والتعلم النشط

- مقدمة.
- دور نظرية تصميم التدريس والتعلم النشط.
- أنماط نظرية تصميم التدريس.
- من أين جاءت نظريات تصميم التدريس.
- الخطوات التقليدية لتصميم التدريس.
- مشكلات مرافقة للنموذج التقليدي لتصميم التدريس وعلاقتها بالتعلم النشط.
- المناحي البديلة لتصميم التدريس.

مقدمة :

يوجد ضمن مجال تصميم التدريس وجهتا نظرٍ مهمتان هما:

1. إن مصممي التدريس نادراً ما يعملون بناءً على نظريات واضحة، وأنهم يعملون فقط بطريقةٍ حدسيةٍ أو بديهة (Gros et. al, 1997).

2. إن المزيد من الاهتمام بنظرية تصميم التدريس لم يعد قابلاً للتطبيق في سياق التغيير السريع والتكنولوجيا المتطورة والاتصال العالمي المتقدم (Reigeluth,1996).

ويرى أصحاب وجهتي النظر السابقتين بأن هناك توتراً واضحاً بين النظرية والتطبيق، مما يستدعي طرح الأسئلة المهمة الآتية: ماذا سيكون دور نظرية التدريس فيما بعد؟ وما مواطن الضعف فيها؟ وأين تكمن نقاط الإنقاذ؟ وكيف يمكن لها أن تصبح مجالاً حيوياً ومهماً للتصميم؟

لذا، لا بد من التركيز هنا على الدور الذي تلعبه النظرية في تصميم التدريس، وعمل إطار أساسي للمناحي النظرية الخاصة بهذا المجال، ومناقشة كيفية جعل النظريات مهمة ومشهورة. وسيتم بعد ذلك، وصف الطريقة التي يتم من خلالها في العادة التعامل مع عملية تصميم التدريس ذاتها، وتحليل عدد من المشكلات ذات العلاقة، واقتراح طريقة عن كيفية التغلب على هذه المشكلات، وكيف يمكن للنظرية أن تساهم بدور إيجابي في تطوير الخبرات التعلمية للتلاميذ من أجل نجاح التعلم النشط.

دور نظرية تصميم التدريس والتعلم النشط:

لقد أوضح جروس وزملاؤه (Gros et. al,1997) بأن نماذج تصميم التدريس لديها القدرة على إيجاد نوع من الصلة بين نظريات التعلم وممارسة بناء الأنظمة التدريسية. وعلى النقيض من التركيز على النظرية والتطبيق، فقد تمَّ الاهتمام بنظرية تصميم التدريس لتشغل الفراغ الذي يظهر بين النظرية والتطبيق.

وأشار منحى المربي وين (Winn,1997) إلى أن نظرية تصميم التدريس تقوم أصلاً على نظرية التعلم، والتي تعتبر أحد جوانب علم النفس. وهذا يشكل القاعدة الأساسية للأعمال التي يقوم بها مصممو التدريس.

وبعبارةٍ أخرى، فإن نظرية تصميم التدريس هي ما يرسمه المصممون عندما يحتاجون التوجيه والإرشاد للتغلب على المشكلات التي تظهر خلال عملية تصميم التدريس الخاص بالتعلم النشط.

أما ريجيلوث (Reigeluth,1997) فقد أكد على أن التدريس هو عبارة عن أي شيء تم إنجازه من أجل مساعدة شخص ما على التعلم، وأن نظرية تصميم التدريس هي عبارة عن أي شيء يقدم

التوجيه لتطوير نوعية تلك المساعدة. وقد عمل على التمييز بين العلوم الوصفية التي تصف الطريقة التي تعمل بها الأشياء في العالم الطبيعي، ثم علوم التصميم التي تقدم الطرق والأساليب المختلفة التي تحدد واجبات إنسانية معينة. وبصورة اكثر وضوحاً، فإن نظرية تصميم التدريس هي عبارة علم تصميم، لأنها تقدم التوجيه للواجبات التي تهتم بتصميم الخبرات التعلمية، ولكنها في الوقت نفسه تعمل كجسرٍ لوصف نظرية التعلم بصورة عامة والتعلم النشط على وجه الخصوص.

أما سيلز (Seels,1997) فقد ميزت بين النظريات المفاهيمية التي توضح العلاقة بين المتغيرات، والنظريات الإجرائية التي تبين كيف يمكن إتمام إجراء محدد. وبالجمع بين وجهتي نظر سيلز وريجيلوث، فإنه يمكن القول بأنه ربما تعمل العلوم الوصفية على تطوير النظريات المفاهيمية، في الوقت الذي تعمل فيه علوم التصميم على إنتاج نظريات إجرائية. ونظراً لأن تصميم التدريس يمثل علم تصميم، فإن دور النظرية في تصميم التدريس يتمثل في طرح نظريات توضح كيف تعمل هذه الإجراءات المختلفة بشكل دقيق، مع ربط هذه النظريات مرة أخرى بالنظريات المفاهيمية لنظرية التعلم ولعلم النفس من جهة ثانية.

ويقترح ويلسون (Wilson,1997) الكيفية التي تؤدي فيها نظرية تصميم التدريس الدور المطلوب منها كالآتي:

1. يوفر تصميم التدريس الطريق للبحث عن الحلول المناسبة للمشكلات التدريسية.
2. توضح النظرية كيفية التعامل مع المشكلات، بحيث تربط الحل النظري بتكنولوجيا الممارسة أو التطبيق.
3. توفر النظرية طريقة للنقد الذاتي الذي يؤكد بأن الحلول التي يمكن التوصل إليها صحيحة وقوية.

أنماط نظرية تصميم التدريس والتعلم النشط:

لقد طرحت سيلز (Seels,1997) إطاراً مؤلفاً من ثلاثة أنماط للنظرية هي كالآتي:

1. النمط الوضعي المسؤول عن تحديد القوانين الخاصة بعملية السبب والنتيجة.
2. النمط التفسيري الذي يحاول كشف الخيارات التي يتضمنها العمل البشري.
3. النمط الناقد الذي يحلل الطرق التي يصبح فيها البناء الاجتماعي مقيداً وموجهاً للعمل البشري.

وقد شكلت هذه الأنماط الفكرية الثلاثة استمرارية تحل بموجبها محل النظريات النفسية والاجتماعية المستخدمة في مجال تصميم التدريس. لذا، فإن السلوكيين قد انحدروا إلى نهاية

المقياس الخاص بالنمط الإيجابي في حين احتل المعتدلون الجانب المعاكس في النمط الناقد. أما في الوسط، فإن المعرفيين يميلون إلى الجمع بين الخطين الإيجابي والتفسيري، بينما يميل المهتمون بالاستنتاج والبناء إلى استخدام الخطين الناقد والتفسيري من أجل الوصول إلى التعلم النشط.

من أين جاءت نظريات تصميم التدريس؟

لقد ناقشت ريشي (Richey,1997) ما أسمته بعملية (بناء الأجندة) كطريقة لفهم كيفية وصول النظريات إلى مرحلة الشهرة والظهور، حيث قامت بتلخيص ذلك كالآتي:

إن بناء الأجندة Agenda Building يمثل مشكلة تعريف تتضمن إيجاد القضايا وتحديدها، وجعلها ضمن الاهتمام العام. ويعتمد ذلك كله على الناس وطبيعة المشكلات ونوعية الحلول المطروحة والضغوط المنافسة.

ومضت ريشي قُدماً في تفصيل الاتجاهات المعاصرة لنظرية تصميم التدريس. ففي السياق الذهني العام، نجد أن هناك ابتعاداً عن السلوكية إلى المناحي المعرفية والإنتاجية، في الوقت الذي تم النظر إلى التفكير النسوي على أن له علاقة بهذا المجال. وأضافت بأن التطورات السريعة لتكنولوجيا الحاسوب قد جعلت من الممكن استخدام البرامج المختلفة.

في ضوء ما سبق، فإن ريجيلوث قد اقترح تغييراً كبيراً في السياق الاجتماعي والذهني الذي يؤثر في نظرية تصميم التدريس للتعلم النشط، فقد أكد أيضاً على حدوث انتقال من العصر الصناعي إلى عصر المعلومات والتفكير، وأن أحد أسس هذا التغيير يتمثل في الانتقال من المعايير إلى التأقلم، بحيث أصبح المصممون يحاولون باستمرار إيجاد خبراتٍ تعلمية مناسبة لكل متعلم، بدلاً من محاولة إيجاد نواتج محددة لجميع المتعلمين في فعاليات التعلم النشط.

الخطوات التقليدية لتصميم التدريس:

لقد حدد مين (Main,1993) الخطوات التقليدية لتصميم التدريس كالآتي:

1. التحليل **Analysis** : حيث يتمثل الهدف الأساس لهذه الخطوة في تحديد الحاجات التدريبية وإنتاج وثيقة تقييم الحاجات **Needs Assessment**، وتتضمن عناصر هذه الخطوة الآتي:

أ. هدف التحليل: ويتخلص في تقليل النواتج التجريدية وتحويلها إلى أداءات خاصة ومحددة يمكن قياسها.

ب. تحليل الأداء: ويتمثل في تحديد الأسباب والحلول للفروق بين السلوك الحالي والمخرجات المرغوب فيها للتعلم النشط.

ج. تحليل المجتمع المدروس: وذلك عن طريق التعرف إلى الخصائص ذات العلاقة بالمتعلمين الذين نرغب في دراستهم.

د. تحليل الواجب: ويتم عن طريق تحديد طبيعة الواجب الذي ينبغي على الطلبة القيام به، وتقسيمه إلى أجزاء فرعية، وتحديد الجوانب الممكن افتراضها قبل إجراء عملية التدريب للتعلم النشط.

هـ اختيار الوسيلة: وذلك عن طريق إيجاد أفضل الوسائل لإنجاز عملية التدريب، كما تم تحديدها من قبل.

و. تحليل التكاليف: ويكون ذلك بتحديد تكاليف المشروع، ووضع خطة دقيقة لذلك المشروع، بحيث تتناسب مع الميزانية المتوفرة.

2. التصميم Design: إن هدف خطوة التصميم يتمثل في تطوير مخطط عن كيفية إخراج منتج نهائي وكيف يبدو للآخرين، وتصميم لوحة للبنية الكاملة للمنتج النهائي. وتوجد العديد من القضايا الأساسية المتعلقة بالتصميم والتي تحتاج إلى حل في هذه الخطوة، وتشمل الآتي:

أ. التصميم البيني، الذي يهتم بتطوير تصميمٍ أو مخططٍ جذابٍ وسهل الاستعمال من أجل وظائف متعددة.

ب. التتابع، حيث يتم الإقرار بأفضل الترتيبات التربوية للدروس المختلفة والعناصر الجزئية للتصميم.

ج. تصميم الدرس، حيث يتم تطوير الاستراتيجيات التي يتم اتباعها في كل درس، مع التركيز على الدافعية والاحتفاظ بما يتم تعلمه خلال فعاليات التعلم النشط.

د. مراقبة المتعلم، وفيها يتم تحديد مقدار تحكم المتعلم النشط بالدرس، مع تحديد النقاط الأساسية لتتابع الدرس.

3. التطوير Development : ويتم في هذه الخطوة مشاركة المبرمجين، والرسامين، والمؤلفين، كي يقوموا بتعبئة الزوايا التفصيلية للمخطط. وخلال هذه الخطوة، فإنه يتم تطوير نموذج عمل يتم تقييمه بعد ذلك، مع حدوث نوع من التغذية الراجعة من خلال عملية التطوير ذاتها، بحيث يكون ناتج هذه الخطوة عبارة عن برنامجٍ تعلميٍ متكاملٍ يدفع خطوات التعلم النشط إلى الإمام.

4. التنفيذ والتقويم Implementation and Evalution: تتمثل آخر خطوتين من الخطوات التقليدية لتصميم التدريس في طرح البرنامج المتكامل للمتعلمين، والقيام بعملية التقويم الكاملة، وذلك للتأكد من أن الأهداف التي وضعت عند تقييم الحاجات قد تم تحقيقها أم لا.

مشكلات مرافقة للنموذج التقليدي لتصميم التدريس:

لقد ظهرت مجموعة من المشكلات المرافقة للنموذج التقليدي لتصميم التدريس. فالمنحى المنطقي يؤكد على ضرورة تحديد المفاهيم والمهارات بوضوح، ووصف الطريقة المنظمة للتعامل مع المشكلات، في حين يقوم المنحى الإبداعي من جهة أخرى على المرونة والحلول الإبداعية للمواقف المختلفة. ويبدو أن تصميم التدريس التقليدي يبقى أقرب إلى المنحى المنطقي، إلا أن هناك ضرورة للانتقال إلى المنحنى الإبداعي.

وأوضح ريجيلوث (Reigeluth,1996) التغيير أو الانتقال من تفكير العصر الصناعي إلى تفكير العصر المعلوماتي، وأن حدوث هذه التغييرات في عالم الواقع يعني بأن المناحي التقليدية لتصميم التدريس لم تعد قادرة على القيام بالمطلوب، لأنها عملت على وضع المتعلمين في فئات معيارية معينة. وهذا يتعارض حالياً مع عالم التجارة والمال والمسمى بتعلم الزبون أو المستهلك، والذي يسمح للأفراد بأن يطوروا قدراتهم وإبداعاتهم لتحقيق المرونة والتنوع والمبادرة ضمن المؤسسات التي يعملون فيها حالياً أو التي أو سيعملون فيها مستقبلاً.

أما جروس ورفاقه (Gros et. al, 1997) فقد انتقدوا المنحى التقليدي لتصميم التدريس لسببين اثنين: الأول أن نظرية تصميم التدريس كانت إما أكثر تفصيليةٍ في توضيحاتها كي تكون قابلة للتطبيق في المواقف المختلفة، أو أنها أكثر عمومية، بحيث تجعل من الحلول غير عملية وغامضة، والثاني أن نماذج تصميم التدريس كانت متوازنة، وخصائصها ليست متكاملة، مما جعل عملية التصميم غير مرنة، وأقل تأقلماً للتغييرات العديدة والتطورات المتسارعة. والمطلوب بدلاً من ذلك هو وجود نموذج يلبي هذه المتطلبات.

وأشار المربي وين (Winn,1997) إلى الأسس السببية لنظرية تصميم التدريس. فعملية التصميم الخطي المتوازي تفترض بأن السلوك البشري في المواقف التدريسية قابل للتنبؤ. لذا، فقد طرح أربع أفكار يجادل بها عملية التنبؤ بالسلوك البشري كالآتي:

1. إن الأفرادمختلفون في طبيعتهم.
2. إن القدرات فوق المعرفية للمتعلمين تعني بأنهم يستطيعون اختيار طرق مختلفة للتعلم النشط واستخدامها بفعالية كبيرة. وهذا يعني أنه من المستحيل التنبؤ بأية طريقة تمثل الأفضل، أو التنبؤ بالمخرجات التي يمكن الحصول عليها.
3. إن البيئة التعليمية مهمة جداً في تحديد المخرجات، وأن المصمم التعليمي لا يستطيع التنبؤ بالحال التي تبدو عليها هذه المخرجات، مما يجعله غير قادر على التنبؤ بسلوك المتعلمين.

4. الناس لا يفكرون بمنطقية، مما يصعب على المصمم التعليمي التنبؤ بالحاجة إلى خطة متكاملة للمتعلم النشط، ويصعب عليه وضع خطة تنبؤية من أجل تصميم برنامج متكامل للتعلم النشط.

أما جوناسين ورفاقه (Jonassen et. al, 1997) فقد انتقدوا الأساس الوضعي لنماذج تصميم التدريس، لأنهم توصلوا إلى مجموعة من الافتراضات حول المواقف التعلمية، تتمثل في الآتي:

أ. اعتبار المواقف التعلمية نظماً مغلقة.

ب. المعرفة عبارة عن شيء يمكن تزويده للمتعلم النشط.

ج. يمكن التنبؤ في الغالب بالسلوك البشري.

د. يمكن فهم العمليات والخطوات في الموقف التربوي بناءاً على قوانين السببية الخطية.

هـ. توجد تدخلات أو تغيرات محددة توضح مخرجات معينة.

مثل هذه الافتراضات تم تحديها من جانب مجموعة من المصادر من داخل الجماعات التخصصية العلمية، التي تمثل الأب الروحي للوضعية. وفي المقابل، فإن هذه الافتراضات قد جعلت جوناسين ورفاقه يؤكدون على أن الطبيعة المعقدة والمحيرة للضمير البشري يجعل من المستحيل التنبؤ بما سيتم في المواقف التعلمية، وأن المعرفة ليست شيئاً جامداً، بل هي خاضعة للمراجعة والتفاوض حولها. إضافة إلى ذلك، فإنه بناءاً على مبدأ عدم التأكد للمربي ها يزنبرغ **Heisenberg** فإنه ينكر على العلاقات السببية أن تستمر عند دراسة أية ظاهرة متغيرة في طبيعتها، بينما يبقى الشيء الأفضل الممكن الحصول عليه هو الاحتمالية.

وأكد جوناسين ورفاقه أيضاً على أن النظم التعليمية مفتوحة النهاية، وأن عدد المتغيرات المشتركة وتعقيداتها تعني أن أية محاولة لعزل متغيرات محددة لن يؤدي إلى الإرباك، وأنه رغم حقيقة مضي سنوات طويلة من البحث، فإنه لم تظهر نتائج واضحة لفروق ذات دلالة إحصائية تشير إلى أن المواقف التربوية النهائية غير تنبؤية وأنه يصعب إخراجها ضمن النمط الخطي المتوازي.

المناحي البديلة لتصميم التدريس

توجد مجموعة من المناحي البديلة لتصميم التدريس التي طرحها العلماء والمتخصصون، والتي تتمثل في ثلاثة مناحي كالآتي:

1. منحى جوناسين والعلوم الجديدة: فعلى النقيض من المنحى الوضعي الذي تم نقده سابقاً، فإن جوناسين ورفاقه اقترحوا استخدام كل من أساليب التأويل أو التفسير، والمنطق

الغامض، ونظرية التشويش Chaos Theory كأساس لعملية تصميم التدريس للتعلم النشط، ويمكن توضيح ذلك كالآتي:

أ. التأويل أو التفسير Hermeneutics: حيث يتم التركيز هنا على أهمية السياق الاجتماعي والتاريخي. وهذا يعني بأنه يجب على تصميم التدريس أن يعمل على إيجاد فجوات من الفهم تسمح للمتعلم النشط بإيجاد المعنى الخاص به. ومن الأمور المهمة الأخرى، أن المتعلمين بحاجة للتعرف إلى جوانب التحيز لديهم ولدى الآخرين، وأن التمارين ينبغي أن تركز على المشكلات التي قد تنجم عن القيم والأفكار، بدلاً من العمل على تذليلها أوحلها، وذلك لأن المتعلمين النشطين متشككون بطبيعتهم. والأمر الثالث المهم، هو أن العوامل الأخرى خارج نطاق الموقف التعليمي المباشر، يلعب دوراً مهماً في تكوين المعنى الخاص بالمتعلم عن الأشياء عموماً. أما المصممون للتدريس الفعال، فإن عليهم العمل في ضوء توفر العقل المتفتح والمرونة، يجعل لتلك العوامل الخارجية المكان المهم في عملية التدريس. وأخيراً، فإن على البرنامج التعليمي أن يعمل على تسهيل الفهم لدى المتعلمين في أوقاتٍ مختلفة، ولثقافاتٍ متعددة، بحيث لا يقتصر فهم المتعلمين على تحيزاتهم وانطباعاتهم.

ب. استخدام المنطق الغامض Logic Fuzzy: ويقوم هذا المنطق على فكرةٍ مفادها أن الواقعية يندر إبرازها أو تمثيلها بدقة وبسلوك ثنائي التكافؤ. وفي ضوء ربط مبدأ تقييم الحاجات بالتصميم، فإن السلوك يمكن فهمه فقط عن طريق الاحتمال، واستخدام المقاييس التقييمية المستمرة بدلاً من المقاييس الثنائية. إضافة إلى ذلك، فإنها تعني أن المشكلات المختلفة وعلى رأسها إدراك الطلبة لفعالية البرنامج التربوي، فإنه لا يمكن لها أن تؤخذ في الحسبان في التصميم ذاته.

ج. استخدام نظرية التشويش Chaos Theory: وتعتبر هذه النظرية مفيدة للمواقف غير الخطية والحيوية، حيث فيزياء نيوتن لم تعد تطبق، وحيث المدخلات والمخرجات لم تعد ضمن النسبة المقصودة. كما أن هذه النظرية ضرورية لتحقيق الاستقلال بحساسية واضحة نحو الظروف المختلفة، والذي يعني وجود تغيرٍ بسيطٍ في الموقف المبدئي يؤدي إلى تغييرات كبيرة في وقت لاحق. وتطرح نظرية التشويش مجموعة من البدائل المفيدة، يتمثل أولها في أن المصممين للتدريس بحاجة إلى تضمين المهارات فوق المعرفية في تصاميمهم، من أجل تمكين المتعلمين النشطين من التعامل بمرونة مع الأمور المعقدة، بدلاً من تبسيطها بشكل غير دقيق. كذلك يحتاج تصميم التدريس إلى الأخذ بالحسبان عواطف المتعلمين النشطين، ورفع مستوى الوعي الذاتي لديهم، وليس رفع مستوى الجانب المعرفي فقط.

2. منحى ريجيلوث وعصر المعلومات: لقد ناقش ريجيلوث Reigeluth عملية التغير للعصر المعلوماتي وتأثيراتها في نظرية تصميم التدريس، حيث أوضح أن أهم جانب في هذا التغيير يتمثل في أن التدريس بحاجة إلى أن يكون مألوفاً بالنسبة للعملاء أو الزبائن، وليس بالتركيز على المعايير بالدرجة الأولى. وهذا يتضمن أن يكون التدريس متمركزاً حول المتعلم وذو قاعدةٍ تقوم على الواجبات، وأن يكون المعلم ميسراً للعملية التعليمية التعلمية، ومشجعاً للمعارف والمعلومات داخل الحجرة الدراسية. واقترح ريجيلوث أيضاً بديلاً لهذه المراحل الخطية الخاصة بعملية تصميم التدريس، لأن هذه العملية ككل يصعب التعرف إليها مقدماً، مما يجعل من الضروري للمصممين القيام بعملية التحليل الفورية في وقتها وعمليات التركيب والتقويم والتغيير لكل مرحلة من مراحل عملية تصميم التدريس فيما بعد. وحتى تتحقق مطالب العصر المعلوماتي، فإنه يبقى على المصمم أيضاً أن يصبح ملماً بالأسس الاجتماعية التي تحيط بتطبيق عملية التدريس، وأن يستشير بدرجة أكبر الجماعات ذات الصلة والمعرفة بهذه العملية، وأن المرحلة النهائية لهذا المنحى يجب أن تشجع المتعلمين على أن يكونوا منفذين أو مطبقين للتصميم التعليمي بشكل أكثر فاعلية

ويرتبط هذا بوجهة نظر وين (Win,1997) التي تؤكد على أن أنشطة المصمم التعليمي لا بد من تطبيقها، في الوقت الذي يتفاعل فيه الطالب مع المقررات الدراسية المختلفة، وأن قرارات تصميم التعليم ينبغي أن تتم كاستجابةٍ لمشاركة الطالب في العملية التعليمية النشطة.

3. منحى جروس ورفاقه، حول تصميم التدريس من أجل وسائل تعليميةٍ متعددة:

لقد طرح جروس ورفاقه عام 1997 خطة تضمنت خصائص نماذج أكثر قوةٍ لتصميم التدريس، والتي ستعمل على تسهيل عملية دور الوسائل التعليمية المتعددة، حيث أكدوا على أن نماذج تصميم التدريس بحاجة إلى وجود عملية تصميمٍ أكثر مرونة، بحيث تتضمن تسريع النماذج الأصلية، وأنه لا بد من وجود حلقة وصلٍ واضحةٍ بين اكتساب كل من المعارف والمهارات، في الوقت الذي يتم فيه التركيز على المهارات المعرفية وتجاهل تعدد وجهات النظر لعرض المعلومات المختلفة، وتعدد الوسائل التعليمية التي تركز على عرض المعلومات دون وجود شرط لتطوير المهارات المعرفية. فالنموذج الجديد لتصميم التدريس يحتاج إلى الجمع بين أفضل المجالين عن طريق استخدام منحى أكثر إيجابية، بحيث يبدأ بمشاهد ذات علاقةٍ مشتقةٍ من تحليل الحاجات كمواقف يتم من خلالها تطوير مهاراتٍ معرفيةٍ والعمل على ممارستها.

4. منحى النظرية المفصلة والوسائل التعليمية الزائدة Elaboration Theory and Hypermedia:

لقد أوجد هوفمان (Hoffman,1997) حلقة الوصل بين نظرية ريجيلوث وبين النظرية المفصلة والوسائل التعليمية الزائدة. تلك النظرية الضخمة التي تركز على التنظيم والتتابع لمحتوى المادة

الدراسية. وتتمثل الفكرة الرئيسية للنظرية المفصلة في أنه ضمن الموضوعات الدراسية توجد الملخصات لها، التي يتم فيها التركيز على المفاهيم والنقاط المهمة، بحيث تتم الإجابة فيها عن السؤال ماذا؟ وذلك من أجل توضيح المفاهيم، وعن السؤال كيف؟ من أجل توضيح الإجراءات المتبعة، وعن السؤال لماذا؟ من أجل توضيح النظريات، وتفصيلات أخرى يمكن أن تشمل التعريفات والأمثلة والتطبيقات.

أما عن أهم جوانب الوسائل التعليمية الزائدة، فتتمثل في ضرورة توفير وسيلةٍ سهلةٍ للوصول إلى المعلومات ضمن بيئةٍ متفاعلةٍ ومفيدةٍ لتحقيق شروطِ التعلم النشط وأهدافه المنشودة.

تصميم التدريس والتعلم النشط

18

الفصل الثامن عشر
التعلم النشط والتفكير الفعال

- مقدمة.
- علم النفس والتفكير الفعال والتعلم النشط.
- الأدلة النوعية للتعلم النشط والتفكير الفعال.
- النموذج التدريسي للتفكير الفعال.
- مستويات المعرفة للتفكير الفعال.
  - ○ مستوى المعرفة الكاذبة.
  - ○ مستوى المعرفة المتغيرة.
  - ○ مستوى المعرفة التأملية.
- تعليق على ما ورد سابقاً.

التعلم النشط والتفكير الفعال

مقدمة :

يجب أن ينصب هدف التدريس على السماح للطلاب بالتعامل بوعي كامل وإحساس عقلاني مع المشكلات التي تتطلب دليلاً واضحاً، واعتبارات نوعية، وبراهين منطقية، بالاضافة إلى الشك في الأمور المختلفة. فعدم وجود المقدرة على التفكير الناقد والمستقل، يجعل المواطنين هدفاً سهلاً للشكوك والخداع والميل إلى الحلول البسيطة للقضايا المعقدة. ولسوء الحظ، فإن نتائج الدراسات الوطنية والاقليمية والعالمية تشير إلى أن القليل من خريجي المدارس والمعاهد والجامعات يقدرون على تطبيق مهارات التفكير ولا سيما الناقد منها، وذلك من أجل التصدي للمشكلات الكثيرة التي تواجههم في حياتهم اليومية.

وقد أثبتت ذلك كله الدراسات النفسية والعلمية، حيث تشير إلى أن معظم الطلاب يعانون من صعوبات في الأمور الآتية :

1. تحديد المشكلات من وجهات نظر متعددة.

2. تحديد الفجوات في الثقافة والمعلومات.

3. تكريس علاقات السبب والنتيجة.

4. التمييز بين الحقائق ووجهات النظر والقيم الشخصية.

5. تقبل المعلومات غير المرغوب فيها.

6. تقييم التكاليف والفوائد التي تعود من وراء عملية المغامرة أو المخاطرة في اتخاذ القرارات (Stanovich and West,1998).

وفي دراسة شاملة لتقييم تفكير الطلاب في المدارس الثانوية والكليات وخريجي المدارس ومقارنتها مع مجموعات غير طلابية، توصل بيركنز (Perkins,1985)، إلى نتائج مشابهة لذلك. حيث تبين أن التعليم في المرحلة الأساسية قد أظهر أثراً قليلاً في قدرة الطلبة على التفكير في الأحداث اليومية التي يمرون بها، وأن عدد السنوات التعليمية يعتبر المؤشر المهم على تلك القدرة العقلية العليا.

ومن بين التفسيرات الأخرى للأداء المتدني للطلبة في القدرات العقلية العليا ومهارات التفكير هو طبيعة الخبرة التربوية المكتسبة داخل غرفة الصف، حيث لاحظ الباحثون التربويون عدة ملاحظات حول كيفية إيصال المعلومات للآخرين. فبدلاً من جعل التطوير على سلم أولويات الطرق العلمية الممنهجة والمثيرة للتفكير الفعال، فإن معظم التعليم يقوم على تحويل جزء كبير من الطلبة إلى الاعتماد على التلقين والحفظ غيباً دون الفهم العميق لما يدرسونه. كما أظهرت أيضاً بعض الدراسات مثل دراسة كل من جنجويرث ودريفوس (Jungwirth &Dreyfus,1990) أن الغالبية

العظمى من طلبة المدارس الثانوية وطلبة الجامعات يعتبرون أن التعليم أصبح محدوداً ومقتصراً فقط على استرجاع بعض الحقائق التي تعلموها.

لذا، يظهر جلياً بأن الكثير من الطلبة ليست لديهم القدرة على تبرير أو تفسير العديد من الأمور، أو العمل على إجراء تقييم دقيق للمعلومات، أو القيام باستنتاجات ذات معنى تساعدهم في حل المشكلات التي تواجههم في حياتهم اليومية.

ومن ناحية أخرى، فإن هذه المحددات في التعليم لم تمر مرور الكرام، بل قام التربويون بالتركيز الواضح عليها، وحاولوا التخفيف منها ومن القصور الظاهر في عملية التعميم، وذلك من أجل إيجاد جوٍ تعليمي فاعل. ولعلاج هذه الحالة، قامت المناطق التعليمية المختلفة في العديد من الدول المتطورة تربوياً تحت قيادة خبراء تربويين رفيعي المستوى، بإجراء أبحاثٍ على مستوىً عالٍ في عدة موضوعات دراسية مثل التاريخ، والرياضيات، والعلوم، والفن، واللغات، والدراسات الاجتماعية. وكان جميع هؤلاء الباحثين من بين المشتركين في اللجان الفاعلة والناشطة في إصلاح التعليم وعلى مستوى الجامعات العام من ناحية ثانية، والتي تعاونت فيما بينها من أجل وضع سياسة عالمية واسعة تركز جهودها لتسهيل إجراء أبحاثٍ تربوية في مجال العلوم، والرياضيات، والهندسة والتكنولوجيا، للحصول على تعليمٍ فاعلٍ وتعلمٍ نشط.

ويؤيد العديد من أساتذة الجامعات استخدام أسلوب التعليم القائم على التفكير الناقد، مما يجعل التعليم أكثر فاعلية، بحيث يسهم في حركة الإصلاح على جميع المستويات، من خلال المنهج المدرسي المقرر. كما ينبغي الاشارة إلى القضايا التي تمَّ طرحها من جانب معلمي العلوم الذين يؤيدون التفكير الناقد، لأنه يركز على المهارات العقلية العليا ونظم التعليم ذات العلاقة ،مما يعمل على تحقيق الأهداف المنشودة للتعليم (Paul,1990).

واستخدام هالبرن (Halpern,1989) أيضاً مصطلح التفكير الناقد من أجل وصف العمليات العقلية التي تهدف إلى حل المشكلات، والوصول إلى الاستنتاجات العقلية، والتخطيط الهادف للمستقبل، وتشجيع عملية صنع القرار. ولا ننسى ليبمان (Lipman,1988) حول المعايير المستخدمة لتقييم التفكير الفعال، حيث قام بتعريف التفكير الناقد على أنه عملية تفكيرٍ واسعةٍ تلبي حاجات المتعلمين، وتسهم في تنظيم أنماط سلوكهم وتنمي جانبي الانضباط والنظام لديهم، بحيث يتفاعلون بكل أحاسيسهم وسلوكهم ومشاعرهم مع محتوى المادة التعليمية، ويعملون على تقييم أنفسهم بأنفسهم، ويتفاعلون مع المواقف التعليمية المختلفة، ويصبحون على قدرٍ من الوعي للوصول إلى إصدار الأحكام، وصنع القرارات وحل المشكلات، والتعبير عن رأيهم بصراحةٍ تامة.

يتضح مما سبق، مدى التوافق بين اتجاهات التفكير الناقد التي تمَّ وصفها من جانب هالبرن وليبمان من جهة، والممارسات العديدة المتبعة في الأبحاث العلمية، والتي تستحق التقدير والاهتمام من جانب المربين من جهة أخرى. وهذه الملاحظة لها كبير الأثر والأهمية القصوى في تطوير برنامج التعليم باستخدام أسلوب التفكير الناقد.

ويتطلب التفكير الفعال أصلاً توفير كل السبل لتطوير مهارات التفكير الناقد من خلال التطبيقات الفعلية، والأنشطة التربوية العملية، والأساليب العلمية المنهجية، والتي ترجع إلى قوانين علمية تؤكد على استخدام الأسئلة التي لها علاقة وثيقة بالمتغيرات، وإيجاد البدائل والفرضيات النظرية، واختبار هذه الفرضيات والبدائل، وجمع المعلومات، وتحديد الاستنتاجات، والوصول إلى النتائج، ومن ثم الوصول إلى القرارات النهائية. هذه هي بصورة عامة المهارات التي يجب أن يكتسبها كل طالب، بل كل إنسان، حتى يستطيع العيش بفاعلية في هذا العالم الواسع، والمتغير من وقتٍ لآخر، ومن نمط معيشي وتفاعلي إلى الآخر.

ومن خلال التعامل مع الطلبة خلال سنوات طويلة في المدارس والمعاهد والجامعات، قام بعض المربين بتطوير وعرض برامج خاصة بالتفكير الناقد لأعضاء هيئة التدريس ولطلاب المراحل العليا (Leshowitz&Yoshikawas, 1996) ، حيث تمثل حجر الأساس الذي يقوم عليه التدريس في تطبيق عناصر تعليم التفكير والأساليب التعليمية المناسبة، والتي تتطلب الحساسية نحو المشكلات التي تواجهنا في حياتنا اليومية.

وهناك بعض الممارسات والتطبيقات العملية،التي من خلالها يمكن التعرف إلى ماهية المشكلات، ووضع الفرضيات البديلة، وإجراء الأبحاث أو الدراسات العلمية، وتوظيف الإحصاءات الموثقة بالأرقام والصور والمعلومات، وذلك من أجل تحليل المعلومات والبيانات، والتعرف إلى الأسباب الكامنة وراء تلك المشكلات، والوصول إلى الاستنتاجات النهائية التي تخدم مسار تحسين العملية التعليمية التعلمية. إضافة إلى ذلك، فإن تعليم التفكير له كبير الأثر في تعريف الطلاب بالدور الرئيس الذي تلعبه القيم والأخلاق الحميدة والمعتقدات، وماله من فوائد في آلية صنع القرار المناسب. وهذه العوامل الاجتماعية والشخصية والتاريخية توفر الدعامة الرئيسية للمحتوى التعليمي الموثق والمدعم بالأدلة والبراهين العلمية السليمة لاتخاذ القرار المناسب.

إن الهدف الأساس من التعليم الناقد هو إعداد الطلبة القادرين على اتخاذ القرار الموضوعي والسليم والقائم على مجموعة من القيم التربوية العليا. وباختصار، يقول ليشوتز ورفاقه (Leshowitz et. al, 1999) إن نتائج عينات الدراسة التي قاموا بإجرائها على عدة مجموعات من الطلبة، تشير إلى أن أساليب تعليم التفكير تسير وفق نظم هادفة تعتمد على العقلانية البحتة، والشك في الأشياء، والاعتماد على الحدس، واستخدام الأسلوب العقلاني، والتبصر العميق في الأمور أو الأشياء أو الأحداث أو القضايا أو الموضوعات.

علم النفس والتفكير الفعال والتعلم النشط :

تركز مساقات علم النفس في الجامعات على أساليب التفكير الفعال وأساليب التعليم الفعال وأساليب التعلم النشط من وقت لآخر. ومن بين القضايا التي تهتم بها أو التي تطرحها للنقاش ما يأتي:

- الآثار النفسية على الأطفال نتيجة ظاهرة الطلاق (انفصال الأبوين).

- تناول طلاب الكليات للعقاقير المخدرة وآثارها السلبية عليهم.

- تعاطي المنشطات الرياضية والجنسية وآثارها المدمرة على الجسم.

لذا، فإنه يتوجب تقديم المساعدة والعون للطلبة، حتى يصبحون على قدرٍ عالٍ من الوعي والفهم لآلية استخدام أساليب التفكير الفعالة ضمن نظمٍ علمية متناسقة، مما يجعلهم قادرين على الجمع والتحليل والربط للمعلومات التي تخدم الهدف، وصولاً إلى صنع القرارات السليمة خلال حياتهم.

ولإلقاء الضوء على كيفية تعلم الطلاب لخطوات تطبيق أساليب التفكير الفعال لحل المشكلات في حياتهم اليومية، يمكن تقديم قصة لأحد الطلبة الجامعيين الذي قرر الاستجابة لدعوة وجهت إليه لحضور حفلةٍ جماعية ترفيهية، رغم ضغط العمل لديه. إلا أنه وبعد عدة أسابيع، من انتهاء تلك الحفلة، قدم تقريراً عن تجربته التي صرح فيها بأنه أصبح لديه الكثير من الأصدقاء ،وعزى قبوله من جانب الآخرين في المجموعة لأسلوبه وسلوكه الإنساني السوي، وإحساسه المرهف، وانتمائه للمجموعة. وهذا الحكم الذي تم التوصل إليه رغم أنه مر بأحداث كثيرة خلال فترة وجوده في المجموعة، فإنه لم يستطع ترك شرب الكحول التي لها آثار سلبية على كلٍ من المجتمع ومن تعاطاها، رغم اندماجه جيداً مع الآخرين.

ومن خلال طريقة النقاش البناء وطريقة لعب الأدوار المستخدمة في التدريس، تبين أن الطالب يعاني من نقصٍ في عمليات التفكير ذات المعنى، إضافة إلى الأسلوب الاستقصائي والعقلاني والمنطقي الذي يشجع المحاضر على توجيه الأسئلة للطلبة لأجل وصف المشهد أو السيناريو الرئيسي الذي يتطلب صياغة الفرضيات حسب العلاقة بين ما سبق، وهو المتغير المستقل المتمثل في شرب الكحول، والمتغير التابع وهو شعبية الطالب. إن وصف الأمور كما تستحق من توضيحات يمثل أمراً مهماً يساعد الطلاب على التركيز في الأمور الأساسية وفهم تجاربهم العملية، حيث يتعلم الطلاب من خلال مشاهداتهم بأن مقارنة المجموعتين لأمر ما ضروري لتقوية الصلات بين المتغيرات، بحيث يشكل الطلاب الأفكار عن صلاحية الأشياء التي تستحق الاهتمام وتقودهم إلى سبرغور الأمور التي يناقشونها من وقتٍ لآخر، وإجراء المقارنات الخاصة بفعاليات التعلم النشط، للتعرف إلى

ماهية الأمور، لأن ذلك يمثل أمراً ضرورياً، حيث يكتشف الطلاب أن الطالب صاحب الحالة قد تلقى دعماً قليلاً، وأن وجهات النظر تركزت على قضية الكحول والآثار السلبية المترتبة عليه، وأن معتقداتهم الخاصة بهم حول هذه القضية هي بمثابة الوهم.

ويمر الطلبة خلال هذه الأنشطة بفعاليات تربوية مفيدة، منها إكمال الكثير من الوظائف المكتوبة إما داخل غرفة الصف أو عن طريق الاختبار البيتي، حيث تصل هذه الوظائف أحياناً إلى أربعة وظائف يومياً، إضافة إلى كتابة المقالات من خمس صفحات تتضمن جوهر المادة وبطريقة منطقية، ثم تقديم الامتحان النهائي الذي يحتوي على تمارين وأسئلة متنوعة وشاملة للمحتوى. وفي نهاية المقرر الدراسي يصل عدد الوظائف والواجبات التي على الطلاب القيام بها ما مجموعه (45) واجباً مكتوباً، أي حوالي (100) صفحة. وهذا يتطلب وقتاً غير قليل من العمل الجاد، حتى يتم تجميع المعلومات وتبويبها وتنظيمها وتقييمها على أسس علمية صحيحة. ويمكن توظيف وسائل الإعلام مثل الإذاعة، والتلفزيون، و الصحف، والمجلات، والمقالات، وأشرطة الفيديو في خدمة الطلبة، وتوفير الخبرات والمصادر للحصول على المعلومات، والعمل على تحليلها، حيث لا يوجد كتاب معين يمكن الاعتماد عليه وحده لتحقيق الأهداف التربوية المنشودة وعلى رأسها إثارة التفكير الفعال لدى الطلبة. ويمكن أيضاً الاستفادة الفعلية من المذكرات الخاصة، والنشرات العلمية، والمقابلات الشخصية، والتقارير المكتوبة. كل ذلك من أجل التوصل إلى المعلومات، ثم تأتي في النهاية مرحلة التقييم وإعطاء الدرجات، وذلك حسب جودة الموضوع وحسن الأداء ودقة الإنجاز.

ومن المعروف أن توجيه الأسئلة للطلاب لأجل إثارة قضايا غير متفق عليها داخل غرفة الصف، يمكن أن يؤدي إلى إحباط بعض الطلاب وخصوصاً في بداية المساق الدراسي. ومن أجل التغلب على هذه المشكلة، يمكن تحديد مساعد محاضر يتم انتقاؤه سنوياً من الخريجين المتفوقين والقادرين على هذه المهمة، كي يكون مثل هذا المساعد عوناً للمحاضرين طوال الفصل الدراسي، وعليهم تزويد المحاضرين بالملاحظات المكتوبة، وتقييم وتصحيح الواجبات بأنواعها، ومساعدة الطلبة على اكتشاف ميولهم ورغباتهم، ومساعدتهم في بناء شخصيتهم المستقلة، وأن تكون لديهم أراؤهم ومعتقداتهم الخاصة بهم. ويطلب المحاضرون من هؤلاء المساعدين بعض الايضاحات مثل : رأي الطلبة الشخصي بخطة المساق، وبأسلوب المدرس وتعامله، وآثار النصائح عليهم، ومزايا وجهات النظر المطروحة، والقيم التي تلعب دوراً مهماً في عمليات التفكير. كما أن التغذية الراجعة المقدمة بناء على الوظائف المكتوبة تدعم وترسخ العلاقة القوية ما بين المحاضر ومساعده من الطلبة المتفوقين، ومن خلال هذا الدعم القوي للبيئة التعليمية، فإن المحاضر بمقدوره تقديم المساعدة للطلاب من أجل أن يتأكدوا بأن نجاحهم وإسهاماتهم وإحباطاتهم تؤخذ بالحسبان من جانب جميع المشاركين في المساق الدراسي وأنشطته التعلمية.

الأدلة النوعية للتعلم النشط والتفكير الفعال:

يعتمد التعلم النشط والتعليم الفعال على توظيف أسلوب التعلم بالاكتشاف، والذي بدوره يسهل آلية تنمية المهارات وتنظيم وترتيب الأفكار من خلال التفكير الفعال ولا سيما التفكير الناقد.

وفي محاولة لعرض أساليب التعلم النشط والتعليم الفعال وردود فعل الطلبة على طريقة التدريس المستخدمة، فإنه يمكن عرض بعض الأشرطة التي تم تسجيل اللقطات التعليمية عليها وربطها بشبكات الانترنت لاستخدامها في داخل الغرفة الدراسية .

فمن خلال موضوعات المادة التعليمية، يمكن التعرف إلى المشكلات الراهنة وكيفية حدوثها في حياتنا اليومية، مروراً بمواقف قد يتعرض لها الطلبة كالسخرية، والخداع، وتعاطي المخدرات، والحياة الزوجية السعيدة في المجتمع. وهذه اللقطات التعليمية المصورة تؤدي خدمة كبيرة للعملية التعليمية التعلمية، حيث تعتبر دلالة نوعية تسمح للباحثين في مجال التربية بأن يبحثوا عن تفسيرات وتوضيحات بخصوص عمل البرنامج ولماذا تم بهذه الطريقة؟ وكم سيكون الإقبال عليها؟.

ومن المعروف أن اللقطات التعليمية لها قدر كبير من الأهمية لما تقدمه من قيمةٍ تربويةٍ هادفةٍ تفوق الكلمات الوصفية. كما أن وسائل الاتصال والتواصل لا تقتصر على قول الكلمات فقط عن الموضوع، بل يستخدم الناس عند الحديث طرقاً عدة مثل تعابير الوجه، والايماءات، وحركات الجسم المختلفة، وتغيير نبرات الصوت، وذلك لتوضيح الرسالة أو المعنى للطلبة. كما أنه بمقدور القراء مشاهدة طلاب الصف ومدى تطورهم من خلال أسلوب التفكير الناقد بأم أعينهم،وملاحظة الآثار الجيدة التي أنجزت من خلال توظيف شبكة الإنترنت واللقطات التعليمية المصورة التي بدورها أضافت نكهة مميزة على بيئة الصف التعليمية، مما أسهم ملياً في طريقة التعليم باستخدام أساليب التعليم الناقد المتنوعة، تم تطوير ثلاثة مستويات عقلية لتحقيق ذلك الهدف.

وهذه المستويات الثلاثة تم توسيع مجالاتها مع توظيف الأشرطة التعليمية الهادفة التي تم إعدادها وترقيمها لتسهيل استخدامها في التعليم، مع التعامل المستمر مع المواقع التربوية على شبكات الإنترنت، التي تحتوي على الكثير من الأمثلة التوضيحية الشاملة، وخاصة تلك التي تسهم في تقديم ما هو جديد، وما يدعم أساليب التعليم الفعالة، حيث تثير النقاش والحوار فيما بينهم، وتزيد من التعاون لحل المشكلات من خلال توظيف لعب الأدوار في غرفة الصف. ويرى بعض المربين بأنه يمكن تضمين اللقطة التعليمية المصورة إذا ما تم القيام بالآتي :

1. التعرف إلى الأساسيات المهمة والضرورية مثل تطور البنية العقلية المميزة.
2. تعزيز وتثبيت المعلومات المتوفرة، بشرط ألا يؤدي ذلك إلى الملل من جانب الطلبة.
3. طرح أمثلة عن طبيعة اللقطة العلمية المسجلة.

4. توضيح المعلومات المتوفرة إذا كانت بحاجة إلى توضيح، وذلك ضمن معايير محددة تسهل آلية اختيار الأشرطة التي تحتوي على اللقطات التعليمية المصورة.

وكل هذه النقاط هي لغرض الاستخدام الأمثل في غرفة الصف، وفي عملية البحث عن اللقطات المصورة المفيدة. ،مع ذلك، فإنه كثيراً ما نجد أنفسنا نتفحص عدد ساعات الشريط كاملة من أجل اختيار الحوار الملائم والهادف.

النموذج التدريسي للتفكير الفعال ومستوياته المختلفة:

يشتمل هذا البرنامج التعليمي على ثلاثة مستويات عقلية تصف عملية التفكير الناقد وعملية الربط الذهني المنظم لدى الطلبة. ومع ذلك، فإن الكثير من المشاهدات الأولية التي قادت إلى هذا البرنامج، قد جاءت من خلال التحليلات النوعية لملاحظات الطلبة خلال المراجعات اليومية داخل الحجرة الدراسية. ورجوعاً لمفكرات الطلاب ومقالاتهم الشخصية وملفاتهم التي تعتبر دليلاً واضحاً على مدى التغيير عندهم ونموهم ومدى استجاباتهم للتعليمات، فإن هذه التحليلات قادت إلى الإطار النظري الذي ينبغي وصفه.

ويتم عادة تسجيل الطلبة في مساق التفكير الفعال ضمن مستويات التطوير الثلاثة، حيث اقترح بعض المربين طرقاً وآليات شبيهة بعملية التطوير من خلال الحكم الناقد على الشباب. وبالرغم من طرح هذه المستويات الثلاثة بشكل متسلسل، إلا أن تحويلها إلى مسلمات نادراً ما يظهر بشكل متسلسل.

والهدف من هذا النموذج هو توضيح الطرق التي يمكن بواسطتها الوصول إلى توظيفٍ فاعلٍ لمهارات التفكير الفعال، ضمن آليات تنظيم المعلومات في ذهن الطلبة.

وتتمثل المستويات الثلاثة لهذا النموذج التدريسي في الآتي:

مستوى المعرفة الكاذبة :

ويعكس هذا المستوى المدخل غير السوي لارادة الطالب لتقبل أو رفض المعلومات الجديدة، مع القليل من الأسئلة أو التقويم الناقد، بحيث يتيح للطالب النقاش والتعبير بصراحة تامة عن آرائه دون تردد. حيث أشار الطلبة إلى أن الآراء تشكل متعةً وتجربةً أو خبرةً هادفةً مفيدةً، بينما الحقائق الواقعية تبقى مملة.

وفي بداية الفصل الدراسي للمساق، تميل الغالبية العظمى من الطلبة إلى ندرة المشاركة في طرح الأسئلة واجراء عمليات التقويم والتحليل الناقد للمعلومات. وعلى الأصح، يكون الطلبة

سلبيين بعض الشيء في عملية ربط ما فهموه من حقائق مدركة وخصوصاً تلك التي يطرحها الخبراء والمتخصصون أو من خلال المطبوعات والكتب القيمة. والأكثر من ذلك، فإن الطلبة عادة ما يكونوا غير واعين إلى أن الكثير من معتقداتهم التي يؤمنون بها غير معتمدة على التجربة العلمية ومن غير اعتبار للعلم أو النظريات القائمة على الملاحظة والاختبار.

وفي اللقطة التالية من الشريط المصور يظهر أحد الطلاب وهو يدافع بثقةٍ تامة عن خبرة الإنسان الشخصية، واحترام الأفراد في مجتمعه كمصدر حقيقي للمعلومات عند دخوله الكلية. حيث يعتقد أن هذه هي الطريقة الفضلى نحو اتخاذ القرار الجاد من خلال جمع الحقائق لنفسه.

وتسيطر في المراحل الأولى للمساق الدراسي الأفكار غير الدقيقة، والاتجاهات والعواطف والانفعالات المختلفة، حيث تؤكد الملاحظات والدراسات الميدانية الفكرة القائلة، بأنه من الصعب بل ويكاد يكون من المستحيل لأي فرد أن يعمل على تقييم المعلومات التي تخالف معتقداته بموضوعية عالية.

ويجادل الطلبة في مناقشاتهم المتعددة بأن الحقائق لا تغير كثيراً من آرائهم نحو بعض القضايا أو الأمور. ومع ذلك، فإن الحوار بينهم يساعدهم في التعرف بدرجة أفضل على المعتقدات الخاصة بهم وعلى آرائهم الشخصية. ونادراً ما يتم تحديد معايير أو محكات لتقييم المعلومات. لذا، يحاول الطلبة التمييز بين الحقيقة والرأي، وبين المعتقد والنظرية. وهنا يأتي دور المقرر الدراسي في مساعدة الطلبة من أجل التعرف إلى هذه الاختلافات في التفكير.

ويستخدم الطلبة طريقة الحوار التأملي كلبنةٍ أساسية للخبرات السابقة والمعارف لدى المشاركين، وذلك لتسهيل عملية التبصر في الماضي والتفكير في الحاضر، مما يدعو مدرس المساق إلى إرساء الحوار على نقاط بارزة، تسمح للطلاب السير قدماً في حياتهم اليومية عبر نوافذ تؤدي إلى نقاش بَنّاء ومتطور. وعندما تسير أمور الصف الدراسي جيداً، فإن هذا يشبه طريقة المحادثة القائمة بين الندوالند one-on-one-conversation. والحوار في هذه الحالة يوضح العملية التعليمية، على أن يتبع ذلك عرض مقاطع من مجلة التلفزيون من جانب الخبير الذي يعمل على تعليم الناس أن يفكروا عن طريق الحدس. ويقوم الطلاب بتقييم أهمية المقدرة الطبيعية والغريزية في صنع القرار. ورجوعاً إلى مدى ثقة الطلاب بقدراتهم الحدسية والإدراكية، يقوم المدرس بتوجيه النقاش نحو مفاهيم منطقية وعقلانية تتم عن تفكير عقلاني يعتمد على الأدلة والبراهين، مع ضرورة تشجيع الطلبة على فحص خبراتهم الشخصية حسب القضية قيد البحث.

واللقطة التصويرية التالية تعرض مجموعة معينة تناقش مزايا الحدس في صنع القرار. فإحدى الطالبات تروي كيف أنها استخدمت الحدس في تقرير أشياء كثيرة متفاوتة الأهمية، بدءاً باختيار نكهة البوظة أو الآيس كريم (Ice Cream) وصولاً إلى قرار الالتحاق بالكلية، ومروراً بما يتعلق بالأشخاص الذين تود الخروج معهم، وانتهاءً بالقوة التي يتم بها تحدي المعتقدات والآراء غير المسؤولة للطلبة.

وهنا يحاول المدرس استثارة الدافعية والرغبة لدى الطلبة لتعلم طرقٍ معقولةٍ لتقييم ما يعتقدونه كحقائق مسلم بها، علماً بأن النقاشات المبكرة يمكن أن تُظهر تحدياً لبعض الطلبة، حيث أن العديد منهم لا يستطيعون امتلاك القدرة على الإدراك التام لمعتقداتهم الفكرية وتحويلها إلى مواقف تعليمية داخل غرفة الصف. وفي حديثٍ مع الطلبة، يمكن الاتصال مع بعضهم بشكل فردي، وتعريفهم بأن إسهاماتهم المميزة والقيم التي يتحلون بها لا يجب أن تشعرهم بالخوف أو الحرج. وعلى كل حال فإنه حتى مع الطلبة الذين قد أقام المدرس علاقة وطيدة معهم، فمن الممكن أن يخفق في الإيفاء بالغرض الذي يوضح مدى اسهامهم بفاعلية في التعليم.

المستوى الثاني: مستوى المعرفة المتغيرة:

من خصائص الطالب في هذا المستوى، عدم التأكد من الأمور، والارتباك، وعدم الثقة بما يعتقد، وبمن يؤمن، بحيث تعتبر هذه الصفات من أهم ما يميز المعرفة المتغيرة. لذا يتوجب على الإنسان استخدام عقله لتمييز الأمور والأحداث والحقائق والأشياء والقضايا المختلفة.

ويكون الطالب في هذا المستوى الثاني غير متأكد من آلية تحديد معتقداته ،ولا سيما من حيث من؟ وماذا؟ ولماذا؟ هذه الاعتقادات.

لذا، فإن على الطالب البحث والاستقصاء، لاعتماد المعلومات، والوصول إلى الاستنتاجات القائمة على الأدلة الواضحة والمعقولة. وهذا المثال على تقييم المعلومات يوضح كيف يقوم الطلاب باكتشاف مستويات التفكير التي تُبنى على معايير واضحة ولغة سليمة مناسبة، وباستخدام طرق التفكير المنطقية مثل اللجوء إلى الصحافة التي تعتمد على تقييم المعلومات، واختيار القضايا الجوهرية الموثقة بالبيانات والإحصائيات الواقعية. فالطلاب يستخدمون المعلومات القيمة فيها لحل المشكلات وصنع القرارات الملائمة. إضافة إلى ذلك، فإنه من الضروري تقييم كلٍ من العلم والمعرفة المكتسبة من جهة، والعمل على الفهم العميق لأساليب التفكير من أجل الحاجة إلى التحسين نحو الأفضل من جهة ثانية.

ويتمثل الهدف هنا في تزويد الطلبة بالفرص المتنوعة للنشاط، وأن يصبحوا على وعيٍ تامٍ بالمفاهيم الخاطئة وآلية تحديها، واستنباط ردود الفعل على المستوى الفردي والجماعي، والشعور الحقيقي بالقضايا البارزة والمؤثرة. والمثال الآخر يوضح مدى الإحباط الذي اكتنف أحد الطلاب نحو وسائل الإعلام، حيثُ يصر على أن الناس يخافون، ووسائل الإعلام تقف وراء خوفهم هذا.

وللتدريبات والتمارين التي تتمشى مع القوانين السببية، الأهمية الفاعلة في تشجيع الطلاب على إعادة النظر في نمط معتقداتهم وآلية إصدار الأحكام. وهنا تعتبر قاعة المحكمة المكان الملائم لعرض مهارات التفكير التي نمتلكها، أو من خلال عملية المجادلة ضمن اللوائح القانونية التي تسير وفقها قاعة المحكمة، بحيث يتم عرض أفضل وأسوأ الأمثلة المتعلقة بالإدراك الإنساني. ومن منطلق

علمي، فإن التمارين التي تحتاج إلى تفكيرٍ عقلاني ووعي بالأمور، تساعد على تطوير مراحل التفكير لدى الطلبة. ومن بين التمارين التي تحتاج إلى تفكير واستخدامها بنجاح، الواقع الخيالي للمدينة وما يتضمنه من مفاسد وظلم له علاقة بالألعاب الرياضية المعدة لكليات التربية الرياضية، حيث أفاد الكثير من الطلاب في تقرير خاص أن حل هذه القضية يعتبر الرافد الأساسي في زيادة الفهم لمبادئ التفكير الفعال.

وفي حالة أخرى عن لاعب كرة قدم موهوب أقدم على الانتحار نتيجة مواجهته لخطر مفاجئ أثناء حياته. وبناء على ذلك تقوم عائلته بإقامة دعوى على الجامعة والمدرب، تحملهم فيها مسؤولية موت ابنهم وإهماله.

وتطبيقاً لأسلوب استخدام مهارات التفكير ولعب الأدوار، يقوم المحاضر بطرح هذه القضية على طلبته، والذين بدورهم يقومون بتقسيم أنفسهم إلى عدة مجموعات، منها مجموعة المحلفين الذين يقومون بتشكيل محاكمة يستمعون فيها إلى أقوال الشهود (زملاء اللاعب الذي انتحر) من أجل التوصل إلى الحقيقة التي أدت إلى موته، ومجموعة أخرى تحاول البحث عن الأدلة الثبوتية لتقديمها لهيئة المحكمة. وكل هذه الأمور تسير حسب ما هو مخطط لها. إضافة إلى ذلك، تقوم مجموعة ثالثة بفحص التقارير التي كتبتها الصحافة عن ملابسات الحادثة وآراء الناس فيها، وساهمت كأدلة ثبوتية عن القضية.

كل هذا أدى إلى أن أصبحت الحجرة الدراسية فعلاً وكأنها قاعة المحكمة، فيها هيئة المحلفين، والشهود، والمدعي العام. لذا يكتسب الطلاب مهارات وخبرات عالية، ولا سيما مهارة البحث عن الحقيقة المطلوبة، ومحاولة الكشف عن الحل لمناسب للقضية، ودراسة النواحي النفسية المختلفة وآثارها على الإنسان.

فالأدلة الطبية تعتبر ذات معنى واضح ولها قيمة في مثل هذه الحالة. ففي إحدى المقالات التي نشرت تحت عنوان (العضلات والهوس الشديد) و (الهلوسة وجنون العظمة والعنف)، فإن جميع هذه المواضيع تسبب الذعر والخوف الشديد في حال تعرض أي إنسان لها. لذا فإنه في حال إصابة أي إنسان بها، عليه إجراء الفحوصات الطبية للتأكد من خلوه منها. فهذه الأعراض الناتجة عن هذه الأمراض تؤدي إلى آثارٍ نفسية سيئة، وكثيراً ما نقرأ تقارير صحفية عن هذه الأمراض وأعراضها وطرق علاجها. وكذلك الحال بالنسبة إلى السُمنة الزائدة التي تعتبر من بين المشكلات التي لها آثار نفسية على بني البشر، فقد تؤدي أحياناً إلى مضاعفات سلبية على الإنسان. لذا، يتوجب على كل إنسان أن يحافظ على صحته، وأن يحافظ على نفسه من الناحية الجسمية والنفسية، وأن يبتعد عن كل ما هو ضار لصحته وجسمه.

وفي هذه اللقطة التصويرية تتضح بشكل دقيق الآثار التي ترافق السُمنة الزائدة، حيث يحس الشخص بأنه يختلف عن الآخرين ويشعر بسخرية الآخرين له، مما يؤدي به إلى الاكتئاب والإحباط والشعور بالنقص، وذلك نظراً للظروف التي تحيط به.

فيشعر الانسان مع هذه الحالة بكل عواطه وأحاسيسه. لذا، لا يمكن إنكار الآثار السيكولوجية على الطلبة ذوي السُمنة العالية وأنها تنتج عن اضطرابات في الجسم تؤدي بهم إلى السُمنة الزائدة. فأحياناً نجد أن سوء التصرف معهم يؤدي بهم إلى الانتحار، كون المجتمع لا يرحمهم، فيجدون أن الحل الأمثل لهم هو الانتحار. وهنا، فإنه يمكن الاستنتاج بعد تقصي الأسباب العلمية التي كانت وراء انتحار الطالب الرياضي، بأنها تتمثل في السمنة المفرطة، وأن فشل المدرب في التصرف أو في أسلوب تعامله مع الموقف لا يشكل إهمالا مقصوداً في موته، فقد يكون المدرب مهملاً ومقصراً في أداء واجبه ومسؤولياته نحو الفريق، ولكنه من المحتمل أن لا تكون له علاقة بموت الطالب الرياضي. وللوصول إلى الاستنتاجات النهائية حول آثار السمنة الزائدة وإهمال المدرب، فقد ركز الطلبة الذين يلعبون دور هيئة المحلفين على الأسئلة الآتية:

- ما الذي أعرفه عن القصة؟
- كيف تم التوصل إلى تلك المعلومات؟
- ما نوعية الأخبار التي نحن بحاجة ماسة لمعرفتها، من أجل الوصول إلى الاستنتاجات العلمية حول حالة موت الطالب؟

فالطلبة لم يكن بمقدورهم التوصل إلى إجماعٍ في الرأي للإجابة عن الأسئلة أعلاه، إلاّ أنهم قاموا باستخدام اسلوب التفكير المنطقي والعلمي والرغبة في التعرف إلى القضية من جميع جوانبها، وهو الشيء الذي تمت الاستفادة منه، حيث ساعد ذلك في رفع مستوى التفكير الناقد والفعال لديهم، وزاد من تواصلهم وتفاعلهم مع العملية التعليمية، وهو ما يسعى المربون لتحقيقه داخل غرفة الصف. فمن خلال هذا الأسلوب، يمكن الوصول إلى التعلم الفعال المبني على أسس التفكير العلمي والتحليل المنطقي للأحداث.

المستوى الثالث : مستوى المعرفة التأملية:

وتتمثل خصائص الطلبة هنا في التحليل المنهجي للادلة المتوفرة، والذي يركز على النمو العقلي الحاصل لدى الطلبة خلال الفصل الدراسي، حيث يركز الطالب على الأدلة والبراهين التي تدعم رأيه ومعتقداته، كي يصبح الطلبة على قدرٍ من المسؤولية ووعي تام لقيمهم ومعتقداتهم الشخصية. لذا، يجب أن يعتمد الطالب على إدراك المعارف العقلية، وذلك من أجل تحقيق المعرفة العقلية البناءة.

والهدف الرئيس من النقاش دائماً هو إيجاد الروابط المشتركة ما بين الأدلة الموضوعية والنظريات المعرفية والعلمية. فالمفكرون والناقدون هم أفراد لا يفكرون فقط بنظرياتهم، ولكن يفكرون بما وراء هذه النظريات من أبعادٍ وتفسيراتٍ وتطبيقات.

لذا، يوظف الطلاب المعارف التأملية والأساليب العلمية المنهجية، ويحاولون ربطها وتنظيمها للتغلب على الصعوبات التي تواجههم في حياتهم. وهنا، يعتمد الطالب اعتماداً كلياً على المعلومات التي يتم الحصول عليها من خلال الملاحظة المباشرة، وذلك بعكس المعرفة التي يوجد فيها شك أو أنها غير مؤكدة. فالطالب أحياناً لا يؤمن بما يقدمه العلم من تبريرات، مما يجعله يحاول أن يوظف كل حواسه للحصول على المعلومات الحقيقية المستنبطة من مصادرها العلمية، بحيث تسير وفق ترتيب منطقي وعقلي. وأن المستوى الثالث المتمثل في المعرفة التأملية يركز على الأفكار العقلانية والأساليب الهادفة التي تحتاج إلى وسائل تعتمد على التجربة العلمية والملاحظة والاختبار، من اجل التوصل إلى المعلومات المقبولة.

لذا، لا تقتصر مادة أساليب التفكير فقط على عرض النظريات التي تسمى (المعرفة الحقيقية الخارجية) وإنما تعرض أيضاً (المعرفة الحقيقية الداخلية). ومن خلال اللقطة التعليمية التالية، يعرض الطلاب مقاطعاَ يظهر فيها خبيرٌ تربويٌ عبر شاشات التلفاز وهو يتحدث عن كتابهِ حول قوة الحدس وسرعة البديهة. ورغم ذلك العرض، فإن الطلاب لم يهتموا بما عرضه الخبير، كونهم يريدون مشاهدة الدليل بالدرجة الأساس.

وبسبب تزايد التساؤلات حول طرق التقييم وكيفية التوصل إلى أحكام منطقية مدعمة بالبراهين، يمكن توجيه أنظار الطلاب نحو المبادئ المتعلقة بأساليب التفكير التأملي وتقديم بعض التمارين لهم، إلا أنهم قللوا من قدرة التوصل إلى النتائج المقنعة، والمعتمدة على المتغيرات التابعة والمشروطة. لذا، يجب التركيز عند التحليل المنهجي، بأن يكون قد تم تحديد ما إذا كانت آثار الملاحظة لها علاقة مع المتغيرات التي أدت إلى حدوثها أم لا.

ومن خلال التمارين التي يقوم بها الطلاب داخل غرفة الصف، مثل لعب الأدوار، وأسلوب تقصي الحقائق، والتعلم بالاكتشاف، فإن ذلك يحدث ضمن أسسٍ علميةٍ واضحة، يتم فيها تجميع الخيوط مع بعضها، من أجل ضبط مجرياتٍ وأحداثٍ قد تمر معهم في المستقبل. فالمعرفة العملية تركز في الأساس على تقديم المعلومة من أجل توظيفها في حل المشكلات وصنع القرار. لذا، يجب التفاعل بجدية مع المواقف الحياتية اليومية والممارسات التي يمر بها الفرد، وتوظيف الأسلوب العلمي في التعامل معها،ضمن نهجٍ علميٍ معتمدٍ على العقلانية والتروي في إصدار الأحكام.

وبعد الممارسات العملية والبحث الجاد من جانب الطلبة، فإنهم يستشعرون المنفعة والفائدة من اعتماد التجربة العلمية على أسلوب الملاحظة والتوثيق بالأدلة والبراهين. وإذا كانت عملية صنع

القرارات تعتمد على مبادئ ذات قيمةٍ تحليليةٍ وأدلةٍ محدودةٍ أم لا، فهذا يتطلب من الفرد التعرف إلى مواقف تحتاج فعلاً إلى أدلةٍ علميةٍ وإحصائياتٍ وبراهين ضمن مساقٍ محدد الأنشطة والفعاليات. ولا ننسى أن هناك بعض المعايير الفعلية تحتاج إلى تفكيرٍ منطقي، وتقييمٍ بنَّاء يخضع للقيم العليا ومبادئ الأخلاق مثل : إنزال العقوبة على من يوزع العقاقير والمخدرات بين الناس.

من أجل كل هذا، فإنه يجب أن تتكامل الأدلة الملائمة مع المعلومات، وأن تكون القيم متضمنة في عملية حل المشكلات قيد البحث. لذا، فإنه لا بد من توفر قوة الدليل القائم على الملاحظة والتحليل والاختبار، وأن يلازم ذلك توفر كل من قوة القيم الشخصية ومخرجات ما ينبغي القيام به أو عمله فعلاً.

ويمثل العلاج الختامي للمرضى، الموضوع الرئيس الذي يولد نقطة التحدي ما بين المستوى العقلي، والاعتماد على المسببات، والتفكير الذي يعتمد على العاطفة، وضمن الجهود المبذولة لجمع مبادئ التفكير الناقد، وآلية صنع القرار، يمكن دعوة الطلبة لأن يقوموا بالموازنة بين الشريط الخاص بالحياة وذلك الخاص بالموت. وخلال هذا السياق، يطلب من الطلاب أن يستجيبوا بعد قراءتهم لمقالةٍ تحت عنوان (مرض رجفة الشيخوخة أو الزهايمر) والتي جاء فيها : أن اللجنة الطبية للأبحاث قامت بالإعلان رسمياً عن مفاجأة مذهلة تشجع الآلاف من الناس الاتصال بالأطباء للاستفسار عن أية معلومات يرغبون فيها، حيث أعلن أحد الباحثين عن اكتشاف دواء فاعل لعلاج هذا المرض، لأنه أعطى إلى المرضى السبعة عشر الذين يعانون من هذا المرض دواء معيناً وكانت نتائج الدواء مقبولة لستة عشر من هؤلاء المرضى.

" وقال أن أربعة من السبعة عشر قد تحسنوا بشكل كبير، وأن سبعة منهم تحسنواً بشكل ملحوظ، وأن من يرى الخمسة الباقين يشعر بأنهم قد تحسنوا نوعاً ما.

وأضاف الباحث إلى أن أحد ضحايا هذا المرض أصبح يلعب الجولف وآخر يقوم بعملٍ إضافي، ومريضة أخرى تقود سيارتها وتطهو وتعتني بأمور بيتها.

وأصبح واضحاً من خلال هذا الإعلان، أنه بإمكان الازواج والزوجات والأطفال المصابين بهذا المرض الاتصال فوراً بطبيب العائلة لكي يزودهم بالدواء. إلا أن الدواء لم يتم تداوله للبيع من جانب اللجنة الطبية للأبحاث ومؤسسة الغذاء وتوزيع الدواء إلا بعد العديد من الاختبارات للتأكد من فعاليته ونجاعته للمرضى.

ويمكن للمعلم أن يستفيد من هذا الموقف من خلال لعب الأدوار والنقاش البنّاء عن طريق تشكيل مجموعاتٍ كبيرةٍ أو مجموعاتٍ صغيرة، يقوم الطلاب من خلالها باكتشاف القضية خلال

تبادل الأدوار. فمجموعة تناقش وجهة نظر المريض وعائلته من هذا المرض، ومجموعة أخرى تلعب دور مؤسسة الدواء والغذاء، ومجموعة ثالثة تلعب دور عائلة الطبيب، ومجموعة رابعة تلعب دور المصاب بالمرض، ومجموعة خامسة تلعب دور غير المصابين بالمرض.

ويقوم المعلم في كل مراحل المناقشة ولعب الأدوار المتنوعة بسماع وجهات نظرهم المختلفة وتقييمهم لهذه القضية ويمكنه تصويب الأخطاء، أو التعليق، أو الإضافة، أو التعقيب، أو الاعتراض، أو الاتفاق، أو الاختلاف فيما يدور أو يُطرح من آراء أو أفكار.

تعليق على ما ورد سابقاً:

لا شك أن طلاب الصف يتفاعلون بشكل واضح من خلال التعليمات الموجهة إليهم، والتي تؤدي إلى إحداث تغييرات جوهرية في سلوكهم ومفاهيمهم، بحيث يصبحوا قادرين على التأكد من المعلومات وتقييمها بناء على البراهين والأدلة.

وفي اللوحة الآتية (4) ملخص للتغييرات التي طرأت على مفاهيم الطلاب وثقافتهم واستراتيجيات التفكير التأملي الفعال لديهم من خلال فعاليات التعلم النشط والتفكير الناقد:

اللوحة (4) : مستويات التطور في التفكير الفعال

المستوى	متطلبات العلم والمعرفة	مصدر العلم والمعرفة	تغير للمكان	الأحداث التعليمية
المعرفة الكاذبة	حقائق وآراء لا يمكن تمييزها، وقيم غير محددة، وحقائق قابلة للتعلم.	الملاحظة المباشرة والخبرة، مع وجود الإدارة أو السلطة.	نشر معلوماتٍ غير موضوعية أو معلوماتٍ منحازة.	حوار تأملي وأساليب وطرق تفكير.
المعرفة المتغيرة	تطبيقات تعود في مرجعيتها لاصحابها بالدرجة الأساس.	اختلاف المصادر التعليمية، والمعارف والمعلومات ذاتية ومتساوية.	اعتماد نظام التشكك في الامور.	التعرض للمعتقدات والقيم من خلال عالم حقيقي ومشكلاتٍ عصرية.
المعرفة العقلية التأملية	أدلة وآراء مؤكدة وأدلة تتمشى مع المعايير.	سير المعرفة ضمن سلسلة من العمليات.	تطبيق أسلوب الشك أو التشكيك	تكامل الأدلة والقيم وصنع القرار.

وهذا التغيير الحاصل للمفاهيم في بيئة الصف، يمكن أن يكون مفاجئاً للقُراء كما أشار إلى ذلك المربي المعروف "ذاجرد" (Thagard) في كتاباته حول تغيير المفهوم وإمكانية أن يحدث ذلك عن طريق الاكتشاف أو التعليم.

وفي حالة التعلم، فإنه يجب أن يطور المعلم القواعد والقوانين والآليات المنطقية والفاعلة من اجل أن يحل محل القواعد والقوانين الموجودة سابقاً.

ويساعد استخدام نظام مبني على المفاهيم، في تأسيس أنظمةٍ قويةٍ بالمقارنة مع الأنظمة السابقة، حيث يرتكز الطلاب عليها بدلاً من أن يعتمدوا فقط على الحدس وسرعة ردة الفعل، رغم أن تغيير المفاهيم لا يمكن أن يظهر بسهولة عند جميع الطلاب.

ومن هنا، فإن دور المعلم القائد قد تم تقليصه ولم يعد المصدر الرئيس للحصول على المعرفة والعلم. وأصبح بإمكان الطلبة توظيف كل المصادر المتوفرة للحصول على العلم والمعارف الإنسانية، حيث أصبح بإمكانهم الوصول إلى الخبرة والمعلومة والتعبير عن أفكارهم ومشاعرهم بسهولة.

ويمكن اختصار ما سبق ببساطة، بالتأكيد على أن المقرر الدراسي الذي يتعلق بالتفكير الفاعل لا يقدم طريقة مختصرة لحل المشكلات فحسب، ولكنه يشجع المشاركين أيضاً على فهم وإدراك مشكلاتهم من خلال فهم وإدراك الآخرين لها من ناحية، ومن خلال استثمار عمليات التفكير الناقد والتحليل المنطقي العقلاني من ناحية ثانية.

19

الفصل التاسع عشر
نقاط الضعف في التعلم النشط أو معوقات عملية تطبيقه

- نقاط الضعف في التعلم النشط أو معوقات عملية تطبيقيه.
- التغلب على معوقات التعلم النشط.

نقاط الضعف في التعلم النشط أو معوقات عملية تطبيقه

نقاط الضعف في التعلم النشط أو معوقات عملية تطبيقه

لقد كان يقاس نجاح المعلم قديماً بمقدار إتقانه تطبيق طريقة الإلقاء أو المحاضرة بشكل دقيق على الطلبة. أما الآن فإن المربين يعرفون كيف يتعلم الطلبة بطريقة أفضل. كما أن نتائج البحث التربوي تؤكد لنا بأن هؤلاء الطلبة يتعلمون بشكل أكثر فاعلية عندما يتجنبون تلقي المعلومات من الآخرين والاستماع مباشرة لمحاضراتهم، وعندما يشاركون بنشاطٍ وحيويةٍ في العملية التعليمية التعلمية. فالتركيز أصبح كثيراً هذه الأيام على التعلم أكثر من التعليم.

ولم يعد الحديث سائغاً عن كيف يصبح المعلم ناجحاً، بل زاد عليه كيف يصبح المعلم صانعاً لبيئةٍ تعلميةٍ أفضل، وكيف يكون مشجعاً لقيام تعلم نشط للتلاميذ. وقد أصبح الهدف الأسمى للمعلم النشط تحديد مخرجات التعلم المنشودة أو المرغوب فيها، والعمل على تطوير الاستراتيجية الملائمة التي تعمل على تحقيق تلك المخرجات.

ويركز التعلم النشط كثيراً على الأسلوب أو الطريقة المستخدمه من جانب المعلم وكيفية تأثيرها على تنمية المهارة لدى الطلبة، أكثر من تركيزه على تحويل المعلومات والمعارف إليهم. وإذا ما تمّ اخذ ذلك جيداً بالحسبان، فإن الأمر يتطلب مشاركة الطلبة بفعالية كبيرة في التعلم النشط وانشطته المتنوعة.

ولقد أشارت نتائج البحوث التربوية في هذا الصدد إلى أن التعلم الأكثر فاعلية والأكثر ديمومة هو الذي يتم إذا ما أنشغل الطلبة في الحديث والكتابة بدلاً من الأصغاء السلبي للآخرين، لأن التعلم النشط وببساطة تامة يركز على تقنيات التعلم وعلى تنمية المهارة أكثر من اهتمامه بتحويل المعلومات من شخص لآخر أو من المحاضر إلى الطلبة.

إن الطلبة الأكثر دافعية وتعزيزاً للتعلم، هم الذين يشتركون في عمليات التفكير العليا، والذين يحاولون جاهدين التخلص من الاصغاء السلبي للآخرين دون مشاركة من طرفهم.

ورغم كل ما سبق من جوانب إيجابية للتعلم النشط، إلا أنه توجد بعض نقاط الضعف أو المعوقات في هذا النوع من التعلم، والتي تحول دون استكمال تحقيق الأهداف المنشودة من وراء تطبيقه، وتتمثل هذه النقاط في الآتي:

1- معاناة محتوى المقرر الدراسي من حاجة فعاليات التعلم النشط إلى أوقات طويلة لإنجازها، وأنها تعتبر مضيعة للوقت على رأي بعض المربين:

وهذه تمثل نقطة ضعف كبيرة، ولا سيما إذا كان المقرر الدراسي يمثل تتابعاً منطقياً لمقررات سابقة ويعتمد عليها كثيراً، أو أنه يشكل مادة تعليمية تمثل جزءاً من امتحان الكفاءة أو امتحان

الثانوية العامة. وهنا، فإنه لا بد من طرح اثنين من الافتراضات التربوية الخاطئة، يشير الأول منها إلى أن الطلبة لا يمكن لهم أن يتعلموا بدون أن نخبرهم بذلك ونزودهم بالطرق التي تجعلهم يلمون بمحتوى المقرر الدراسي، مثل القيام بالواجبات القرائية والكتابية خارج الحجرة الدراسية ، والقيام بالمشاريع البحثية المتنوعة بطريقة فردية تارة، وبشكلٍ جماعي تارة أخرى.

أما الافتراض الخاطئ الثاني، فيتلخص في أننا نؤكد للطلبة بأنهم قد تعلموا من المحاضرة التي نقدمها لهم، علماً بأن الأبحاث الميدانية والتجريبية التربوية تشير إلى أن تركيز الطلبة واحتفاظهم بالمادة الدراسية في محاضرة تصل إلى خمسين دقيقة تنخفض بشكل واضح بعد خمس عشرة دقيقة من بدايتها. وهذا يعني أنه بينما يقوم المحاضر بطرح معلومات قيمة خلال المحاضرة، فإن بعض الطلبة ربما لا يسمعونها أو أنهم لا يعملون على تخزينها في ذاكرتهم.

ومع ذلك ، فإننا نجد من جهة أخرى أن فعاليات التعلم النشط تحتاج إلى وقت طويل جداً، قد يكون على حساب محتوى المادة الدراسية، بحيث يتم التركيز من خلال التعلم النشط على بعض الموضوعات الدراسية المقررة، وذلك نظراً لتشعب الأنشطة التعلمية وتعددها، وتوسع الطلبة في اجزاء عديدة منها قبل الانتقال إلى موضوعات جديدة، فيمضي الوقت الطويل على مفاهيم محددة من مفردات محتوى المادة الدراسية دون استكمال بقية المفردات الأخرى.

وهنا يصبح الاقتراح العملي بالتخفيف من غلواء المحاضرة والتقليل من المبالغة في فعاليات التعلم النشط هو الحل المناسب لقبول مزايا الطرفين، والربط بين الأسلوبين مع الطلبة، يجعلهم يستفيدون من نقاط القوة لدى التعلم النشط والجوانب الإيجابية لدى المحاضرة المعدلة.

2- مقاومة الطلبة لأساليب التدريس التي لا تعتمد على المحاضرة:

فالطلبة في غالبيتهم يفضلون المحاضرة العادية أو التقليدية من جانب المدرس، بينما يقومون بعملية تدوين الملاحظات للمعلومات أو الحقائق التي يتم طرحها، على أن يعيدوا هذه المعلومات والحقائق في ورقة الامتحان عند تقديمهم له.

ومع ذلك، فإن شعور الطلبة بالارتياح لمشاركتهم القوية في فعاليات التعلم النشط الخاصة بالمقرر الدراسي سوف يرفع من نسبة اهتمامهم بذلك المقرر أو تركيزهم عليه، ويزيد من الوقت الذي يصرفونه في أنشطته المتنوعة، والجهد الذي يبذلونه من أجله .

ومن بين الطرق المهمة لمساعدة الطلبة على البدء بالتحول إلى التعلم النشط، هو إيجاد التبرير القوي والتفسير الواضح لضرورة التغيير في توزيع الطلبة داخل الحجرة الدراسية، والعمل أيضاً على تكوين اتجاه إيجابي نحو فعاليات التعلم النشط، لأن الصعوبة التي يواجهها الكثير من المعلمين

المتحمسين للتعلم النشط على مستوى طلبة المرحلتين الثانوية والجامعية تتمثل في ميل هؤلاء الطلبة إلى تقبل أسلوب المحاضرة اكثر من غيره من أساليب التعليم والتعلم، ومحاولة مقاومة التغيير نحو فعاليات التعلم النشط.

3- حاجة فعاليات التعلم النشط إلى وقت أطول وجهد أكبر من المحاضرة العادية:

فالوقت المطلوب والجهد اللازم والتخطيط الدقيق لتنفيذ استراتيجيات التعلم النشط وفعالياته المتنوعة يبقى اكبر بكثير من مجرد تطبيق طريقة المحاضرة من جانب المدرسين وتدوين الملاحظات من جانب الطلبة. ومع ذلك، فإنه إذا ما تمّ تطوير استراتيجيات التعلم النشط بحيث يتم من خلالها اختصار الوقت المطلوب والجهد المبذول من جانب المعلمين والطلبة، أصبح التخفيف من هذه العقبة أو الصعوبة وارداً ، وأصبح الحل ممكناً.

4- إعتبار المعلم خبيراً في تخصصه يستفيد منه الطلبة دائماً، في حين لا يتوقع من الطلبة أن يتعلموا من بعضهم كثيراً:

فالتركيز على فعاليات التعلم النشط وإستراتيجياته المختلفة، يؤدي ليس إلى الاهتمام بمعلومات محتوى المادة الدراسية بقدر الاهتمام بأسلوب التعامل مع ذلك المحتوى. فمن خلال التعلم النشط، يقوم الطلبة بالتفاعل مع محتوى المادة الدراسية اعتماداً على ما يمتلكونه من معلومات، في الوقت الذي يعمل فيه المدرس على لعب دور الدليل الذي يساعدهم في اكتشاف المزيد من المعارف والمعلومات. ومع ذلك، فإن الطلبة مهما امتلكوا من معارف وحقائق ومعلومات تبقى في مستواها وعمقها أقل مما لدى المدرس الذي يتميز بالخبرة الطويلة، والمعلومات العميقة، ومصادر المعرفة الأكثر تنوعاً، وذلك نظراً لتعامله مع المراجع وأمهات الكتب ومواقع الإنترنت ذات الصلة بالموضوعات التي يشتمل عليها محتوى المادة الدراسية، مما يجعل الفائدة من المعلم معرفياً وعلمياً اكثر من فائدة الطلبة من بعضهم. إلا أن هذه العقبة يمكن التغلب عليها أو التخفيف من حدتها إذا ما عمل المدرس على توجيه الطلبة وإرشادهم إلى المراجع الأفضل ومواقع الإنترنت الأكثر عمقاً، مع تزويدهم بالمعارف والمعلومات الأكثر دقة في الوقت الملائم من تعاملهم مع محتوى المادة الدراسية المطلوبة.

5- عدم ملاءمة حجم الصف الكبير لعملية تطبيق استراتيجيات التعلم النشط بل يناسب ذلك تطبيق طريقة المحاضرة:

فالعديد من فعاليات التعلم النشط لا يناسبها العدد الكبير من الطلبة في الحجرة الدراسية الواحدة ولا سيما في التعليم الجامعي. ومع ذلك، فإن بعضها الآخر يصلح بشكل فعال مع الصفوف الكبيرة، مثل استراتيجية المجموعات الكبيرة أو مجموعة الصف كله، وأحياناً يعتبر أسلوب التعلم التعاوني علاجاً لهذا أيضاً. ومع ذلك، فإن الكثير من أساتذة الجامعات والطلبة يعتبرون

أسلوب المحاضرة الذي مضى عليه مئات السنين أكثر تحقيقاً للأهداف التعليمية والتعلمية من أساليب وأنشطة يتم طرحها من وقتٍ لآخر، على اعتبار أنها اتجاهات تعليمية أو تعلمية جديدة، وتلقى الاهتمام والرعاية الشديدين في البداية، ثم ما تلبث أن تذهب أدراج الرياح، ومن بينها يُخشى أن يكون التعلم النشط مثلاً، وتبقى المحاضرة على رأي بعض المربين الأسلوب الذي يصعب الاستغناء عنه بصورة عامة وفي الصفوف كثيرة العدد من الطلبة على وجه الخصوص (McKinnon, 2006).

6- قيام فعاليات التعلم النشط بكسر المعايير الاجتماعية:

فالمعلمون والطلبة وكذلك أبناء المجتمع المحلي يتوقعون حدوث أنشطة معينة داخل الحجرة الدراسية، كأن يقف المعلم أمام الطلبة ويحاضر فيهم ويقوم الطلبة بتدوين الملاحظات، وأن يطرح المعلم بعض الأسئلة ويعمل الطلبة على الإجابة عنها، مما يؤكد الدور الريادي للمعلم داخل الحجرة الدراسية. أما في التعلم النشط، فيمكن للطلبة أن يقوموا مقام المعلم بعرض المعلومات، والتنقل في الحجرة الدراسية، والحديث مع هذا الطالب أو ذاك، أو مع هذه المجموعة أو تلك، بحيث تتحول معظم صلاحيات المعلم إلى الطلبة، وهذا ما يرى فيه بعض المربين والناس خروجاً عن المألوف وعن المعايير الاجتماعية المعروفة، مما يحد من قبول الكثيرين لفعاليات التعلم النشط ومعاييره التي تخرج في أوقات كثيرة عن المألوف أو المعتاد لدى الناس.

7- المعوقات المتعلقة بالتعلم النشط كموضوع:

تتلخص المعوقات التي تواجه التعلم النشط، في أنه يطرح أساليب تعليمية حديثة ولها مردود فعّال وإيجابي على العملية التعليمية التعلمية بشكل عام، وعلى المتعلم بشكل خاص. إضافة إلى أنه يقوم على إشراك الطلبة في عمليتي التعليم والتعلم. وهذا الأمر غير مطبق مسبقاً في مدارسنا، ومن المتعارف عليه بأن إشراك الطلبة في عملية التعلم يكون قليلاً وليس بالقدر الذي يطرحه التعلم النشط.

وهذا الأمر يؤدي إلى تخلي المعلم عن دوره التقليدي وسلطته على الطلبة في غرفة الصف، مما يشكل تحدٍ واضحٍ لتطبيق أساليب التعلم النشط في الحجرة الدراسية، حيث تظهر في بيئة التعلم النشط حالة تغيير واضحة للطلبة والمعلمين. وفي هذا الوضع الجديد، يتخلى المعلم عن دوره التسلطي والفردي في العملية التعليمية التعلمية. أما الطلبة فلم يصبحوا عبارة عن أشخاص يتلقون المعلومات كالقارورة التي يتم ملؤها بالماء ، بل أصبح الطالب نشطاً ومشاركاً في علميتي التعليم والتعلم، وبهذا أصبحت المسؤولية مشتركة ما بين المعلم والطالب.

كما يواجه التعلم النشط معوقاً واضحاً، وذلك من منطلق المبدأ الذي يقوم عليه هذا الموضوع وهو مشاركة الطالب في علميتي التعليم والتعلم. حيث أن هذا المبدأ يتيح تقسيم الأدوار ما بين

الطلبة والمعلم، مما يؤدي إلى حدوث أجواءٍ وأدوارٍ اجتماعيةٍ داخل غرفة الصف سليمة وبناءة، وإزالة مواقف وأدوار اجتماعية تقليدية سائدة تحول دون حدوث التفاعل النشط بين الطلبة أنفسهم تارةً، وبينهم وبين معلمهم تارة أخرى.

8-معوقات تتعلق بالطلبة:

يواجه الطلبة بعض المعوقات عند تطبيق التعلم النشط كأن لا يشاركوا بفعالية كبيرة ونشاط واضح أثناء تعلمهم، وعدم تمكنهم من تعلم مواد المنهج المدرسي المختلفة بشكل كافٍ، بالإضافة إلى عدم استخدامهم لمهارات التفكير العليا كالتحليل والتركيب والتقويم، وأيضاً عدم مرورهم بالخبرات والانشطة التعلمية المناسبة (Bonwell,1995).

ويرى كل من بونويل وإيسون (Bonwell and Eison, 1991) بأن المعوقات التي تواجه الطالب تأتي من منطلق التعود والاعتماد على أساليب التعلم التقليدية، وعدم الرغبة في التغيير، وبالتالي عدم المشاركة في التعلم النشط أو المشاركة بدرجة قليلة للغاية، وكذلك عدم وجود الخبرة الكافية للطالب في أساليب التعلم النشط، بالإضافة إلى ضعف الثقة بالنفس.

9- معوقات تتعلق بالمعلم:

أن المعلم عند تطبيقه لأي موضوع حديث النشأة يواجه معوقات ومخاوف متعددة. ومن بين أهم المعوقات التي يواجهها،عدم شعورهم بالقدرة على السيطرة على مجريات الأمور داخل غرفة الصف، وأنهم لن يشعروا بالثقة بأنفسهم كمعلمين ذوي كفاءة، عدا أنهم لا يملكون المهارات التعليمية المناسبة لتطبيق التعلم النشط داخل الحجرة الدراسية، وأيضاً عدم النظر إليهم من جانب المعلمين الآخرين الذين لا يطبقون التعلم النشط أو من إدارة المدرسة، على أنهم يتبعون أساليب تقليدية مجربة ومضمونة من جهة، وأنهم يمثلون مجموعة متمردة على تلك الاساليب المعروفة من جهة ثانية (Bonwell,1995).

ومما لا شك فيه أن المعلم يقاوم في معظم الأحيان فكرة التغيير، وخاصة تلك الموجودة لدى المعلمين الذين لديهم سنوات طويلة من العمل في هذا الميدان، حيث أنه يكون قد تعود على آليةٍ معينة ونمطٍ محدد في تنفيذه للمواضيع، ويكون غير متقبلٍ لهذا التغيير.

وقد يشكل النقص في الأجهزة والمعدات والمواد والأدوات، وكذلك إعداد وإنتاج الوسائل التعليمية، جهداً ووقتاً كبيرين، مما يحول دون إمكانية تطبيق المعلم لموضوع واستراتيجيات التعلم النشط داخل الحجرة الدراسية.

ومن المعوقات التي تواجه المعلم كذلك، اعتقاده بأن تطبيق أساليب التعلم النشط في غرفة الصف تشكل عبئاً ثقيلاًعلى تغطية وإنهاء المنهج المدرسي المقرر، وأنه مضيعة للوقت، مما يجعل المعلم يتجه إلى التمسك بالأساليب التقليدية والتخلي عن استراتيجيات التعلم النشط وفلسفته.

كما أن الصعوبة الكبرى أو المعوق الأكبر يتمثل في عدم امتلاك المعلم للمهارات والخبرات المناسبة التي تمكنه من تطبيق خطوات التعلم النشط، وهذا يعني بأن فاقد الشيء لا يعطيه. حيث أن المعلم الذي لا يمتلك المعرفة الكافية بأساسيات التعلم النشط، بالإضافة إلى المهارات والخبرات اللازمة لهذا النوع من أنواع التعلم الناجح، لن يكون قادراً على تطبيقه فعلياً وبشكل دقيق داخل الحجرة الدراسية.

ويواجه المعلم عند تطبيق التعلم النشط في حجرة الصف أعداداً كبيرةً من الطلبة، حيث أن هذا الموضوع يتطلب صفوفاً نموذجية مؤلفة من (25-30) طالباًو طالبة كحدٍ أقصى، حتى يتسنى له تطبيق أساليب التعلم النشط بكل فاعليةٍ ودقةٍ وفائدة .

التغلب على معوقات التعلم النشط:

إن ظاهرة التغيير في أي نظام مؤسسي يواجهه تغيير من جانب الأفراد العاملين ضمن هذا النظام، وهذا يخلق حالةً من الخوف والتردد عند تطبيق أساليب التعلم النشط في حجرة الصف من جانب المعلمين والمعلمات وجميع الأفراد العاملين في حقل التربية والتعليم. إلا أن تطبيق أساليب التعلم النشط يؤدي إلى تغيير إيجابي وفعال اتجاه المعلمين ، وأن المعوقات التي تواجههم عند تطبيقهم له ما هو إلا أمر طبيعي، حيث إن إمكانية التغلب عليها يمثل أمراً سهلاً، وفيما يأتي توضيح لكيفية تذليل هذه العقبات أو المعوقات:

1- التغلب على المعوقات المتعلقة بالتعلم النشط كموضوع:

كما ذكر سابقاً، أن تغيير دور المعلم من الدور التقليدي والسلبي الذي يقوم به، إلى دورٍ نشطٍ وفعال، يعتبر أمراً إيجابياً، حيث أن هذا الأمر يتمثل في قيام المعلم بتقبل هذا الدور أو الفكرة واتقان استراتيجيات وأساليب التعلم النشط، ليكون اكثر قدرة على تطبيق دوره النشط، مما يجعل منه معلماً موجهاً ومرشداً وقائداً ومشاركاً في تنفيذ الموقف التعليمي التعلمي.

وللتغلب على تفكك الأدوار الاجتماعية السائدة في بيئة الصف التي لا يتم فيها تطبيق التعلم النشط، وخلق الأدوار والأجواء الاجتماعية السليمة والتعلمية، يكون من خلال الاعتماد بشكل أساسي على مبادئ التعلم النشط وتحقيق أهدافه، إضافة إلى تنفيذ فعالياته بشكل تدريجي، مما يؤدي إلى تهيئة الأجواء الاجتماعية بين الطلبة والمعلم بالشكل الذي يتطلبه التعلم النشط.

2- التغلب على المعوقات المتعلقة بالطلبة:

لكي يستطيع الطلبة التغلب على المعوقات التي تواجههم عند تطبيق التعلم النشط، فإنه لا بد لهم من تقبل فكرة المشاركة الفعالة في تعلم الأشياء، ومن ثم التفاعل مع المعلم وبقية الزملاء في حجرة الصف عند تطبيق فعاليات التعلم النشط.

وهذا يتطلب من المعلم في الأساس تحفيز دافعية الطلبة للمشاركة في فعاليات التعلم النشط، والتأكيد لهم بأنه سيقوم بتنفيذها بالمشاركة معهم. ومن خلال تقسيم الأدوار ما بين الطلبة أنفسهم والمعلم سيكون اندماج الطلبة بتطبيق التعلم النشط حقيقياً.

ومن الضروري في بداية الأمر، قيام المعلم بالتوضيح للطلبة نهج التعلم النشط وأسسه ومدى فعاليته في تحقيق الأهداف المرجوة من العملية التعليمية والتربوية ، وأشعارهم بأننا إذا طبقنا التعلم النشط سنعمل على فهم موضوعات المنهج المدرسي وتكامل عناصره، وأن ذلك يتطلب منا تنظيم أنشطتنا وأدوارنا باتجاه ما نتعلمه.

3- التغلب على المعوقات المتعلقة بالمعلم:

من الطبيعي في بداية الأمر، أن يتولد لدى المعلم فكرة تقبل موضوع التعلم النشط كنهجٍ وسياسةٍ، يتم تطبيقها من خلال عمليتي التعليم والتعلم، وأن يتعزز له الثقة بالنفس والارتياح اتجاه هذا الموضوع، وأن يكون ملماً بأساسيات التعلم النشط وأهدافه وعناصره.

وبهذا يستطيع المعلم أدراك أهمية التعلم النشط في العملية التعليمية التعلمية، ويميزه عن غيره من الطرائق والأساليب التعليمية القديمة والتقليدية . كما ينبغي على المعلم أن يدرك بأن الخبرة في هذا الموضوع يضاف إلى رصيد خبرته سواء كانت قصيرة أم طويلة، علماً بأن الخبرة ليست بكثرة السنوات التي يقضيها المعلم في التدريس، وإنما تتمثل في المعلومات والمهارات التي يكتسبها ويطبقها أثناء عمله كمعلم.

كما ويشكل النقص في المواد والمعدات والأجهزة عائقاً في تطبيق أساليب التعلم النشط. إلا أن العائق يمكن التغلب عليه من خلال استغلال مواد البيئة المحيطة بالمتعلم، وبإشراكه في صناعة الأدوات والوسائل التعليمية المطلوبة والعمل على تجهيزها أو تحضيرها. كما يمكن التغلب عليها من خلال التنسيق مع المعلمين في المدرسة من ناحية، والمعلمين في المدارس القريبة من ناحية أخرى. وبهذا، يستطيع المعلم من تحضير وتجهيز ما يتطلبه من مواد ومعدات وأجهزة.

أما بخصوص المعلم الذي يرى بأن التعلم النشط يشكل عائقاً عند تطبيقه لإنهاء وتغطية المنهج المدرسي وأنه مضيعة للوقت، فإنه يمكن القول بأن التعلم النشط يعمل على تحقيق أهداف وأنشطة المنهج المدرسي بشكل فعال . ويمكن التغلب على هذا العائق من خلال التخطيط المسبق من جانب المعلم بشكل يومي وأسبوعي وشهري وسنوي. فهذا يؤدي إلى نجاح المعلم في تغطية المادة الدراسية وبشكلٍ يحقق النتائج المرجوة منها. ويكون المعلم بذلك قد استطاع تحقيق أهداف الحصة الدراسية وبوقت مناسب.

ومن أجل النجاح في تغطية مادة المنهج المدرسي، يتطلب الأمر التخطيط الجيد والمنظم لفعاليات التعلم النشط، والذي يقوم على أسس علمية ومنطقية، وأن تكون هذه الخطط مراعية للفئة المستهدفة والنشاط وطبيعة المحتوى، إضافة إلى كونها مرنة وواضحة.

إلا أن العائق الأكبر يتمثل في عدم امتلاك المعلم للمهارات والخبرات المناسبة، التي تمكنه من تطبيق فعاليات وتقنيات التعلم النشط. ومن أجل التغلب على هذا العائق، فإنه لا بد للمعلم من الالمام بهذا الموضوع، وذلك من خلال الإطلاع على النشرات والكتيبات والبحوث والمراجع الخاصة بالتعلم النشط، إضافة إلى حضور الدورات التدريبية التي تنظمها وزارات التخطيط والتربية والتعليم العالي أو مراكز التطوير التربوي المتعددة، أو أية جهة تتناول هذا الموضوع. فبهذا يستطيع المعلم من تطبيق التعلم النشط واستراتيجياته المتنوعة بشكل فاعل ونشط.

ووجود الطلبة بأعداد كبيرة في غرفة الصف تشكل عائقاً أخر في تنفيذ أنشطة وفعاليات التعلم النشط، إلا أن هذا الموضوع يعود بالدرجة الأولى إلى النظام التعليمي المطبق، وإلى إمكانية هذا النظام في إيجاد صفوف نموذجية من حيث الأعداد الملائمة للطلبة من أجل التعلم الأكثر كفاءة. وهذا لا يعني بأن يتخذ المعلم هذا الأمر مبرراً لعدم تنفيذه لأنشطة التعلم النشط، حيث أنه بإمكان المعلم تطبيق الأنشطة وبشكل فعال، وتحقيق أهداف التعلم النشط، وذلك من خلال التخطيط الدقيق، واختيار الأسلوب الملائم من أساليب التعلم النشط، في تعلم الموقف التعليمي التعلمي، وبإمكان المعلم استغلال المساحات الموجودة في المدرسة لتحقيق ذلك كله.

نقاط الضعف في التعلم النشط أو معوقات عملية تطبيقه

20

الفصل العشرون
مقارنة بين التعلم النشط
والتعلم التقليدي

- مقدمة.
- خصائص التعلم النشط.
- خصائص التعلم التقليدي.
- أمثلة على مؤشرات التعلم النشط.
- ادوات تساعد على تفعيل التعلم النشط.
- وسائل التقويم الملائمة للتعلم النشط.
- اقوال مأثورة في التعلم النشط.

مقارنة بين التعلم النشط والتعليم التقليدي

مقدمة:

يقع التعلم النشط والتعلم التقليدي على طرفي نقيض من حيث الخصائص أو الصفات من جهة، ومن حيث العلاقة بالمتعلم والمادة الدراسية من جهة ثانية.

وحتى يتم التعرف جيداً إلى الفروق بينهما، فإنه لا بد من توضيح خصائص كل واحدٍ منهما على حدة أولاً كالآتي:

أولاً: خصائص التعلم النشط: وتتمثل في الآتي:

- لديه استجابة واسعة لأنماط التفكير الخاصة بالمتعلم.
- له معنىً خاصاً بالنسبة للمتعلم.
- قائم على الخبرة، سواء كانت مباشرة أو غير مباشرة.
- قابل للاستعمال أو للاستخدام أو للتطبيق في الحياة اليومية.
- يتناسب وإمكانيات الفرد وقدراته واتجاهاته المتنوعة.
- يتضمن معلومات ومهارات واتجاهات قابلة للبقاء.
- يقوم على العمل المنتج والمفيد للمتعلم.
- يؤدي إلى تشجيع عمليات التفكير الإبداعي للمتعلمين .
- يمثل الطالب فيه المحور الأساس للعملية التعليمية التعلمية.
- مشاركة الطلبة بفعالية كبيرة في وضع الأهداف وتنفيذ الأنشطة والوسائل التعليمية وتطبيق خطوات الدرس.
- يتم من خلاله التنوع في أساليب التدريس المختلفة.
- يتم من خلاله تنمية كل من المهارات العقلية والحصيلة اللغوية والحركية والانفعالية لدى الطالب.
- يتصف بالمرونة والاتساع كي يواكب التغيرات المتواصلة في مختلف جوانب الحياة .
- التعلم فيه مستمر ويؤدي إلى تعلم جديد.
- يهدف إلى النماء المتكامل للفرد من النواحي الجسمية والعقلية والانفعالية والاجتماعية .
- يربط بين الجوانب النظرية والتطبيقية في الموضوعات الدراسية المتعددة.
- يمكن قياسه وتقويمه بسهولة.

- يشكل في حد ذاته معززاً ومثيراً لدافعية المتعلم نحو التعلم.
- ينخرط المتعلم فيه ضمن عملية التعلم.
- يشارك المتعلم فيه ضمن عملية فيها قدر كبير من تحمل المسؤولية .
- يطور المتعلم من خلاله استراتيجيات تعلمية، تساعده على التعلم والتفكير وفهم المعرفة وتوظيفها في مواقف تعلمية جديدة.
- يتفاعل المتعلم من خلاله مع الآخرين ويتعاون معهم.
- تمثل الحجرة الدراسية في التعلم النشط مركز تعلم حقيقي.
- تكون البيئة التعليمية فيه غنية بالخبرات التي يحتاجها المتعلم.
- يتحدث المتعلم ويقرأ ويكتب ويستكشف ويجرب ويفكر ويحل مشكلات، وذلك من خلال فعاليات التعلم النشط المتنوعة.
- التعلم والأنشطة التعلمية فيه متمركزة حول المتعلم، وتعمل دوماً لمصلحته وفائدته، وتراعي حاجاته واهتماماته وميوله وقدراته.
- العمل فيه يتم بروح الفريق من جانب الطالب مع زملائه الآخرين ومع المعلم، الذي يكون في الغالب عبارة عن موجه ومرشد.

ثانياً: خصائص التعلم التقليدي :

وتتمثل في الآتي:
- يتم التركيز هنا على المعلم وما يراه مناسباً للمتعلمين، وليس ما يراه المتعلمون ملائماً لهم.
- يختار المعلم المحتوى وطريقة التدريس والطالب يتأقلم مع هذا الاختيار.
- المعلم هو المصدر الأساسي للمعرفة والناقل الأول لها إلى المتعلمين.
- يتحمل المعلم وحده مسؤولية تعلم الطلبة.
- يتلقى المتعلمون المعرفة بشكل سلبي كما لو كان كل واحد فيهم عبارة عن وعاء فارغ يصب فيه المعلم المعرفة.
- يتحدث المعلم والطالب يستمع إليه .
- يقدم المعلم المعلومات للطلبة بطرق تلقينية تكرس سلبية المتعلم .
- يتم التركيز فيه على تعلم الطلبة للمعرفة الجديدة وفهمها من خلال تذكر المعلومات وحفظها غيباً، دون تفاعل نشط معها، ودون استخدامها أو توظيفها أو تطبيقها في مواقف تعلمية جديدة.

- صعوبة قيام المتعلم بصناعة القرارات المستقلة أو اتخاذها، بل كل ما عليه هو إعادة المعلومات التي تم تخزينها لديه، كما هي من خلال الاختبارات التقليدية التي تتطلب حفظاً للمادة الدراسية.
- استخدام الوسائل التعليمية الموجودة داخل الحجرة الدراسية، وإذا لم تتوفر فلا لزوم لها.
- الحفاظ على الهدوء من جانب الطلبة وعدم التحرك من مقاعدهم إلا ما ندر، حتى لا تعم الفوضى.
- الاهتمام بالطلبة المتفوقين بالدرجة الأساس، مع أهمال واضح للطلبة الضعفاء والمتوسطين .
- التركيز يكون على إنهاء المادة الدراسية بأي شكل وبأية طريقة.
- استخدام الشدة مع الطلبة للحفاظ على النظام والقانون.

أمثلة على مؤشرات التعلم النشط:

للتأكد من حدوث التعلم النشط، فإن هناك العديد من المؤشرات التي تظهر لدى المتعلم، والمعلم، والمدير، والمجتمع المحلي، والبيئة التعليمية، التعلمية والمنهاج المدرسي، وعملية التقويم. وفيما يأتي أمثلة محددة على ذلك:

1. أمثلة لها علاقة بالمتعلم : وتتمثل في الآتي:

- يشارك في الانشطة التعلمية المختلفة كأن يعد بحثاً، أو يكتب تقريراً، أو يصنع وسيلة تعيلمية ، أو يلخص مقالة، أو يجري تجربة، أو يناقش قضية، أو يشترك ضمن مجموعة، أو يرسم خطة .... إلخ.
- يشارك في تحمل مسؤولية تعلمه.

2. أمثلة لها علاقة بالمعلم: وتتمثل في الآتي:

- يتبنى نهج التعلم النشط قولاً وعملاً.
- يتقبل آراء الطلبة ويحترمها ويتفاعل معها.
- يراعي الفروق الفردية بين المتعلمين في الأنشطة والفعاليات التي يخطط لها ، ويعمل على تطبيقها معهم.
- يعمل على التنويع في أساليب التعلم النشط وتقنياته المختلفة من وقت لآخر.
- يعطي الوقت الكافي للمتعلمين من أجل التفكير والتعبير عما يجول في خاطرهم من آراء وأفكار واتجاهات.

3. أمثلة لها علاقة بإدارة المدرسة: وتتمثل في الآتي:

- لها رؤيا واضحة وسياسة مكتوبة تشجع على التعلم النشط.

-توفر مصادر التعلم الملائمة وتضعها في متناول يد المتعلمين.

- تحتفل من وقت لآخر بانجازات الطلبة ونجاحاتهم وتقدمهم.

4 . أمثلة لها علاقة بالمجتمع المحلي : وتتمثل في الآتي:

- مشاركة أولياء أمور الطلبة في الأنشطة المدرسية المختلفة.

- يسهم المجتمع المحلي في دعم المدرسة مادياً ومعنوياً لنجاح فعاليات التعلم النشط .

5. أمثلة لها علاقة بالبيئة التعلمية : وتتمثل في الآتي:

- تسود بين الطلبة داخل الحجرة الدراسية علاقة ودية.

- يسهل تحريك مقاعد الدراسة داخل الحجرة الصفية عند تشكيل مجموعات العمل التعاونية.

- وفرة المصادر التعليمية اللازمة في البيئة المحيطة بالمدرسة.

6. أمثلة لها علاقة بالمنهج المدرسي : وتتمثل في الآتي:

- ينطلق المنهج المدرسي من حاجات المتعلمين ويراعي اهتماماتهم وقدراتهم وخصوصياتهم.

- يطرح المنهج المدرسي قضايا متعددة تهم الطلبة وتثير اهتماماتهم.

7. أمثلة لها علاقة بعملية التقويم : وتتمثل في الآتي:

- تركز أسئلة الاختبارات على مستويات التحليل والتركيب والتقويم.

- تتوافر خطط علاجية للطلبة الذين هم بحاجة إلى ذلك.

- يتصف التقويم بالاستمرارية والشمول ومقارنة المتعلم بنفسه من فترة إلى أخرى بدلاً من مقارنته بغيره من زملائه الآخرين.

- تتم الاشارة إلى مستوى التقدم الذي أحرزه الطالب أو التأخر الذي طرأ على مسيرته.

أدوات تساعد على تفعيل التعلم النشط

وتتمثل هذه الأدوات في ورقة العمل، والسجل التعلمي، ووسائل التقويم الملائمة. وفيما يأتي توضيح لكل ذلك:

أولاً: ورقة العمل Worksheet:

تنتمي ورقة العمل إلى استراتيجية التعلم الذاتي التي تؤكد على دور المتعلم في القيام بمعظم الأنشطة المخطط لها في الورقة، والموجهة نحو تحقيق الأهداف.

وتحتوي ورقة العمل على نشاطٍ أو أكثر يتوقع من المتعلم تنفيذه بشكل فردي أو ضمن مجموعات صغيرة داخل الحجرة الدراسية أو خارجها، في حصةٍ كاملةٍ أو جزء منها أو أكثر من حصة.

وتتمثل أهداف ورقة العمل في الآتي:

- إثارة اهتمام المتعلم وحفزه للتعلم وإشراكه فيه بشكلٍ نشط.
- تنظيم التعلم وتقويمه.
- إثراء معرفة المتعلم وخبراته.
- تنمية المهارات المتنوعة لدى المتعلم .

أما عن انماط الأنشطة في ورقة العمل فتتلخص في الآتي:

- قراءة نصوص متعددة ومتنوعة وتحليلها.
- استخلاص معلومات من رسوم بيانية أو جداول أو أشكال أو خرائط.
- القيام بزيارات أو مقابلات أو تجارب.
- جمع عينات.
- حل مشكلات .
- الإجابة عن أسئلة.

ثانياً: السجل التعلمي Learning Log:

وهو عبارة عن كُرّاس أو مذكرة يسجل فيها المتعلم أنواعاً أو أشكالاً مختلفة من ردود فعله واستجاباته أثناء تعلمه.

ويخدم هذا السجل عدة أغراض يتمثل أهمها في الآتي:

- يتيح الفرصة للمتعلم للتأمل في تعلمه والتعبير عن أفكاره وآرائه التي لا يمكنه أحياناً التعبير عنها أو ذكرها أمام الآخرين. فالعمل والممارسة لا يكفيان لكي يفهم المتعلم العالم من حوله، بل لا بدله من التأمل فيما يمارسه.
- يزود كلا من المتعلم والمعلم بأساس يمكن الاعتماد عليه عند مناقشة العادات العقلية التي طورها المتعلم (مثل تنظيم الذات والتفكير الناقد). ويوضح الشكل الآتي (8) الاستجابات الأساسية في السجل التعلمي:

الاستجابات الاساسية في السجل التعلمي

استجابات حرة:
تعبر عن مشاعر المتعلم وذاته بلغته الخاصة، ولا تلتزم بأمور شكلية، أو رسمية في الكتابة.

استجابات منظمة (ذات بناء محدد):
يقدم فيها المتعلم استجابات محددة لأسئلة توجه إليه وتأخذ هذه الأسئلة عدة أشكال.

الشكل (8) السجل التعلمي

ثالثاً: وسائل التقويم الملائمة للتعلم النشط

إن المعلومات التي يتم جمعها من الأساليب التقليدية في التقويم، يتم تقديمها على شكل أرقامٍ لا تفيد كثيراً في تحديد ما يعرفه الطلبة أو ما يحتاجه المعلمون لمساعدة الطلبة على التعلم. وفي مثل هذا التقويم التقليدي، كثيراً ما يكون المتعلم هو الهدف من التقويم وليس تعلمه. ويتم التقويم من وجهة نظر المعلم فقط بمعزلٍ عن المتعلم، وبالتالي فإن هذا التقويم يلائم التعلم القائم على النموذج التربوي التقليدي ولا يلائم التعلم النشط.

إن نوع أسلوب التقويم الأكثر فاعلية وفائدة يتوقف على نوع التعلم الذي نريد قياسه، وأنه من الأفضل الجمع بين أساليب وأدوات تقويمية مختلفة عندما نريد تقويم جوانب متعددة في تعلم الطلبة وتقدمهم.

التقويم الأصيل أو التقويم البديل

ظهر التقويم الأصيل في السنوات الأخيرة كتوجهٍ حديثٍ يلائم نهج التعلم النشط، ويقوم على مجموعةٍ من الاستراتيجيات التي يتم توظيفها كجزء من العملية التعليمية التعلمية بهدف الوصول إلى فهمٍ أفضل للمتعلم وما يدور في ذهنه، وإعطاء القيمة الحقيقية لقدراته المختلفة والانطلاق منها لتنمية مهارات المتعلم، مع التركيز على مهارات التفكير الإبداعي والناقد وحل المشكلات.

ويوصف هذا التقويم بالأصيل لأنه يتصف بالآتي:

- يستند إلى الانشطة التي تمثل التقدم الفعلي نحو الأهداف التعلمية.
- يعكس المهمات التي تتم في غرفة الصف خلال المواقف الحياتية المختلفة.

- يسعى إلى الكشف عن مستوى تعلم الطلبة وتحصيلهم ودافعيتهم واتجاهاتهم.

- يتيح الفرصة للمتعلم لفحص ممارساته التعلمية وتقويمها.

ويستند التقويم الأصيل أو التقويم البديل إلى مجموعة من الاساليب والأدوات مثل:

1. التقويم الذاتي: والذي يعتمد على تقويم المتعلم لنفسه من وقتٍ لآخر، في ضوء نجاحاته وإخفاقاته، وما يكتسبه من معارف ومهارات واتجاهات مرغوب فيها.

2. تقويم الأداء: والذي يعكس تقويم أداء المتعلم في مهمات تعلمية يظهر من خلالها مهارات وكفايات محددة. وهذا يستدعي وصفاً لعناصر الأداء الجيد ومعايير الحكم على الأداء.

3. الحقيبة التقويمية: وهي تجميع تراكمي منظم لعينات مختارة من اعمال المتعلم وأنشطته أثناء تعلمه خلال فترةٍ زمنيةٍ محددة، بحيث تقدم هذه العينات شواهد على تحصيل المتعلم وتقدمه وإنجازاته. ولهذه الحقيقة محتويات يمكن توضيحها كما في الشكل الآتي (9):

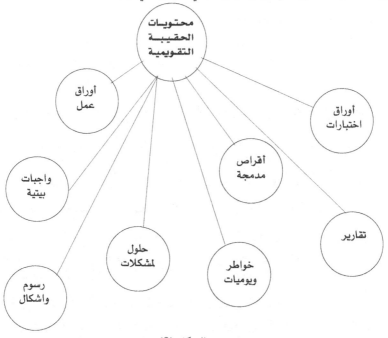

الشكل (9)

محتويات الحقيبة التقويمية للتعلم النشط

أقوال مأثورة في التعلم النشط:

في ضوء التطبيقات الناجحة لفعاليات التعلم النشط في مناطق مختلفة من العالم المتقدم تربوياً، وبناءاً على الكتابات الكثيرة والمتنوعة من مقالاتٍ وبحوثٍ ودراساتٍ ومراجع من جانب المتخصصين في هذا المجال، فقد ظهرت مجموعة من الأقوال المأثورة حول التعلم النشط يمكن طرحها للاستفادة منها وتحليلها، لأنها في نهاية المطاف تمثل في الغالب تجارب وآراء وأفكار باحثين ومفكرين متميزين، وهي كالآتي:

* التعلم النشط ليس عبارة عن أنشطة أو مهمات ينفذها الآخرون من أجل المتعلم أو بالنيابة عنه.
* يمكن تشبيه التعلم النشط بالرياضة التي تكون للمارسة وليست للمشاهدة، ويمكن تشبيه التعلم التقليدي بالرياضة التي تكون للمشاهدة وليست للمارسة. والمتعلم النشط يكون في صفوف اللاعبين الممارسين والمتعلم السلبي أو التقليدي يكون في صفوف المشاهدين المتفرجين. وفي الحالتين يحدث تعلم... ولكن شتان ما بين هذا وذاك.
* إن الطلبة لا يتعلمون الكثير بمجرد جلوسهم في الصف، يشاهدون ما يقوم به المعلم، ويستمعون الى ما يقوله، ويحفظون ما يعلمهم إياه. إنما يتعلمون اكثر عندما يقومون بالتحدث عما يتعلمون، والكتابة عنه، وربطه بخبراتهم السابقة، وتطبيقه على جوانب حياتهم اليومية، وجعله جزءاً من ذاتهم.
* تتطلب بيئة التعلم النشط، أن يتيح المعلم المجال للمتعلم ليبحث بنفسه عن إجابات للاسئلة المطروحة، ويفكر في حل المشكلات التي تواجهه، لا أن يسارع المعلم الى تقديم الحلول والإجابات الجاهزة عوضا عن المتعلم.
* أنا أسمع... فأنا أنسى، وأنا أرى... فأنا أتذكر، وأنا أعمل ... فأنا أفهم.
* إن الأطفال بطبيعتهم نشطون في حياتهم، وواجبنا أن نبقيهم نشطين في تعلمهم.
* لا يجيد الأطفال الجلوس. إنهم متلهفون للإثارة، يريدون أن يروا، وأن يسمعوا، وأن يلمسوا، وأن يتذوقوا ، وأن يشموا، وأن يختبروا الأشياء بأنفسهم.
* إن المنهج المدرسي الذي يفترض بأن يكثر الطلبة من الجلوس في أماكنهم، يتناقض مع خصائص الأطفال الذين يفضلون التعلم من خلال النشاط والحركة والاستكشاف والتعامل مع الأشياء المختلفة.
* تشير بعض الدراسات الى أن الطلبة كثيراً ما يمتلكون المعرفة، ولكنهم لا يستخدمونها عندما تلزم، حيث تبقى هذه المعرفة خاملة أو خامدة، اي لا تستخدم في الحياة اليومية بشكلٍ فعال. (الحشوة، 1999).

تصنيف أساليب التعلم وفقاً لدرجة المجازفة:

يصنف بونويل(Bonwell,1995) أساليب التعلم وفقا لدرجة المجازفة بالفشل الى أربعة انماط كما توضحها اللوحة (5) الآتية:

اللوحة (5)

أساليب التعلم وفقاً لدرجة المجازفة

المتعلمون نشيطون / درجة المجازفة بسيطة	المتعلمون نشيطون / درجة المجازفة عالية
• العصف الذهني. • مناقشات منظمة في مجموعات صغيرة. •عروض توضيحية. • رحلات ميدانية. • أنشطة كتابية داخل غرفة الصف. • محاضرات يتخللها النقاش. • إجراء تجارب متعددة.	• لعب الأدوار • عرض من متعلم واحد. •عروض لمجموعات صغيرة. • مناقشات غير منظمة في مجموعات صغيرة • دعوة ضيف محاضر معروف من حيث الكفاءة.
المتعلمون غير نشيطين / درجة المجازفة بسيطة	**المتعلمون غير نشيطين / درجة المجازفة عالية**
• عرض فيلم للصف بأكمله. • محاضرة دون نقاش.	• دعوة ضيف محاضر غير معروف من حيث الكفاءة.

مقارنة بين التعلم النشط والتعليم التقليدي

21

الفصل الحادي والعشرون
التعلم النشط في البحوث التربوية

- مقدمة.

- مجموعة الدراسات التي تناولت التعلم النشط وعلاقته بالمعايير التربوية والتطوير التربوي.

- مجموعة الدراسات التي تناولت التعلم النشط وتقنيات التعليم.

- مجموعة الدراسات التي تناولت التعلم النشط وعمليات التدريب.

- مجموعة الدراسات التي تناولت التعلم النشط وتشجيع الطلبة على التفاعل.

تعريفات التعلم النشط وأهدافه وأهميته

مقدمة:

نظراً لأن مفهوم التعلم النشط قد ظهر حديثاً إذا ما قورن بغيره من المفاهيم التربوية الكثيرة، فقد كانت الدراسات أو البحوث التربوية والنفسية التي تناولته قليلة نسبياً، لا سيما وأن الاهتمام الحقيقي بهذا الموضوع المهم قد تبلور جيداً في التسعينيات من القرن العشرين وأخذ الاهتمام يزداد به منذ مطلع القرن الحادي والعشرين. فقد ظهر بشكل جدي في الولايات المتحدة الأمريكية، وانتقل بعد ذلك إلى أوروبا وبقية دول العالم، ودخل المنطقة العربية بعد مطلع الألفية الثالثة وبالذات منذ عام 2001م.

لهذا السبب ولغيره من الأسباب كانت الدراسات السابقة الميدانية أو التجريبية ذات الصلة بمفهوم التعلم النشط قليلة حتى في دول المنشأ، ونادرة جداً في المنطقة العربية، حيث لم يعثر مؤلفو هذا الكتاب إلا على دراسة ميدانية واحدة حول التعلم النشط هي دراسة (سعادة وزميلاه، 2003).

ورغم ذلك، فقد قام أصحاب هذا الكتاب بمراجعة ما توصلوا اليه من دراسات اجنبية وعربية، حتى تكون خير معين للباحثين في ميدان التربية وعلم النفس في الجامعات العربية المختلفة وكليات التربية أو معاهد المعلمين والمعلمات، ولطلبة الدراسات العليا في مجالات العلوم التربوية المختلفة.

وحتى يسهل على القارئ فهم الموضوعات الفرعية والمتغيرات التي ركزت عليها الدراسات السابقة التي اهتمت بمفهوم التعلم النشط السابقة، فقد تمّ تقسيمها إلى اربع مجموعات أو أربعة محاور رئيسة تتمثل في الآتي:

1- مجموعة الدراسات التي تناولت التعلم النشط وعلاقته بالمعايير التربوية وبالتطوير التربوي.
2- مجموعة الدراسات التي تناولت التعلم النشط وتقنيات التعليم.
3- مجموعة الدراسات التي تناولت التعلم النشط وعمليات التدريب.
4- مجموعة الدراسات التي تناولت التعلم النشط وتشجيع الطلبة على التفاعل.

وفيما يأتي توضيح لدراسات كل مجموعة من هذه المجموعات على حدة:

(1) مجموعة الدراسات التي تناولت التعلم النشط وعلاقته بالمعايير التربوية والتطوير التربوي:

من بين أهم هذه الدراسات ما قام به ويلكوكسون (Wilcoxon,1995) من دراسة هدفت إلى فحص وتحليل ما يقوم به المعلمون على مستوى ولاية نبراسكا الأمريكية جميعها من أنشطة تتعلق بجهود تطويرية تربوية، من أجل الوصول إلى فهم ما يجري من انتقادات للتفاعل بينهم وبين الطلبة من جهة، وأثر البرامج التدريبية للمعلمين في أدائهم التدريسي من جهة ثانية.

وتألفت عينة الدراسة من ثلاثة معلمين ممن اشتركوا في تطوير مناهج الرياضيات، والعلوم، وبرامجهما؛ كي تعكس المعايير المطلوبة على المستوى الوطني. وقد تم تشجيع هؤلاء المعلمين على تطبيق النموذج المتمركز حول المتعلم، مع جمع البيانات عن طريق المقابلات، والرحلات، والملاحظات داخل الصفوف، وتحليل أشرطة فيديو خاصة بتدريس المعلمين وتدريبهم. وفي الوقت ذاته، تم فحص التفاعلات الصفية في ضوء متغير الجنس.

وقد أشارت نتائج الدراسة إلى أن التفاعل داخل الحجرة الدراسية قد تغير نحو التعلم النشط، وأن المعلمين قد زادوا من طرح الأسئلة التي تشجع الطلبة على التفكير، وإن التوصية المهمة تتمثل في ضرورة الإكثار من برامج تدريب المعلمين التي تهتم أولاً وقبل كل شيء بالتركيز على التعلم النشط خلال العملية التعليمية التعلمية.

واهتمت دراسة آرنيل - مارسيل (Arnell-Marcell 1995) على تحديد نوع العلاقة بين اهتمام الناس أو الزبائن بالتعليم العالي من جهة، وبين تطوير التعليم الفعال لدى أعضاء هيئة التدريس من جهة أخرى. ويؤدي اهتمام الزبائن إلى قيام المربين بتقييم النواتج التربوية وتطويرها، وبخاصة مجالات التعليم والتعلم، والدعم التربوي، والخدمات المختلفة. فالتعلم الفعال يمثل تلك التطبيقات التي تشجع الخبرات التعلمية للطلبة وتدعمها، كما تقسم تطبيقات التدريس الفعال إلى سبعة مقاييس فرعية هي: الاتصال بين الطالب وعضو هيئة التدريس، والتعاون بين الطلبة، ومدى توفر التعلم النشط، والتغذية الراجعة الدقيقة، والوقت اللازم لأداء الواجبات، والتوقعات التطويرية العالية، وأنماط التعلم المتنوعة.

وتكونت عينة الدراسة التطبيقية من (217) من أعضاء هيئة التدريس في عشرٍ من كليات المجتمع بولاية متشجان الأمريكية . وقد تمّ اختيار تلك الكليات، لتمثل المعاهد العلمية والتربوية ذات الحجم الصغير، والمتوسط، والكبير، ومن مناطق المدن، والضواحي، والأرياف.

وتم توزيع أداتين للحصول على البيانات الخاصة بالدراسة، تمثلت الأولى في استبانة طورها ديفيز (Davis,1993) عن اهتمام الزبائن بالتعليم العالي، واستبانة طورها كل من شيكيرنج وجامسون (Chickering&Gamson 1987) التي دارت حول المبادئ السبعة للتدريس في مرحلة التعليم الجامعي الأولى.

وأظهرت نتائج الدراسة وجود علاقة ذات دلالة إحصائية بين التدريس الصفي في أداة اهتمام الزبائن بالتعليم العالي وتطويره، وبين ثلاثة من المقاييس الفرعية لتطبيقات التعليم الفعال وتطويره. كذلك لم تظهر أية فروق دالة إحصائياً عندما تمت مقارنة المقاييس الفرعية لاهتمام الزبائن بنوعية

الواجبات وحجم المدرسة وموقعها. وفي الوقت نفسه، فإن ستة من المقاييس الفرعية السبعة التي تقيس التدريس الفعال وتطويره كانت دالة إحصائياً عندما قورنت بأنماط الواجبات التدريسية، سواء الأكاديمية، أو المهنية، أو الفنية. كما أشارت بعض ملاحظات أعضاء هيئة التدريس إلى تصور سلبي لاهتمامات الزبائن، والتي قد تحتاج إلى تدريب للتغلب عليها. وكانت وجهات نظر أعضاء هيئة التدريس إيجابية نحو تطبيقات التدريس الفعال والتدريب عليه، مع وجود فروق بين مدرسي المقررات الأكاديمية وزملائهم مدرسي المقررات المهنية والفنية.

وهدفت دراسة ماك جولدريك (McGoldrick,1998) إلى مناقشة مسألة شبكة الإنترنت التربوية في كندا، مع التركيز على القضايا التعليمية التعلمية مثل التعلم التعاوني، والتطورات الحديثة في مجال الاتصالات. لذا، فإن الاستفادة من مصادر الاتصالات الحديثة ضمن التعلم التعاوني قد تم التركيز عليه في هذه الدراسة، لتطوير طرق التدريس لدى المعلمين من جهة، وتطوير عملية التعلم لدى الطلبة من جهة ثانية.

وبعد دراسة محاور الشبكة التربوية من ناحية ، وأخذ اهتمامات الناس لتطوير الاتصالات الحديثة وفائدتها في العملية التعليمية التعلمية من ناحية ثانية، فقد تم تحليل أربع فوائد أساسية للشبكة التربوية ضمن أربعة نماذج تربوية تتمثل في : التعلم التعاوني، والتعلم النشط، ودعم المعلم، وإعادة بناء المدرسة.

وفي ضوء ذلك أوصت الدراسة بضرورة عقد دورات تدريبية للمعلمين من أجل إلمامهم بالتعلم النشط، والتعلم التعاوني ، مع توصيل المدارس الحكومية والخاصة بأفضل شبكة من المعلومات، وبأسعارٍ زهيدة، لاستفادة الطلبة والمعلمين من وسائل الانفجار المعرفي الحديثة، ولا سيما شبكات الانترنت.

وطور لير (Liere,2000) طرقا تعليمية آلية تتطلب عمليات أقل لإدخال البيانات، مع استخدام أمثلة تدريبية قليلة، والحصول على المعلومات بدرجة أسرع، مع بقاء مستويات الدقة عالية جداً، وذلك عن طريق استخدام التعلم النشط الذي يسمح للفرد باختيار أمثلة أكثر من البيانات والمعلومات التي يريدها. فالتعلم العادي يتطلب وقتاً أطول؛ لتحضير الوثائق والمعلومات، والوسائل الضرورية للتعلم، وأمثلة عديدة للتدريب، مما يحتاج إلى جهد، ووقت، ومال بدرجة أكبر. وكان هدف الباحث في هذه الدراسة تطوير طرق آلية للتعلم النشط التي إذا تمت مقارنتها بالتعليم التقليدي الموجود منها، أصبحت أكثر فاعلية، وأقل تكلفة للوقت والجهد والمال، وأكثر دقة، وأكثر ملاءمة لعملية التدريب.

من أجل هذا الغرض قام الباحث بتطوير ما أسماه بالتعلم النشط مع اللجان، وذلك عن طريق مجموعة من الأفراد يشتركون في عملية تعليمية تدور حول استخدام اللوغاريتمات. وقد أكدت نتائج الدراسة أنه يمكن تصميم أو تطوير أنظمة تعلم نشط، تستطيع أن تلبي مطالب أعدادٍ متزايدة من الظواهر والمتغيرات، وبدقة عالية، وفي ثوان معدودة من الزمن، إذا ما قورنت بالطرق المباشرة، ولا سيما إذا ما تم التدريب عليها بشكل دقيق وفعال ضمن تعلم نشط ومدروس.

وهدفت دراسة مكورميك (McCormick,2001) إلى تحديد فعالية مراجعة مقرر دراسي عن علم الإحياء لطلبة الجامعة، بما يتلاءم مع معايير تطوير عملية تدريس العلوم وإصلاحها. وقد تمت مراجعة هذا المقرر من جانب فريق متخصص في جامعة بجنوب ولاية تكساس الأمريكية، حيث أن معظم الطلبة من أصول أسبانية، وأن 70% منهم كانوا من الإناث.

ويتمثل المبدأ الأساس للدراسة، في استخدام النموذج التدريسي القائم على الجوانب البناءة لنظريات التعلم. وقد تم جمع الجانبين النظري المتمثل في المحاضرة، والعملي المتمثل في المختبر ضمن حجرة دراسية واحدة، يلتقي الطلبة فيها لمدة ثلاث ساعات، وعلى مدى يومين في الأسبوع. وقورنت ثلاث مجموعات ضابطة تم تدريسها بالطريقة التقليدية للمحاضرة لمدة ثلاث ساعات، مع ثلاث ساعات أخرى في المختبر، بثلاث مجموعات تجريبية تمّ تدريسها بنموذج متكامل نشط مبني على الخطوات التعلمية الدقيقة. وقد تمَّ توزيع أداة معينة لقياس كلٍ من البيئة التعليمية، والتحصيل، والاتجاهات نحو العلوم، قبل البدء في تدريس النمطين للمجموعات الضابطة والتجريبية.

وقد أشارت النتائج إلى حصول الطلبة على علامات، أو درجات أعلى في الاختبار المعرفي المبني على التعلم النشط التكاملي في المجموعات التجريبية من أقرانهم الذين تعلموا بالطريقة التقليدية للمحاضرة، تليها حصة المختبر. كذلك حصل الطلبة الذين درسوا بالتعلم التكاملي والمحاضرة المعدلة على علامات أعلى في الاتجاهات نحو العلوم، من أقرانهم الذين درسوا بالطريقة التقليدية، وذلك بفعل الأمور التطويرية التي استخدمتْ مع التعلم النشط.

(2) مجموعة الدراسات التي تناولت التعلم النشط، وتقنيات التعليم:

من أهم دراسات هذه المجموعة ما قام به فوس (Foss,1995) من دراسة حول تقنيات التعلم النشط في مجال التربية الغذائية الأمريكية، وذلك عن طريق تطوير نموذج رياضي عن الكولسترول كأداة تعلم نشط لتثقيف الطلبة، وتدريبهم حول موضوع التغذية، والتمثيل العضوي للكوليسترول، وكيف تتفاعل هذه الأمور في حياة الطالب اليومية.

وبعد استخدام هذه الأداة للتعلم النشط، أظهرت النتائج وجود تحسن ملحوظ، وبدلالة إحصائية لدى الطلبة في مجال معرفتهم لوظائف الكوليسترول، والتمثيل العضوي الخاص به، وأن استخدام الحاسوب في هذا الصدد يمثل نوعا من التعلم الفعال الذي يمكن اعتماده في ميدان التربية الغذائية.

وأشار بارجينير (Bargainnier,1996) في دراسته إلى أن طريقة المحاضرة كانت تمثل تقنية التعليم الأساسية على مدى التاريخ، ولا سيما بالنسبة للتعليم الجامعي. وكان هدف الدراسة يتمثل في تقصي ومقارنة أثر التعلم النشط والتدريب عليه، والتدريس بتقنية المحاضرة في التربية الرياضية. واختار الباحث عينة مؤلفة من (118) طالبا وطالبة بطريقة عشوائية، لتشكيل مجموعة تجريبية، وأخرى ضابطة، ثم تقديمهم لاختبار قبلي وآخر بعدي. وقد أشارت النتائج إلى أهمية التعلم النشط، والتدريب عليه في زيادة المعلومات، وفي تكوين الاتجاهات الإيجابية الصحية والرياضية للطلبة.

وأجرى لونداس (Loundas,2001) دراسة لتقصي استخدام تقنيات التعلم النشط في مقرر جامعي له علاقة بالإدارة الفندقية وإجراءات الضيافة، وذلك خلال مدة التدريب أو التلمذة. وقد حاولت الدراسة قياس أثر كل من تقنيات التعلم النشط في المشاركة التعليمية، والتحصيل من جانب الطلبة الجامعيين. وقد عمل الباحث كمستشار لدى مدرس المقرر في تصميم وتطوير التمارين الخاصة بالتعلم النشط وتطبيقاته خلال عملية تدريس المقرر نفسه. كما قام مدرس المقرر أيضاً بتدريس طالب جامعي آخر عن طريق استخدام الطريقة التقليدية لكل من المحاضرة والمناقشة.

وكانت أداة الدراسة قد تمَّ تطويرها لهذا الغرض، بعد تحكيمها من جانب لجنة متخصصة، وتوزيعها على الطلبة خلال الأسبوع الرابع والأسبوع الثامن للفصل الدارسي. ومن أجل قياس التحصيل لدى التلاميذ، فقد تم توزيع اختبارات قصيرة لقياس مدى قدرتهم على تطبيق المعلومات داخل الحجرة الدراسية. واستخدم الباحث اختبار (ت) الإحصائي. ومع أن النتائج قد أظهرت وجود ميلٍ لدى الطلبة نحو استخدام أساليب التعلم النشط وتقنياته، إلا أن فروقاً ذات دلالة إحصائية لم تظهر لصالح التعلم النشط سوى بالنسبة للسؤال الخاص بالقدرة على توضيح مفاهيم مدى قدرتهم على تطبيق المعلومات داخل الحجرة الدراسية. واستخدم الباحث اختبار (ت) الإحصائي. ومع أن النتائج قد أظهرت وجود ميل لدى الطلبة نحو استخدام أساليب التعلم النشط وتقنياته، إلا أن فروقاً ذات دلالة إحصائية لم تظهر لصالح التعلم النشط سوى بالنسبة للسؤال الخاص بالقدرة على توضيح مفاهيم المقرر خارج الحجرة الدراسية. أما بالنسبة للتحصيل ذاته، فقد ظهرت فروق دالة إحصائياً لصالح التعلم النشط في نتائج الاختبارات القصيرة التي قدمها الطلبة، حيث تفوقوا على أقرانهم في الطريقة التقليدية المتمثلة في تطبيق طريقتي المحاضرة والمناقشة معاً.

وهدفت دراسة شوفورد (Shuford,2001) إلى فحص أنماط التعلم واستراتيجياته المختلفة لدى طلبة السنة الأولى الجامعية، وعلاقة ذلك بكل من التعلم النشط، والنجاح الأكاديمي، والأصل العرقي، والجنس. وتألفت عينة الدراسة من (150) من طلبة عددٍ من الجامعات في ولايات الوسط الأمريكية.

ولتحقيق أغراض الدراسة المحددة، فإنه قد تمَّ تقصي أنماط التعلم، وربطها بالتعلم التعاوني من أجل قياس النمط التفضيلي للشخص المشترك في تلك الدراسة. كما تمَّ فحص الاستراتيجيات الحقيقية المطبقة ميدانياً، حيث تم توزيع مقالات نظرية جدلية على أنها تمثل الاستراتيجيات المستخدمة، بالإضافة إلى التعلم النشط المتمثل في تدريبات الطلبة حسب تصنيف سولو (Solo). كما فحص الباحث بعد ذلك العلاقة بين النمط التعليمي المفضل والاستراتيجيات المتبعة، والتدريبات المستخدمة للتعلم النشط، إضافة إلى علاقة تلك المتغيرات بكل من النجاح الأكاديمي، والأصل العرقي والجنس.

وقد أشارت النتائج إلى أن تعلماً عميقاً يرتبط بالاستراتيجيات والتقنيات التي يستخدمها الطلبة. وبعبارة أخرى، فإن الطلبة الذين حددوا أن النمط التعلمي المفضل لديهم يتمثل في المعلومات التي تركز على المقارنة والتباين، قد أبدوا ميلاً نحو الكتابة الأكثر صعوبة وتعقيداً. كما أظهرت النتائج أيضاً وجود علاقة دالة إحصائياً مع تدريبات التعلم النشط، ثم وجود علاقة أخرى ذات دلالة إحصائية بين التحصيل الأكاديمي وبين الاستراتيجية المستخدمة. فالطلبة الذين استخدموا مستويات عليا من المعرفة المعقدة في كتاباتهم قد حصلوا على تحصيل أكاديمي أعلى. كذلك ظهرت فروق بين الأصل العرقي للمشتركين وبين أنماط التعلم المفضلة، والإستراتيجيات المستخدمة، والتحصيل الأكاديمي. فالأمريكيون السود من الطلبة، قد حصلوا على علامات أو درجات أعلى بالنسبة للنمط التعلمي المفضل، في حين حصل الأمريكيون البيض من الطلبة على علامات أو درجات أعلى في كل من الاستراتيجيات المستخدمة، والتحصيل الأكاديمي. وفي الوقت نفسه لم تظهر فروق ذات دلالة إحصائية تتعلق بجنس الطلبة.

وطبق ويلكه (Wilke,2001) دراسة من أجل تقصي أثر استراتيجيات التعلم النشط وتقنياته المتعددة في طلبة إحدى جامعات ولاية تكساس الأمريكية من حيث التحصيل الأكاديمي، والدافعية، والفعالية الذاتية في مقرر (علم وظائف أعضاء جسم الإنسان) للطلبة الملتحقين به دون تخصص دقيق. وقد تمَّ تطبيق نموذج للتعلم النشط يقوم على الاستمرارية طيلة الفصل الدراسي، مع ربط ذلك بكل من جنس الطالب، ومعدله التراكمي، وتخصصه، والدافعية، والفعالية الذاتية، والتحصيل الأكاديمي.

وطبق الباحث التصميم شبه التجريبي، ومجموعات سلومون الأربع على (171) من طلبة إحدى جامعات غرب ولاية تكساس الأمريكية. وقد تمَّ تدريس المجموعات التجريبية بواسطة نموذج التعلم النشط، في حين تمَّ تدريس المجموعات الضابطة باستخدام طريقة المحاضرة التقليدية. وبعد ذلك، قدم الطلبة اختباراً في المقرر الدراسي، وأجابوا عن فقرات استبانة اخرى حول استراتيجيات تعزيز التعلم، واستبانة حول الاتجاهات، وذلك من أجل تقدير اثر استراتيجيات التعلم النشط والمستمر.

وقدِ أشارت نتائج التحليل العاملي إلى أن المجموعات التجريبية من الطلبة قد اكتسبت معلومات أكثر وأفضل، وبدلالة إحصائية من المجموعات الضابطة، وأنها كانت اكثر فاعلية منها، ولكن لم تظهر أية فروق ذات دلالةٍ إحصائية بين الطرفين بالنسبة للدافعية. كما أكد الانحدار المعدل، والتحليل العاملي المعدل، وجود فروقٍ دالة إحصائياً لصالح الذكور في المجموعات التجريبية الذين حصلوا على علامات أو درجات أعلى في امتحان المقرر، من أقرانهم الذكور في المجموعات الضابطة. وفي الوقت نفسه تفوقت الإناث بصورة عامة على الذكور، ولكن دون وجود فروق ذات دلالة إحصائية بينها في المجموعات التجريبية أو الضابطة بالنسبة للتحصيل الأكاديمي. كذلك لم يظهر تفاعل ذو دلالة إحصائية بالنسبة للخصائص الأخرى المتعلقة بالمتعلم.

وأشارت نتائج استبانة الاتجاهات، إلى أن الطلبة في المجموعات التجريبية والضابطة، قد أظهروا اتجاهاتٍ إيجابية نحو التعلم النشط، معتقدين أنه يساعدهم على تعلم المواد التعليمية المختلفة، وأنهم سوف يختارون مساقاً دراسياًفي المستقبل القريب عن التعلم النشط إذا أتيحت لهم الفرصة لذلك.

(3) مجموعة الدراسات التي تناولت التعلم النشط، وعمليات التدريب:

من بين أهم هذه الدراسات ما قام به تابر (Taber,1996) من دراسة برنامج تدريبي للمعلمين، وذلك للتأكد من مدى تأثيره نتيجة مشاركة هؤلاء المعلمين فيه، كي يصبحوا مدربين مؤهلين ونشيطين، ولا سيما في مجال أساليب التدريس وإجراءات التقويم، وبالذات عند تدريب المعلمين، وتنمية القدرة القيادية لديهم.

وقد أشار المتدربون من المعلمين، إلى أنهم أصبحوا أفضل في التدريس، وفي مجال التعلم النشط داخل الحجرة الدراسية مع الطلبة من مختلف المستويات، وأن مثل هذه البرامج من الضروري تكرارها من وقت لآخر، كي يتم تدريب المزيد من المعلمين، من اجل تعليم نشط من جانبهم، وتعلم نشط من جانب الطلبة الذين يقومون بتدريسهم، مما يرفع من مستوى العملية التعليمية التعلمية في المناطق التعليمية المختلفة.

وأشار ثالهامر (Thalhammer,2000) في دراسته إلى فهم الانطباع أو التصور الذاتي، كعامل مهم للتعلم النشط. ففي العادة نجد أن العملية التعلمية التعليمية تفترض وجود اكتساب للمفاهيم والمهارات المرتبطة بالأهداف التدريسية المصاغة من جانب المعلمين الذين يتحكمون في البيئة التعليمية. كما أن المزيد من الدراسات الحديثة قد وصفت التدريس في ضوء نوع من التفاعل الاجتماعي الذي يشارك فيه المتعلم النشط. وتمثل نظرية الضبط الانطباعي إطار العمل الخاص بفهم السلوك الإنساني، والحفاظ على الانطباع الذاتي من خلال عملية تقليل الأخطاء من جهة، وتعدد الصفوف التي تمثل حجر الزاوية لفهم أنماط السلوك الخاصة بالتعلم النشط من جهة ثانية. وقد تمَّ تطبيق الدراسة على (17) فرداً ضمن حصص ركزت على دراسة الانطباع الذاتي، والحفاظ عليه خلال دورةٍ تدريبية، تخللتها تفاعلات اجتماعية مختلفة، وآراء وأفكار متضادة.

وقد اعتبرت هذه الدراسة الصراعات كنوع من التوازن للأهداف الخاصة بالتدريب على التفاعلات الاجتماعية المتضادة، في الوقت الذي يتم فيه إنجاز الواجب الخاص بالحاسوب، حيث تمَّ التنبؤ بأن المتعلمين سوف يضبطون انطباعاتهم الذاتية في ضوء عملية التدريب.

وقد أشارت النتائج إلى أن المشتركين في الدراسة قد تحكموا في انطباعاتهم الذاتية، وأنهم أعادوا تشكيل تصوراتهم عن التفاعل كمتعلمين نشطين، وأن على مصممي التعليم التركيز على الدور النشط للمتعلم في العملية التعليمية التعلمية داخل الحجرة الدراسية.

وطبق بونر - ثومبسون (Bonner-Thompson,2000) دراسة ميدانية، من أجل تقصي العلاقة بين درجة استخدام المعلم لجهاز الحاسوب، وبين الدافعية والتكامل في التدريب من ناحية، والتكامل في المنهج، والتعلم التعاوني، والتعلم الذاتي المباشر، والتعلم النشط من ناحية ثانية. وقد استخدم الباحث اختبار وتني مان (Whitney - Mann) لتحديد العلاقة بين الدافعية لدى المعلم وتطبيقاته، أو تعامله مع الحاسوب، مع تحديد مرات استخدامه للحاسوب. كما تمَّ استخدام تحليل التباين الأحادي (ANOVA) الخاص من أجل تحديد العلاقة بين عملية التدريب على تكامل المنهج، وبين تنفيذ ذلك التكامل، بالإضافة إلى استخدام معامل ارتباط بيرسون من أجل تحديد العلاقة بين كل من التنفيذ من جهة، والتعلم التعاوني، والتعلم الذاتي المباشر، والتعلم النشط، وتطبيقات المعلم من جهة أخرى. كذلك قام الباحث باستخدام معامل الانحدار الإحصائي المتعدد، من أجل تحديد علاقة المتغيرات المدروسة بالتنبؤ بدرجة التطبيق.

وتألفت عينة الدراسة من(445) من المعلمين والمعلمات ممن يقومون بتدريس الصفوف من التاسع وحتى الثاني عشر بالمدارس الحكومية أو الرسمية لمقاطعة شمال ولاية لويزيانا الأمريكية.

وقد أشارت نتائج الدراسة إلى وجود علاقة ذات دلالة إحصائية عند مستوى الدلالة (a= 0.05) بين درجة تنفيذ أو تطبيق الحاسوب، ومرات تكرار استخدام المعلم له، ومدى التدريب على عملية تكامل المنهج، ومدى دعم ذلك التكامل المطلوب.

وفي الوقت نفسه، لم تظهر أية علاقة ذات دلالة إحصائية بين دافعية المعلم، وبين تطبيقاته على الحاسوب. كما ظهرت أيضاً علاقة ذات دلالة إحصائية عند مستوى الدلالة (a=0.01) بين درجة استخدام الحاسوب من جانب المعلم من جهة، وبين كل من أساليب التعلم التعاوني والتعلم المباشر، والتعلم النشط من جهة أخرى. كما تبين من الانحدار الإحصائي المستخدم وجود علاقة تنبؤية تربط بين التعلم الذاتي المباشر، وبين دعم تكامل المنهج وتطبيقات المعلم له من جهة، وبين استخدام المعلم نفسه للحاسوب في أمور عديدة من جهة ثانية.

وفحصت كامبل (Campbell,2000) نظرية الذكاء المتعدد التي يمكن لها أن تساعد المربين في فهم الاختلافات أو الفروق الفردية الكبيرة بين المتعلمين، حيث إن تبني مثل هذه النظرية في كل من تكامل التعلم من ناحية، وأسلوب التعلم النشط من ناحية أخرى، سيعمل على تنمية اهتمامات الطلبة، واحتفاظهم بالمعلومات، كما انها تضيف مجالاَ عملياً للتطبيق من خلال عملية التعلم، حيث سيثير ذلك الطلبة في مدارسهم وبيئاتهم التعلمية المختلفة، ويساعدهم على الإلمام بالكثير من المفاهيم المهمة.

ومن أجل هذا كله، فقد قام الباحث بتدريب المعلمين على تطبيق نظرية الذكاء المتعدد، ولمدة تسعة أشهر كاملة على (105) من المشتركين، حيث وزعت بعد ذلك استبانات، وأجريت مقابلات لجمع البيانات والمعلومات المختلفة. وقد أكدت النتائج الاستجابة المتحمسة والإيجابية من جانب المعلمين والطلبة على حد سواء؛ لاستخدام التعلم النشط بدقة، مع المطالبة بالمزيد من التدريبات والتطبيقات على هذا الأسلوب الفاعل في العملية التربوية.

واجرى (**سعادة وزميلاه، 2003**) دراسة ميدانية هي العربية الوحيدة حتى تاريخه، وكانت تحت عنوان (أثر تدريب المعلمات الفلسطينيات على أسلوب التعلم النشط في التحصيل الآني والمؤجل في ضوء عدد من المتغيرات).

وقد حاولت الدراسة الإجابة عن الأسئلة الأربعة الآتية:

1- ما أثر تدريب المعلمات الفلسطينيات في منطقة قباطية التعليمية، على استخدام اسلوب التعلم النشط في التحصيل الآني والمؤجل لديهن؟

2- هل للتخصص الأكاديمي الدقيق (كليات علمية وكليات إنسانية) أثر في التدريب على أسلوب التعلم النشط لدى المعلمات الفلسطينيات في منطقة قباطية التعليمية في التحصيل الآني؟

3- هل للمؤهل العلمي (دبلوم كلية مجتمع، بكالوريوس) أثر في التدريب على أسلوب التعلم النشط لدى المعلمات الفلسطينيات في منطقة قباطية التعليمية في التحصيل الآني؟

4- هل تعدد الدورات التدريبية (5 دورات فأقل، من 6-10 دورات، و 11 دورة فأكثر) أثر في التدريب على أسلوب التعلم النشط لدى المعلمات الفلسطينيات في منطقة قباطية التعليمية في التحصيل الآني؟

واستخدم القائمون على الدراسة المنهج التجريبي الذي يستخدم التجربة في اثبات أربع فرضيات ذات علاقة وثيقة بأسئلة الدراسة، وذلك عن طريق مجموعة واحدة من المعلمات تقوم بدراسة المحتوى التعليمي الذي تمَّ تصميمه حول التعلم النشط.

وكان مجتمع الدراسة مؤلفاً من جميع معلمات الصفوف الأساسية في المدارس الحكومية بمديرية قباطية التعليمية الفلسطينية، في حين اختار القائمون على الدراسة عينة قصدية مؤلفة من مجموعة واحدة من المعلمات بلغ عددهن (24) معلمة، تمّ اختيارهن على أساس أنهن قد أبدين ترحيباً وقبولاً لفكرة التدريب على التعلم النشط عندما طرحت عليهن تلك الفكرة من جانب إحدى المؤسسات التربوية الأهلية بالتعاون مع وزارة التربية والتعليم العالي الفلسطينية .

أما عن أدوات الدراسة، فقد تمّ تطوير الأداتين الآتيتين:

(أ) اختبار المعرفة القبلية، وذلك للتحقق من مدى تفاوت المعرفة السابقة عند أفراد المجموعة التجريبية تبعاً لمتغيرات الدراسة المختلفة، حيث تألف الاختبار من ثلاثين فقرةً أو سؤالاً من نوع الاختيار من متعدد، تمّ تطبيقهُ على المجموعة التجريبية قبل القيام بعملية التدريب، وذلك للتأكد من تكافؤ المجموعة في المعرفة السابقة للمادة التدريبية، حيث استخدم القائمون على الدراسة اختبار (ت) لمجموعتين مستقلتين independent "t" test واختبار تحليل التباين الأحادي.

وللتحقق من صدق اختبار المعرفة القبلية، فقد تمّ عرضه على مجموعة من المحكمين من ذوي الاختصاص في علم النفس التربوي، والمناهج وطرق التدريس، في كل من جامعة النجاح الوطنية بنابلس وجامعة القدس في بلدة (أبو ديس)، بالإضافة إلى اثنين من المشرفين التربويين بمنطقة نابلس التعليمية، ممن اشرفوا على دروات تدريبية عديدة للمعلمين، وبمجموع كلي من المحكمين بلغ تسعة أشخاص. وقد طُلِبَ من المحكمين قراءة اختبار المعرفة القبلية والحكم على مدى صلاحيته

للتعلم النشط، حيث أكدوا جميعاً صدق الاختبار وقياسه للأهداف التي وضع من أجلها، بعد أن قاموا باقتراح عدد من التعديلات، التي أُخذتْ في الحسبان من جانب الباحثين.

وللتحقق من ثبات الاختبار، استخدم القائمون على الدراسة معادلة كودرر ريتشاردسون (20) Kuder-Richardson(20) وبلغ معامل الثبات (0.67) وهو كاف لأغراض الدراسة.

كما تمّ حساب معامل الصعوبة لكل فقرة من فقرات الاختبار الموضوعي (الاختيار من متعدد) حيث تمّ استبعاد (10) فقرات من الاختبار الذي بلغ عدد فقراته الأولية (40) فقرة، وبذلك أصبح الاختبار يحتوي على (30) فقرة، وتراوح معامل الصعوبة ما بين (30-79%) كما تمّ حساب معامل التمييز (القدرة التمييزية للفقرات) والتي بلغت ما بين (0.40-1).

(ب) المادة التدريبية، وتمثل الأداة البحثية الثانية للدراسة والتي طورها القائمون على الدراسة، وتدور حول جوانب مختلفة للتعلم النشط من حيث التعريف، والأهداف، والخصائص، والمبادئ، والأهمية، وخطوات التطبيق الفعلية، والأنشطة المرافقة، ودور الطالب، ودور المعلم في التعلم النشط، والتقييم، وصعوبات التنفيذ، وكيفية التغلب عليها، وصفات المعلم الجيد لهذا النوع من التعلم، والمقارنة بين الطريقة التقليدية في التدريس وبين طريقة التعلم النشط، والوسائل التعليمية الضرورية للتعلم النشط، وأنماطها،وفوائدها، وعلاقة التعلم النشط بالتفكير.

وقد تمّ اشتقاق هذه المادة التعليمية والتدريبية من مصادر شتى، ولا سيما تلك المطروحة على الشبكة العالمية للمعلومات (الانترنت) في ضوء شح ما هو موجود أو متوفر منها في اللغة العربية . وقد تّم تعديل تلك المادة عدة مرات في ضوء المستجدات على هذا الموضوع من جهة، وبناءاً على التطبيقات العديدة التي تمت من جانب القائمين على الدراسة أثناء تدريبهم للمعلمين والمعلمات في المناطق التعليمية المختلفة من جهة ثانية.

وللتحقق من صدق المادة التعليمية، فقد تمّ عرضها على مجموعة المحكمين الذين قاموا بتحكيم الاختبار المعرفي القبلي، الذين أبدوا ملاحظات قيمة للغاية، عمل اصحاب الدراسة على الأخذ بها ومراعاتها بدقة متناهية، حيث اعتبرت المادة التعليمية صادقة في تحقيق الأهداف الموضوعة من أجلها، وذلك بعد إقرار المحكمين بصلاحيتها للتدريب، بل وإشادتهم بها وبضرورة تطبيقها بعد تعديلها، في ضوء الاقتراحات والتصويبات التي أبدوها. وقد أخذت المادة التعليمية صورتها النهائية بعد ذلك تمهيداً لتطبيقها على المتدربات.

أما عن ثبات تلك المادة التعليمية، فقد عرضت على المحكمين أنفسهم بعد خمسة أسابيع وأكدوا من جديد على أن المادة التعليمية صحيحة وصادقة في محتواها وتحمل صفة الثبات.

وقد أظهرت نتائج الدراسة وجود فروق دالة إحصائياً لصالح عملية التدريب على التعلم النشط، مع عدم وجود فروق ذات دلالة إحصائية بين المعلمات الفلسطينيات عينة الدراسة في التدريب على إسلوب التعلم النشط، وذلك تبعاً لمتغيرات التخصص الأكاديمي الدقيق، والمؤهل العلمي، وعدد الدورات التدريبية التي تمّ حضورها من جانب المعلمات.

(4) مجموعة الدراسات التي تناولت التعلم النشط، وتشجيع الطلبة على التفاعل:

من أهم دراسات هذه المجموعة ما قام به ماينس براندس (Minnes-Brandes, 1995) من دراسة هدفت إلى التحقق من كيفية قيام مجموعة من معلمي المدارس، وأساتذة الجامعات الأمريكية المتخصصين في ميدان التربية، بتشجيع الطلبة على التفاعل والمشاركة في عملية التعلم. وقد تم جمع المعلومات والبيانات من خلال اللقاءات الأسبوعية، والمقابلات خلال مدة عامين دراسيين كاملين. وتمثلت أهمية الدراسة في الأسئلة الآتية:

1- كيف يمكن للمجموعة المتعاونة من المعلمين، وأساتذة الجامعة التربويين الذين يلتقون بانتظام من أجل تطوير العملية التدريسية، أن يزيدوا من فاعلية التعلم النشط بين الطلبة خلال مدة عامين دراسيين كاملين؟

2- وما طبيعة ديناميكية المناقشات بين أفراد المجموعة المتعاونة؟

3- وفي أي نوع من الطرق أو الوسائل يمكن للمجموعة المتعاونة أن تصف عملها وتقوم بتقديمه؟

وقد أكدت نتائج الدراسة أهمية التعلم النشط في تدريب المعلمين، ورفع مستوى نموهم المهني، إضافة إلى انعكاس ذلك على زيادة مشاركة التلاميذ، وتفاعلهم خلال العملية التعليمية التعلمية.

وأوضحت فوكس (Fox,1998) في دراستها، أن المستوى المنخفض لنجاح طلاب الرياضيات، وتطبيق توصيات تطوير الرياضيات، الصادرة عن المجلس الوطني الأمريكي لمعلمي الرياضيات، وظهور الرياضيات العلاجية لما بعد المرحلة الثانوية، قد شجعت الباحثة على اختيار دراستها، حيث طبقت الباحثة التصميم شبه التجريبي الذي اشتمل على ستة صفوف دراسية من مقرر الجبر، لطلبة الكلية خلال الأسابيع السبعة الأولى من الفصل الدراسي.

وقد تم بعدها توزيع آلة حاسبة للرسم البياني على طلبة المجموعة التجريبية طيلة مدة الدراسة، وخلال الاختبارات المترتبة على ذلك، وتدريبهم عليها، في الوقت الذي استخدم فيه الطلبة في المجموعة الضابطة الآلات الحاسبة العادية، دون القيام بعمليات الرسم البياني. ونظر لأن الحاسبات البيانية قد أظهرت تشجيعاً لدى الطلبة على التفاعل في التعلم النشط، فقد تم تدريس المجموعتين

التجريبية، والضابطة، وتدريبهم في ظروف بيئية خاصة بالتعلم النشط أيضاً، كما أنه لم يسبق لأي طالب، أو طالبة استخدام الحاسبة البيانية قبل إجراء الدراسة من المجموعتين.

وتألفت عينة الدراسة من (166) من الطلبة الذكور والإناث، الذين قدموا اختباراً قبلياً، وآخر بعدياً، وأجابوا عن فقرات استبانة خاصة بالاتجاهات نحو مادة الرياضيات. وقد أشارت نتائج اختبار تحليل التباين الأحادي (One-Way-ANOVA) إلى عدم وجود فروق ذات دلالة إحصائية بين طلبة المجموعتين في اختبار التحصيل والاتجاهات نحو الرياضيات. وكان قد تم جمع معلومات إضافية من استبانة أخرى وزعت على الطلبة، ومن مقابلات المدرسين، ومن نشرة يومية تصدر عن الكلية، ومن كشوف العلامات أو الدرجات الفصلية الخاصة بالطلبة. وعند مقارنة الباحثة للطلبة الذين لم يشتركوا في الدراسة والملتحقين بمادة الجبر، لم ينجح منهم حسب نمط التعلم النشط سوى 15% فقط، مما يؤكد فعالية التعلم النشط لدى المجموعتين التجريبية والضابطة في النجاح الأكاديمي، وتوصلت الباحثة أيضاً إلى الآتي:

1- تعمل عملية التعلم النشط بقوة على دعم عملية التعلم لدى الطلبة.
2- يدعم استخدام الحاسبات البيانية التعلم النشط، مما يساعد الطلبة على الربط بين النتائج العددية، والرمزية، والبيانية.
3- لم يتعود الطلبة الذين يعانون من ضعف في مادة الجبر على استخدام الحاسبات بأنواعها، وعليهم استخدام الحاسبات البيانية قبل تقديمهم الاختبارات التحصيلية لمادة الجبر.
4- يمكن للمدرسين في الكلية تعديل محاضراتهم بحيث تشمل أنشطة وإجراءاتٍ للتعلم النشط باستخدام الحاسبات البيانية.
5- ينبغي مراعاة استخدام التكنولوجيا في التدريس، وعلاج مشكلات الضعف لدى الطلبة في مختلف المقررات، ولا سيما في مادة الجبر.

وأجرى لندو (Lindow,2000) دراسة هدفت إلى تقصي التفاعلات اللفظية التي تحدث في المواقف التعليمية التعاونية، وكيف ينعكس ذلك على عناصر التغير المفاهيمي. وقد تم تسجيل فعاليات التعلم النشط لإحدى المقررات العلمية العامة حول دورة الكربون لدى مجموعات التعلم التعاوني على أشرطة الفيديو، تبعتها إجراء مقابلات مع الطلبة المشتركين في الدراسة.

واستخدم الباحث جميع المعلومات التي تم الحصول عليها في حصص التعلم النشط كنقط بداية للمناقشات حول المفاهيم العلمية، حيث اشترك الطلبة بثقة عالية في الدفاع عن افكارهم، ومدى إلمامهم بهذه المفاهيم والأمثلة. وقد أشارت الاختبارات القبلية، والبعدية إلى وجود تحسن

واضح في مدى إلمام الطلبة بالمفاهيم العلمية، وأن التفاعلات اللفظية بين المجموعات قد أدت إلى تسهيل عملية التعلم، وأن التعلم التعاوني من خلال تطبيق التعلم النشط والتدريب عليه، قد أدى إلى تطورات إيجابية متقدمة للإلمام بالمفاهيم العلمية.

0

مراجع الكتاب

- المراجع العربية
- المراجع الأجنبية

٤٤٠

المراجع باللغة العربية والأجنبية

أولاً: المراجع العربية:

1- القرآن الكريم.

2- الاحاديث النبوية الشريفة.

3- ابراهيم، عبد اللطيف فؤاد (2004) **المناهج: اسسها وعناصرها وتنظيم اثرها**.الطبعة السابعة القاهرة: مكتبة مصر.

4- ابو لبدة، عبدالله علي وزميلاه (1996). **المرشد في التدريس**. دبي/ دولة الامارات العربية المتحدة: دار القلم.

5- البوسعيدي، محمد (1998) . «اثر استخدام طريقة الاكتشاف الموجه والحوار لتدربس الجغرافيا في تنمية مهارة التفكير الاستنتاجي لدى طلاب الصف الثاني الاعدادي في سلطنة عُمان». اطروحة ماجستير غير منشورة، كلية التربية والعلوم الاسلامية - جامعة السلطان قابوس / سلطنة عمان.

6- جبران ، وحيد (2002) . **التعلم النشط : الصف كمركز تعلم حقيقي**. كتيب صغير صادر عن مركز الاعلام والتنسيق التربوي ، رام الله / فلسطين.

7- سعادة ، جودت احمد، وعبد الله محمد ابراهيم (2001) **تنظيمات المناهج وتخطيطها وتطويرها**. عمان: دار الشروق للطباعة والنشر.

8-سعادة ، جودت احمد، وزميلاه (2003). «اثر تدريب المعلمات الفلسطينيات على اسلوب التعلم النشط، في التحصيل الآني والمؤجل لديهن، في ضوء عدد من المتغيرات». **مجلة العلوم التربوية والنفسية الصادرة عن جامعة البحرين، 4 (2). 101-139.**

9- سعادة، جودت احمد (2006). **تدريس مهارات التفكير: مع مئات الأمثلة التطبيقية**. الطبعة الثانية. عمان: دار الشروق للطباعة والنشر.

10- سعادة، جودت احمد(2005). **صياغة الاهداف التربوية والتعليمية في جميع المواد الدراسية (كتاب الخمسة آلاف هدف)**.الطبعة الثانية. عمان: دار الشروق للطباعة والنشر.

11- سعادة، جودت احمد، (1990). **مناهج الدراسات الاجتماعية** . الطبعة الثانية. بيروت : دار العلم للملايين.

12- سعادة، جودت احمد، وعبدالله محمد ابراهيم (2004). **المنهج المدرسي المعاصر**. عمان : دار الفكر.

13- سعادة، جودت احمد (1998) . «تطور طريقة المحاضرة في التدريس». **مجلة رسالة الخليج العربي**، 18 (66) ، 77-156.

14- سعادة، جودت احمد (1989) .«التدريس بطريقة حل المشكلات، مع نموذج تطبيقي لها على مشكلة الغذاء والسكان في العالم». **مجلة مؤتة للبحوث والدراسات، 4**(1) ، 213-297.

15- **سعادة، جودت احمد، واليوسف، جمال يعقوب (1988). تدريس مفاهيم اللغة العربية والرياضيات والعلوم والتربية الاجتماعية.** بيروت : دار الجيل.

16- عبد الواحد، سمير، والخطيب ، علم الدين (2001) . **نظريات ونماذج التعلم.** رام الله ، فلسطين: معهد تدريب المدربين.

17- العمر، احمد علي (1986). «تدريب معلمي الجغرافيا على استخدام السؤال السابر عن طريق مجمع تعليمي ومقالة مكتوبة تصفه، وأثر ذلك في تحصيل طلابهم في الصف الأول الثانوي». أطروحة ماجستير غير منشورة، جامعة اليرموك، أربد/ الاردن.

18- عويس، سالم (مترجم) (1998) . **تجارب تربوية عالمية في التعلم النشط.** كتيب صغير صادر عن مشروع الاعلام والتنسيق التربوي، رام الله/ فلسطين.

ثانياً: المراجع الأجنبية:

19- Abele. Lawrence & Wager, Walt (2002). "Using active learning in the classroom". Chapter (8) in the book: **Teaching & Learning Practices: Instruction at FSU**. Florida State University: Instructional Development Services Center.

20- Abi Samra (2003) "Cooperative learning" : **Available at**: http://nadabs. tripod. com / team / cooplearining. htm1.

21- Agnew, Clive (2003). "How do I encourge active learning". **Available at**: http: //www. chelt. ac. uk/gdn/abstracts/ a116. html.

22- Alex, I.P. (2006). "Active learning". **Available at**: http: // www. cdtl. nus. edu. sg/ideas / iot 3.htm.

23- Allen, E.E. (1995). "Active learning and teaching: Improving post- secondary library instruction". Refernce Librarian, No. 51/52.

24- Allen, Dwight W. (1999). **Questioning skills**. Fifth edition. Toronto, Canada: Gerneral Learning Corporation.

25- Amman, H. & Kendrick, D. (1994). "Active learning". **Journal of Economic Dynamics and Control**, (Jan, 1994), 123-129.

26- Anderson, E. J. (1997). "Active Learning in the lecture hall". **Journal of College Science Teaching**, 26 (6), 428-429.

27- Anderson, :L.W. (1994). **Lecturing to large groups**. Birimingham: Staff and Education Development Association.

28- Arambula - Greenfield, T. (1996). "Implementing problem based learning in a college science class". **Journal of College Science Teaching**, 88, 26-30.s

29- Arnell - Marcell, E.M. (1995) "An examination of the relationship between customer focus in higher education and effective teaching practices in community colleges in the state of Michigan". **Dissertation Abstracts International**, 56(2), 470-A.

30- Bargainnier, S. S. (1996) . "A Comparison in pedagogy of preventive health measures. "**Dissertation Abstracts International**, 56 (9), 3461-A.

31- Bartle, Phil (2006). "Brainstorming: Procedures and Process" **Available at**: http:// www. scn. org/ip/cds/cmp/modules/brn-sto. htm.

32- Bean, J.C. (1996). **The professor's guide to integrating writing critical thinking and active learning in the classroom.** San Francisco: Jossey-Bass Book Company.

33- Beasley, Mark S. et. al. (2002). **Auditing cases: An active learning approach.** New Jersey: Prentice - Hall Inc.

34- Becker, H. J. (1998). "Running to catch a moving train: Schools and information technologies". **Theory into Practice,** 37, 20-30.

35- Bell, Debra (2006). "Learning styles: Part 1-the Active learner". **Available at:** http://www. hsrc. com / debra's %20 Articles / learning - styles. htm.

36- Bellanca, James (1999). **Active learning hand-book for the multiple intelligences classroom.** New York: Skylight Publishing, Incorporated.

37- Beyer, Barry K. (1997). **Improving student thinking: A comprehensive approach.** Boston: Allyn and Bacon.

38- Blaz, Deborah (1999). **Foreign Language Teachers Guide to Active learning.** New York : Eye on Education.

39- Blinde, E.M. (1995). "Teaching sociology of sport : An active learning approach". **Teaching Sociology,** 23 (3), 264-268.

40- Bonk, Curtis J. (2006). "Active Learning". **Available at:** http: // 216.109.117.135 / Search . cache? p =principles + of + active + learning & ei = UTF -8 & Url - N2s .

41- Bonk, C. (2006). "Seven principles for good practice in undergradate education". **Available at:** http://www.tss.uoguelph/tahb/tahbf.html.

42-Bonner-Thompson, R.(2000) Factors affecting computer implementation and impact on teaching and learning in North East Louisiana". **Dissertation Abstracts International,** 61(6), 2266-A.

43- Bonwell, C.C., & Eison, J. A. (1991). **Active learning: Creating excitement in the classroom.** ASHE-ERIC Higher Education Report No.1. George Washington University.

المراجع باللغة العربية والأجنبية

44- Bonwell, C.C.(1996). "Building a supportive climate for active learning". **The National Teaching and Learning Forum**, 6(1), 4-7.

45- Bostock, Stephen J.(1997). **Designing web-bases instruction**. New York: Educational Techology Publications.

46- Bound, D. et. al.(1993) **Using experience for learning**. Buckingham, United Kingdom: Open University press.

47- Breslow, Lori (2005). "New research points to the importance of using active learning in the classroom". **Available at**: http://wed. mit.edu/tll Published/ new-research. htm.

48- Breslow, A.(2006). "Peer teaching". **Available at**: http: //web.mit.edu/tll/published/active learning-2htm.

49 - Breslow, Lori (2006) . "Active learning, Part 2: Suggestions for using active learning techniques in the classroom". **Available at**: http://web.mit.edu/tll/published/active-learning-2.htm.

50- Brookfield, S.D. & Preskill, S.(1999). **Discussion as a way of teaching : Tools and techniques for democratic classrooms**. San Francisco: Jossey-Bass Book Company.

51- Brookfield. S.D. (1995). **Becoming a critically reflective teacher.** California; Jossey-Bass Publishing Company.

52- Brown, S.(1997). "The art of teaching small groups". **New Academic**, 6(1), 3-6.

53- Cain, Richard (2006). "Strategies for helping liberal arts students become more active learners online". **Available at**. http:// www.press.umich.edu/jep/06-01/cain.html.

54- Camp, William G.(2006). "Improving your teaching through effective questioning techiques. "**Available at** : http ://www.aged.vt.edu/methods/que-skil.htm.

55- Campbell, Katy (2006). "Design for active learning" **Available at** : http: //www.atl.ualberta.ca/articles/idesign/activel.cfm.

56- Campbell, M.J.(2000). "An experiential learning approach to faculty training in Asia-Pacific education". **Dissertation Abstracts International**, 61(4), 1381-A.

57- Cashion, Joan & Palmieri, Phoeve(2002). **The secret is the teacher: the learner view of online**. Kensington, Australia: NCVER.

58- Center for teaching and learning (2006). 'Active learning beyond the classroom". **Available at**: http://ctl.unc.edu/fyc3.html.

59- Chacko, Elizabeth (2005). **Exploring youth cultures geographically through active learning**. National Council for Geographic Education.

60- Chance, Paul (2005). **Learning and behavior : Active learning edition**. New York: Wedsworth Book Company.

61- Charman. D.J & Fullerton . H. (1995). "Interactive lectures: a case study in a geographical concepts course". **Journal of geograhy in higher education**, 19(1), 57-68.

62- Choe, S.W.T. & Drennan. P.M. (2001). "Analyzing scientific literature using a Jigsaw group activity : Piecing together student discussions on environmental research". **Journal of College Science Teaching**, 30(5), 328-330.

63- Cliff, W.. H. & Curtin, L.N. (2000). "The Directed Case Method". **Journal of College Scinece Teaching**, 30(1), 64-66.

64- Cobb, P. et. al. (1992). "Interaction and Learning in mathematics classroom situation". **Educational Studies in Mathematics**, 23(1) 99-122.

65- Colvin, S.R. (1994). "Participative learning experiences in the professional studies classroom". In : **Proceedings of the National Confernce on Successfull College Teaching**. ERIC No. ED390463.

66- Cone, Diana (2001). **Active learning: The key to our future**. American Association of Family and Consumer Sciences.

67- Cooper, J.L. & Robinson, P.(2000) "Getting stared : Informal small - group strategies in large classes". **New Directions for Teaching and Learning**, 81-17-24.

68- Cooper, J.L. et. al.(2000). Implementing small group instruction: Insights from successful Practioners". **New Directions for Teaching and Learning**, 81, 63-76.

69- Cotton, Kathleen (2006). "Classroom questionning". **Available at:** http://www.nwrel.org/sirs/3/cu5.html.

70- Cryer, Debby et.al. (1996). **Active learning for fives**. New York; Addison - Wesley Publishing Company.

71- Cryer, P.& Elton, l. (1992). **Active learning in large classes and with increasing Student numbers**. United Kingdoom: Sheffield: CVCP, Staff Development Unit.

72- Cudiner, S. & Harmon, O.R. (2000). "Active learning approach to teaching online search strategies". **T.H.E. Journal**, 28(5), 52-57.

73- Dabbour, K.S. (1997). Applying active learning methods to the design of library instruction for a freshman seminar". **College & Research libraries**, 58, (July) 299-308.

74- Davis, Todd M. & Murrell, Patricia Hillman (1994). "Turning teaching into learning: The role of student responsibility in the collegiate experience". ERIC. No. ED372702.

75 - De Lesli, Peter (1997). "What is instructional design theory? **Available at**: http: // hagar.up. ac.za/catts/learner/peterd/ ID %20 Theory' htm.

76- De Sanchez, M. (1995). "Using critical - thinking principles as a guide to college - level instruction". **Teaching of Psychology**, 22, 72-74.

77- Dewey, K.F. & Meyer, S.J. (2000). "Active learning in introductory climatology". **Journal of College Science Teaching** , 29(4), 265-271.

78- Dolinsky, B. (2001). "An active learning approach to teaching statistics". **Teaching of Psychology**, 28(1), 55-56.

79- Domjan, Michael (2005). **The principles of learning and behavior: Active learning edition** . Fifth edition. New York: Wadsworth Publishing Company.

80- Drueke, J. (1992). "Active learning in the university library instruction classroom". **Research Strategies**, 10(Spring), 77-83.

81- Duch, B. (1998). "Problem - based learning: Preparing students to succeed in the 21st century". **Problem - Based Insight**, 1(2), 3-5.

82- Dunlap, M.R.(1998). "Methods of supporting students critical reflection in courses incorporating service learning". **Teaching of Psychology**, 25 (3), 208-210.

83- Ebert - May, D. et. (1997). "Innovation in large lectures- teaching for active learning". **Bio Science**, 47 (9), 601-607.

84- Eija, Kemonen & Nevalainen , Raimo (2002). "Towards active learning : A case study on active learning in a small rural school in Finland". **ERIC** No. ED 463929

85- Eisen, A. (1998). "Small - group presentations, teaching science thinking: and context in a large biology class. **Bioscience**, 48(1) 53-58.

86- Feinstein, M.C. & Veenedall, T.L. (1992). "Use the case study method to teach interpersonal Communication". **Inquiry: Critical Thinking Accross the Disciplines**, 9 (3), 11-14.

87- Felder, R.M. and Brent, R. (1997). **Effective teaching workshop**. North Carolina State University Press.

88- Fennelly, Arie (1999). "Active learning strategies workshops". **Available at**: http://csf.colorado.edu/forums/service-learning/feb99 /0019.html.

89- Fenwick, Tara J. (2006). "Experiential learning: A theoritical critique exploration through five perspectives". **Available at**: http://www. ualberta. ca/~ tfenwick/ext/ publs/ERIC - new2. htm.

90- Fern, V. et. al (1996). "Active learning and the limited English proficient". **National Clearinghouse for Bilingual Education**, Vol. 1No. (2).

91- Fink, Dee (2006) "Active learning". **Available at**: http://www.hcc. hawaii.edu/intranet/committees/facDevCom/guidebk/teachtip...

92- Fitch, B. & Kirby, A. (2000). "Students assumptions and professors, presumptions: Creating a learning community for fhe whole student". **College Teaching**, 48(2)), 47-54.

93 -Forte, Imogene & Schurr (2001). **Meeting national social studies stardards with active learning strategies**. New York: Incentive Publictions.

المراجع باللغة العربية والأجنبية

94- Fosmire, Michael & Mackline, Alexius (2006). "Riding the active learning wave: Problem - based learing as a catalyst for creating faculty - librarian instructional partnerships". **Available at**:

  // www.istl. org/02-spring/ article2. html.

95- Foss, J.D. (1995). "Microcomputer simulation of human cholestrol dynamics: An interactive learning tool". **Dissertation Abstracts International**, 56(3), 880-A.

96- Fox, L.F (1998). "The effect of graphic calculator used in an active learning environment on attitude ". **Dissertation Abstracts International,** 59 (3), 761-A.

97- Foyle, Harvey C., Editor. (1995). **Interactive learning in the higher education classroom**. West Haven, Connecticut: NEA Professional Libray.

98- Francis, B.W. & Jelly , J.A. (1997) "Active learning: Its role in health sciences libraries". **Medical Reference, Services Quarterly**, 16 (Spring), 25-37.

99- Fraser, Susan & Gestwicki, Carol (2001). **Authentic childhood: Exploring Regio Emelia in the classroom**. Independence, Kentucky: Delmar Learing.

100- Frederick, P.J. (1991). "Active learning in history classes". **Teaching History, 16 (2), 67-83.**

101- Fried, Stephen (1998). **Aging and diversity: An active learning experience**. New York: Taylor and Francis Publishing Co.

102- Fritz, M. (200). "Using a reading strategy to foster active learning in content area courses". **Journal of College Reading and learning**, 32(2), 189- 194.

103- Fritz, Margaret (2002). **Using learning styles inventories to promote active learning**. New York College Reading and learning Association.

104- Frost, J. (2000). "Integrating women and active learning into the U.S. History Survey". **History Teacher**, 33(3), 363-370.

105- Garfield, J. (1994). "How students learn statistics". **International Statistical Review,** 8 (2), 56-61.

106 - Garrett, M.et.al. (1996). "Debate: A teaching strategy to improve verbal communication and critical thinking skills". **Nurse Educator,** 21 (4) , 37 -40.

107 - Gedeon, R. (1997). "Enhansing a large lecture with active learning". **Research strategies,** 15 (4), 301-309.

108 - Gibbs, G. & Jenkins, A. (1992). **Teaching large classes in higher education.** London: Kogan Page Publishing Compang.

109 - Glasgow, Neal A(1996). **Doing Science.** San Francisco: Corwin Press.

110- Golub, Jeffrey N. (1994). **Activities for an Interactive classroom.** Washington D.C., National Council for Teachers of English.

111 - Goodsell, A. et. al (1992). **Collaborative learning: A sourcebook for higher education.** University Park, Pennsylvania: National Center on Postsecondary Teaching, Learning and Assessment .

112 - Gorman, Michael E. et. al . (1998). **Turning students into inventors: Active learing modules for secondary students.** Phi Delta Kappa Inc.

113 - Gros, B., et al. (1997). Instructional and the Authoring of Multimedia and Hypermedia Systems: Does a Marriage make Sense? **Educational Technology,** (37) 1. 48-56.

114- Grossman , R. W. (1994). "Encouraging critical thinking using the case study method and cooperative learning techniques". **Journal on Excellence in College Teaching,** 5 (1), 7 - 20.

115- Hall, Robert E. & Lieberman, Marc (2004). **Active learning guide for Hall/ Lieberman's microeconomics: Principles and applications.** South Western College Publications.

116- Halpern, D. F. & Associates (1994). **Changing College classrooms: New teaching and learning steategies for an increasingly complex world.** San Francisco: Jossey - Bass Inc.

المراجع باللغة العربية والأجنبية

117- Hansen, W. L. (2006). "Improving economic teaching through active learning". **Available at**: http: // wiscinfo. doit. wisc. edu/ teaching - academy /ll 501 hansen. htm.

118- Hanson, D. & Wolfskill, T. (2000). "Process workshops: A new model for instruction". **Journal of Chemical Education,** 77 (1), 120-130.

119- Harasim, L. et. al (1997). **Learning networks: A field guide to teaching and learnimg on line.** Cambridge, M.A., Massachusetts: Institute of Technology.

120- Harmin, Merrill (1994). **Inspring active learning :A handbook for teachers.** Washington D.C., ASCD.

121- Hartley, J. (1998). **Learning and studying: A research perspective** . London : Routledge.

122- Hatcher- Skeers, M. & Aragon, E. (2002) "Combining active learing with service learning" **Journal of Education,** 79 (4), 462-464.

123- Hatfield, Susan R.(1995). **The Seven principles in action: Improving undergraduate education.** Bolton, Mariland : Anker Publishing Company Inc.

124- Heide, Ann & Henderson, Dale (2001). **Active learing in the digital age.** New York: Heineman Publishing Company.

125- Henderson, B.B. (1995). "Critical thinking exercises for the history of psychology course", **Teaching of Psychology,** 22(1), 60-63.

126- Herrell, Adrien L. et. al . (2001). **Fifty active learning strategies for improving reading Comprehension.** New Jersey Prentice - Hall Publishing Compang.

127- Herried, Clyde Freedman (1999). "Cooking with Betty Crocker: A recipe for case writing". **Journal of College Science Teaching,** 4(3), 66-73.

128- Herreid, Clyde F. (2006). "Case method Teaching". **Available at**: http://ublib.bufallo. edu/libraries/projects/cases/ teaching/ good - case. html.

129- Hinde, R. J. & Kovac, J. (2001). "Student active learning methods in physical Chemisry". **Journal of Chemical Eduaction**, 78 (1), 93-99.

130- Hoban, G. (1999). "Using a reflective framework for experiential education classes". **Journal of Experient Education**, 22(2) 104-111.

131 -Hoffman, S. (1997). Elaboration Theory and Hupermedia: Is there a Link? **Educational Technology**, (37) 1, 57-64.

132- Hoffmanm E.A. (2001). "Successful application of active learning techniques to introductory microbiology". **Microbiology Education**, (2(1), 5-11.

133- Hohmann, Mary & Weikart, David P. (2000). **Educating young children:Active learning practices for preschool and child careprograms**. New York: High/ Scope Press.

134- Holling worth, Particia et. al. (2006). **Active learning: Increasing flow in the classroon**. New York: Crown House Publishing Company.

135- Huddleston, P. and Unwin, L. (1997). **Teaching and learning in further education : Diversity and change**. London : Routledge.

136- Huffman, Karen (2004). **Psychology in action: Active learning Edition**. New York: John Wiley and Sons.

137- Hunkins, Francis P. (1999) . **Teaching thinking through effective questionning**. Boston: Christopher Gordon Publishers.

138- Infinite Innovations Ltd. (2006). "Preparing for a successful brainstorming session". **Availabel at**: http: www. brainstormimg . co. uk/tutorials/prcparing forbraingstorming. html.

139- Jakoubek, J. (1995). "Developing critical thinking skills in psychology content courses". **Teaching of Psychology**, 22(1), 57-59.

140- Jenkins, A. (1992). "Active learning in structured lectures ". in Gibbs, G. & Jenkins A. (Editors). **Teaching large classes in higher education**, pp. 63-77. London : Kogan Page.

141- Jonassen, D.H. et al. (1997). "Certainety, Determinism, and Predictability in Theories of Instructional Design: Lessons from Science". **Educational Thechnology**, (37) 1, 27-34.

142- Johnson, D. W. & Smith, Karl A. (1991). **Active learning: Cooperation in the college classroom**. Edina. Minnesota: Interaction Book Company.

143- Jurgwirth, E. & Dreyfus, A. (1990) " Diagnosing the attainment of basic inquiry skills: The 100 year old quest of critical thinking" . **Journal of Biological Education, 24, 42-49**.

144- Kaufman, Ron (2006). "How to make Active learning come alive". **Available at**: http: // www/ronkaufman. com /articles.article. toolbox. html.

145- Kelley, Curtis (2006). "David Kolb, the theory of experiential learning". **Available at:** http:// itesj.org/Articles/kelley-experiential/

146- Kimmel. Paul (2004). **Active learning edition for financial accounting: Tools for business decision making** . New York: Johm Wiley and Sons.

147- Kohut, D. & Sternberg, J. (1995). "Using the internet to study the internet :An active learning Component". **Research Strategies**, 13 (3), 76-81.

148- Krunweide, T.& Bline, D. (1997). "Encouraging active learning through the use of student developed problems. "The **Accounting Eduactor's Journal**, 7(2), 159-165.

149- Kuhn, D.(1999). "A developmental model of critical thinking". **Education Researcher**, 28,16-26.

150- Lantis, J. S. et. al. (2002). **The new interactional studies classroom: Active teaching and active learning**. London: Lynn Rienner Publishers.

151- Lawson, T.J. (1995). Active learning exercises for consumer behavior course". **Teaching of Psychology**, 22(3), 200-202.

152- Lee, John A. N. (1999). "Incorporating active learning into a web-based ethics course". Paper Presented to 1999 Frontiers in Education Conference at San Juan, Puerto Rico 10-13 Nov. 1999.

153- Leshowitz, B.et. al (1999). "The effects of methodological reasoning on biased information processing and attitude polarization". A Manuscript.

154- Leshowitz, B. & Yoshikawa E. (1996). On instructional model for critical thinking". **Inquiry**, 15, 17-34.

155- Leshowitz, B. et.al. (1995). " Effectiveness and benefits of an instructional program for developing critical thinking skills in students with learning disabilities. **The Journal of learning Disabilities,** 26, 483-490.

156- Leshowitz et.al (1999) "Effective thinking: An active learning course in critical thinking". **Current Issues in Education**, 2 (5), 10-29.

157- Lierem R. (2000). "Active learning with committees: An approach to efficient learning in text categorization using linear threshold algorithms". **Dissertation Abstracts Internationl**, 61(2), 933-B.

158- Limmer, Daniel & Le Baudour, Christopher (2004). **Active learning manual.** New Jersey: Prentice - Hall Inc.

159- Lindow, L. E. (2000). "Effects of verbal interaction within cooperative groups on conceptual change in environmental sciences. **Dissertation Abstracts International** , 61 (6), 21 69-A.

160- Litecky, larry (1998). **Creating Active learning.** Community College Press.

161- Lockitt, B. (1997). **learning styles into the future**. London : FEDA.

162- Lorenzen, M. (2000). "Active learning and Library instruction". **Illinois Libraries,** 83 (2), 19-24.

163- Loundas, C. J. (2001). "A comparison of active learning and traditional classroom settings: Impact on achievement, learning involvement and learning confidence". **Dissertation Abstracts International,** 61 (12), 46 44-A.

164- MacDonald , Rita (2006) . "Applying active learning principles in class and beyond. **Available at:** http://www.mohawkc. on. ca/ dept/counselling /start/learning-principles.htm.

165- Macknight ,C.B (2000). Teaching critical thinking through on line disussions. **Educause Quarterly** , 23 (4) , 38-41.

المراجع باللغة العربية والأجنبية

166 -Main R.G. (1997) "Integrating Motivation into the Design Process: Educational Technology" . **Avaialble at:** http //hagar, up.ac.za/catts /learner / peterdl /ID %20 Theory. htm.

167- Marbach - Ad, G & Sokolove L.A. (2001)."Improving students questions in inquiry labs". **American Biology Teacher,** 63 (6) -410-419.

168 -Marks - Beale, Abby (1994). **Study Skills: The tools for active learning** . New York: Delmar Thomson Learning.

169- Martin, Donald (2005)"Learning how to learn".**Available at:** http: // executiveparent.com / cgi-bin /Soft cart.exe/grades 6-8 article.

170- Mathews , Lisa Keys (2005) "Strategies and ideas for active learning". **Available at:** htttp://www2 una. edu/geography/active/ starteg.htm

171- Mathews, Lisa Keys (2006). "Elements of active learning". **Available at :** http://www2.una.edu/geography/active/ elements.htm.

172- Mathews, Lisa K. (2006). "Introduction to active learning" . **Available at:** http://www2 .una. ed.edu/geography / active/ active. html.

173- Mathews, Lisa K. (2006).Why implement active learning". **Available at**.http://www2.una.ed. edu/geography/active/Active.html.

174-Marzano, Robert J. et al. (1998)**Dimensions of thinking:**

 A framework for curriculum and instruction. Alexandria, Virginia : ASCD.

175- Mazur, R. (2005)."Peerteaching as a tool of active learning" . **Available at:** http: // web .mit edu/tll/published/active - learning - 2htm.

176- McCormick, B.D. (2001). Attitude, achievement and Classroom environment in a learner - centered introductory biology course. **Dissertation abstracts International** , 61(11), 4328 A.

177- Mc Daniel, K.N (2000). "Four elements of successful historical role - playing in the classroom". **History Teacher,** 33 3, 357-362 .

178- McGoldrick, T.A. (1998)Enhancing the process of collaborative learning through educational networking in the Canadian K-12 content. **Dissertation Abstracts International**, 58 4899-A .

179- McKenzie, Jamie, A.& Davies , Hilarie B (2006),"Classroom Strategies to engender student questionning". **Available at ;** http://questionning.org/toolbox.html.

180- McKenzie, Jamie (2006). Questionning as technology . **Available at:** http://questionning .org/qtech. Html.

181 -McConnell, Jeffrey J. (2001)**Analysis of algorithms: An active learning approach.** New York: Jones & Bartell Publishers.

182- McKinney, Kathleen et. al (2004).**Sociology through active learning: Student exercises** . NewYork: Pine Forge Press.

183- McKinnon, Tom(2006). " Five good reasons for avoiding active learning ". TFSC Newletter. **Available at:** http"// www.uark.edu/ misc/tfscinfo/news 397.htm/.

184- Meltzer, D.E. Manivannan , K. (2002)."Transforming the lecture - Hall environment ". **American Journal of Physics** , 70 (6)639-654.

185- Meyers, C& Jones, T.B (1993). **Promoting active learning strategies for the college classroom.** San Francisco: Jossey - Bass Inc.

186- Minnes- Brandes , G.(1995)."Collaboration between teachers and university educators in a professional development context: Shared situated cases". **Dissertation Abstracts International** , 563886-A.

187- Modell, H.I. & Michael J.A. (1993). **Promoting active learning: Strategies for the college classroom.** San Francisco: Jossey - Bass Book company .

188- Modell, Harold I & Michael Joe A. / Editors (1993). **Promoting active learning in the life science classrooms.** NewYork: Annals of the New York Academy Sciences vol. 701 .

189- Moeller, Victor and Moeller, Marc (2000). **High school English teacher's guide to active learning** . New York: Eye on Education.

190-Moke, Susan et.al .(1996). **The Active learner: Help your child learn by doing** . New York : Grayson Publishers.

191- Morissett, Alanis (2003)."You learn" **Available at:** http://media .jinbo.net/news/view. Php?board = zzzpro 06& id =84&page= 50.

192- Moulds, Russ (1997). "An interactive annotations assignment " .**The Teaching Professor,** 11 (4), 6 .

193- Neill, James (2006)"Experiential learning cycles". **Available at:** http: // www.wilderdom.com / Experiential learning cycle. htm.

194- Nettleship, J. (1992). "Active learning in economics ". **Economics** 28 (118)69-71.

195- Nist Sherrie & Holschuh, Jodi P. (1999). **Active learning for college success.** London: Longman.

196- Oswal, S.K. (2002). Group oral presentations as support for writing in large classes". **Business communication Quarterly,** 65171-79 .

197- Paulson, Donald R. (1999). "Active learning and cooperative learning in the organic chemistry lecture calss". **Journal of Chemical Education,** 76, 8(, 1136-1140.

198- Paulson, Donald R. and Foust, Jennifer L. (2006)."Active Learning for the college classroom". - **Available at:** http: /chemistry.calstatela.edu /chem.&Bio chem. /active /main.html.

199- Pencek , Thomas & Bialaszewski , Dennis (2001). "An application of active learning and distance education". **Informing Science** (June, 2001) 405-408 .

200- Perkins, D.V. & Saris R.N. (2001) "A Jagsaw classroom technique for undergraduate statistics courses". **Teaching of Psychology,** 28 (2), 111-113.

201- Peterson , Margareth & Morrison ,Dirk (1996) "Our View of Active learning ". Paper Presented at the 12th Annual Conference on Distance Teaching and Learning:Desiging for active learning , August (7-9), 1996, Madison, Wisconsin.

التعلم النشط بين النظرية والتطبيق

202- Povlacs, Joyce T. (2006)"101 things you can do in the first three weeks of class". **Available at** :

http://wwww.hcc.hawaii.edu/entranet
/committees/facDevcom/guidebk/teachtip/101 things htm.

203-Price , Alan(2001)**Principles of human resource management: An active learning approach** . London: Blackwell Publishers.

204-Ragains , P.(1995)Four variations on Druke's active learning paradigm". **Resarch Strategies,** 13 Winter, 40-50 .

205- Ramsier, R.D. (2001) " A hybrid approach to active learning" . **Physics Education,** 36 (2) 124-128 .

206- Rees, Jackie & Koehler, Gary (1999)Brainstorming , negotiating and learning in group decision support systems: An Evolutionary approach. Proceedings of the 32nd Hawaii International Conference on System Sciences.

207- Reigeluth, C.M. (1997). "Instructional Theory , Practitioner Needs, and New Directions; Some Reflections ". **Educational Teachnology,** 3742-47 .

208- Reigeluth, C.M. (1996). "A New Paradigm of ISD"? **Educational Techology,** 36(3, 13-20.

209- Richards, L.G. et al. (1995)"Promoting active learning with cases and instructional modules". **Journal of Engineering Education,** 84 (4), 375-381 .

210- Richey, R.C. (1997). Agenda - Building and its Implications for Theory Construction in Instructional Technology. **Educational Technology,** 375-11 .

211- Rose , Ed. et al. (1997). **People in organization: An active learning approach. London:** Blackwell Busines.

212- Rosenthal, J.S. (1995). "Active learning strategies in advanced mathematics classes" . **Studies in Higher Education,** 20 (2), 223-228.

المراجع باللغة العربية والأجنبية

213- Rowland, G. Parra, M.L. & Basnet, K.(1994). Educating Instructional designers: Different methods for different outcomes" **Educational Technology**, 34 (6) , 5-11.

214- Rubin, I & Herbert C. (1998). "Model for active learning: Collaborative peer teaching". **College Teaching**, 46(1), 26-30 .

215- Salemi, Micheel K. (2002). **An illustrated case for active learning.** Southern Economic Association.

216- Seels, B. (1997) "Taxonomic Issuess and the Development of Theory in Instructional Technology". **Educational Teachnology**,37(1, 12-21 .

217- Seeler, D.C. et al, (1994)"From teaching to learning: Lectures and approaches to active learning ". **Journal of Veterinary Medical Education**, 21(1), 212-221 .

218- Schaeffer, Howard (2002). "Active learning lesson from inspirational teachers". **Public Education Net Work 12.**

219 - Schultz, Thom & Shultz , Joani (2000). **Do it: Active learning in youth ministry** . NewYork: Group Publishing

220 - Scott, Allan (2004) **Active learning in 90 minutes**, Management Books.

221- Shaw, D. (2002). Evaluating electronic brainstorms using new techniques to analyse the brainstormed ideas". Aston Business School Working Paper No. RP0203, Birmingham, United Kingdom.

222- Shenker, J.I. et .al(1996).Implementing active learning in the classroom". In Shenker, J.I. et.al (1996)**Instructors resource manual** for psychology. Boston: Houghton - Mifflin Book company.

223- Shenker, J.I. et. al (1996). **Instructors resource manual for psychology.** Boston: Houghton - Mifflin Book Company.

224- Shomberg, S.F. editor (1991). **Strategies for active teaching and learning in university classrooms.** University of Minnesota.

225- Shuford, B.C. (2001). "Learning style and strategies of first -year college students. "**Dissertation Abstracts International**, 61(12) 4700-A.

التعلم النشط بين النظرية والتطبيق

226- Silberman, Mel(1996). **Active Learning:101 Strategies to teach any subject** . Boston: Allyn and Bacon.

227- Silberman, Mel (1996).**101 ways to make training active.** San Francisco: Jossey - Bass Book company.

228- Silberman, Melvin L. (2006).**Training the active learning way: Eight strategies to spark learning and change active training series.** New York: Pfeiffer Publishing company .

229 -Solomon, Gate (1999). **Active learning exercises for social work and the human services** . Boston: Allyn & Bacon Publishing Book company.

230- Slack, Jill B. (2006). **Questionning Strategies to improve student thinking and comprehension** . Bloomington ,Indiana: National Educational Service.

231-Smith, E.T. & Boyer , M.A. (1996)."Desingning in - class simulations". **Political Science and Politics,** 29(4), 690-694.

232 - Smith, P. & Peters, V(1997). "Action learning: Worth a closer look", **Iveu Business Quarterly,** 62(1), 89-95.

233- Salomon , Cate (2005). **Active learning exercises for social work and the human services.** Second edition . New Jersey: Prentice - Hall Inc.

234 -Stanford, Barbara (2006). "Training a class in discussion skills". **Available at:** http://www.bigchalk.com

235- Staff, G.F (1997). "**Active Learning in communations arts** . New York: Globe Fearon Education Publishing .

236- Staly, C.C.(2002). **50 Ways to leave your lectern: Active learning strategies: Engage First - year Students.** NewYork: Wadsworth Publishing Company.

237- Stanford center for Teaching and learning (2006). "Active learning: Getting students to work and think in the classroom". **Available at:** http//www.ntlf.com/html/lib/faq/ac-stanford.htm.

المراجع باللغة العربية والأجنبية

238-Stanovich, K.E. & West , R.F. (1998). "Individual differences in in rational thought". **Journal of Experimental Psycology: General,** 127,161-188.

239- Stearns, S.A (1994) . "Steps for active learning of complex concepts". **College Teaching** 42(3), 107-108 .

240- Stern, David & Huber, Gunter L. (1997). **Active learning for students and teachers.** NewYork: Lang Publications Ivey Business Quarterly, 62189-95 .

241- Sutcliffe, R.G. et.al (1999). Active learning in a large first year biology calss: A collaborative resource - based study project on AIDSin science and society" . **Innovations in Education and Training International** , 36(1), 53-64.

242- Sutherland , T.A. & Bonwell , C.C. editors (1996). **Using active learning in college classes : A range of options for faculty** . San Francisco: Jossey - Bass Book Company.

243- Taber , K.L. (1996). "The impact of a training of trainers program": A case study . **Dissertation Abstracts International** , 57(3)1102-A.

244- Taylor, Heather G.(2003). "Case studies and group decision making exercises: **Masks for theory presentation in public administration.** Paper Presented at the Annual Meeting of the Public Administration Theory Network.

245-Thagard, P.(1992). **"Coneptual revolutions".** New Jersey Princeton University Press.

246- Thalhammer, B.F. (2000). Self - image maintenance in an educational setting: A perceptual control theory study of technical training . **Dissertation Abstracts International,** 61(5),1713-A.

247 -Thomas, Jennie C. (2002). **Active learning for organizational development students** . O.D. Institute Press.

248 - Tellis, Winston (1997). "Introduction to case study ". **The Qualitative Report** , 3 (2)72-83 .

249 -Theroux , P. (2006). "Comparing traditional teaching and student centered collaborative learning" . **Available at**: Html.

http://memebrs.shaw.ca/priscillatheroux/collaborative

250 -Thornton, Stephen J. & Noddings, Nel (2004). **Teaching social studies that matters: Curriculam for active learning** . New York: Teachers College Press.

251 - Thompson, Randy and Vanderjagt (2002). **Fire up for learning: Active learning projects and activities to motivate and challenge students** . In centive Publications.

252- Tillotson, Joy (2006). "Active learning techniques". **Available at**: http://ww.mun.ca/library/research-help/qeii/apla2000 .html.

253- Tripp, Lisa (2006). "Active learning through media literacy: The Canadian approach". **Available at**: http://www.medialit.org/wornsopday.htm.

254- Twidale, M.B et.al (2006). "Supporting the active learning of Collaborative database browsing techniques". **Available at**:

http://www.comp.lancs.ac.uk.computing/ research/cseg/projects/ariadne/docs..

255- U.N.H(2006). "Active learning". **Available at**:

www.cfar.unch.edu/atlearning .html

256-Wassermann, Selma. (2000). **Serious players in the primary classroom: Empowering children through active learning experiences**. NewYork: Teachers College Press.

257- Weimer, M.G. (1996). "Active learning: Quantity extent , depth count". **The Teaching Professor,** 10 (10), 1-8.

258- Weygandt, Jerry J. et al. (2002). **Active Learning edition for volume (1) of accounting principles**. NewYork: John Wiley and Sons.

259- Weygandt, Jerry J. (2003). **Managerial accounting, Active learning edition : Tools for business decision making** . NewYork: John Wiely and Sons.

المراجع باللغة العربية والأجنبية

260 -Wilson, B.G. (1997). "Thoughts on Theory in Educational. technology ". **Educational Technology**.37(1), 22-27 .

261- Whyte, L.(2002)."Size matters": Large group methods and the process of operational research . **Journal of the operational Research Society**, 53. 149-160 .

262- Wilcoxon, C.A. (1995). "Journey of change prespective of three primary classroom teachers involved in statewide systematic change **Dissertation Abstracts International** . 55(10)3085-A.

263- Wilke, R.R. (2001). "The effect of active learning on college students achievement mo tivation and self efficacy in a human physiology course for none majors". **Dissertation Abstracts International** , 61 (11) 4329-A.

264 - Wilkerson, L. & Gijselaers , W. H. (1996). **Bringing problem- based learning to higher education** . California: Jossey - Bass.

265- Woods, D.R. (1994). **Problem- based learning: How to gain the most from problem - based learning** . Hamilton, Ontario, Canada :W.L. Griffin Ltd.

Printed in the United States
By Bookmasters